摩托车全书

FAST BY

DK

摩托车全书

一部确凿的摩托车图史

版权贸易合同登记号：01-2017-8725

图书在版编目（CIP）数据

摩托车全书 / 英国DK出版社编著；《航空知识》译
. -- 北京：北京航空航天大学出版社, 2019.12
书名原文: The motorbike book
ISBN 978-7-5124-3179-9

Ⅰ. ①摩... Ⅱ. ①英... ②航... Ⅲ. ①摩托车 - 普及读物 Ⅳ. ①U483-49

中国版本图书馆CIP数据核字 (2019) 第239985号

摩托车全书
英国DK出版社
《航空知识》译

策　　划：航空知识杂志社
执行总监：王亚男 俞　敏
翻　　译：任　婧 王沈力 李　晶 王亚丽
审　　译：王亚男
责任编辑：俞　敏
印刷装订：北京华联印刷有限公司
出版发行：北京航空航天大学出版社
北京市海淀区学院路37号（100191）
http://buaapress.com.cn
发行部电话：（010）82317024　传　　真：（010）82328026
读者信箱：bhpress@163.com　邮购电话：（010）82316936
开　　本：850×1168 1/16　印　　张：20　字　　数：1028千字
版　　次：2020年5月第1版
印　　次：2020年5月第1次印刷
ISBN 978-7-5124-3179-9
定　　价：258.00元

若本书有倒页、脱页、缺页等印装质量问题，请与本社发行部联系调换。
联系电话：（010）82317024

目录

1920年以前

戈特利布·戴姆勒安装在自行车上的汽油机第一次行驶时就让座位起了火，但它却宣告了摩托车诞生。整个20世纪，摩托车在设计、耐用性和性能方面取得了迅速发展。

20世纪20年代

第一次世界大战之后，出现了大众普及型摩托车，这一时期的运动摩托车速度超越了其他任何车辆。魁梧雄壮的V形双缸摩托车大行其道，它们可能是赛车，也可能是载有家人的挎斗摩托。

20世纪30年代

经历了大萧条，摩托车制造商把关注重点从速度转移到经济性上，摩托车的外观和功能都变得更为复杂。摩托车竞赛活动促使新技术不断得到检验和发展。

20世纪40年代

世界陷入战争，摩托车的发展也因此停滞。BSA、凯旋和DKW等公司出品的军用摩托车成为战场上的重要工具。战争结束后，摩托车很快成为大众用品，每个人都希望拥有一辆。

20世纪50年代

汽车仍属奢侈品，结构简单的两冲程单缸摩托车是更为明智的选择。这一时期厂商们针对繁荣的美国市场推出了动力强劲的V形双缸摩托车。踏板摩托车兴起，无所不在的本田“超级小熊”发布。日本厂商首次参加摩托车大奖赛。

20世纪60年代

汽车工业的崛起重创了摩托车产业，但同时新的商机也涌现出来，包括时髦族的踏板车和咖啡馆赛车手们需要的强力车型。设计精良，配备6速变速箱和按键启动系统的日本摩托车开始进入欧美市场。

20世纪70年代

诺顿和皇家恩菲尔德等经典品牌遭遇困境，他们无法与日本厂商的超级摩托车竞争。这一时期出现了针对年轻人的越野摩托车，以及针对美国探险者的轻型摩托车。

20世纪80年代

10年的经济激增并未带来摩托车工业的蓬勃发展，但摩托车技术还是不断进步，出现了水冷发动机、电子点火、气动优化设计等技术，操控性和制动性也更为优良。人们对经典车型的兴趣影响到新车型设计。摩托车变得更为专业化，从赛车复刻版到装备精良的巡航车，再到坚固的越野车，不一而足。

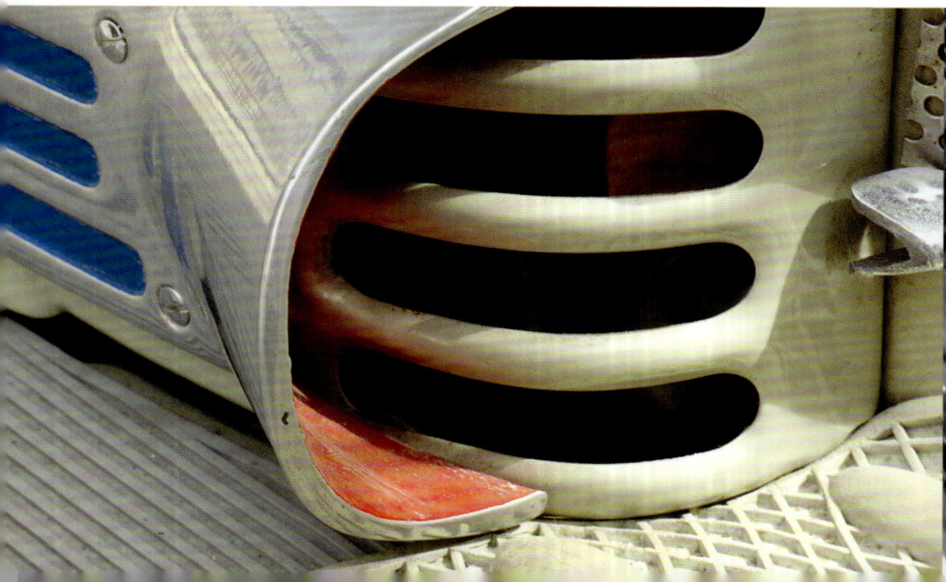

20世纪90年代

这一时期摩托车销售有所增长，各种产品类别的分化更加明显，一些倒闭的品牌重新复苏，其中最为成功的当数英国凯旋。经济时髦的踏板车赢得了新一代摩托车迷的喜爱，他们用踏板车来对抗上涨的油价和交通拥堵。

2000年以后

新千年摩托车手们迎来了新的技术进步——防抱死刹车、换档降功技术、超炫的轻型车架，以及更豪华舒适的骑乘体验。市场上甚至出现了高效电动摩托车。

发动机

1920年以前

在19世纪最后几年里，工程师们竭尽全力地建造最为高效的双轮和三轮摩托车。20世纪最初的10年里，摩托车车架、发动机、传动机构和油箱等几大部件基本布局形式被建立起来，动力系统逐步转变为多缸活塞发动机并增加了变速箱。通过长距离行驶和竞赛经验的积累，摩托车得到不断优化，其设计、耐用性、可靠性和性能指标的提升比以往任何时候都要大。

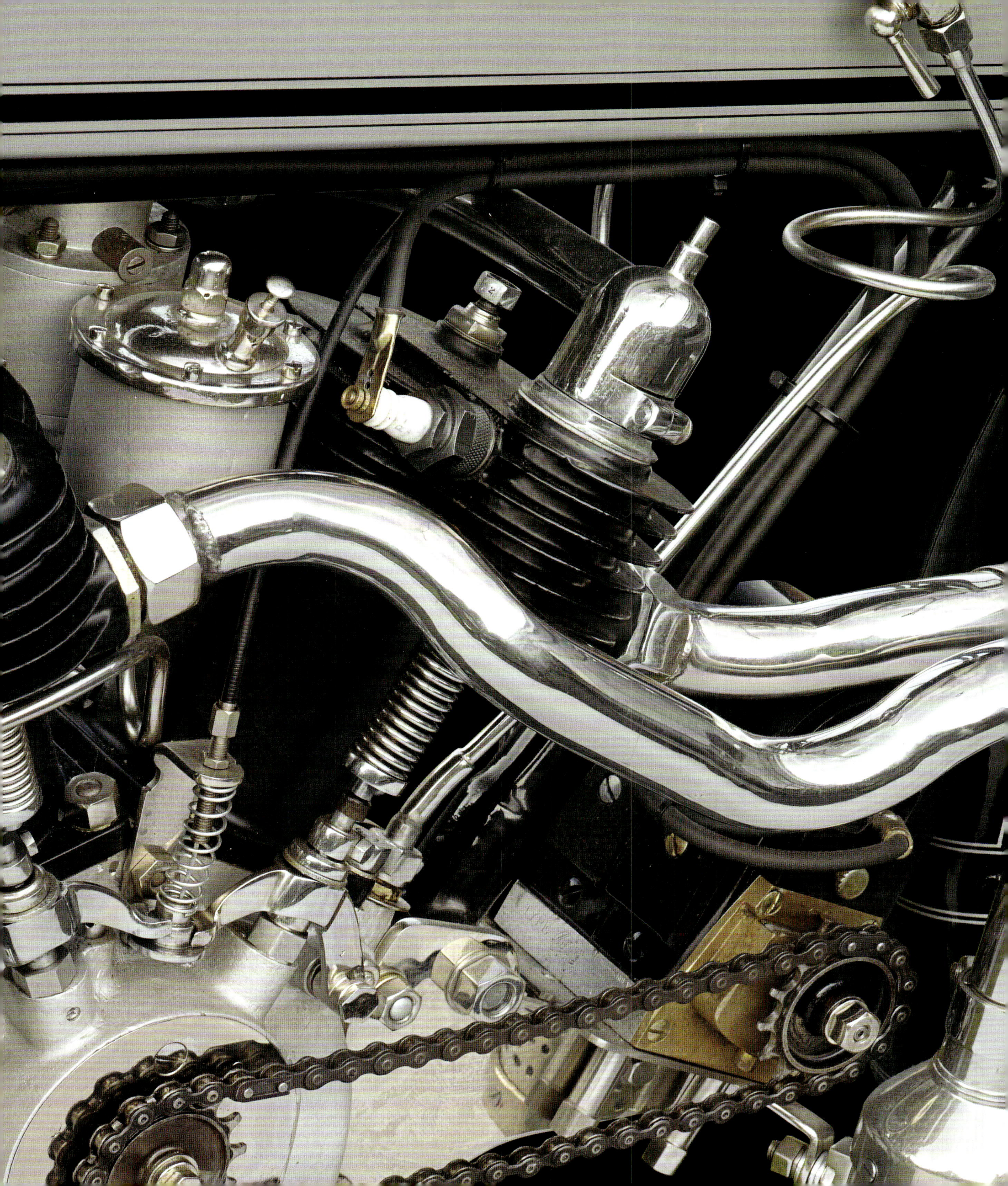

早期先驱者

19 世纪 80 年代，自行车已经发展到了相当发达的地步，当时的自行车已经和今天人们骑行的装备几乎完全相同。一旦小型内燃机被发明出来，把它装上自行车，创造出第一辆摩托车就是顺理成章。几乎所有早期摩托车的发展进程都发生在欧洲，一些设计的聪明睿智，以及另一些设计的不切实际，都同样令人惊诧。

△ **海尔布朗德 & 沃尔夫穆勒 摩托车 1894**

国别 德国

发动机 1489 立方厘米直列双缸

最大速度 45 公里 / 小时

世界上第一款量产型摩托车。该车后轮兼做飞轮 / 曲轴，发动机通过两根相连的连杆提供直接驱动，后轮上方配有挡泥板。

▽ **戴姆勒 骑行车 1885**

国别 德国

发动机 264 立方厘米单缸

最大速度 11 公里 / 小时

戈特利布·戴姆勒（Gottlieb Daimler）和威廉·迈巴赫（Wilhelm Maybach）是活跃的摩托车先驱者。他们设计了一台高转速（600 转 / 分）轻油发动机，装在了 1885 年的“骑行车”（Reitwagen）上。

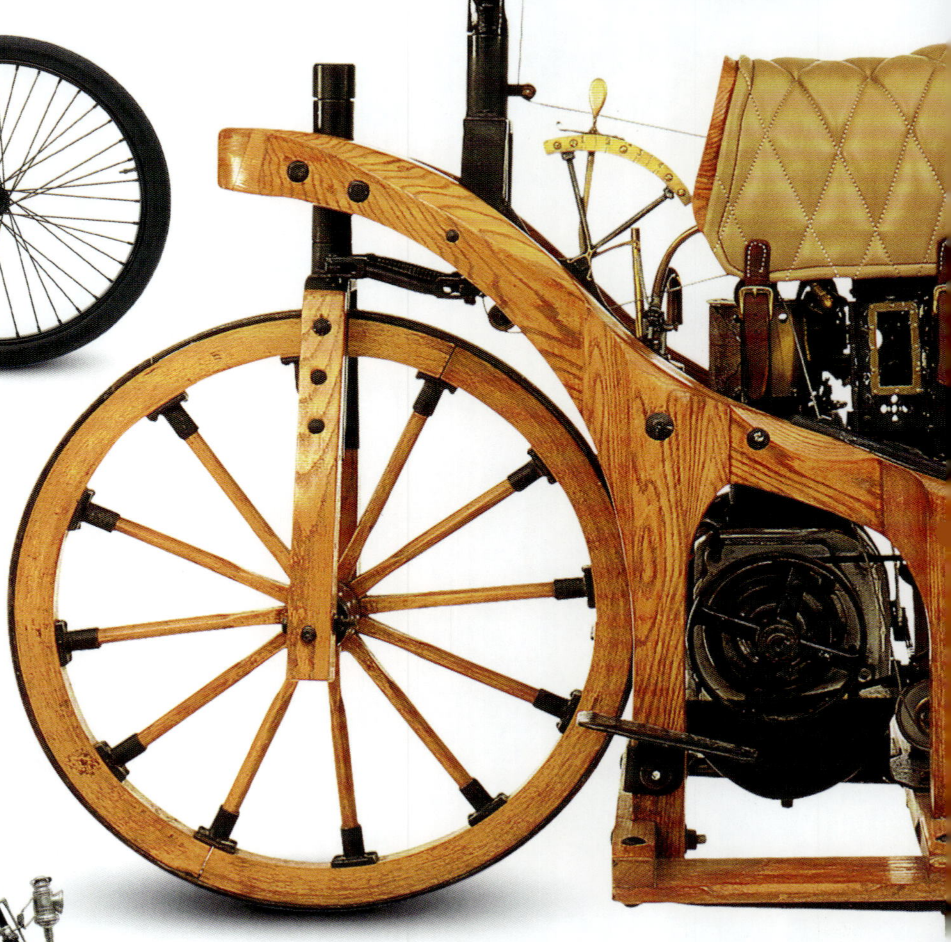

◁ **该亚尔 1899**

国别 法国

发动机 800 毫升单缸

最大速度 43 公里 / 小时

弗雷德里克·该亚尔（Frederic Gaillardet）设计过颇具先驱意味儿的法国三轮摩托车。他设计的发动机是使用可快速更换气门的侧置气门发动机。发动机安装在后轴后方。

▽ **珀克斯－伯奇 马达车轮 1900**

国别 英国

发动机 222 毫升单缸

最大速度 35 公里 / 小时

埃德文·珀克斯（Edwin Perks）和弗兰克·伯奇（Frank Birch）完成的这一设计方案灵气十足：他们将发动机、油箱、化油器和磁电机统统装进了铸铝制造的镂空后轮。

◁ **辛格尔 200 1901**

国别 英国

发动机 208 毫升单缸

最大速度 45 公里 / 小时

1901 年辛格尔（Singer）购买了珀克斯－伯奇马达车轮的制造许可，随后把这一驱动技术用于两轮摩托的后轮和三轮摩托车的前轮。生产一直持续到 1904 年。

▷ **沃纳尔 1901**

国别 法国

发动机 262 毫升单缸

最大速度 64 公里 / 小时

1902 年法籍俄裔摩托车先驱米切尔（Michel）和尤金·沃纳尔（Eugene Werner）申请了这一影响深远的摩托车布局专利——发动机被安装在车架的底部。

◁ 奥蒙德（Ormonde）1901

国别 英国

发动机 220 毫升单缸

最大速度 45 公里 / 小时

奥蒙德在这款设计精良的摩托车上使用了比利时凯利克（Kelecom）发动机，后来成为著名的维洛塞特（Velocette）品牌的鼻祖。

▷ “旋风”（Cyklon）1901

国别 德国

发动机 300 毫升单缸

最大速度 35 公里 / 小时

“旋风”使用法国沃纳尔发动机，发动机装在前叉上，通过皮带驱动前轮，这一设计让骑乘者史无前例地近距离接触噪声和废气。

◁ 亨利 · 科利尔父子公司（H. Collier & Sons）“安静无双”（Silent Matchless）1902

国别 英国

发动机 160 毫升单缸

最大速度 40 公里 / 小时

1899 年伦敦自行车制造商亨利 · 科利尔父子公司制造了自己的第一台摩托车。1901 年公司开始使用外购 MMC 发动机制造这样的摩托车。

▷ 贝利斯 · 托马斯公司（Bayliss Thomas）“精益”（Excelsior）1902

国别 英国

发动机 160 毫升单缸

最大速度 40 公里 / 小时

1896 年开始在考文垂生产的“精益”经常被认为是英国第一款摩托车。“精益”使用密涅瓦（Minerva）、德 · 迪昂（De Dion）、MMC 或沃纳尔（Werner）的发动机，发动机吊装在车架前下方。

◁ 胜利“密涅瓦”（Minerva）$2^{1}/_{2}$ 马力 1902

国别 英国

发动机 239 毫升单缸

最大速度 48 公里 / 小时

西格弗里德 · 贝特曼（Siegfried Bettmann）的胜利摩托车公司在 1902 年制造了自己第一台摩托车，该车使用比利时密涅瓦发动机，而密涅瓦发动机则是源于买自瑞士的设计。

▷ MMC 1903

国别 英国

发动机 216 毫升单缸

最大速度 48 公里 / 小时

企业家哈里 · 劳森（Harry Lawson）的考文垂发动机制造公司（MMC）制造的 MMC 1903 采用的动力装置，是一台高仿版的法国德 · 迪昂发动机。

◁ 考文垂之鹰 动力自行车 1903

国别 英国

发动机 216 毫升单缸

最大速度 42 公里 / 小时

这家维多利亚时代的自行车制造商自 1896 年开始制造摩托车。“动力自行车”的前斜梁吊装一台 MMC 发动机，皮带传动，还配有可容纳一名乘客的两轮拖车。

早期印第安摩托车，摄于1910年。

大品牌

印第安故事

作为美国最为优秀的早期摩托车制造商之一，印第安（Indian）迅速建立起无与伦比的质量和性能声望。大萧条时期印第安公司躲过一劫，但却不敌二战之后的激烈竞争，最终于1953年停产。然而近年的收购行动据称会让这个从未失去标志性地位的大品牌重获新生。

乔治·亨迪（George M. Hendee）在麻萨诸塞州斯普林菲尔德建立了亨迪制造公司，最初的产品是踏板车。1901年他联合了技术精湛的卡尔·奥斯卡·德斯托姆（Carl Oscar Hedstrom）开始制造印第安摩托车，次年开始向公众销售。

印第安标志（1930年采用）

由于坚固耐用，早期印第安单缸摩托车一度热销，印第安摩托在早期美国摩托竞速赛和耐力赛中取得了诸多荣誉，这些反过来又刺激了技术发展。印第安公司特聘车手中群星闪耀：出生于加拿大的杰克·德·罗齐尔（Jake de Rosier），他曾在标准赛道和土地赛道上取得无数桂冠；查尔斯·富兰克林（Charles B. Franklin），1912年曾在300分钟里跑完300英里（438公里）；绰号“炮弹”的埃尔温·贝克尔（Erwin “Cannonball” Baker），1914年曾用11天12小时10分横贯北美大陆。1911年举行的那场令选手们筋疲力竭的曼岛资深旅行者杯大奖赛中，印第安摩托车一举囊括了前三名，一跃成为世界摩托车工业的领导者。

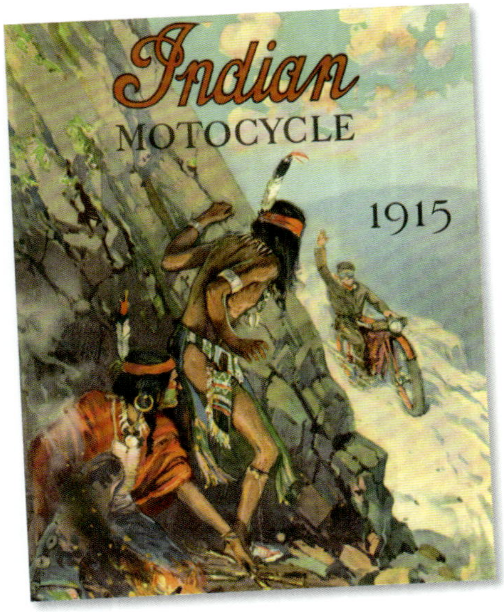

产品销售手册

正如这份1915年的销售手册所显示的那样，早期印第安在宣传中经常使用印第安土著形象，其目的是营造一种坚固耐用和冒险刺激的产品形象。

1907年，印第安公司开发出V形双缸活塞发动机，这一发动机构型后来成为美国摩托车工业的代名词。相互成42度角排列的V形发动机，以及1913年开始采用的带后缘连接前叉的片状弹簧前减震器，都成为印第安的专有标签。1915年推出的61立方英寸（1000毫升）的“加力”（Powerplus）V形双缸摩托车，印第安公司把原来的上进气下排气的布局换成了侧置气门布局，使发动机更安静也更清洁。一战期间，印第安总计为美军生产了超过40000台双缸摩托车。

20世纪20年代初，印第安公司相继推出了45立方英寸（750毫升）“侦察兵”（Scout）、61立方英寸（1000毫升）的“酋长”（Chief）和74立方英寸（1200毫升）的“大酋长”（Big Chief）。这3款摩托车由查尔斯·富兰克林（Charles Franklin）担纲设计，以强劲的动力、良好的可靠性和舒适性著称。这3款产品的成功让印第安公司成为世界上最大的摩托车企业，年产摩托车达到了250000辆。

收购经营失败的王牌公司（Ace）后，印第安在1927年推出了一款4缸摩托车——印第安“王牌”。通过为该车增加两个曲柄轴承并加固车架，1928年印第安公司又推出了第一款77立方英寸（1264毫升）的“四缸”摩托车。

1928年“101侦察兵”推出，这款坚固强悍且平衡性非常好的摩托车将印第安的声望带到了顶峰。也就在此时，福特T型车等价格低廉的汽车开始逐渐蚕食美国原本兴旺的摩托车市场，尽管印第安公司专业技术雄厚且尝试过多种经营，但还是损失巨大。幸运的是工业巨头杜邦公司（Du Pont）在1929年华尔街崩盘前接手收购了印第安

> “你不可能弄坏印第安‘侦察兵’。”
>
> *20世纪20年代广告宣传词*

印第安在澳大利亚

这张照片拍摄于1921年的澳大利亚。两名澳大利亚军人乘坐一辆威风凛凛的印第安V形双缸挎斗摩托车，车轮辐条也被包覆起来。

单缸 $1^3/_4$ 马力

1901 印第安公司创立，先后制造了一款原型车和两款量产型摩托并完成了测试。
1902 第一款采用创新性支带传动和流线外形的印第安摩托车上市销售
1903 印第安的联合创始人兼总工程师奥斯卡·德斯托姆创造了 56 英里（90 公里）/ 小时的摩托车速度纪录。
1904 1904 年圣路易博览会上印第安公司荣获杰出机械技术金质奖章

V 形双缸跑车

1907 经过数年研发与测试，印第安公司推出美国第一款量产型 V 形双缸摩托车。纽约警察局选定印第安摩托作为其第一支摩托巡警队的专用车辆。
1909 印度安公司首次将汽油箱安设在环形车架的水平梁前部。
1911 印第安摩托车在曼岛资深旅行者杯大奖赛中囊括前三名。
1914 印第安开始销售世界上首批采用电车灯和启动电机的摩托车。

“酋长”（Chief）

1920 45 立方英寸（750 毫升）“侦察兵”（Scout）推出。
1922 61 立方英寸（1000 毫升）“酋长”推出。
1928 第一款完全由印第安制造“四缸”（Four）上市。
1929 杜邦收购印第安公司
1937 印第安赛车手爱德华·克莱茨（Ed Kretz）夺得首届代顿纳（Daytona）200 大赛冠军。
1945 拉尔夫·罗杰斯（Ralph B. Rogers）从杜邦手中接管了印第安。
1947 印第安发布了一系列新款垂直双缸摩托车。
1948 弗洛伊德·埃姆德（Floyd Emde）夺取了印第安最后一个代顿纳 200 冠军。

Velo 500

1949 布罗克豪斯（Brockhouse）所属的印第安经销公司成立。
1953 斯普林菲尔德工厂停产。
1955 皇家恩菲尔德（Royal Enfield）摩托车开始以贴牌方式作为印第安摩托车在美国市场销售。
1960 英国联合摩托车集团收购印第安经销公司。
1968 弗洛伊德·克莱默（Floyd Clymer）销售以印第安名义销售欧洲贴牌摩托车。
1999 IMC 在加利福尼亚开始生产。
2004 新的印第安品牌持有者斯特利根（Stellican）建立了一家工厂。
2011 北极星工业公司（Polaris Industries）收购印第安。

印第安车队

1922 年洛杉矶摩托公司展示一批新款印第安摩托车。美国警察使用印第安来追逐那些超速飙车的违法者。

公司，为摩托车生产注入了大笔资金。

印第安公司不断改进“四缸”摩托车，但 1936 年将发动机从上进下排改为上排下进的调整被证明是个错误。半年之后印第安公司决定恢复原设计，但销售开始大幅缩水。

1940 年，杜邦公司原发动机工程师布里格斯·韦弗尔（W. Briggs Weaver）在印第安摩托车上应用了自己的专利技术，研发出一系列流线型摩托产品，这些摩托车拥有全包覆挡泥板，这成为后来“美利坚志”（Americana）摩托的标志性特征。同年，“酋长”和“四缸”摩托车车架上开始使用活塞式后悬挂系统。美国加入第二次世界大战时，印第安制造了创新色彩浓郁的 841 型 V 形双缸摩托车，该车采用横置气缸和轴传动方式，成为经典的军用摩托车。

1945 年，凭借阿特拉斯公司（Atlas Corporation）的资金支持，拉尔夫·罗杰斯（Ralph B. Rogers）接管了印第安公司。此后公司推出了韦弗尔设计的一系列全新顶置气门单缸和垂直双缸摩托车，对 V 形双缸摩托车的生产构成了冲击。这些摩托车在研发和验证工作不充分的条件下匆忙投入市场，影响了印第安公司的市场声誉。1951 年印第安公司重新把产品重点转向了“酋长”V 形双缸摩托车，该车采用增大排量的 80 立方英寸（1300 毫升）发动机，然而这一举措仍未扭转公司的财务状况。

罗杰斯决定引咎辞职。投资人们后来将印第安公司一分为二，成立了制造公司和印第安经销公司（ISC），后者的所有人是英国布罗克豪斯工程公司（Brockhouse），这家公司进口英国摩托车，贴上印第安的标签销售，由此打造出印第安“印第安婴童”（Papoose）迷你踏板车。1960 年，另一家英国公司联合机动车辆公司（AMC）收购了 ISC。

1953 年斯普林菲尔德印第安工厂停产，此后 20 年间，美国市场上行销的印第安摩托车全部是国外生产的贴牌货。1968 年 AMC 破产清算后，一位叫做弗洛伊德·克莱默（Floyd Clymer）的汽车出版商、印第安车迷试图重新恢复印第安品牌。克莱默利用欧洲进口部件制成了 V 形双缸印第安摩托车，但此举宣告失败，此后克莱默转而销售由意大利伊塔尔杰特公司（Italjet）生产并贴牌印第安的单缸和垂直双缸摩托车，这些摩托车使用英国维洛塞特和皇家恩菲尔德发动机。这些营销活动随着 1970 年克莱默去世而宣告终止。

无论如何，印第安崇高的品牌价值仍在持续，吸引了许多人试图从中获得商业利益。20 世纪 90 年代，有人宣称恢复印第安品牌，还有许多传言称大排量 V 形双缸印第安摩托车将要恢复生产。1999 年，经过法庭裁决，位于加利福尼亚的印第安摩托车公司使用外购的 V 形双缸发动机开始生产，但产品技术一直不过关，生产经营活动无法盈利。

5 年之后，英国私营股份公司购买了印第安商标权，组建了印第安摩托车有限公司（IML），自 2009 年起在北卡罗来纳工厂使用专利发动机生产 V 形双缸摩托车，2011 年随着 IML 被明尼波利斯的北极星工业公司收购，生产停止。

北极星公司是一家生产“胜利”（Victory）摩托车、全地形车和雪地摩托车的老牌公司，凭借雄厚的资源，北极星公司完全有能力让印第安品牌在颠沛流离 50 年之后重振雄风。

三轮摩托车

19 世纪末，三轮脚踏车的发展势头和双轮自行车一样迅猛。这一时期三轮摩托车也同样博得了发明者们的关注，毕竟在配装沉重的发动机情况下，三轮摩托车比两轮摩托车更容易操控。但是发动机驱动两个后轮推动车辆前进并不容易，因此不少三轮摩托车很快就把布局颠倒过来，改为单后轮驱动，并在前方安装座椅，可以搭乘一到两名乘客。

△ 亨伯三轮摩托车 1894
国别 英国
发动机 400 毫升单缸
最大速度 48 公里 / 小时

自行车制造商亨伯公司（Humber）以许可制造的形式生产这些德迪昂三轮摩托车，这些车在销售时也被称作比斯顿－亨伯（Beeston-Humber）。

△ 丹尼斯“速度之王”三轮摩托车 1898
国别 英国
发动机 250 毫升单缸
最大速度 48 公里 / 小时

萨里郡吉尔福德的丹尼斯公司（Dennis）最初制造自行车，后来转向卡车，期间制造了这款运动型三轮摩托车，该车后部安装一台英国制造的德迪昂型发动机。

▷ 阿利尔三轮摩托车 1898
国别 英国
发动机 239 毫升单缸
最大速度 39 公里 / 小时

在开始制造这款畅销三轮摩托车之前，伯明翰的阿利尔公司（Ariel）已经生产了 28 年自行车，该车使用德迪昂发动机，安装在后轴后方。

△ 世纪（Century）$3^{1}/_{2}$HP 前厢车 1902
国别 英国
发动机 510 毫升单缸
最大速度 56 公里 / 小时

这台三轮前厢摩托车通过长长的手柄控制转向，油门、刹车和燃油混合都是手动控制，驾驶这台车一定手忙脚乱。发动机是德迪昂、阿斯特尔（Aster）或 MMC。

▷ 德迪昂－布顿 $1^{1}/_{4}$CV 三轮摩托车 1900
国别 法国
发动机 185 毫升单缸
最大速度 37 公里 / 小时

马奎斯·儒勒·阿尔伯特·德迪昂（Marquis Jules-Albert de Dion）设计了第一款高转速发动机，试车最高转速达到了 3500 转 / 分，额定工作转速为 2000 转 / 分，对于这辆三轮摩托是理想的驱动动力。

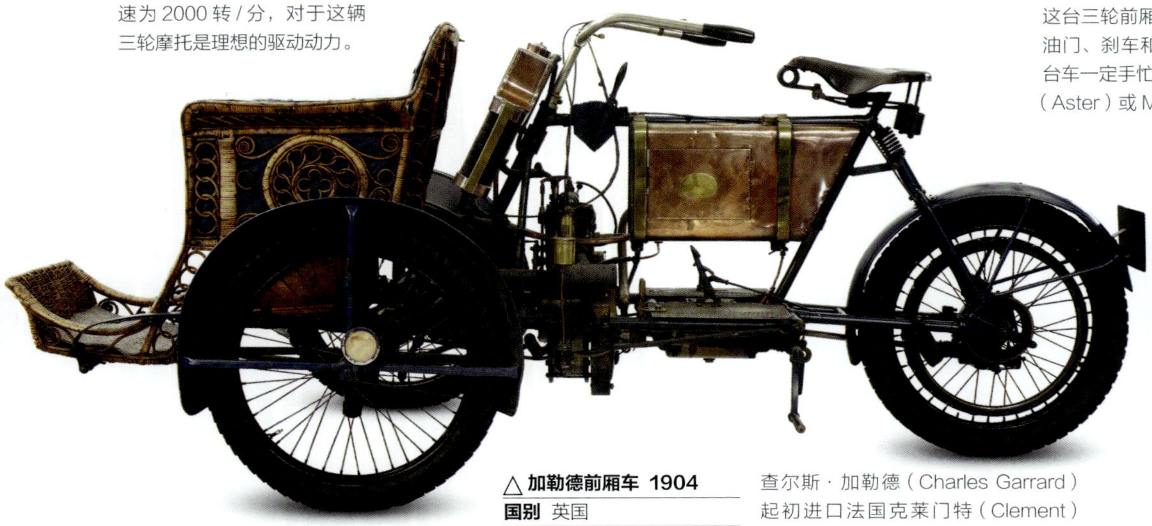

△ 加勒德前厢车 1904
国别 英国
发动机 500 毫升单缸
最大速度 56 公里 / 小时

查尔斯·加勒德（Charles Garrard）起初进口法国克莱门特（Clement）发动机并将其安装到自行车上，后来又开发了这款实用型前厢三轮摩托车，该车配用 3 速变速箱和轴传动系统。

△ 罗利公司罗利埃特串列三轮摩托车 1904
国别 英国
发动机 $3^{1}/_{2}$ 马力单缸
最大速度 60 公里 / 小时

自行车制造商罗利公司（Raleigh）在 1899 年制造了自己第一台摩托车，4 年后又推出了这款罗利埃特（Raleighette）前厢三轮摩托车。该车使用一台 $3^{1}/_{2}$ 马力水冷发动机和双速变速箱。

△ **国民公司前厢三轮摩托车 1904**

国别 英国

发动机 3 马力双缸

最大速度 80 公里 / 小时

这款配用水冷双缸发动机的三轮摩托车是当时最为先进的三轮摩托之一，但随着更好的不必让人挨晒受冻的车辆出现，这款车很快过时。

△ **象限仪前厢三轮摩托车 1904**

国别 英国

发动机 6 马力，2 台单缸发动机

最大速度 64 公里 / 小时

在这台三轮摩托车上，象限仪公司（Quadrant）采用了独特方式实现多种功率需求：将两台发动机并列安装。在重载情况下，驾驶员可以启动第二台发动机以提升功率。

◁ **莱利公司 4$^1/_2$HP 前厢三轮摩托车 1904**

国别 英国

发动机 517 毫升单缸

最大速度 61 公里 / 小时

莱利公司（Riley）不断升级其前厢三轮摩托车产品。这款车配有可选双速变速箱，其车座和车把不久就被更换，其外观更像是一辆汽车。

◁ **雷克斯雷克塞特 5HP 1905**

国别 英国

发动机 632 毫升单缸

最大速度 72 公里 / 小时

这款被誉为“小型车之王”的雷克塞特（Rexette）三轮摩托车为驾驶者配备了很棒的座椅，水冷发动机采用全包覆设计，使用双速变速箱，1905 年甚至还装上了方向盘。

◁ **自行载运车“豪华”三轮摩托车 1910**

国别 英国

发动机 636 毫升单缸

最大速度 76 公里 / 小时

约翰 · 韦勒（John Weller）的运输三轮车，也就是后来 AC 三轮车的前身，在市场上大获成功，行销多年。这台“豪华”（Deluxe）的发动机安装在座椅下方，采用风扇冷却。

△ **克莱诺军用挎斗摩托车 1914**

国别 英国

发动机 744 毫升 V 形双缸

最大速度 80 公里 / 小时

克莱诺（Clyno）军用挎斗摩托车装有史蒂文斯（Stevens）AJS 发动机，英军在一战中使用过数百辆。车上通过三脚架安装一挺重机枪。

一个产业的诞生

20 世纪之初，数以百计的企业家看到了巨大的商业潜力，纷纷投身摩托车制造浪潮。一些人是为了赚取眼前的商业利益，另一些人则是为了跻身一项快速发展的新技术。这一时期人们尝试过各种悬挂方式和早期变速箱，发动机设计越来越精良，摩托车行驶速度也越来越高。

◁ **劳林 · 克莱门特 · 斯拉维亚 $1^1/_2$HP B 型 1903**

国别 波希米亚（现捷克共和国）

发动机 184 毫升单缸

最大速度 40 公里 / 小时

劳林 · 克莱门特 · 斯拉维亚公司成立于 1895 年的奥匈帝国，以制造自行车起家，后来成为著名的斯柯达公司（Skoda）。该公司从 1899 年起生产摩托车，其产品吊装一台德迪昂发动机。

▷ **奥尔莱特 $2^3/_4$HP 1903**

国别 德国

发动机 300 毫升单缸

最大速度 64 公里 / 小时

奥尔莱特（Allright）在 1901 年前后开始生产摩托车。这款车采用比利时 FN 发动机和前后收缩带式刹车。销售时该车还采用过另一个名字——温德克特种车（Vindec Special）。

◁ **印第安单缸 $1^3/_4$HP 1904**

国别 美国

发动机 213 毫升单缸

最大速度 40 公里 / 小时

乔治 · 亨迪（George Hendee）和卡尔 · 德斯托姆（Carl Hedstrom）于 1901 年制造了该车，他们第一辆链条传动摩托车。1903 年德斯托姆创造了 90 公里 / 小时的摩托车速度世界纪录。

▷ **前进 $2^3/_4$HP 1904**

国别 英国

发动机 360 毫升单缸

最大速度 64 公里 / 小时

前进公司（Advance）的摩托车发动机设计先进，配用机械式排气阀和自动摆动进气阀。前进公司的发动机除配备本公司产品，还大量销售给其他厂家。

△ **巴特（BAT）2$^{1}/_{2}$HP 1904**
国别 英国
发动机 327 毫升单缸
最大速度 56 公里 / 小时

萨缪尔·巴特森（Samuel R. Batson）最初在该车简单的车架上安装德迪昂发动机，后来换成了 MMC 发动机，该车可能是最早采用后悬挂系统的摩托车。

△ **雷克斯 3HP 1904**
国别 英国
发动机 372 毫升单缸
最大速度 48 公里 / 小时

自称为“英国摩托之王”的雷克斯公司（Rex）在 1904 年摩托车展览会上展出了超过 50 款产品，其中包括这辆车，所有部件都由雷克斯自行制造。

▷ **雷克斯 500 SV 1907**
国别 英国
发动机 500 毫升单缸
最大速度 76 公里 / 小时

哈罗德·威廉姆斯（Harold Williams）和比利·威廉姆斯（Billy Williams）在这款车上采用了发动机托架、弹簧前叉、弹簧减震车座、机械式排气阀等多项专利技术，使雷克斯公司（Rex）一举成为英国摩托车行业领导者。

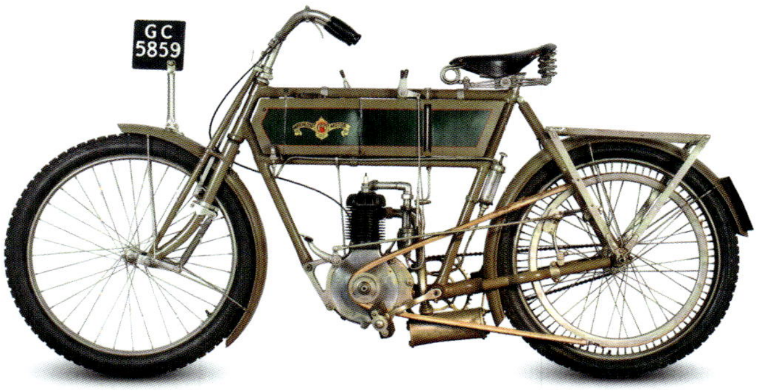

△ **无双 2$^{1}/_{2}$HP 1905**
国别 英国
发动机 327 毫升单缸
最大速度 48 公里 / 小时

无双公司（Matchless）在 1905 年为摩托车增加了前铰接式前悬挂系统，该车先后配用过 MMC、德迪昂和 JAP 发动机，其中 MMC 发动机是最小巧的。

▷ **NSU 3 HP 1906**
国别 德国
发动机 402 毫升单缸
最大速度 56 公里 / 小时

以针织机制造起家的 NSU 公司得名于其所在城市内卡苏尔姆（Neckarsulm），这款结构简单的轻型摩托车应用了很多来源于竞速赛的创新技术。

△ **林肯 Elk 3HP 1908**
国别 英国
发动机 402 毫升单缸
最大速度 64 公里 / 小时

詹姆斯·柯比（James Kirby）在 1902 年开始在林肯制造配用 2.25 马力发动机的林肯 Elk，后来又发展出采用 3 马力和 3.5 马力发动机的型号。

△ **道格拉斯 D 型 1910**
国别 英国
发动机 339 毫升水平对置双缸
最大速度 73 公里 / 小时

1907 年制造了自己第一辆摩托车之后，道格拉斯公司研制出水平对置双缸摩托车，上市后非常畅销。1909 年道格拉斯又开始提供可选装双速变速箱。

西雅图摩托车俱乐部 1911

摩托车开始行销不久，美国就出现了最早的摩托车俱乐部。这些摩托车俱乐部是社会群体，经常组织野餐会、登山和公路赛等活动，他们也经常交流各种信息和摩托车使用经验。

一个产业的诞生（续）

许多摩托车厂商开始自行制造发动机，而不再满足于采购或许可生产。20 世纪第一个十年中，摩托车总体设计逐渐固化下来：骑跨式油箱、发动机垂直置于下方，后部可选式变速箱。随着发动机功率不断提升，脚踏板开始消失，人们开始考虑其他方式来启动摩托车。

◁ 凯旋 $3^{1}/_{2}$ HP 跑车 1908

国别 英国

发动机 474 毫升单缸

最大速度 77 公里 / 小时

这款价格适中的两冲程轻型摩托车绰号“凯旋宝贝”，配用双速变速箱，取消了驱动踏板。一战后凯旋摩托经过改进，一直销售到 1925 年。

◁ 亨伯 $3^{1}/_{2}$ HP “旅行” 1910

国别 英国

发动机 500 毫升单缸

最大速度 92 公里 / 小时

1909 年，亨伯公司（Humber）携这款弹簧前叉和可选双速后轴的常规布局摩托车重返摩托车制造业。

△ 凯旋 $2^{1}/_{4}$ HP 朱尼尔 “宝贝” 1913

国别 英国

发动机 225 毫升单缸

最大速度 56 公里 / 小时

一战爆发前不久推出的这款凯旋经济型摩托车采用双速变速箱，取消了驱动踏板，在支立状态便可启动。

▽ 拉奇 “多速” 1914

国别 英国

发动机 499 毫升单缸

最大速度 105 公里 / 小时

推出自己首款摩托车一年后，拉奇公司（Rudge）生产了这款“多速”（Multi），该车通过使用可调齿槽深度的传动轮提供多达 21 种前进速度。

△ 拉奇 $3^{1}/_{2}$HP 1911

国别 英国

发动机 499 毫升单缸

最大速度 80 公里 / 小时

1909 年，老牌自行车制造商拉奇公司开始销售沃纳尔摩托车，后来又在 1911 年制造出这款上进下排的 3.5 马力摩托车。

△ 罗弗 500 TT 1913

国别 英国

发动机 500 毫升单缸

最大速度 101 公里 / 小时

从 1902 年到 1924 年，罗弗公司（Rover）制造了超过 10000 辆摩托车。1910 年罗弗推出了新型 3.5 马力摩托车，在此基础上又发展出这款缩短型 TT。该车在 1913 年赢得了曼岛 TT 大奖赛团体冠军。

▷ 袖珍发动机 $2^{1}/_{2}$ HP 1913

国别 瑞士

发动机 293 毫升单缸

最大速度 48 公里 / 小时

1900 年起，亨利·丢弗（Henri Dufaux）和阿曼德·丢弗（Armand Dufaux）兄弟开始销售“袖珍发动机”（Motosacoche），可以安装在自行车上，如图所示。后来他们生产的 MAG 发动机行销全世界。

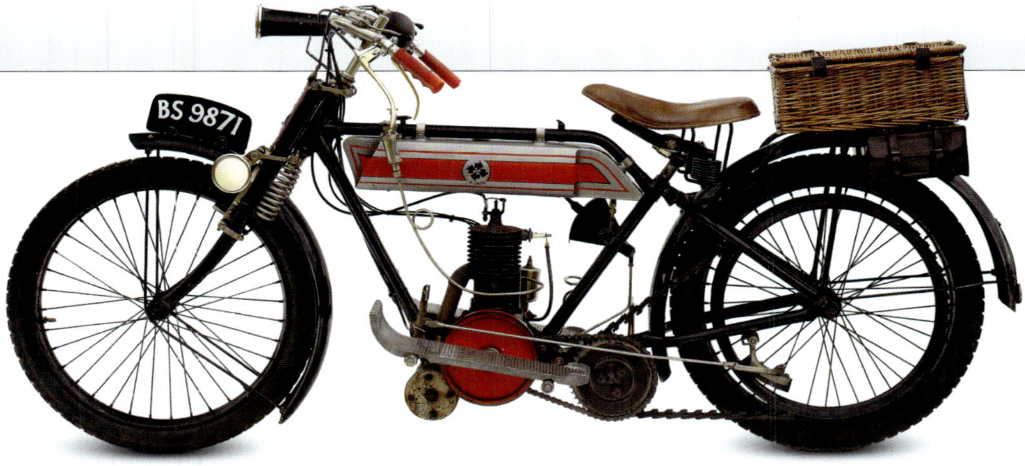

△ **TD 克罗斯父子公司 TDC 31/2 HP 1914**

国别 英国

发动机 300 毫升单缸

最大速度 56 公里 / 小时

以自行车配件起家的 TD 克罗斯父子公司（TD Cross & Sons）转战摩托车行业后，曾为许多摩托车品牌制造发动机。从 1914 年到 1915 年，该公司使用自产的“精准”（Precision）发动机制造整车。

△ **阿利尔 3$^{1}/_{2}$ HP 跑车 1914**

国别 英国

发动机 499 毫升单缸

最大速度 97 公里 / 小时

1911 年阿利尔公司开始制造怀特 & 波普（White & Poppe）发动机，在这款质量上乘但产量有限的摩托车上，装有可选 3 速变速箱（如图）。

△ **太阳 2$^{1}/_{2}$HP 1914**

国别 英国

发动机 269 毫升单缸

最大速度 64 公里 / 小时

太阳公司（Sun）1885 年在伯明翰开始生产自行车配件，1911 年开始生产自己的摩托车。1919 年太阳公司推出了这款采用 2 冲程维利尔斯（Villiers）发动机和双速变速箱的摩托车。

△ **BSA 4$^{1}/_{2}$ HP 1914**

国别 英国

发动机 556 毫升单缸

最大速度 100 公里 / 小时

历史悠久的军械制造商 BSA 公司先是制造摩托车配件，后于 1910 年起生产 3.5 马力整车，一战爆发时又推出了这款动力更强的车型。

△ **耶鲁 6$^{1}/_{2}$HP 37 型 1914**

国别 美国

发动机 1000 毫升 V 形双缸

最大速度 115 公里 / 小时

1910 年联合制造公司在其 500 毫升单缸摩托车基础上换装最早的 V 形双缸发动机，1913 年该车换装了更灵动的车架。

▽ **阳光公司“单缸”1914**

国别 英国

发动机 500 毫升单缸

最大速度 89 公里 / 小时

阳光公司（Sunbeam）起初制造高品质自行车，后来是汽车，再后来是摩托车。1914 年首款阳光摩托车就是这款 3.5 马力单缸车，此后不久即发展到双缸车。

20 世纪 30 年代的
恩菲尔德 J 型摩托车

大品牌

皇家恩菲尔德故事

第一台皇家恩菲尔德摩托车诞生于 1901 年，这一品牌一直生产到今天。皇家恩菲尔德的故事可以追溯至英国的工业革命，并一直延续到印度次大陆。在皇家恩菲尔德历史上，其常青树一般的“子弹”（Bullet）摩托车成为摩托车史上最具标志意义的型号。

19 世纪中期，在英国工业腹地的雷迪奇（Redditch），一家名为乔治·汤森德公司（George Townsend）的企业开始制造缝纫机针等机器零件，后来公司业务拓展到自行车制造。1890 年创立者汤森德离开公司，阿尔伯特·伊迪（Albert Eadie）和罗伯特·史密斯（Robert Smith）接管公司。由于承接了为米德尔塞克斯郡的恩菲尔德皇家枪械制造厂生产步枪零件的业务，乔治·汤森德公司在 1892 年更名为恩菲尔德制造公司，并于次年获得了公司名前的“皇家”前缀。

皇家恩菲尔德最初的机动车辆生产始于 1899 年。这一年公司生产了一种 1.5 马力发动机，用于驱动三轮或四轮车辆。1909 年皇家恩菲尔德制造了自己的第一款摩托车：$2^{1}/_{4}$ 马力 V 形双缸车。此后公司又推出更大排量的车型，生产一直持续到第一次世界大战爆发。

皇家恩菲尔德在摩托车友心目中是一家专门生产坚固可靠产品的厂商，正如公司宣传口号所说的那样：“像枪械一样牢靠 ...”——皇家恩菲尔德在一战时期曾为英军提供产品，其中包括担架救护摩托车和机枪武装摩托车。这一时期皇家恩菲尔德开始自行研制自己的首批摩托车发动机，而在过去公司都是用外购发动机生产摩托车。皇家恩菲尔德在发动机上展现的创新色彩体现在他们的首台 3 缸两冲程发动机原型机上。

皇家恩菲尔德标签（1955年采用）

一战结束后，皇家恩菲尔德发展了一系列新型发动机和新车型。1918 年先是推出了 976 毫升双缸发动机，1924 年又发布了首款皇家恩菲尔德单缸四冲程摩托车，该车使用 JAP 发动机。此时，皇家恩菲尔德凭借其挎斗摩托车的热销开始大规模盈利，陆续推出自己的新款车。从 1920 年到 1930 年这 10 年间，皇家恩菲尔德生产规模迅速扩大，到 1930 年公司的产品线已经颇为丰富，其中包括小型 225 毫升排量侧置气门摩托车和大型双缸摩托车。

1931 年皇家恩菲尔德发布了其最受推崇的车型“子弹”（Bullet），这是一款单缸车，随着后来 350 毫升“子弹”的推出，350 毫升“子弹”摩托车成为皇家恩菲尔德战后车型的核心基础。“子弹”采用了多项创新技术，其中包括伸缩套筒式前叉和带早期摇臂的先进后悬挂系统。但是就在这款车还未充分被大众认可时，第二次世界大战的阴云已经逼近。皇家恩菲尔德重新规划其生产，开始为英军制造各种军用车型，其中包括一种称作“飞行跳蚤”（Flying Flea）的微型摩托车，该车可以利用贮箱随伞兵一起空投。

二战结束后的经济复苏大潮中，皇家恩菲尔德在 1947 年推出的 J2 型摩托车上，沿用了伸缩套筒式前减震器和摇臂式后悬挂。1949 年，作为对老对手凯旋公司成功的“快速”双缸车的回应，皇家恩菲尔德推出了一款 500 毫升双缸摩托车。同年，皇家恩菲尔德拿到了为印度陆军生产“子弹”摩托车的订单，6 年后恩菲尔德印度有限公司成立。最初皇家恩菲尔德将 350 毫升“子弹”的散件运到印度组装，最后在印度实现了整车制造。

20 世纪 50 年代的英国经济经历着

年轻人的爱物

20 世界 50 年代末，恩菲尔德开始将产品线拓展到更低排量的公路车型，其中包括 250 毫升的“十字军”，专门用以吸引年轻的摩托车手。

182 型“运动”

1892 恩菲尔德制造公司成立，次年公司名称前获得“皇家”前缀。

1899 皇家恩菲尔德推出首批机动车辆，其中包括三轮车。

1909 使用外购发动机的 21/4 马力 V 形双缸车发布。

1914 皇家恩菲尔德首次在 V 形双缸车上使用自制发动机。

1924 采用 350 毫升 JAP 发动机的首款四冲程单缸车问世。

K 型摩托车

1931 皇家恩菲尔德发布新型单缸车，1932 年定名为“子弹”。

1936 使用 4 气门单缸发动机的恩菲尔德 JF 摩托车发布。

1939 “子弹” 350 发布，成为战后车型的核心产品。

1947 伸缩套筒式前叉应用在新款 J2 上。

1948 500 毫升双缸车发布，生产持续 10 年。

1956 恩菲尔德印度有限公司成立，以许可制造方式在印度生产整车。

“子弹”测试款

1960 皇家恩菲尔德开始用恩菲尔德的商标名在美国市场销售。

1962 E & HP 史密斯集团收购皇家恩菲尔德。

1965 面向美国市场的 750 毫升“截击者”双缸车推出。

1967 埃尔科工装夹具公司收购了皇家恩菲尔德商标。恩菲尔德精准工程公司成立。

1971 最后一批英国制造摩托车出厂。恩菲尔德印度公司成为独立公司。

350“子弹－男子气概”

1973 针对印度年轻摩托车迷的“十字军”发布。

1984 恩菲尔德印度公司开始向英国出口摩托车。

1990 “金牛座－迪赛尔”成为世界首款柴油动力摩托车。

1994 艾彻集团收购恩菲尔德印度公司，并更名为最初的英国名称：皇家恩菲尔德摩托有限公司。

2004 “子弹－光明国际”在英国发布。

快速发展，恩菲尔德摩托车产品线扩大到涵盖几乎所有车型，从 125 毫升单缸车一直到 750 毫升“流星”（Meteor）双缸车。在美国，恩菲尔德摩托车最初以印第安商标销售，随着 1960 年印第安公司被并购，恩菲尔德摩托开始使用皇家恩菲尔德名称。

1962 年皇家恩菲尔德被 E & HP 史密斯集团收购后，产品定位出现偏差。公司面向年轻骑乘者推出的 250 毫升运动款和 250 毫升 GP5 公路赛车外形相当古板晦涩，难以匹敌日本进口摩托车。到 1967 年，皇家恩菲尔德的产品线萎缩到只剩下一款 750 毫升“截击者”（Interceptor）。

1967 年，雷迪奇工厂关闭，新企业恩菲尔德精准工程公司成立，但生产仅持续 4 年，1971 年宣告停产。与此同时，恩菲尔德印度公司成为完全独立公司并日益壮大。“子弹”系列在印度一直按照 1954 年款型维持生产，仅针对当地环境作过小幅改进。

工作与表演

除了用于司法部门的日常工作，皇家恩菲尔德摩托车还成为印度警察部队表演队的座驾。

军事用途

英国本土辅助服务队的女成员驾驶一辆 350 毫升四冲程恩菲尔德摩托车。二战时期皇家恩菲尔德还为英军生产过 126 毫升两冲程摩托车。

20 世纪七八十年代，恩菲尔德印度公司不断拓宽产品线，推出了针对年轻人市场的 175 毫升“十字军”（Crusader）两冲程摩托。80 年代又推出了一系列轻型摩托车，其中包括“银色升级”（Silver Plus）无上梁摩托车，该车配备专为女性骑手设计的半自动换档机构。恩菲尔德印度公司这一时期产销两旺，其产品甚至返销英国和欧洲。

> “枪械一样精良，子弹一般疾驰。”
>
> *皇家恩菲尔德箴言*

此后 20 年恩菲尔德印度势头一直不错。该公司生产的 500 毫升经典款“子弹”出口一直持续到 1990 年。从 1993 年到 2002 年，公司还生产了灵气十足但反应略带迟缓的 325 毫升“金牛座”柴油摩托车。90 年代中期公司财务状况开始走下坡路，但随着 1996 年印度企业巨头艾彻集团并购恩菲尔德印度公司，公司得以复苏。2004 年公司取得了使用皇家恩菲尔德名称的权利。

如今皇家恩菲尔德公司主要在金奈（Chennai）的总部工厂里从事生产，其产品线不算宽，其中包括少数“子弹”和“经典”500，这些车融合了战后古典风格和 21 世纪燃油喷射等特征，成为国际市场上一家颇为成功的公司。皇家恩菲尔德这一源起于英国的公司如今凭借其印度分支重新繁盛起来，其产品兼具经典设计和可靠耐用的发动机。这是老牌帝国卷土重来的一个令人惊奇的例证。

多缸摩托车

工程师们认为采用多气缸发动机是提升摩托车功率的途径，特别对于挎斗摩托车更是如此，他们通过不断试验改进了动力传输流畅性和驾驶舒适性。V 形双缸发动机外形紧凑，非常适合常规车架，似乎是理想解决方案。然而另外一些人也尝试使用各种布局的水平双缸发动机，甚至是直列四缸发动机，把它像汽车发动机那样前后纵向装上摩托车架。

▷ 密涅瓦 4$^{1}/_{2}$ HP

V 形双缸 1906

国别 比利时

发动机 577 毫升 V 形双缸

最大速度 80 公里 / 小时

在 1909 年以前，西拉维·德·扬（Sylvain de Jong）的密涅瓦公司一直生产高品质 V 形双缸车（如图）和单缸车，此后则转而生产豪华汽车。

△ 诺顿 5HP

V 形双缸 1906

国别 英国

发动机 700 毫升 V 形双缸

最大速度 129 公里 / 小时

1902 年公司建立不久，詹姆斯·诺顿（James Norton）就开始用标致发动机制造摩托车。诺顿公司骑手雷姆·福勒（Rem Fowler）在 1907 年首届曼岛 TT 大奖赛中驾驶一辆与此车类似的赛车夺得双缸车组冠军。

▽ 威尔金森 TMC 1912

国别 英国

发动机 848 毫升直列四缸

最大速度 120 公里 / 小时

从 1911 年到 1916 年，威尔金森斯沃德公司（Wilkinson Sword）生产的这种顶级摩托车采用轴传动技术和全悬挂系统，还配有汽车那样的水冷发动机。

△ FN "四缸" 1911

国别 比利时

发动机 498 毫升直列四缸

最大速度 72 公里 / 小时

1905 年出现的 362 毫升"四缸"车开启了这种革命性轴传动豪华四缸车的时代，1914 年排量增至 748 毫升，一战后仍有生产。

△顶点 8/10 HP 渐开线 1913

国别 英国

发动机 986 毫升 V 形双缸

最大速度 137 公里 / 小时

该车使用弗雷迪 · 巴恩斯（Freddy Barnes）发明的渐开线齿轮，将可调传动轮与前后滑动后轮联合配置。这种机构曾作为不公平技术在比赛中被短暂禁用。

▽BAT“联合”1913

国别 英国

发动机 770 毫升 V 形双缸

最大速度 72 公里 / 小时

1905 年特西尔（T. H. Tessier）接管 BAT 公司，生产出一系列坚固舒适的 V 形双缸车，非常适合作为挎斗摩托使用，为公司赢得了很高的声望。

◁NUT 3$^{1}/_{2}$ HP“运动”1914

国别 英国

发动机 497 毫升 V 形双缸

最大速度 105 公里 / 小时

NUT 公司 1912 年由休 · 马森（Hugh Mason）和乔克 · 豪尔（Jock Hall）在纽卡斯尔创立，公司生产设计精良的高速 V 形双缸车。马森在 1913 年初级 TT 大奖赛中驾驶该车夺冠。

◁皇家恩菲尔德 3 HP V 形双缸 1914

国别 英国

发动机 425 毫升 V 形双缸

最大速度 97 公里 / 小时

专注于汽车制造数年之后，皇家恩菲尔德公司在 1909 年重返摩托车制造业。到 1913 年时该公司生产的上进下排双缸车赢得过不少公路赛冠军。

△道格拉斯 2$^{3}/_{4}$ HP 女士款 1915

国别 英国

发动机 345 毫升水平双缸

最大速度 72 公里 / 小时

道格拉斯是最早推出女士款摩托车的公司之一。这辆女士款车低矮的上梁和增加的护板让女士们可以穿着长裙骑乘。

◁AJS D 型 1915

国别 英国

发动机 749 毫升 V 形双缸

最大速度 105 公里 / 小时

史蒂文斯家族很早就从事发动机制造，1909 年开始生产 AJS 摩托车。1913 年推出的大型 V 形双缸车经常被改装成挎斗摩托。

▷伍勒 2$^{3}/_{4}$ HP 水平双缸 1919

国别 英国

发动机 345 毫升水平双缸

最大速度 89 公里 / 小时

这款伍勒（Wooler）摩托车配用变速齿轮箱和全悬挂系统，由于采用黄色涂装而被称作“飞行香蕉”。该车参加了 1919 年曼岛 TT 大奖赛，但未能获得名次。

FN“四缸”摩托车

1905 年推出的 FN“四缸”使用专业的摩托车架和轴传动方式，是市场上最早成功的四缸摩托车之一。最初 FN“四缸”配用 362 毫升发动机，1911 年排量增至近 500 毫升，最后在 1914 年推出了 748 毫升款。至此，FN 公司用自己的产品证明四缸摩托车可以像单缸车和双缸车一样既实用又好用。

位于比利时南部的 FN（国家军械制造厂）在 20 世纪初成为单缸摩托车的早期先驱者。1905 年 FN 就研发了自己首款四缸摩托车，开创了一个全新市场空间。FN 聘用了一名广受赞誉的工程师——保罗·凯勒科姆（Paul Kelecom），此前他就以自己姓名为商标制造过许多高性能发动机，并销售给一些摩托车厂商。凯勒科姆凭借自己精湛的工程技术，为 FN 制造了一款创新性的四缸摩托车，该车后来成为其他早期四缸摩托车的技术典范。这款四缸摩托车的先进性还体现在一体化车架、点火磁电机和润滑系统。FN 四缸摩托车在发展过程中不断改进：1909 年起采用鼓式后刹车；1911 年装上了可调双速变速箱；1913 年又增加了脚踏启动机。此后几年 FN 又推出了 700 型摩托车，该车一直生产到 20 世纪 20 年代初，是 FN“四缸”系列的最终型号。

前视图

后视图

从步枪到摩托车

就像公司的全名所表现的那样，FN 公司最初为比利时军队制造弹药。1900 年公司开始摩托车制造，其标志中就结合了步枪图案和自行车脚踏板图案，代表了公司两个主要业务板块。

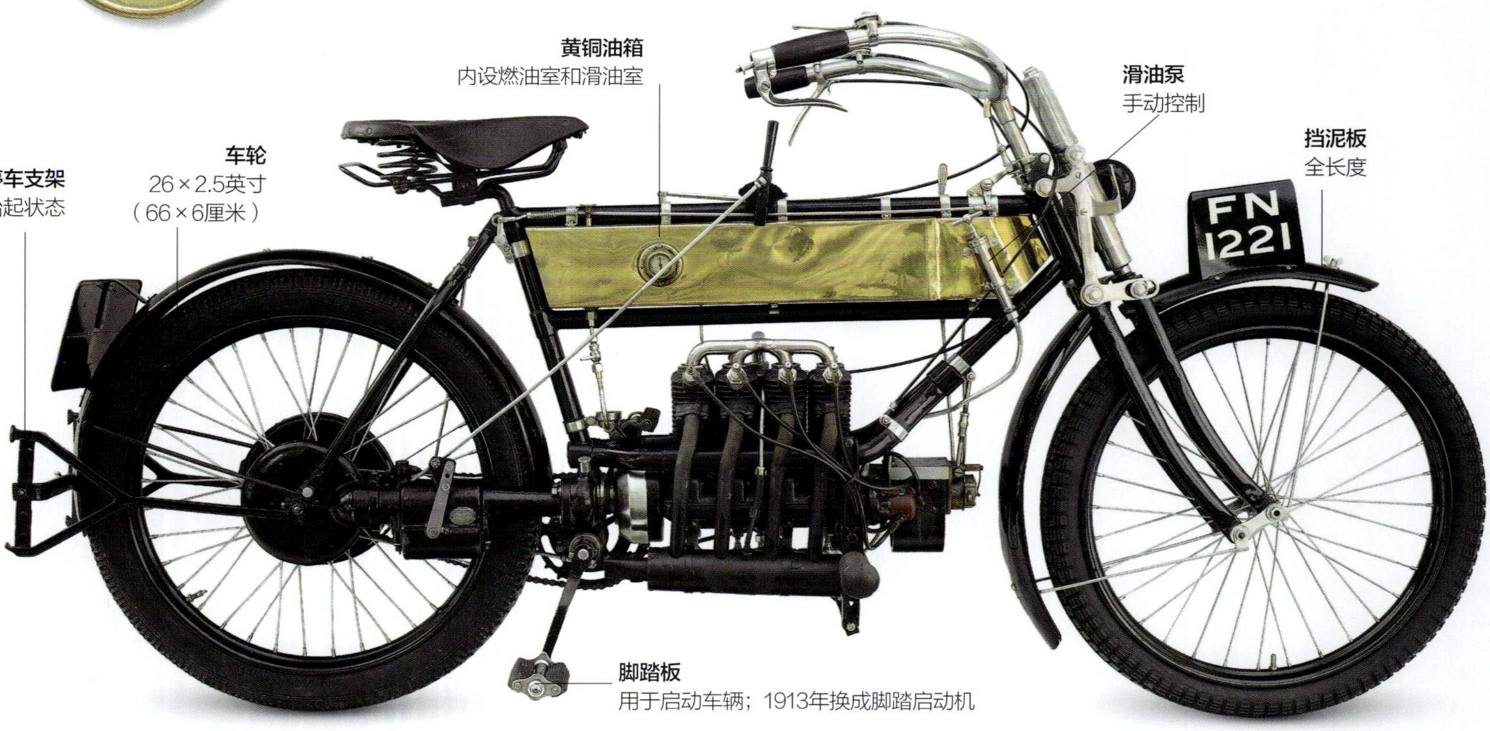

性能指标	
型号	FN“四缸”（1911）
装配	赫斯塔尔，比利时
生产	1904–1923
结构	承载式车架
发动机	498 毫升直列四缸
输出功率	5 马力
传动	单速
悬挂	底部铰接式前叉，刚性后悬挂
制动	后收缩带鼓式刹车
最大速度	约 45 英里 / 小时（72 公里 / 小时）

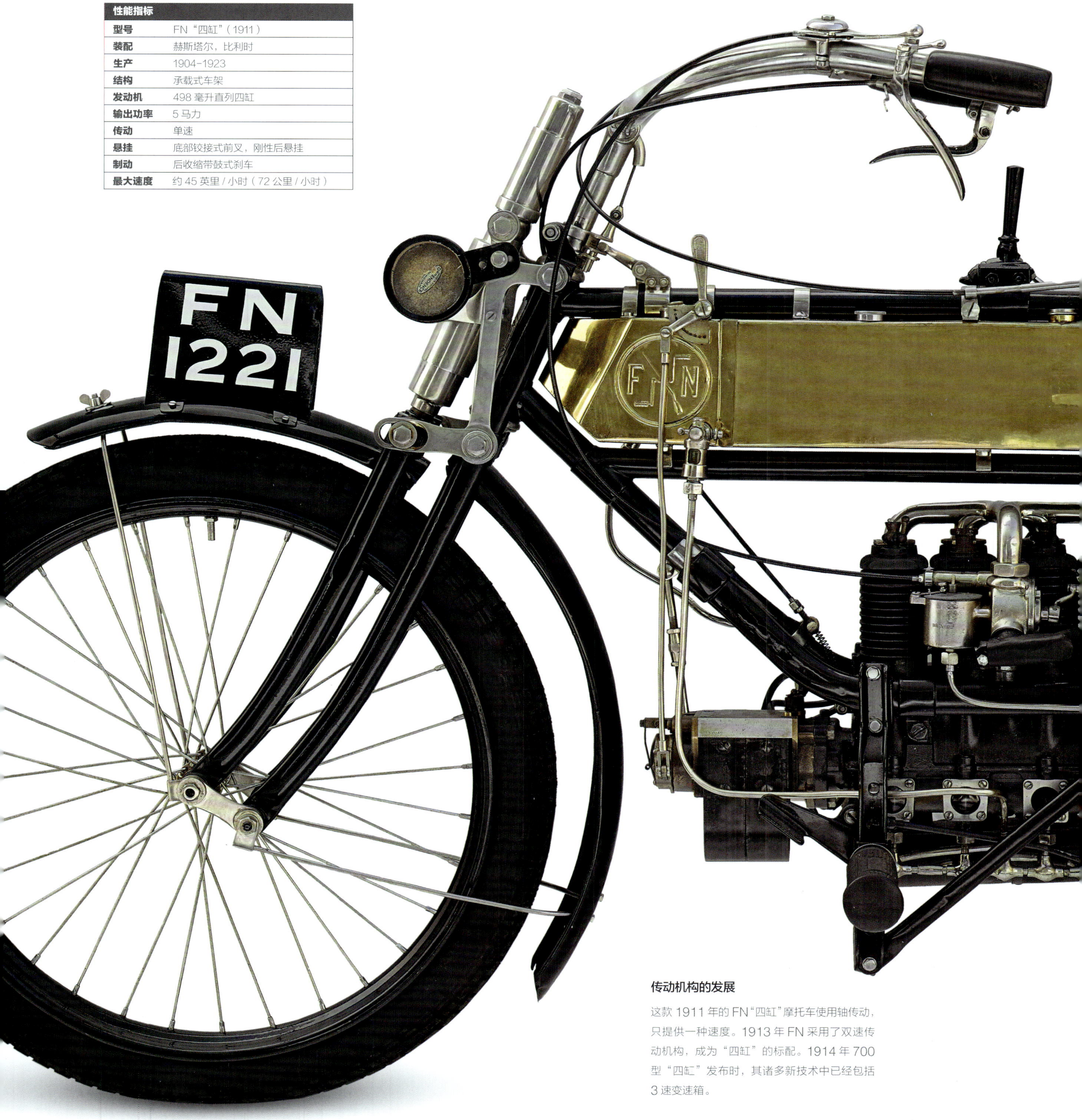

传动机构的发展

这款 1911 年的 FN“四缸”摩托车使用轴传动，只提供一种速度。1913 年 FN 采用了双速传动机构，成为“四缸”的标配。1914 年 700 型“四缸”发布时，其诸多新技术中已经包括 3 速变速箱。

车体

FN“四缸”摩托车充分体现了外在与内涵的完美统一。除了典雅的外观，前部铰接式前叉提供了平顺的行驶体验，横梁下方的黄铜油箱分为燃油箱和滑油箱。其他实用设计还包括曲轴箱观察窗，能随时检查滑油液面高度，此外滑油箱上还设有手动泵用于提供辅助润滑。

1. 带有步枪和踏板图案的 FN 标志 2. 握把上的化油器空气调节杆 3. 滑油测量装置 4. 油量表 5. 封闭式前叉弹簧 6. 皮革鞍座 7. 燃油调节杆 8. 铰接式前叉 9. 末端传动箱 10. 手动滑油泵 11. 踏板链条 12. 链条齿轮和后刹车

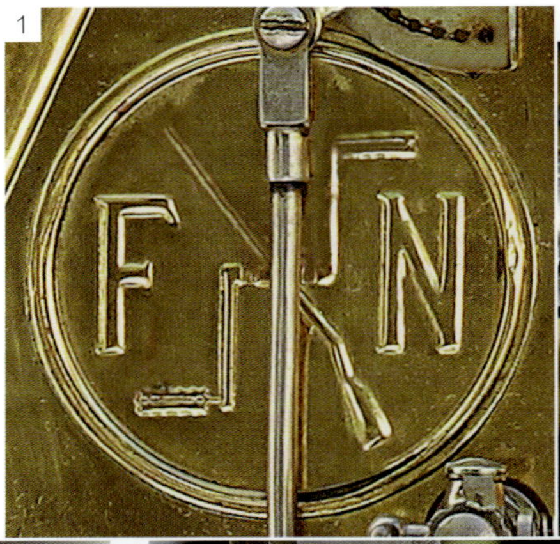

发动机

FN“四缸”摩托车在发展过程中发动机排量不断增大。1910 年四缸发动机经过重新设计，1911 年之前几乎没有变化。后来发动机排量增加到 498 毫升，改动了化油器位置，采用了新的滑油系统。最终的 750 毫升“四缸”车上，机械驱动侧置气门取代了自动进气门。这些改进让“四缸”具备了足以成为挎斗摩托的充沛动力，第一次世界大战中德军就曾使用该车。

13. 发动机左侧特写 14. 废气排气管 15. 火花塞 16. 单化油器和带启动活塞的浮室 17. 点火分电器 18. 滑油液面

3

4

11

12

15

16

17

18

美利坚的黄金时代

20 世纪初美国摩托车工业经历了快速发展，一些厂商从欧洲购买现成技术，但更多的美国厂商选择依靠自身力量开拓进取。当时美国城市之间的公路尚未实现硬化，因此摩托车需要坚固的结构和高效的悬挂减震系统，此外还要能方便更换轮胎，变速机构也要能适应多坡的地形环境。

△ 皮尔斯“四缸”1910

国别 美国
发动机 699 毫升直列四缸
最大速度 97 公里 / 小时

以汽车产品著称的皮尔斯 - 埃罗公司（Pierce Arrow）最初生产自行车，1909 年推出了第一款皮尔斯“四缸”摩托车。该车技术先进但售价昂贵，皮尔斯公司最终在 1914 年破产。

◁ 纹章 4 HP 1910

国别 美国
发动机 531 毫升单缸
最大速度 77 公里 / 小时

纹章公司（Emblem）的 V 形双缸车和单缸车采用环形车架和自产发动机。纹章公司的口号是“卓越、强悍、速度和满意”，这家公司在第一次世界大战后走向衰败。

△ 波普 L 型 7/8 HP 1911

国别 美国
发动机 998 毫升 V 形双缸
最大速度 105 公里 / 小时

波普（Pope）L 型采用独特的后悬挂系统、顶置气门发动机和 3 速变速箱，这些创新技术也让该车价格不菲，与一辆福特 T 型车相当。

△ 亨德森 7 HP “四缸”1912

国别 美国
发动机 934 毫升直列四缸
最大速度 97 公里 / 小时

从 1912 年到 1931 年，亨德森（Henderson）摩托车成为美国警察喜爱的车辆，它们的比公路上任何其他东西都要快。1912 年到 1913 年，有人驾驶该车进行过环球旅行。

△ 哈雷 - 戴维森 X8 型 1912

国别 美国
发动机 494 毫升单缸
最大速度 56 公里 / 小时

这台 1912 款 X8 是从最早的 1903 款哈雷 - 戴维森（Harley-Davison）单缸摩托车不断改进而来。这一时期哈雷 - 戴维森公司的产品被称作“无声的灰色伙计”。

◁ 哈雷 - 戴维森 11 HP 1915

国别 美国
发动机 989 毫升 V 形双缸
最大速度 97 公里 / 小时

这款摩托车采用机械润滑系统、中联式离合器、三档变速箱和可选电器组件，结构坚固，非常适合当时美国众多的非硬化路面。

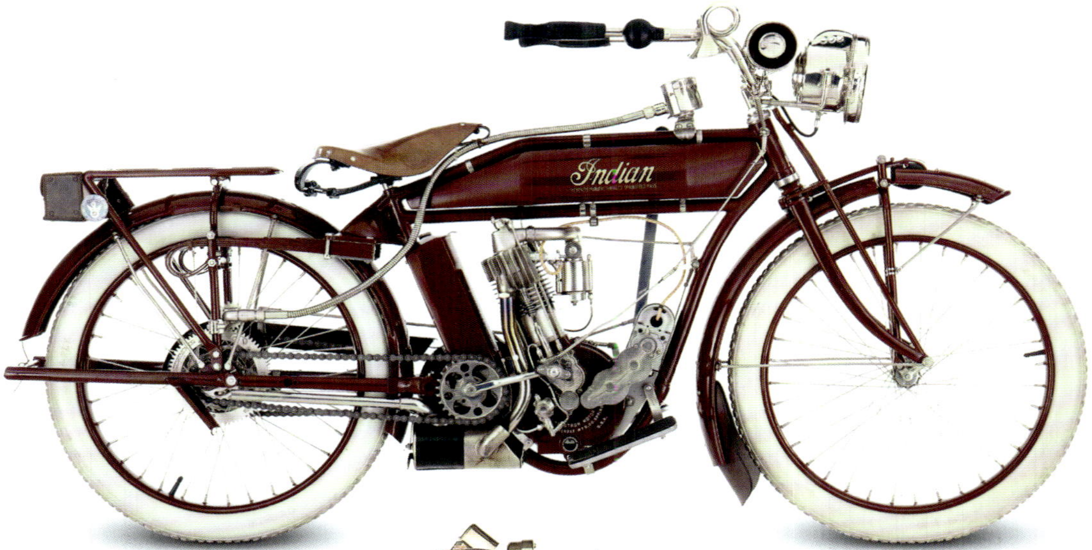

△ 印第安 V 形双缸跑车 1912
国别 美国
发动机 633 毫升 V 形双缸
最大速度 89 公里 / 小时

除了 V 形双缸旅行摩托车，印第安公司（Indian）还推出了这种使用扭转车把的轻型跑车，该车非常适于专业运动人士参加竞赛。

▷ 印第安 4 HP “单缸” 1913
国别 美国
发动机 500 毫升单缸
最大速度 64 公里 / 小时

1913 年印第安制造了 13000 辆摩托车，其中 90% 是双缸车，但公司也生产这种使用摇臂式后悬挂的单缸车。

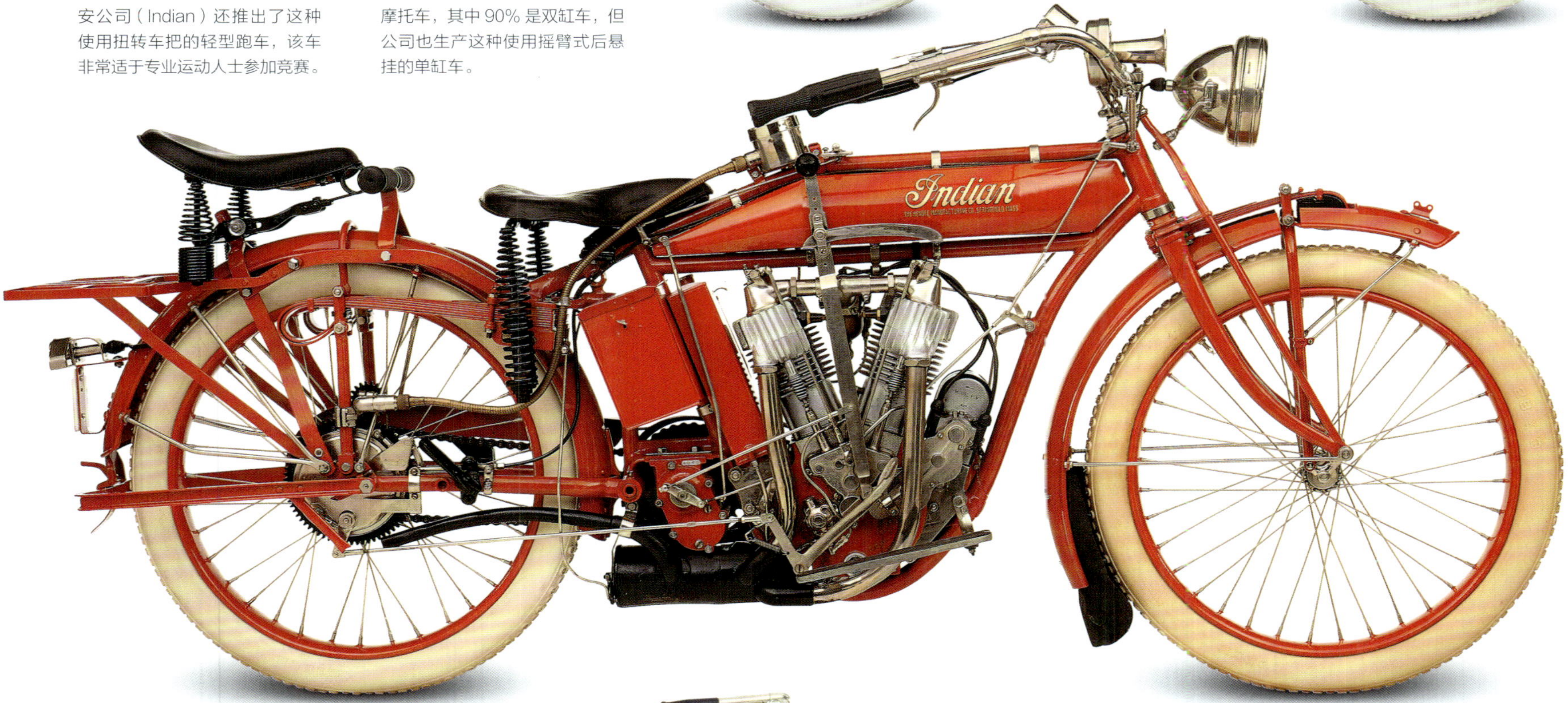

▷ 希尔斯豪华 “大五” 1914
国别 美国
发动机 575 毫升单缸
最大速度 80 公里 / 小时

从 1912 年到 1916 年，希尔斯·罗巴克（Sears Roebuck）销售的摩托车采用后铰接式前悬挂系统和斯贝克（Spake）发动机。图中这辆就配用斯贝克发动机和磁电机。

△ 印第安 260 标准型 1914
国别 美国
发动机 988 毫升 V 形双缸
最大速度 89 公里 / 小时

这款排量 1 公升的豪华双缸摩托车是第一种把电车灯作为标配的摩托车。有些 260 标准型还安装了电启动机。

◁ 史密斯 “马达车轮” 1915
国别 英国
发动机 150 毫升单缸
最大速度 43 公里 / 小时

1914 年密尔沃基的 A.O. 史密斯公司（A.O. Smith Corporation）购买了英国沃尔“马达车轮”（Motor Wheel）的生产许可，这种产品可以安装在自行车上，提供即时推进动力。

△ 克利夫兰 2$^1/_2$ HP 1919
国别 美国
发动机 179 毫升单缸
最大速度 61 公里 / 小时

该车配用小巧的两冲程发动机，造型独特且价格经济，上市后一度热销。

竞赛车 / 踏板车

20世纪的日历刚刚翻开，有组织的摩托车竞赛便已萌发。当时欧洲有摩托城际公路赛，美国则盛行摩托车闭合土道赛和木板场地赛。在英国，曼岛 TT 闭合公路赛极负盛名，1907 年还建成了带侧倾赛道的布鲁克兰兹（Brooklands）赛场。在竞赛活动的远端，针对大众消费市场的首批摩托踏板车也开始出现。

▽ NLG 标致 1907

国别 英国
发动机 944 毫升 V 形双缸
最大速度 122 公里 / 小时

北伦敦汽修公司（North London Garage）使用高品质标致发动机制成了这款专用赛车，1908 年夺得首届布鲁克兰兹场地赛冠军，平均速度达到了 63 英里 / 小时（101 公里 / 小时）。

◁ 诺顿 3½ HP"陈年奇迹"1912

国别 英国
发动机 490 毫升侧置气门单缸
最大速度 132 公里 / 小时

该车是 1912 年速度纪录保持者。1913 年奥多诺万（D.R. O'Donovan）驾驶该车以 71.54 英里 / 小时（115.13 公里 / 小时）的速度连续行驶 5 英里（8 公里），1915 年这一数字达到了 82 英里 / 小时。

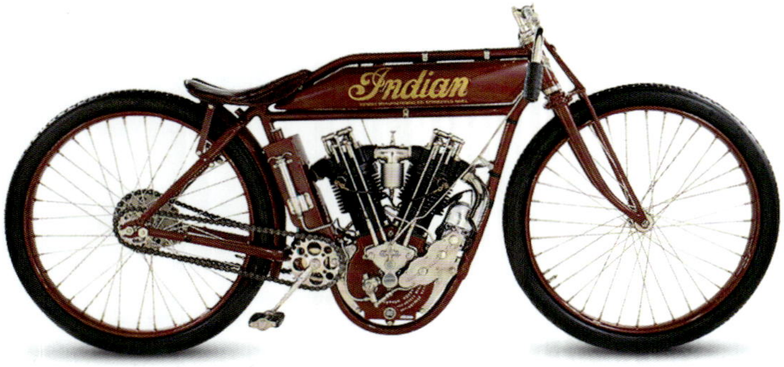

△ 印第安道路赛车 1912

国别 美国
发动机 999 毫升顶置气门 V 形双缸
最大速度 145 公里 / 小时

这种每缸配备 4 气门的 V 形双缸车夺取过美国板道赛冠军。在英国，查尔斯·富兰克林（Charles B. Franklin）驾驶该型车在不到 300 分钟时间里跑完了 300 英里（483 公里）。

△ 科拉 6 HP 1912

国别 英国
发动机 746 毫升顶置气门 V 形双缸
最大速度 不详

短命的科拉公司（Corah）为这款单速赛车配备了顶置气门 JAP 发动机。JAP 当时是英国技术最先进的发动机制造商。

△ NSU 350TT 1912

国别 德国

发动机 349 毫升 V 形双缸

最大速度 不详

尽管没有悬挂机构和变速箱，NSU 公司的 350V 形双缸车还是在 1913 年曼岛 TT 初级赛上获得了第 4 和第 7 名的好成绩。

▽ 斯科特“双速”TT 1913

国别 英国

发动机 486 毫升两冲程双缸

最大速度 113 公里 / 小时

在 1912 年和 1913 年曼岛 TT 大奖赛上，标新立异的两冲程双速斯科特（Scott）摩托车以非凡的速度连夺两次高级赛冠军。

◁ 飞行默克尔 471 1914

国别 美国

发动机 985 毫升 V 形双缸

最大速度 113 公里 / 小时

该车以独特的单减震后悬挂著称。尽管飞行默克尔公司（Fly ng Merkel）存续时间不长，从 1909 年建立到 1915 年即破产，但其出品的 V 形双缸车在美国摩托车赛事中屡获佳绩。

▽ 哈雷 – 戴维森 11R

跑车 1915

国别 美国

发动机 988 毫升 V 形双缸

最大速度 122 公里 / 小时

这款车在美国和欧洲速度赛上连连夺魁，后来哈雷 – 戴维森在此基础上发展出颇具竞争力的私人赛车手赛车。

▽ 自动踏板车公司“自动踏板车”1915

国别 美国

发动机 155 毫升侧置气门单缸

最大速度 32 公里 / 小时

这款站立骑乘的踏板车堪称传奇，发动机安装在前部，通过移动握把立柱来控制车辆启动和制动，图中握把立柱成向后折叠状态。

▽ 雷诺兹“流浪者”1919

国别 英国

发动机 269 毫升两冲程单缸

最大速度 不详

这款加长踏板车体现了雷诺兹公司（Reynolds）对顾客的关注：车座被安装在叶状弹簧和卷簧组成的复合减震系统上。

△ 斯塔福德车辆公司“幼犬”1919

国别 英国

发动机 142 毫升顶置气门单缸

最大速度 不详

斯塔福德车辆公司（Stafford Mobile）的“幼犬”看似弱不禁风，前置四冲程发动机驱动前轮。约翰（T. G. John）在考文垂的工厂里制造“幼犬”，后来转向制造阿尔维斯汽车。

斯科特双速摩托车

作为英国最早的摩托车设计之一，斯特科（Scott）“双速”奠定了这一品牌成功的基础。“双速”在20世纪第一个10年内推出，这款开创性的产品采用了诸多先进技术，使其脱颖而出。“双速”在1912年和1913年曼岛TT高级赛上两次夺冠，自此斯科特公司声望一路窜升。标准的“双速”摩托车制造一直延续到1930年前后。

阿尔弗雷德·斯科特（Alfred Scott）在摩托车史上是具有开创色彩的人物，他制造了第一种外观现代的摩托车。斯科特最初的设计包括一款双缸两冲程发动机，爬坡能力优异。此后斯科特又为摩托车安装了高效悬挂系统，并通过采用开放式三角形车架有效降低了重心。骑手通过一个踏板控制双速变速机构，在两种选择之间切换链条传动比。除了技术先进，斯科特摩托车还具有高速性突出和重量较轻等优点。下图这款“双速”赛车就接连拿下了1912和1913两年曼岛TT大奖赛冠军，这也是第一辆获此殊荣的两冲程赛车。20年代斯科特推出的“松鼠”也获得不小的成功，但斯特科的最高荣耀仍属于超前于时代的“双速”。

前视图

后视图

工程天才

1901年，家住约克郡的工程师阿尔弗雷德·斯科特设计了一款用于驱动自行车的双缸双冲程发动机，从此在摩托车领域展露头角。7年之后，斯特科工程公司成立。

不凡的外观

开放式的车架和后梁油箱设计，让斯科特“双速”显著区别于那个时代大多数摩托车，该车的水冷发动机设计也极富特色。这辆车的直把设计说明这是一辆赛车，普通的旅行款则使用弯曲车把，让骑乘者更加舒适。赛车型“双速”的其他特征还包括旋转式进气口和气缸后的转换阀，以及双火花塞点火系统。车架上方还配有一套高效的润滑系统。

性能指标	
型号	斯科特“双速”TT（1913）
装配	希普利，英格兰
产量	不详
结构	三角形车架
发动机	486 毫升两冲程双缸
输出功率	6 马力（估计）
传动	双速
悬挂	滑动式前叉，刚性后悬挂
制动	前后刹车块
最大速度	70 英里 / 小时（113 公里 / 小时）（估计）

车体

这一时期的斯特科摩托车上充满了原创性设计。安装在座椅支柱上的油箱降低了车重，滑动式前叉成为当时的潮流，此后出现的伸缩套筒式前叉才取代它成为主流。前后踏动式踏板驱动的双速变速机构结合了离合器，骑手可以方便地在两种链条传动比之间切换。斯科特是最先采用蹬踏式启动机的摩托车厂商。1909 年曼岛 TT 大奖赛的起跑点上，当著名赛车手埃里克·迈尔斯（Eric Myers）潇洒地蹬动踏板发动摩托车时，全场为之沸腾！

1. 斯科特商标 2. 发动机滑油控制杆 3. 纤维素化合物材质车把 4. 冷却水加注口 5. 滑油注油筒 6. 前叉滑动机构 7. 双速控制踏板 8. 鞍座上的厂商标记 9. 前叉刹车块 10. 滑油加注口盖 11. 磁电机 12. 磁电机齿轮 13. 后传动齿轮

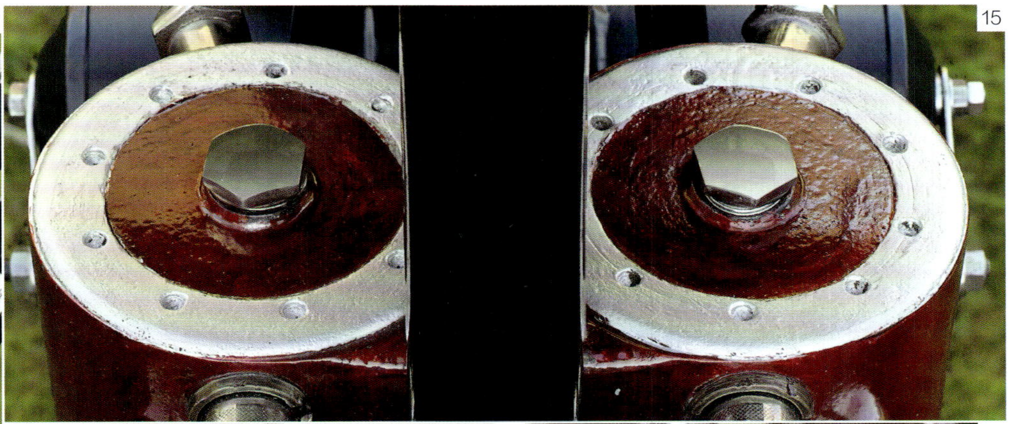

发动机

斯科特两冲程双缸发动机设计独特：这种发动机类似 19 世纪那种固定发动机，中央装有一个飞轮，两侧上方各有一个曲柄，每个曲柄都拥有各自的曲柄箱。这种赛车发动机使用旋转式气门来控制进气和转换时间，实现最佳的功率与扭矩。冷却系统没有水泵，冷却水利用热虹吸效应流过整体式气缸。

14. 气缸冷却水包 15. 旋转进气门外壳 16. 化油器 17. 化油器燃油浮碗打油杆 18. 后火花塞 19. 排气消声筒

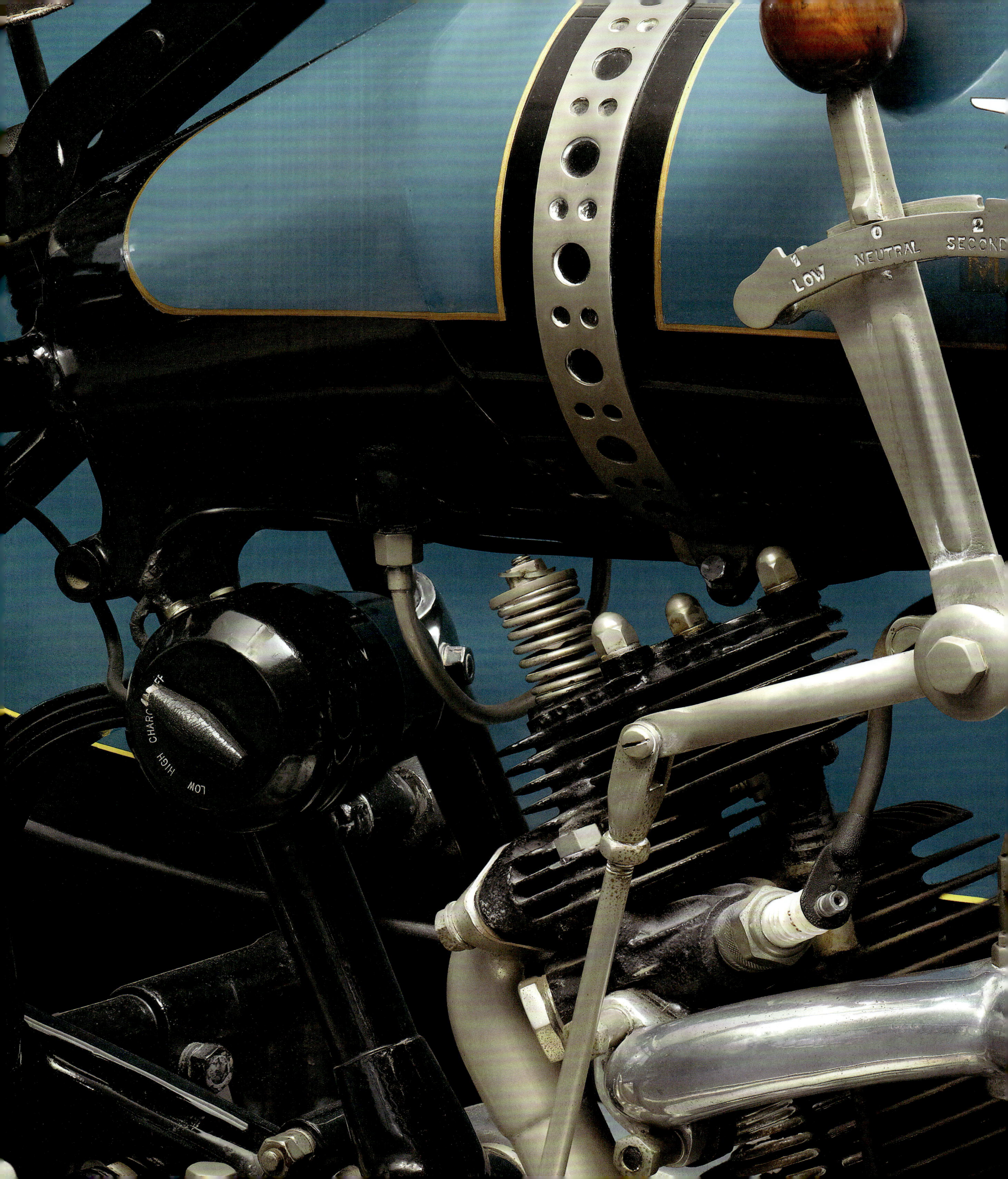

0
2
LOW
NEUTRAL
SECOND
HIGH
LOW

20世纪20年代

第一次世界大战期间，许多人特别是军警等政府公职人员开始熟悉并使用摩托车。到20世纪20年代，摩托车已经成为人们心目中颇为合理且可靠的出行方式。摩托车厂商针对各个社会阶层推出了各种款式的摩托车，多数摩托车的行驶速度超过了其他任何轮式车辆。高性能摩托车被兴奋和浪漫的光环所环绕，但是这些摩托车仍然需要经常修理，而且经过长距离行驶后，骑车人通常到达目的地时都是双手肮脏、头发蓬乱、衣服上满是泥点。

大众款两轮摩托

自行车从人力车迈向机动车的最初阶段，制造最为廉价的机动车辆成为许多发明人头脑中的执着念头，他们都试图寻找自己的最佳方式实现这一目标。为了简化制造，4 冲程发动机被设计成侧置气门，而 2 冲程发动机结构简单坚固，在同等价格下可以提供更大的功率。使用小直径车轮的踏板车仍有使用，但市场销量开始萎缩。

◁ ABC 摩托踏板车 1920
国别 英国
发动机 123 毫升单缸
最大速度 24 公里 / 小时

全英车辆公司（ABC）这款踏板车由格兰维尔 · 布拉德肖（Granville Bradshaw）设计，该车后部安装一台 4 冲程发动机，成为此后几十年机动踏板车的鼻祖。

▷ DKW 辅助发动机 1920
国别 德国
发动机 18 毫升单缸
最大速度 40 公里 / 小时

DKW 公司生产的自行车用辅助发动机很容易安装在女士们或男士们的自行车上，推出后广受欢迎。在 4 年的生产时间里总计销售了约 30000 台。

△ 凯旋 尼尔普斯 $2^1/_2$ HP 1920
国别 德国
发动机 276 毫升单缸
最大速度 84 公里 / 小时

最初作为英国凯旋的德国分厂，这家纽伦堡工厂一边制造打字机，一边制造摩托车。这种颇受欢迎的 2 冲程摩托车被称作尼尔普斯（Knirps），在德文中意为“小不点儿”。

◁ DKW 罗默斯 1922
国别 德国
发动机 143 毫升单缸
最大速度 60 公里 / 小时

继 1921 年推出粗糙的格勒姆（Golem）踏板车之后，DKW 又推出了更为细腻的罗默斯（Lomos）踏板车，最初配用 143 毫升发动机，后来排量又提升到 170 毫升。但是这种产品并未热销，总计只卖出了 2500 台。

△ 凯旋 W 型 1927
国别 英国
发动机 277 毫升单缸
最大速度 77 公里 / 小时

1927 年推出的新型轻量经济型凯旋 W 型装有侧置气门发动机，车重恰好符合英国关于摩托车自重 220 磅（98 公斤）的纳税起征限额，成为物美价廉的热销品。

▷ 维洛塞特 D2 1921
国别 英国
发动机 220 毫升单缸
最大速度 77 公里 / 小时

作为维罗斯的后继者，维洛塞特（Velocette）两冲程摩托车采用了油门控制的润滑系统。虽然价格不菲，但却非常实用，各种改型车一直销售到 1946 年。

◁ 阿尔蒂 3PS 1922
国别 德国
发动机 304 毫升单缸
最大速度 84 公里 / 小时

阿尔蒂公司（Ardie）早期摩托车配装自己生产的 2 冲程发动机。该公司产品现代感十足，性能优异，广受欢迎。

△ 自动滑翔者 D 型 1921
国别 英国
发动机 269 毫升单缸
最大速度 73 公里 / 小时

1919 年查尔斯 · 汤森德（Charles Townsend）设计的早期型自动滑翔者（Autoglider）可以搭载两名站立的乘客，后期型增设了座椅以及储物箱和挡泥板 。

◁ **摩托贝卡纳 MB1**
牧师 1923
国别 法国
发动机 175 毫升单缸
最大速度 68 公里 / 小时

查理 · 贝努瓦（Charles Benoit）和亚伯 · 巴丁（Abel Bardin）在 1923 年制造了他们的第一辆摩托车。这款“牧师”（Ecclesiastique）车架上梁被特地降低，非常适合女士和教士使用，在市场上取得了很大成功。

△ **皇家恩菲尔德 225L 1924**
国别 英国
发动机 225 毫升单缸
最大速度 64 公里 / 小时

皇家恩菲尔德（Royal Enfield）这款女士摩托非常热销，配用 2 冲程发动机，双速变速箱，车架上梁上还可安装油箱。

▷ **李维斯 K 型 1925**
国别 英国
发动机 247 毫升单缸
最大速度 93 公里 / 小时

伯明翰巴特菲尔德（Butterfield）制造的李维斯（Levis）K 型车是英国最为出色的 2 冲程摩托车之一。该车赢得了包括 1922 年首届曼岛 TT 大奖赛 250 毫升轻量类在内的多项摩托车赛事冠军。

▽ **BSA B 型 1925**
国别 英国
发动机 249 毫升单缸
最大速度 72 公里 / 小时

这款车上市后获得了“圆桶油箱”的绰号，因质优价廉大获成功。英国邮政局选择该车作为电报派送员的座驾。该车配用的前轮刹车系统被认为不够成功。

◁ **普赫 220 1926**
国别 奥地利
发动机 223 毫升单缸
最大速度 76 公里 / 小时

1889 年以自行车起家的普赫公司（Puch）在 1900 年前后开始制造汽车和摩托车。1923 年普赫推出了独特的双活塞 2 冲程摩托系列。

▽ **印第安“王子”1928**
国别 美国
发动机 350 毫升单缸
最大速度 89 公里 / 小时

这是印第安公司第二次尝试推出轻型入门级摩托车，但在市场上却受到冷遇，尽管从侧置气门改为顶置气门仍未扭转颓势，该车最终在 1928 年退出市场。

◁ **特罗特 FT 1927**
国别 法国
发动机 247 毫升单缸
最大速度 85 公里 / 小时

法国特罗特公司（Terrot）自 1902 年开始制造摩托车，这款 FT 配备 2 冲程发动机和 2/3 速变速箱，价格适中，成为法国早期典型摩托。

布拉夫“优越”SS100

布拉夫“优越”（Brough Superior）SS100 经常被称作是古典超级摩托的典范之作，厂家保证称该车可以达到 100 英里 / 小时（160 公里 / 小时），这让它成为那些渴望速度家境殷实且渴望速度的摩托爱好者的首选。SS100 的著名车迷之一就是劳伦斯（T. E. Lawrence），他因为继承拥有了 4 辆 SS100。1924 年后期 SS100 发布时，其创造者乔治 · 布拉夫（George Brough）宣称该款产品是“摩托车中的劳斯莱斯”。那些汽车制造商们从未驳斥过这一说法，这可以视为布拉夫“优越”超凡品质和性能的明证。

1919 年，29 岁的乔治·布拉夫（George Brough）离开他父亲威廉姆 · 布拉夫（William Brough）的摩托车公司，决心建立一家属于自己的摩托车公司。乔治采用了和父亲截然不同的方式，他不是自己制造发动机，而是选择最棒的零部件装配出自己的摩托车。早期布拉夫“优越”摩托车采用工作流畅的 90 毫米缸径侧置气门 JAP 型 V 形双缸发动机以及瑞士制造的 V 形双缸 MAG 发动机。1922 年推出的享有盛誉的 SS80 采用 V 形双缸 JAP 发动机，始终居于布拉夫产品系列高端位置，直到 1924 年 SS100 推出。SS100 动力装置为一台顶置气门的创纪录 1000 毫升 V 形双缸 JAP 发动机，在富裕的摩托车爱好者中颇受欢迎。后来 SS100 采用了无双公司的 V 形双缸发动机。颇具讽刺意味儿的是，直到 1941 年，最后一批布拉夫“优越”摩托车是在诺丁汉弗农路——威廉姆 · 布拉夫的老工厂里生产的。

一个优越的品牌

乔治 · 布拉夫选择的品牌名称“优越”（Superior）可能会让他的父亲威廉姆 · 布拉夫怨恨，因为这会让人以为仍在这位老头儿的工厂里制造的布拉夫摩托车是“不优越”的产品。

前视图

后视图

罕见的珍品

当年被认为是顶级经典摩托车的 SS100 今天已经极为罕见。从 1924 年到 1939 年，各型 SS100 总产量不超过 400 辆，其中包括少量阿尔卑斯豪华运动款，如本页图所示。每一辆保存到今天的布拉夫“优越”都是收藏者高价追逐的目标。

性能指标	
型号	SS100（1927）
装配	英格兰诺丁汉
产量	约 400 辆
结构	刚性承载式车架
发动机	998 毫升 V 形双缸
输出功率	45 马力
传动	3 速
悬挂	“城堡”前叉，刚性后悬挂
制动	前后鼓式刹车
最大速度	超过 102 英里 / 小时（164 公里 / 小时）

车体

迷人的魅力和优越的性能是布拉夫“优越”热销的根本因素。乔治·布拉夫自己本人就是冠军车手，他按照自己的高标准制造摩托车，把承载式车架和哈雷 - 戴维森式前叉组合在一起，赋予摩托车稳定的骑乘性能。“优越”使用的 JAP 发动机、斯特梅·阿彻三速变速箱和带鼓式刹车的恩菲尔德轮毂均为外购件。“优越”的其他特点还包括带内置储物袋的行李箱。

1. 型号标志 2. 油门手柄 3. 汽油加油口盖 4. 带星形浮雕的摩擦式减震器 5. 速度表 6. 变速手柄 7. 油箱两侧的膝盖托垫 8. 滑油液面观察窗 9. 电喇叭 10. 换挡连杆 11. 油路阀 12. 速度表驱动器（后轮）13. 前刹车 14. 带金属叠片造型的前排气管 15. 后排气管 16. 变数箱 17. 阿尔卑斯豪华运动款标签

1

2

5

6

7

10

11

13

14

15

16

17

发动机

SS100 采用顶置气门 JAP 发动机，自 1927 年起曲轴箱和皮带传动机构侧面安装了点火磁电机和照明发电机。一个滑动式双浮室化油器同时为两个气缸供油。阿尔卑斯豪华运动款额定功率大约为 45 马力，使用高压缩比活塞时可提升至 50 马力。

18. 发动机右侧特写 19. 发动机左侧，可见磁电机、发电机和滑油泵 20. 化油器浮碗 21. 滑油阀门 22. 滑油泵 23. 进排气门摇杆 24. 组合式磁电机和发电机

强悍的 V 形双缸摩托车

在 20 世纪 20 年代的摩托车手心目中，V 形双缸摩托车代表着性能和动力的终极水准。互成角度的双缸发动机可以完美地装上车架而不会从两侧突兀伸出，也不必让两轮间距变得过长，即便是 1000 毫升排量的 V 形双缸摩托车也显得十分紧凑。一些 V 形双缸摩托专门用于竞速比赛，另一些则用于拖带沉重的挎斗，全家人都能坐上去。

△ **马丁赛德 680**

联合体 1921

国别 英国

发动机 677 毫升 V 形双缸

最大速度 93 公里 / 小时

1919 年，飞机制造商马丁赛德公司（Martinsyde）转而生产摩托车，最初的产品是霍华德 · 纽曼（Howard Newman）设计的单缸车和 V 形双缸车。1922 年该厂被一场大火焚毁。

△ **精益 20R 1920**

国别 美国

发动机 1000 毫升 V 形双缸

最大速度 160 公里 / 小时

1911 年精益公司（Excelsior）在 1911 年推出自己的 V 形双缸摩托车，1913 年又增加了链条转动机构和弹簧前叉系统。1915 年起加装三速变速箱，1921 年排量提升到 1200 毫升。这款车是世界上第一种时速 100 英里 / 小时（160 公里 / 小时）的量产摩托车。

▷ **BSA A 型 1922**

国别 英国

发动机 770 毫升 V 形双缸

最大速度 89 公里 / 小时

作为英国最大的摩托车制造商，BSA 在一战结束后立即推出了自己首款 V 形双缸车，该车配有封闭式链条传动系统和三速变速箱。

△ **詹姆斯 12 型 1935**

国别 英国

发动机 495 毫升 V 形双缸

最大速度 85 公里 / 小时

从自行车制造商转型为摩托车厂商的詹姆斯公司（James）从 1913 年到 1925 年生产 V 形双缸摩托车。12 型摩托车采用伯尔曼三速变速箱，此外还有一种排量更大的变型车。

◁ **胡斯华纳 T180 1926**

国别 瑞典

发动机 550 毫升 V 形双缸

最大速度 97 公里 / 小时

19 世纪的自行车制造商胡斯华纳公司（Husqvarna）在 1903 年开始制造摩托车。这款 V 形双缸车是首款使用胡斯华纳自制发动机的车型，其设计参照了当时美国 V 形双缸车。

▽ **伯尼 V 形双缸 1926**

国别 英国

发动机 680 毫升 V 形双缸

最大速度 113 公里 / 小时

爱德华 · 亚历山大 · 伯尼（Edward Alexander Burney）设计了最早了布莱克本发动机，后来又以自己的名字为商标制造摩托车。这辆外观时髦动感十足的摩托车采用 JAP 发动机和扭转握把。

▷ **考文垂之鹰“飞行 8 字” 1925**

国别 英国

发动机 980 毫升 V 形双缸

最大速度 160 公里 / 小时

“飞行 8 字”采用手工制造，造价昂贵，配用顶置气门发动机，是少数能与布拉夫“优越”匹敌的精品车之一。“飞行 8 字”车体修长低矮，动力与刹车匹配度不错。

△ **新帝国 8 型 1927**
国别 英国
发动机 680 毫升 V 形双缸
最大速度 97 公里 / 小时

新帝国（New Imperial）摩托车使用 V 形双缸 JAP 发动机，主要以挎斗摩托车、厢式车、货运车或串列座车形式销售，是一款得力的工作车。

▷ **布拉夫“优越” SS100 1927**
国别 英国
发动机 998 毫升 V 形双缸
最大速度 164 公里 / 小时

乔治 · 布拉夫制造的布拉夫摩托车是英国最为珍贵的摩托车之一，布拉夫 SS100 又是布拉夫系列中的顶级品。JAP 发动机能把赛车款 SS100 加速到 130 英里 / 小时（209 公里 / 小时）。

△ **哈雷 - 戴维森 JD 型 1925**
国别 美国
发动机 1213 毫升 V 形双缸
最大速度 120 公里 / 小时

哈雷公司在 1922 年推出 74 立方英寸（1213 毫升）V 形双缸摩托车，1925 年起开始采用修长的泪滴型油箱。哈雷 JD 型只提供一种颜色——草绿。

△ **皇家恩菲尔德 182 型运动款 1928**
国别 英国
发动机 976 毫升 V 形双缸
最大速度 126 公里 / 小时

皇家恩菲尔德从 1912 年起生产 V 形双缸摩托车，其产品既使用自制发动机也使用许可生产发动机。1928 年起开始加装鞍式油箱。前后刹车均由脚踏板控制。

△ **印第安 101“侦察兵” 1928**
国别 美国
发动机 745 毫升 V 形双缸
最大速度 113 公里 / 小时

101“侦察兵”比过去的车型更长更矮，采用前轮刹车，拥有更轻更先进的车架。101“侦察兵”以操控性优良著称，很适于竞赛、爬山赛和特技表演。

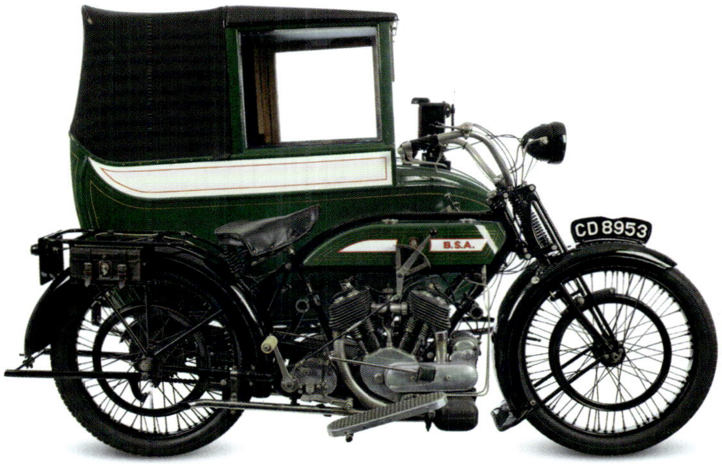

△ **BSA“摩托厢车” 1928**
国别 英国
发动机 996 毫升 V 形双缸
最大速度 80 公里 / 小时

从 1920 年到 1925 年 BSA 制造了大约 100 辆挎斗摩托出租车，这些产品以 E/G 型摩托车为基础发展而成，被称作“摩托厢车”（Cycle Cab）。这种大型 V 形双缸车很适合拖带挎斗。

印第安“侦察兵”

“传奇”是印第安摩托车公司形容其产品时常用的词汇。公司创立者乔治·亨迪（George Hendee）和奥斯卡·赫茨特洛姆（Oscar Hedstrom）从一开始就决心成为美国摩托车市场的领导者。他们在1920年推出的“侦察兵”（Scout）创造了当时美国几乎全部摩托车速度和距离纪录，开创了印第安此后10年的霸主地位。革命性的“侦察兵”最初安装一台606毫升发动机，1927年为抗衡竞争对手精益公司“超级X”而换成了745毫升发动机。

20世纪初到第一次世界大战爆发前，印第安公司（Indian）一直呈较快发展态势。自1901年公司创立，销售形势就一片大好，到20年代印第安已经与哈雷-戴维森为争当美国头号摩托车厂商展开激烈竞争。出生于爱尔兰的查尔斯·贝利·富兰克林（Charles Bayly Franklin）设计的“侦察兵”成为印第安销量的激进推动力。自1920年首次推出起，“侦察兵”就立即引爆了市场。1928年发布的101“侦察兵”相对于过去的“侦察兵”进行了全面改进，采用了全新车架、外撇式车叉和更低的鞍座。由于重心较低，操纵性优异，101“侦察兵”受到摩托车特技骑手们的欢迎，该车非常适合“死亡之墙”等令人炫目的特技节目。尽管101“侦察兵”大获成功，但1932年开始走下坡路。30年代“侦察兵”变得越来越重，操控性也由此恶化。1934年运动款“侦察兵”多少解决了一些缺陷，但“侦察兵”仍未能恢复往日辉煌。二战中“侦察兵”作为美军喜爱的装备被广泛用于战争。1949年“侦察兵”彻底停产。

前视图

后视图

Indian

完全美利坚

制造商选择“印第安”这一名字就是为了表明其产品是完全的美利坚制品。“侦察兵”代表了印第安公司坚决而又急迫开拓事业新局面的热情，对那些认同美利坚先锋精神的摩托车骑手而言极具吸引力。

印第安“侦察兵”

如果说印第安“侦察兵”是传奇，那么 101 系列就是这个传奇的灵魂。如果非要选择一款摩托车作为美国两轮车历史的代表，那么一定是“侦察兵”；如果要在各型“侦察兵”中挑选一款，那一定是 101。性能、可靠性、坚固、耐用，101“侦察兵”全都具备，这是典型的全美利坚摩托车精髓。

性能指标			
型号	印第安 101“侦察兵”（1928）	**悬挂**	叶状弹簧，后部铰接式前叉，刚性后悬挂
输出功率	18 马力	**结构**	刚性承载式车架
装配	斯普林菲尔德，美国	**刹车**	前后单前蹄鼓式刹车
传动	三速变速箱	**发动机**	745 毫升 V 形双缸
产量	17430 辆	**最大速度**	70 英里 / 小时（113 公里 / 小时）

车体

“侦察兵”101充分利用了过去产品的成功经验并以此为基础进一步完善。轴距从54.5英寸（138厘米）增加到57.125英寸（145厘米），鞍座进一步降低到26.25英寸（66.75厘米）。骑手们反映说“侦察兵”的操控性和稳定性接近完美，认为101系列是印第安生产过的最棒的产品。有些人甚至直接宣称101系列是有史以来最棒的摩托车。在大萧条的阴霾中，正是“侦察兵”为印第安公司撑起了一片天。“侦察兵”系列中750毫升款的产量比600毫升款多三倍。

1. 印第安“侦察兵”油箱标志 2. 印第安品牌标签 3. 前大灯 4. 前轮叶状减震簧 5. 带点火开关的右车把 6. 滑油和燃油加注口盖 7. 后铰接式前叉 8. 转向柱上的专利列表 9. 仪表盘上的电流表和灯光开关 10. 气喇叭 11. 滑油阀 12. 脚踏式启动机 13. 鞍座弹簧 14. 挡泥板细部

1

2

3

4

5

6

7

8

15

16

9

10

11

12

13

14

18

19

20

21

22

发动机

强悍的发动机有两个齿轮驱动的凸轮轴，这些齿轮在驱动凸轮轴的同时也为了气缸前方的点火磁电机提供动力。滑油泵安装在齿轮箱的外侧。三速变速箱通过螺栓安装在曲轴箱后部，螺线齿轮提供了安静可靠的动力传输。

15.750 毫升发动机 16. 电池盒 17.V 形双缸发动机侧面特写 18. 磁电机和发电机 19. 化油器风门调节杆 20. 燃油阀 21. 外部滑油泵 22. 燃油自吸杯

诺顿摩托车骑手、后来诺顿队的经理丹·奥多诺万（Dan O' Donovan）驾驶一辆早期型诺顿，布鲁克兰兹，1920年。

大品牌

诺顿的故事

伟大的摩托车和商业头脑有时候并不总是紧密相随。诺顿跌宕起伏的命运可能就是一个鲜明的例证。这一品牌曾诞生过“统治者”（Dominator）和“突击队员”（Commando）这样的杰作，近些年来诺顿用事实证明这个经典的品牌不会消亡。

作为英国摩托车史上最伟大的名字之一，诺顿沦落到被遗忘边缘的次数是如此之多，以至于诺顿的成功也常常面临被他们的失败阴云掩盖的危险。然而诺顿不止一次从绝境中复苏的事实向世人宣示，这一品牌在无数摩托车爱好者心目中究竟价值几许。

诺顿标志（1914年采用）

1898年，詹姆斯·兰斯道恩·诺顿（James Lansdowne Norton）在伯明翰建立起诺顿制造公司开始生产摩托车时，他还不到30岁。建立初期诺顿公司发展速度并不快。在第一个十年中，诺顿采购进口发动机制造摩托车，如1902年推出的“恩耐格莱特”（Engerette）。

诺顿之所以在英国摩托车史上占据重要地位，很大程度是因为这一品牌与曼岛TT大奖赛之间的关系。1907年首届曼岛大奖赛上，诺顿就拿下了一个冠军。此后60年，诺顿摩托车在曼岛夺取了许多次胜利。1908年一台安装诺顿自制发动机的诺顿摩托车首次亮相曼岛，然而到了1913年诺顿却迎来了另一个糟糕的“第一”：成为首家破产的摩托车企业。诺顿品牌从公司剥离出来，此后更名为诺顿车辆有限公司。

就在1925年詹姆斯·诺顿去世前不久，诺顿摩托车还拿过一些TT大奖赛桂冠，然而真正开启一个黄金时代的，是1927年的CS1摩托车。

这些诺顿单缸摩托车使用独特的顶置凸轮轴设计，在公众中很受欢迎，在赛道上也创下不少好成绩。在高级TT大奖赛中，诺顿取得了无与伦比的成功。从1931年到1938年总共8届比赛中，诺顿就夺走了7顶桂冠（350毫升初级赛中也夺冠7次）！

第二次世界大战中断了TT大奖赛，1947年这项赛事重新开始，此后8年诺顿摩托车包揽了500毫升级冠军。在广告中诺顿摩托车的专属赞美词是“无与伦比的诺顿”。

在经销商的销售目录上，诺顿产品最重要的一次扩张就是1949年双缸7型“统治者”（Dominator）的推出。可以这么说，诺顿摩托车的许多重要特征，特别是发动机的设计，并未能做到与时俱进，但是车架设计却得到不断更新，1951年之后仍然如此。爱尔兰设计天才雷克斯·麦坎德利斯（Rex McCandless）在1949年曾对诺顿公司的高管吉尔伯特·史密斯（Gilbert Smith）这样说：“你们的产品不是无与伦比，你们不再是世界上最棒的公路统治者。我的摩托车比你们的好得多。”麦坎德利斯出此狂言的背后，是他1950年用于500毫升“马恩岛猫”（Manx）赛车上的羽毛床式车架，这种车架为摩托车的操控性带来了革命性进步。这种车架是如此成功，以至于诺顿自己甚至成为这一成功的牺牲品，无法与快速提升的市场需求保持同步。1953年，诺顿羽毛床式车架量产型推出不到两年，公司就被联合车辆集团（AMC）收购。

里程碑式发动机

这张照片拍摄于1940年，画面上这辆诺顿摩托车采用一台里程碑式的1928款顶置凸轮轴发动机。

3$^{1}/_{2}$ 马力

1898 詹姆斯 · 兰斯道恩 · 诺顿在伯明翰建立了公司。

1907 哈里 · 伦勃朗 · 富勒（Harry Rembrandt Fowler）驾驶配备标致发动机的诺顿摩托车夺得首届曼岛 TT 大奖赛双缸组冠军。

1908 诺顿用自己的发动机替代了法国和瑞士进口货。

1913 R.T. 谢利公司（R.T. Shelley & Co.）从破产中拯救了诺顿。

1922 诺顿 18 型量产摩托车在赛道上世俗超过了 89 英里 / 小时（143 公里 / 小时）。

500T

1924 亚历克 · 班尼特（Alec Bennett）驾驶诺顿拿下曼岛 TT 高级赛冠军，乔治 · 塔克尔（George H. Tucker）夺得挎斗摩托组冠军。

1925 詹姆斯 · 诺顿去世，享年 56 岁。

1927 沃尔特 · 摩尔（Walter Moore）设计的顶置凸轮轴单缸发动机首次参赛。

1931 蒂姆 · 亨特（Tim Hunt）驾驶使用重新设计的顶置凸轮轴发动机的 350 毫升和 500 毫升摩托车开启了 TT 大赛的胜利 10 年。

1937 诺顿为英国提供了超过 100000 辆军用摩托车。

“统治者”88

1949 胜绩颇丰的凯旋“速度”双缸摩托车有了一个劲敌：诺顿“统治者”7 型。

1950 使用羽毛床式车架的诺顿“马恩岛猫”成为世界上操控性最好的摩托赛车。

1952 量产型摩托车开始使用羽毛床式车架，这便是诺顿“统治者”88。

1954 雷 · 阿姆（Ray Amm）为诺顿夺得了曼岛 TT 高级赛第 8 次冠军。

1962 诺顿公司搬迁到伦敦东南部。

F1 运动款

1967 采用等弹性减震系统的 750 毫升“突击队员”（Commando）被是为是世界上首款量产型超级摩托车。

1975 “突击队员 – 州际 III”是仍在生产的两种诺顿车型之一。

1992 史蒂夫 · 希斯洛普（Steve Hislop）在 TT 高级赛中夺魁，诺顿声望大振。

2008 新主人斯图亚特 · 加纳（Stuart Garner）宣布计划重新恢复诺顿品牌。

2010 双缸“突击队员”961 推出，英国的新诺顿工厂开始小批量生产。

不列颠的骄傲

诺顿“统治者 - 豪华”的广告招贴。该车曾参加 1952 年伯爵庭院博览会，被誉为“不列颠工艺技术的杰出代表”。

二战后诺顿市场地位持续不断地削弱，反映出英国整个摩托车工业的衰落。从 20 世纪 50 年代后期起，摩托车产业的成功便被决策者们不断的错误所蚕食。糟糕和过时的设备与工艺，陈旧的产品策略以及差劲的产业关系让当时颇具影响力的设计师伯特 · 霍普伍德（Bert Hopwood）这样谈及诺顿的管理：“他们几乎从不明白这些特殊的东西是摩托车，我们通过制造摩托车来谋取生存机会。”

即便面临如此多的困难，诺顿仍然在继续出品性能不错的摩托车。20 世纪 60 年代初 650 毫升“统治者”开创了新型修长型羽毛床式车架先河。测试中“统治者”性能表现甚至超过了凯旋博纳维尔。然而财务上的灾祸似乎总围着诺顿转。1962 年诺顿的生产先是从伯明翰转往伦敦，不久后 AMC 在 1966 年倒闭，重组后的诺顿更名为诺顿 – 维利尔斯（Norton-Villiers）。

来自日本的进口摩托车竞争势头强劲。作为回应，诺顿在“突击队员”产品线上强力出击，把大型摩托车带入了全新时代。1968 年推出的“突击队员”行驶流畅，堪称当时最好的英国摩托车。该车使用的 750 毫升发动机动力充沛，1973 年彼得 · 威廉姆斯（Peter Williams）驾驶采用同样动力的诺顿硬壳式赛车夺得 1973 年 TT 大奖赛冠军。但是一型产品的成功难以阻挡日本货大量进口的势头。

诺顿品牌的历史简直就是劫难不断。1973 年那次并购之后，诺顿公司的名字再度变为诺顿 – 维利尔斯 – 凯旋（Norton-Villiers-Triumph），那以后政府的补贴时好时坏。“突击队员”系列最后一个型号是 1975 年的“州际”MkIII 850ES。70 年代末，诺顿已经不再是英国摩托车产业中的主力参与者。

20 世纪 70 年代研发的旋转燃烧室动力系统在 80 年代得以采用，取得了部分成功。尽管史蒂夫 · 希斯洛普（Steve Hislop）驾驶旋转燃烧室赛车在 1992 年 TT 高级赛中赢得了史诗般的胜利，然而这仍然被证明是一道虚幻的曙光。来自草根的摩托车热情永远是存在的。但是如何有效地运用资金和管理把这种需求转化成真正有内涵的商品，却是相当复杂的事情。

再晚些时候，诺顿似乎等来了一个救世主，他就是美国人肯尼 · 德里尔（Kenny Dreer）。德里尔先是恢复了经典的“突击队员”车型，接着准备大干一场。然而就在 2006 年打算推出全新设计的 961“突击队员”时，德里尔耗尽了全部资金。诺顿的下一个掌门人是英国企业家斯图亚特 · 加纳（Stuart Garner），他主持生产了几种 961“突击队员”，其中包括特别款和咖啡赛车款。

诺顿的未来如今看起来似乎还有光明。如今新诺顿公司座落在邓宁顿公园赛车场，这里距离诺顿故事开始的地方仅有 37 英里（60 公里）。《每日电讯》在对诺顿进行过采访之后宣称“欢迎回来，诺顿。”

> “这是一种扭矩充沛，充满竞赛血统的摩托车，无疑是难以驾驭的机器。”
>
> *史蒂夫 · 麦奎因《诺顿混血女》1966*

高级TT桂冠

史蒂夫 · 希斯洛普驾驶时速 180 英里 / 小时（290 公里 / 小时）的旋转燃烧发动机诺顿摩托车，为该品牌夺取了 19 年来首次曼岛 TT 大赛冠军。

运动摩托车

在欧洲，人们把单缸摩托车视为最佳的运动摩托车。为了实现最佳性能，工程技术人员们绞尽脑汁地设计燃烧室形状、顶置气门，然后是顶置凸轮轴，甚至给每个汽缸配备 4 个气门。发动机仍然保持不大的外形尺寸，一方面是要实现灵活的操纵性，另一方面是赛车的排量限制（250 毫升、350 毫升和 500 毫升）。在美国，摩托车大赛则没有类似限制。

▷ **杜茨莫运动摩托车 1920**
国别 英国
发动机 496 毫升单缸
最大速度 137 公里 / 小时

杜茨莫公司（Duzmo）由竞赛爱好者约翰·华莱士（John Wallace）和伯特勒·怀克（Bert le Vack）创立，他们设法筹措到造车的资金。这辆车的发动机由英格兰北汉普顿前进公司制造。

△ **拉奇 多速 1921**
国别 英国
发动机 499 毫升单缸
最大速度 105 公里 / 小时

大多数其他摩托厂商都采用齿轮变速箱的时候，考文垂的（Rudge）公司却坚持使用可调皮带传动系统，直到 1921 年才在这款车上引入了三速变速箱和链条传统系统。

◁ **布莱克本 4 HP 1923**
国别 英国
发动机 500 毫升单缸
最大速度 105 公里 / 小时

第一辆布莱克本（Blackburne）摩托车出现在 1913 年，1919 年改进成 3 速变速箱和全链条传动。图中这款车虽然有一个很大的外置飞轮，但跑起来却非常平稳。

▷ **凯旋 R 型高速跑车 1924**
国别 英国
发动机 499 毫升单缸
最大速度 135 公里 / 小时

哈里·里卡多（Harry Ricardo）设计的这款摩托车配用 4 气门缸头、干池式润滑系统和轻型铝制曲柄箱，1922 年曼岛 TT 大奖赛中该车荣获亚军。

△ **AJS E6 大港 1924**
国别 英国
发动机 349 毫升单缸
最大速度 121 公里 / 小时

这辆动力充沛的赛车源自 1914 年的设计，后续不断改进中该车半球形的燃烧室配上了顶置气门，在曼岛 TT 大奖赛上颇具竞争力。

△ **莫奈 & 格杨 旅行 1924**
国别 法国
发动机 269 毫升单缸
最大速度 80 公里 / 小时

约瑟夫·莫奈（Joseph Monet）和亚德里安·格杨（Adrien Goyon）最初为残疾人制造三轮车，后来开始利用维利尔斯发动机制造摩托车，图中这辆采用维利尔斯 ZS 发动机的摩托车就创下了摩托车速度世界纪录。

美国四缸摩托车

在美国，摩托车总是越大越好，制造商们面临的赛车发动机限制比他们的欧洲对手少很多。美国摩托车发动机变得越来越大，厂商推出了直列四缸摩托车发动机，其外形甚至比当时欧洲小型运动汽车的发动机还要大。这些硕大的四缸发动机被强行塞进摩托车车架，以便让它们能轻松应付美国那些奇长笔直的公路。在美国摩托车厂商眼里，“排量是不可替代的”。

△ **王牌 EXP-4 1923**
国别 美国
发动机 1229 毫升直列四缸
最大速度 209 公里 / 小时

1920 年由威廉姆·亨德森（William G. Henderson）创立的王牌公司（ACE）试图证明自己的摩托车是世界上最快的：1923 年王牌摩托创下了 129.61 英里 / 小时（208 公里 / 小时）的速度世界纪录。

▷ **亨德森 KJ “流线” 1929**
国别 美国
发动机 1301 毫升直列四缸
最大速度 164 公里 / 小时

改良的冷却系统、前部铰接式前叉、上进下排式布局，以及 5 轴承曲轴造就了这辆终极版亨德森摩托车，就连 1929 年华尔街大崩盘也没有杀死它。

△ **NSU 18PS 运动 1924**
国别 德国
发动机 1000 毫升 V 形双缸
最大速度 122 公里 / 小时

NSU 在 1905 年开始采用 V 形双缸发动机，1909 年把排量提升到近 1000 毫升，1910 年创下了美国东西海岸间行驶速度纪录。NSU 出品的 V 形双缸摩托车在 20 世纪 20 年代继续发展，此图就是当时的车型。

△ **斯佩格勒 350 1924**
国别 德国
发动机 348 毫升单缸
最大速度 90 公里 / 小时

外覆金属板的长裄式车架让斯佩格勒（Spiegler）摩托车看上去与众不同。从 1923 年到 1932 年，斯佩格勒公司同时生产侧置气门和顶置气门款摩托车。

▷ **维洛塞特 K 型 1924**
国别 英国
发动机 348 毫升单缸
最大速度 121 公里 / 小时

珀西 · 古德曼（Percy Goodman）为这款 1925 年推出的维洛塞特（Velocette）设计了顶置凸轮轴发动机，该车赢首次夺得 TT 初级赛冠军时领先亚军近 10 分钟。

△ **克利夫兰“龙卷风”1929**
国别 美国
发动机 1000 毫升直列四缸
最大速度 164 公里 / 小时

克利夫兰（Cleveland）推出这款时速高达 160 公里 / 小时的“龙卷风”时恰逢流年不利，几周后华尔街就宣告崩盘。“龙卷风”只生产了很少数量就匆匆退出市场。

△ **印第安 402 1930**
国别 美国
发动机 1265 毫升直列四缸
最大速度 153 公里 / 小时

1927 年印第安并购了王牌公司，随后利用更坚固的双斜下梁车架和 5 轴承凸轮轴开发了 402 摩托车，该车作为警队执法追踪车辆很受欢迎。

运动摩托车（续）

20 世纪 20 年代即将结束时，许多摩托车厂商都摒弃了扁平的箱形油箱，改为更有型更流线的鞍式油箱，之所以如此称呼是因为它们是骑跨安装在车架上。带硬式后端点的管制车架成为主流，但是也有一些厂商大胆突破，试图颠覆“自行车加发动机”的粗陋概念。

△ **Schuttoff F350 RS 1926**
国别 德国
发动机 348 毫升单缸
最大速度 113 公里 / 小时

亚瑟·舒托夫（Arthur Schuttoff）从 1923 年开始制造四冲程和两冲程摩托车。这辆四气门 350 摩托车曾夺得赛事冠军，但舒托夫公司却在 1931 年被 DKW 收购。

◁ **聪达普 EM250 1927**
国别 德国
发动机 249 毫升单缸
最大速度 97 公里 / 小时

聪达普（Zundapp）1921 年时的产品理念是“为大众打造摩托车”，到 1925 年随着这款带加强车架和前叉的改良款 250 两冲程摩托车推出，该型车很快成为热销品。

▷ **弗朗西斯 - 巴尼特 “超级运动” 1927**
国别 英国
发动机 172 毫升单缸
最大速度 97 公里 / 小时

弗朗西斯 - 巴尼特（Francis-Barnett）摩托车的螺栓组装式车架可以分解开来塞进高尔夫球包。“超级运动”小巧的维利尔斯发动机据说创造过多项速度纪录。

△ **阿尔蒂 500 1927**
国别 德国
发动机 490 毫升单缸
最大速度 90 公里 / 小时

在创立者阿诺·迪特里希（Arno Dietrich）去世后，本迪特家族接管了公司，使用英国 JAP 发动机和赫斯变速箱制造这类动力强劲的常规摩托车。

▷ **诺顿 18 型 1927**
国别 英国
发动机 490 毫升单缸
最大速度 126 公里 / 小时

诺顿凭借第一款顶置气门单缸摩托车夺取了 1924 年曼岛 TT 大奖赛挎斗项目和高级赛冠军，同时还保持着 1 公里赛道 143.59 公里 / 小时的速度世界纪录，而这款 18 型就是这款功勋赛车的公路款，一直制造到 1954 年。

△ **阿利尔 E 型 1928**

国别 英国
发动机 499 毫升单缸
最大速度 117 公里 / 小时

1925 年阿利尔公司聘请了瓦尔·佩奇（Val Page）来改进发动机，由此出现的外观潇洒的新款阿利尔摩托车销售形势显著改善。1927 年到 1928 年两年间的销量，相当于 1925 年销量的 10 倍。

△ **马尔斯 A20 “运动” 1928**

国别 德国
发动机 956 毫升水平双缸
最大速度 142 公里 / 小时

马尔斯（Mars）起初制造自行车，1903 年起开始为自行车配装发动机。1920 年克劳斯·弗朗森伯格（Claus Franzenburger）设计出传奇的“白色马尔斯”，该车采用冲压 / 焊接车架和迈巴赫发动机。

◁ **摩托古奇 运动车 1928**

国别 意大利
发动机 498 毫升单缸
最大速度 122 公里 / 小时

作为一家运动摩托车制造商，创立于 1921 年的摩托古奇（Moto Guzzi）倾向于采用近似水平的气缸安装形式，以便降低重量。这辆工厂赛车采用顶置凸轮轴，也曾赢得比赛冠军。

△ **多特 J343 1928**

国别 英国
发动机 350 毫升单缸
最大速度 115 公里 / 小时

位于曼彻斯特的多特公司（Dot）早年间就曾赢得不少赛事冠军。20 世纪 20 年代，多特公司开始采用顶置气门 JAP 发动机，然而产品销售一直比较艰难。

△ **哈雷 – 戴维森 B 型 1928**

国别 美国
发动机 350 毫升单缸
最大速度 85 公里 / 小时

和其他哈雷顶置和侧置气门单缸摩托车一样，这款 B 型摩托车几乎就是彻头彻尾的微缩版 V 形双缸车。哈雷在 1926 年推出一系列单缸车来与印第安角逐小排量车市场。

△ **欧宝 “摩托俱乐部” 1929**

国别 德国
发动机 496 毫升单缸
最大速度 119 公里 / 小时

除了自行车、缝纫机和汽车，欧宝公司（Opel）在 1901 年到 1930 年间还制造过摩托车。欧宝摩托中最为出色的当数这款顶置气门运动摩托车，其车架全部采用钢制冲压件构成。

◁ **阳光 9 型 1929**

国别 英国
发动机 493 毫升单缸
最大速度 132 公里 / 小时

这款顶置气门长冲程 9 型摩托车属于阳光公司（Sunbeam）的高品质运动系列。该车采用全包覆式链条，图中这辆车后面还携带了一个野餐篮。

◁ **诺顿 CS1 1928**

国别 英国
发动机 488 毫升单缸
最大速度 137 公里 / 小时

CS1 是“高级竞赛”的缩写，该车采用诺顿标志性的顶置凸轮轴发动机，夺得过 1927 年 TT 高级赛冠军。由于配装新款改进发动机的产品出现，该车很快退隐江湖。

◁ **诺顿 16H 1929**

国别 英国
发动机 490 毫升单缸
最大速度 109 公里 / 小时

这款侧置气门 16H 是从诺顿更早的侧置气门赛车发展而来，创下过多项速度纪录。16H 这一代号最早出现于 1916 年，一直使用到 1954 年。

上世纪30年代，TT冠军车手斯坦利·伍兹（Stanley Woods）坐在一辆摩托古奇上。

大品牌

摩托古奇的故事

凭着卓越的竞赛血统和对新颖设计的始终关注，摩托古奇自一战结束后一直在制造高品质摩托车。该公司出品的“大巡游者”和其他性能优异的产品，使其跻身世界最为优秀的摩托制造商行列。

摩托古奇的故事始于第一次世界大战时期。当时曾在意大利航空兵部队服役的3个年轻人冒出一个念头，打算建立一家全新的摩托车公司。这3人的名字分别是卡洛·古奇（Carlo Guzzi）、乔治奥·帕罗迪（Giorgio Parodi）和乔瓦尼·拉维利（Giovanni Ravelli）。然而就在3个伙伴的计划付诸实施之前，拉维利就在一次坠机中丧生，此时一战结束仅一天。

卡洛·古奇
（1889-1964）

古奇和帕罗迪并没有退缩，一年之后他们在意大利北部曼代洛德尔拉里奥的车间里制造出第一辆摩托车原型车，如今这间工厂仍然伫立在那里。公司推出的首款500毫升单缸摩托车采用多项飞机发动机技术，时速可达62英里/小时（100公里/小时），按照两位创立者名字的缩写，被命名为GP。按照卡洛·古奇的设计理念，摩托车上每一个部件都必须通盘考虑，摩托车应该为骑乘者提供驾驶乐趣。正是这种产品理念一直在强化公司的产品定位。

摩托古奇真正初具规模，是在帕罗迪的父亲伊曼纽尔·维托里奥（Emanuele Vittorio）决定为公司提供支持之后。当时公司第一种量产型摩托车“标准”（Normale）已经完成研制，随后在1921年成立了摩托古奇公司（Societa Anonima Moto Guzzi）。卡洛·古奇明白摩托车竞赛能提升新公司的知名度，因此在1921年米兰－那不勒斯大奖赛中派出两辆摩托车参赛。尽管这两辆车并未取得优胜，但几个星期后吉诺·芬齐（Gino Finzi）驾驶摩托古奇产品一举夺得塔加弗洛里奥大赛（Targa Florio）冠军，让公众真切感受到了摩托古奇产品的潜力。一个新生品牌竟然能在第一年夺得如此辉煌的竞赛成绩已属不俗，此后摩托古奇开启了竞赛佳绩的黄金时代。到1957年，摩托古奇已经夺下了超过3000次各类大奖赛冠军。

作为一家新公司，赛场上不断传来的佳绩帮助公司迅速扩张，产量从1921年的17辆飙升到1925年的1200辆，技术创新成为摩托古奇产品竞争力的核心。“标准”摩托车车架中部的中央托架成为后来大多数摩托车的标准配置。1928年公司在古奇GT型摩托车上又采用了摇臂式后悬挂系统。

20世纪30年代中期，摩托古奇已经成为意大利主要摩托车制造商。公司推出的新型120度V形双缸发动机可

“古奇骑行者享受所有乐趣！”

20世纪60年代摩托古奇“爬行者”广告

风洞先驱

1950年摩托古奇成为第一家建立专用测试风洞的摩托车制造商。风洞的建立和使用帮助公司推出了一系列性能优异的产品。

当多利诺

1919 卡洛 · 古奇和乔治奥 · 帕罗迪制造了第一台 500 毫升单缸原型车。

1921 摩托古奇公司成立，推出第一款“标准”。吉诺 · 芬齐夺得塔加弗洛里奥大赛冠军。

1924 奎多 · 曼塔斯蒂（Guido Mentasti）驾驶 4V 型摩托古奇在欧洲冠军杯上夺冠。

1928 古奇 GT 成为市场上首款“大巡游者”摩托车。

1935 斯坦利 · 伍兹驾驶摩托古奇赢得 TT 大奖赛 250 毫升和 500 毫升级冠军。

V8

1936“白鹭”（Airone）250 推出，该车采用踏板操作的 4 速传动装置。

1946 经济型两冲程 65 古奇诺（Guzzino）推出，该车后来发展成为“金翅雀”（Cardellino），一直生产到 20 世纪 60 年代初。

1950 摩托古奇成为第一家建成专用测试风洞的摩托车公司。

1955 靓丽的 500 毫升水冷 V8 大奖赛竞赛发动机推出。

勒芒（Le Mans）MkI

1965 700 毫升 90 度 V 形双缸发动机推出，成为摩托古奇大排量摩托车的核心配置。

1967 摩托古奇推出 V7 型摩托车，这款加大特别款摩托车在 1969 年蒙萨打破多项速度纪录。摩托机械工业公司（SEIMM）接管摩托古奇。

1971“加利福尼亚” V 形双缸巡游者摩托车打入美国市场，该车至今仍在生产。

1973 德托马索工业公司（De Tomaso Industries）并购摩托古奇。

1975 古奇 245 四缸摩托车推出。

戴托纳（Daytona）1000

1976 850“勒芒”推出，这款超级摩托一直生产到 1993 年。

1977 V35 发布，摩托古奇开始在 350 毫升小排量车上使用 V 形双缸发动机。

2000 摩托古奇被意大利同行、摩托制造商阿普里利亚（Aprilia）接管。

2004 北亚乔车辆集团并购了阿普里利亚 - 摩托 - 古奇公司，成为欧洲最大的摩托车制造商。

2008 古奇斯泰尔维奥（Guzzi Stelvio）推出，广受赞誉。

以让 500 毫升 V 形双缸车时速超过 125 英里 / 小时（200 公里 / 小时），这一时期摩托古奇的重要车型包括 P125 和 P150，以及“兀鹫”、“信天翁”和“当多利诺”等赛车。在 1935 年曼岛 TT 大奖赛上，摩托古奇赛车夺得冠军，这是 24 年来该项大奖首次被非英国品牌夺取。30 年代末摩托古奇推出了超级成功的“白鹭”250，该车一直生产到 1957 年。

V形双缸动力

摩托古奇历史上的经典力作 V7 采用了该公司首款 90 度 V 形双缸发动机。

第二次世界大战造成摩托古奇生产的短暂停顿，但这并未影响到公司产品的创新意识。战后根据意大利市场对轻型经济型摩托车的需求，摩托古奇推出了首款双缸车古奇诺 65，1950 年又推出“小公鸡”（Galletto），这是世界上首款大轮踏板车。1955 年摩托古奇声望卓著的设计师朱里奥 · 凯撒拉 · 卡尔卡诺（Giulio Cesara Carcano）研制成功里程碑式赛车“古奇 8 缸”（Guzzi Otto Cilindri），这是大奖赛上出现的首款八缸摩托车，时速高达 177 英里 / 小时（285 公里 / 小时）。然而不等 V8 摩托车潜力爆发，摩托古奇就因为商业现实于 1957 年末退出了摩托车竞赛活动。

20 世纪 50 年代和 60 年代初，廉价的汽车对摩托车市场构成强烈冲击，摩托古奇经营下滑。1964 年卡洛 · 古奇去世，乔治奥 · 帕罗迪的兄弟恩里科（Enrico）接管公司。3 年后摩托古奇被摩托机械工业公司（SEIMM）并购，公司的新主人决定推出低成本车型，这一决策导致了后来“快马”（Trotter）等一系列踏板车的出现。

大排量摩托车并没有被彻底忘却。1967 年推出的 V7 是摩托古奇第一款横置 V 形双缸摩托车，该车配用轴传动装置，赢得了意大利军方订单。排量更大的 V7 特别款专门面向北美市场，成为包括“加利福尼亚”在内的出口北美车型的基础。

1973 年德托马索工业公司（De Tomaso Industries）收购了摩托古奇。此后摩托古奇共产的产品线进一步分化，推出了新型四缸摩托车和小排量巡游者摩托车。这一时期摩托古奇有几款高性能车型促进了出口业务，其中包括 1977 年 850 毫升“勒芒”和 1992 年戴托纳（Daytona）1000，后者采用了约翰 · 魏特纳博士（Dr John Wittner）在美国研发的顶置凸轮轴发动机。

20 世纪 90 年代摩托古奇开始回过头来生产一些经典车型。90 年代初公司经历了一段动荡时期，销售额大幅滑落。公司所有人几经变动，最终摩托车企业阿普里利亚（Aprilia）在 2000 年接管公司。4 年内摩托古奇所有者再度变更，这次是比亚乔集团并购了该公司，由此成为欧洲最大摩托车制造商。从那时起摩托古奇先后发布了一些新车型，反映了公司在运动（“灰鼬”1100）和旅行（“挪威”1200）两大流派上的传统。此外 2008 年还推出了经典 V7 的升级款。

90 多年来，摩托古奇始终没有中断过摩托车生产，如今公司仍在继续在摩托车上体现意大利那种精神和热情。

扩张中的公司

21 世纪最初 10 年，摩托古奇的产量稳步提升，如今该公司隶属于欧洲最大的摩托车制造集团。

适者生存

20 世纪 20 年代，灵活的动力输出和舒适的操控性是所有摩托车使用者最为重要的需求，他们需要的只是一款既舒适又经济的工作和娱乐交通工具。随着一些厂商不断推出量产型经济型摩托车，另一些厂商因为无法提升技术水平和降低售价而走向没落。

◁ **克莱诺 $2^1/_4$ HP 1920**

国别 英国

发动机 269 毫升单缸

最大速度 72 公里 / 小时

1910 年，弗兰克·史密斯（Frank Smith）和埃尔韦恩·史密斯（Ailwyn Smith）接管史蒂文斯（Stevens）发动机公司后开始制造摩托车。1923 年公司完全转向汽车制造。

△ **霍克 C 型 1922**

国别 英国

发动机 348 毫升单缸

最大速度 84 公里 / 小时

为了让造飞机的机械工人在一战后的萧条期内有事可做，哈里·霍克（Harry Hawker）和汤姆·索普韦斯（Tom Sopwith）在 1920 到 1924 年间制造摩托车，这辆车使用的是布莱克本侧置气门发动机。

△ **太阳维特斯 1923**

国别 英国

发动机 269 毫升单缸

最大速度 90 公里 / 小时

太阳公司（Sun）接管了使用旋转气门吸入系统的先进 VTS 两冲程发动机，生产了这款维特斯（Vitesse）运动车。1932 年到 1948 年间，该公司处于停产状态。

△ **海豹四座摩托车 1924**

国别 英国

发动机 980 毫升 V 形双缸

最大速度 80 公里 / 小时

海豹公司（Seal）这款三轮摩托车非常特别，驾驶员可以和三名乘客一起坐在边斗里，通过连杆系统操控车辆。该车 1924 年以后即告停产。

◁ **艾维 3 型 1924**

国别 英国

发动机 346 毫升单缸

最大速度 89 公里 / 小时

艾维公司（Ivy）的两冲程旅行摩托车采用当时最新的鼓式前刹车、脚踏板和腿部挡板。一辆 350 毫升艾维摩托车曾赢得布鲁克兰兹 500 英里（805 公里）竞赛，平均时速为 52 英里 / 小时（84 公里 / 小时）。

▷ **象限仪 $4^{1}/_{2}$ HP 1924**

国别 英国

发动机 624 毫升单缸

最大速度 92 公里 / 小时

象限仪公司（Quadrant）这款功率强劲的单缸摩托车将进气门设计在气缸后方，这款性能并不出众的摩托车在 20 世纪 20 年代中期已显陈旧。

△ **亨里 · 布莱克本 “巡游者” 1925**

国别 英国

发动机 545 毫升单缸

最大速度 92 公里 / 小时

亨里 · 布莱克本（Henley Blackburne）1920 年起在伯明翰制造摩托车，很快开发了一系列侧置气门布莱克本发动机款型。排量最大的款型也被制成挎斗摩托销售。

◁ **凯旋 P 型 1925**

国别 英国

发动机 493 毫升单缸

最大速度 105 公里 / 小时

英国历史上最便宜的 500 毫升摩托车，也是凯旋第一种大规模生产的摩托车，每周产量达 1000 辆。到 1926 年早期质量问题得到解决。

▷ **阳光 $3^{1}/_{2}$ HP 5 型单车 1925**

国别 英国

发动机 499 毫升单缸

最大速度 129 公里 / 小时

5 型摩托车配用低转速长冲程侧置气门发动机，适合长距离行驶。1922 年阳光公司在 TT 高级赛上夺魁，这是侧置气门摩托车最后一次夺冠。

△ **BSA S28 1928**

国别 英国

发动机 493 毫升单缸

最大速度 97 公里 / 小时

上世纪 20 年代，哈罗德 · 布里格斯（Harold Briggs）离开戴姆勒公司加盟 BSA，设计出多款新型发动机，其中包括非常适合旅行摩托和挎斗摩托的动力灵活的侧置气门 500 毫升发动机。

◁ **流浪者 K 500 1928**

国别 德国

发动机 499 毫升单缸

最大速度 95 公里 / 小时

这是款精巧的轴传动摩托车，前叉带有叶状减震簧。流浪者公司（Wanderer）自 1902 年起生产摩托车，1929 年公司停产，随后将这一设计卖给了爪哇公司（Jawa）。

儒麦勒“双座” 1922

这张照片拍摄于巴黎的战神大街。画面上这辆外观独特的儒麦勒（La Jumella）摩托车可能是早前“近乎汽车”（Ner-a-Car）的加长版。该车设计概念接近前厢摩托车，但只有两个车轮，当时可能作为运营出租车使用。

7474-E8

主流之外

20 世纪 20 年代，那些富于创意的工程师们对许多关于两轮交通工具的新想法进行过试验，有些聪明且实用，另外一些在技术上走入了死胡同。空气、水和滑油被作为冷却剂，水平对置双缸发动机被设计成横贯车架中央，人们还试着用散热器来提高两冲程发动机的动力输出。尽管有一些大胆创意试图打破传统，但是那些经典技术的变化仍然较慢。

◁ **亨伯 $4^{1}/_{2}$ HP 1921**

国别 英国

发动机 601 毫升水平双缸

最大速度 97 公里 / 小时

继 1913 年推出最为怪异的水平三缸摩托车后，亨伯公司（Humber）从 1915 年起制造水平双缸摩托车，其中就包括这款配用三速变速箱和链条传动系统的“安静亨伯”。

△ **谢菲尔德（Sheffield）极简“近乎汽车”1921**

国别 英国

发动机 285 毫升单缸

最大速度 56 公里 / 小时

该车由美国人卡尔 · 内拉彻（Carl Neracher）设计，英国美国都有生产。这是一种稳定性非常好的摩托车，采用无极变速传动系统，前轮毂转向，产量很低。

△ **ABC 400 1921**

国别 英国

发动机 398 毫升水平双缸

最大速度 113 公里 / 小时

创意设计师格兰维尔 · 布拉德绍（Granville Bradshaw）的 ABC 公司率先使用了横向布置的水平双缸发动机和车架后弹簧。该车由索普韦斯飞机公司制造。

△ **OK 布拉德绍 1922**

国别 英国

发动机 349 毫升单缸

最大速度 97 公里 / 小时

弗雷德 · 道斯（Fred Dawes）和厄尼 · 汉弗莱斯（Ernie Humphries）1911 年开始制造摩托车。该车采用的布拉德绍发动机依靠滑油冷却，由于效果不佳被冠以“滑油锅炉”的绰号。

△ **宝马 R32 1923**

国别 德国

发动机 486 毫升水平双缸

最大速度 95 公里 / 小时

宝马公司（BMW）推出的首款摩托车就不同凡响，采用了水平对置双缸发动机，湿式润滑、铝合金气缸和缸头，外加轴传动。

△ **DOT 布拉德绍 1923**

国别 英国

发动机 349 毫升单缸

最大速度 97 公里 / 小时

曼彻斯特的哈里 · 利德（Harry Reed）在运动摩托车方面非常成功。这辆车采用滑油冷却的布拉德绍发动机、内扩张式刹车、三速变速箱和链条传动。

△ **智慧沙龙 1923**

国别 法国

发动机 150 毫升单缸

最大速度 80 公里 / 小时

这款简单的两冲程摩托车配用双速变速箱和封闭式主传动系统，出品该车的公司十分短命，1923 年建立，1927 年即告倒闭。

△ **顿内尔特 K 型　1925**

国别 英国

发动机 249 毫升单缸

最大速度 105 公里 / 小时

顿内尔特（Dunelt）K 型摩托车使用了特别的双直径活塞，以便从曲轴箱中提取更多的缸容。图中这款车原本配装 500 毫升发动机，后来换成了 250 毫升发动机。

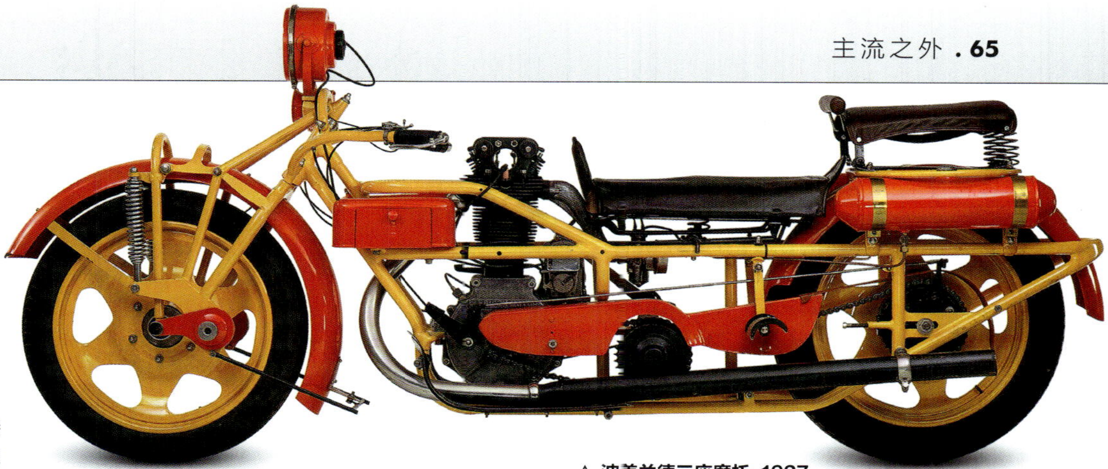

△ **波美兰德三座摩托　1927**

国别 捷克共和国

发动机 603 毫升单缸

最大速度 113 公里 / 小时

波美兰德（Bohmerland）这款特别的摩托车采用合金铸造车轮、后置油箱和修长的带减震簧前叉的钢管车架。

▽ **斯科特“超级松鼠”1927**

国别 英国

发动机 498 毫升直列双缸

最大速度 129 公里 / 小时

阿尔弗雷德·斯科特（Alfred Scott）颇具创意的两冲程发动机在他去世后仍然势头不减。斯科特三速“超级松鼠”颇受欢迎，有 500 毫升和 600 毫升等款型。

◁ **温德霍夫 750-4 1928**

国别 德国

发动机 748 毫升直列四缸

最大速度 119 公里 / 小时

温德霍夫（Windhoff）这款非主流摩托车采用滑油冷却顶制凸轮轴直列四缸发动机。动力单元后部安装有连接轴传动后轮的次级车架。

▷ **DKW ZSW 500 1929**

国别 德国

发动机 494 毫升直列双缸

最大速度 100 公里 / 小时

DKW 当时是世界上最大的摩托车制造商，有实力尝试一些非常规设计，比如这款水冷两冲程双缸摩托车。

△ **李维斯 六气口 1929**

国别 英国

发动机 247 毫升单缸

最大速度 106 公里 / 小时

李维斯（Levis）运动型两冲程摩托车赢得了曼岛 TT 大奖赛冠军，这款“六接口”是李维斯最快的车型。该车气缸上带有额外设计的接口，通过输入未燃烧的燃油来冷却活塞，这也是该款车得名的由来。

赛道竞技者

许多摩托车厂商都相信竞赛能改良其产品的血统，事实上也有不少实例支持这一观点。顶置凸轮轴、四气门缸头在 20 世纪 20 年代成为赛车的共同特征，减重措施也促成了简洁高效的车架出现，发动机和传动机匣也开始采用轻质合金制造。

△ 诺顿 9 型　1920

国别　英国

发动机　490 毫升单缸

最大速度　113 公里 / 小时

诺顿 9 型的侧置气门发动机可以一直追溯到 1908 年詹姆斯 · 兰斯当 · 诺顿（James Lansdowne Norton）第一台发动机。该车动力强劲，但是由于没有离合器显得过时。

△ 哈雷－戴维森 8 气门赛车　1920

国别　美国

发动机　1000 毫升 V 形双缸

最大速度　193 公里 / 小时

这款车也被称作 12 型赛车，1928 年停产前仅出品了很少数量。该车高度专业化，采用 4 气门缸头，不设排气管，只有一种速度选择且没有刹车。

▷ 印第安 H 型　1920

国别　美国

发动机　1000 毫升 V 形双缸

最大速度　193 公里 / 小时

印第安强力的 V 形双缸车从一开始就是木板赛道上的顶级参与者。这款车采用“动力盈余”发动机基础上改进而成的侧置气门发动机。

△ 哈雷－戴维森 28S 型木板道赛车　1926

国别　美国

发动机　345 毫升单缸

最大速度　137 公里 / 小时

由于行驶时独特的噪声，该车也被称作“豌豆枪”。20 世纪 30 年代，哈雷公司配用顶置气门发动机的超轻 216 磅（98 公斤）赛车在木板赛道上所向披靡。

◁ 迈格拉（Megola）1921 1923

国别　德国

发动机　640 毫升 5 缸旋转发动机

最大速度　142 公里 / 小时

该车动力装置为一台法国“土地神”单气门转缸航空发动机，直接驱动前轮（5 个气缸与车轮一起反向旋转）。1924 年该车在德国冠军杯大赛中夺魁。

◁ **OEC 克劳德 · 坦普尔 1923**

国别 英国
发动机 996 毫升 V 形双缸
最大速度 195 公里 / 小时

位于林肯的 OEC 摩托车公司为布鲁克兰兹大奖赛冠军克劳德 · 坦普尔（Claude Temple）特制了车架，该车安装一台英国安萨尼（Anzani）航空发动机，在 1923 到 1926 年间创造了多项速度世界纪录。

△ **阳光“短跑者”1923**

国别 英国
发动机 499 毫升单缸
最大速度 153 公里 / 小时

一战后直到 20 世纪 20 年代，“短跑者”（Sprinter）这样的简装轻量化的阳光摩托车在短程赛和长途赛中表现出色，几乎拿下过欧洲各类竞赛的头名。

△ **HRD HD90 1924**

国别 英国
发动机 488 毫升单缸
最大速度 160 公里 / 小时

从 1924 年到 1928 年，霍华德 · 雷蒙德 · 戴维斯（Howard Raymond Davies）制造过一系列摩托车，用于曼岛 TT 大奖赛和公路旅行。HD90 是他的早期产品之一，1925 年他驾驶自己的摩托车在 TT 大奖赛中夺魁。

▽ **印第安 侦察兵“登山者”1927**

国别 美国
发动机 740 毫升 V 形双缸
最大速度 120 公里 / 小时

该车产量很低，前轮小，后轮大，驱动齿轮庞大，刹车很小，专为爬山竞赛设计——这种运动设立的宗旨就是促进小型摩托车的销售。

◁ **斯科特 TT“超级松鼠”1927**

国别 英国
发动机 498 毫升直列双缸
最大速度 153 公里 / 小时

这辆水冷斯科特摩托车在一战前曾赢得过曼岛 TT 高级赛。20 世纪 20 年代“超级松鼠”在 TT 大奖赛中也很有竞争力，但再未夺冠。这辆“超级松鼠”是英国车手哈里 · 兰曼（Harry Langman）1927 年参加 TT 大奖赛的赛车。

▷ **摩托古奇 SS 1928**

国别 意大利
发动机 247 毫升单缸
最大速度 126 公里 / 小时

第一次世界大战结束后，飞机机械师卡洛 · 古奇（Carlo Guzzi）设计了一种顶置凸轮轴水平气缸发动机，此后一直生产了 45 年。SS 的刚性轻型车架配上这款发动机，实现了低重心和稳定性。

▷ **查特 - 利雅特制款“铜疙瘩”1929**

国别 英国
发动机 348 毫升单缸
最大速度 177 公里 / 小时

本 · 乔 · 比凯尔（Ben Joe Bickell）用一副残破的查特 - 利雅（Chater-Lea）车架和一台顶置凸轮轴查特 - 利雅发动机攒出了这辆“铜疙瘩”（Copperknob），随后该车在布鲁克兰茨夺魁。

20世纪30年代

1929年纽约股市大崩盘引发的大萧条促使摩托车制造业将关注重点从速度转向经济性。在摩托车顾客们寻求最优交通方式的过程中，一些摩托车制造商坚持挺过了危机，另外一些制造商则丧失了竞争力，走向消亡。20世纪30年代后期，国际市场逐渐打开，创新思想开始传遍世界。欧洲摩托车赛车发动机技术蓬勃发展，而美国摩托赛车则走向只有少数人才能消费的特制款。

B.S.A
EMPIRE STAR
LUCAS

新潮流

在过去十年中，摩托车制造已经建立起了完备的制造体系。进入20世纪30年代，摩托车产业的焦点集中在提升和改善，摩托车制造商们致力于制造性能得到改善、更为舒适可靠，造型流畅，能为品牌赢得声望的产品。彩色油漆和镀铬工艺是当时时尚潮流的标志，受此影响，这一时期的产品是过去从未有过的最为时尚、舒适的摩托车。但遗憾的是，这些摩托车投入市场时，恰逢1929年华尔街股市崩盘引发的全球性经济大衰退，市场潜力受到严重打击。

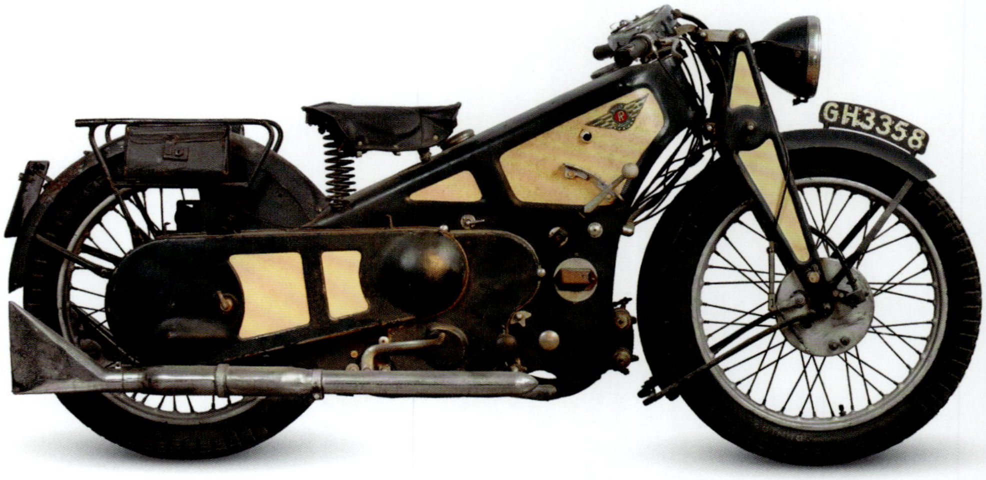

△ **阿斯科特 - 普林 多用途“豪华”1930**
国别 英国
发动机 496 毫升顶置气门单缸
最大速度 129 公里 / 小时

“豪华”（De Luxe）创新地采用了冲压钢制车架，内部水平安装发动机，使用一体化变速箱。该车制造精良，但销售惨淡。

△ **AJS S3 1931**
国别 英国
发动机 498 毫升侧置气门 V 形双缸
最大速度 129 公里 / 小时

该车使用的横置发动机不同寻常，但相比一般更简单的车辆，S3 并未展现出太大优势，很快这辆车就宣告淡出。

△ **阿利尔 4F 方形四缸 1931**
国别 英国
发动机 498 毫升顶置气门方形四缸
最大速度 137 公里 / 小时

与其他产品相比，方型布局四缸发动机赋予 4F 惊人的速度、平稳性和紧凑感，但其结构却过于复杂。

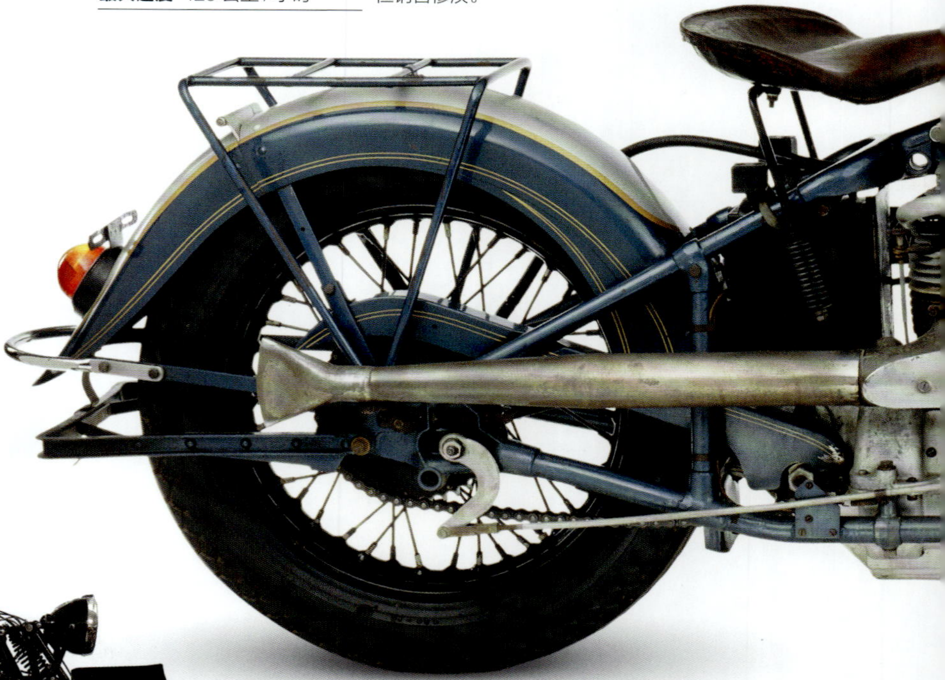

◁ **阿利尔 SG 1931**
国别 英国
发动机 499 毫升顶置气门单缸
最大速度 129 公里 / 小时

20 世纪 30 年代，倾斜汽缸曾在一些摩托车制造商中短暂风行。阿利尔就同时生产垂直和倾斜汽缸的摩托车产品。

◁ **无双 A 型“银箭”1930**
国别 英国
发动机 394 毫升侧置气门 V 形双缸
最大速度 89 公里 / 小时

“银箭”后悬架性能卓越，使用的 400 毫升侧置气门 V 形发动机却性能平庸，结果销量平平。

△ **无双“银鹰”1933**
国别 英国
发动机 592 毫升顶置气门 V 形四缸
最大速度 129 公里 / 小时

作为针对阿利尔方形四缸车的竞争产品，“银鹰”同样复杂，其市场寿命比阿利尔产品短得多，1935 年便告停产。

△ **斯科特 3S 型三缸 1938**

国别 英国
发动机 986 毫升两冲程三缸
最大速度 160 公里 / 小时

1938 年的斯科特三缸车是一款创新且时尚的产品。二战的爆发迫使生产中断，总产量仅有 8 辆。

△ **宝马 R12 1935**

国别 德国
发动机 745 毫升侧置气门对置双缸
最大速度 109 公里 / 小时

宝马 R12 是第一款配备液压减震伸缩式前叉的量产摩托车，该车的其他先进特征还包括四速变速箱。

△ **印第安 四缸 1939**

国别 美国
发动机 1265 毫升直列四缸
最大速度 145 公里 / 小时

印第安四缸是 20 世纪 30 年代印第安产品中的顶级品，其四缸发动机的平稳动力非常适合这款高性能远程旅行摩托车。

△ **宝马 R66 1938**

国别 德国
发动机 597 毫升顶置气门对置双缸
最大速度 145 公里 / 小时

R66 配有活塞缓冲后悬挂、伸缩套筒式前叉、轴传动机构及四速变速箱，是当时世界上配置最棒的摩托车之一。

△ **土地神 & 罗纳 X 型 1939**

国别 法国
发动机 724 毫升顶置气门水平双缸
最大速度 145 公里 / 小时

这是 20 世纪 30 年代法国摩托车中最撼人心魄的一款，非常适合配上边车成为挎斗摩托。

▽ **布拉夫 优越“梦想”1939 年**

国别 英国
发动机 998 毫升对置四缸
最大速度 不详

“梦想”并未投产，布拉夫公司停产摩托车之前，仅制造了一辆原型车。该车采用独特的轴传动方式和水平对置四缸发动机。

△ **布拉夫“优越”奥斯汀四缸 1932**

国别 英国
发动机 800 毫升侧置气门直列四缸
最大速度 129 公里 / 小时

该车采用水冷式汽车发动机和电起动装置，双后轮配置，轴传动，主要用于挎斗摩托。

阿利尔 4F 方形四缸

该车由传奇摩托车设计大师爱德华·特纳（Edward Turner）主持研制，20 世纪 30 年代一推出便在市场占据优势地位。阿利尔 4F 方形四缸外形尺寸与单缸车相当，但却拥有一台强劲紧凑的四缸发动机。该车最初配用 498 毫升发动机，后来更换为 995 毫升大排量发动机。在 28 年的市场生涯中，方形四缸作为一款性能卓越的旅行车和挎斗摩托广受赞誉。

生产方形四缸系列是阿利尔掌门人杰克·桑斯特所做的一个大胆决定，当时其他摩托车制造商也有条件投产这类产品。当时爱德华·特纳一直在向各大摩托车制造商推销他的顶置凸轮轴四缸发动机，而桑斯特独具慧眼，立即意识到这项技术的潜力，并聘请爱德华·特纳开发应用这一技术的新车。

1930 年奥林匹亚摩托车博览会上，方形四缸首次亮相就引起轰动。它独特的盒式四汽缸布局形式给观众们留下了深刻印象（该车因这种构型得名，因此有人称其为“方形阿利尔”）。1932 年方形四缸的发动机排气量增加至 601 毫升，1937 年又开始采用带有推杆式气门装置的 995 毫升发动机。进入 20 世纪 40 年代，凭借 8.5 秒内从零加速到 100 公里 / 小时的超凡性能，阿利尔公司开始使用这样的宣传词——进步与标准的典范。20 世纪 50 年代末停产时，阿利尔方形四缸已经成为那个时代英国最优秀摩托车的代表。

前视图

后视图

缘起自行车

19 世纪末期，阿利尔这个名字首次出现在自行车制造业。20 世纪最开始的那几年，阿利尔自行车公司开始生产各种配装动力装置的自行车。

早期特点

4F 方形四缸使用的伯尔曼变速箱最初通过油箱侧面的一根操纵杆控制。图中表现的双梁式前叉在 1946 年换成了液压减震伸缩套筒式前叉。

性能指标			
型号	阿利尔方形四缸 (1931)	悬挂	梁式前叉
输出功率	24 马力（6000 转 / 分）	结构	钢制车架
产地	英国伯明翰	制动	前后鼓式
变速箱	四速	发动机	498 毫升顶置凸轮轴方形四缸
产量	15641(全部子型)	最大速度	137 公里 / 小时

车体

方形四缸不仅仅追求速度，同时也追求平稳和灵活的特质。1936 年以后出品的方形四缸采用顶置气门发动机，更为安静可靠。1000 毫升版方形四缸配用了伸缩套筒式前叉，可选装活塞式后悬挂。1953 年推出的 MK Ⅱ是第一款时速达到 160 公里 / 小时的方形四缸车。

1. 阿利尔车标 2. 握把上的风门杆 3. 车灯开关 4.6 伏车前灯 5. 减震鞍座 6. 四速手动变速箱 7. 油箱盖和仪表盘 8. 传动齿轮 9. 前悬挂减震器 10. 喇叭 11. 后制动踏板 12. 脚踏式起动器 13. 消音器

1

4
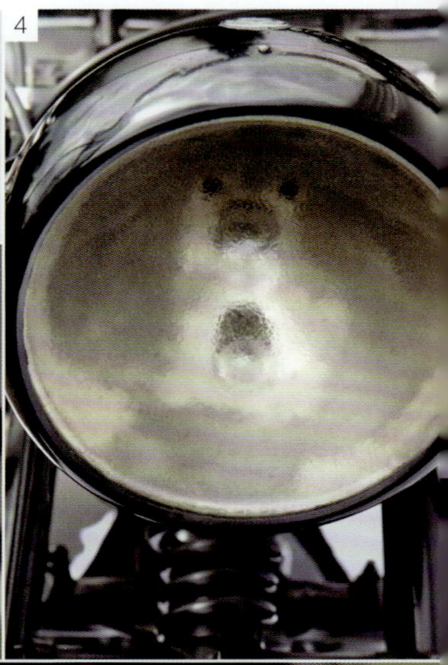

2

3

6

7

9

10

11

12
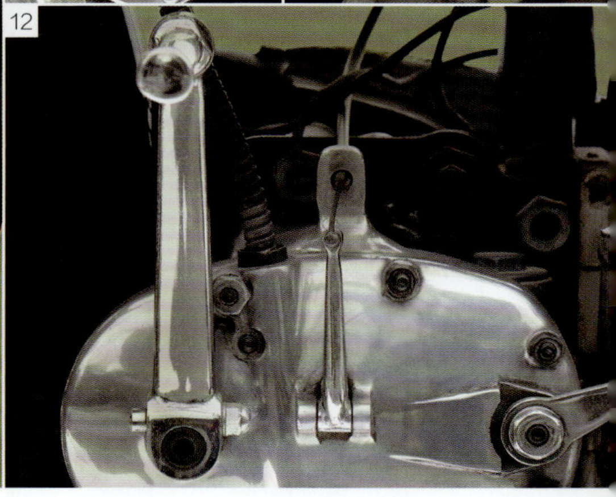

发动机

特纳最初研制的四缸发动机是在一个曲轴箱上平行安装两个双缸结构。1937 年的 4G 型配用顶置气门发动机，排量提升到 995 毫升。此后的一系列重大改进包括 1949 起年将 MK Ⅰ的铸铁缸头和缸体更换为更轻的合金铸件，以及 1953 年重新设计 MK Ⅱ的缸头。

14. 紧凑的发动机单元 15.6 伏点火磁电机 16. 凸轮轴链条箱 17. 主油箱盖和备用油箱盖 18. 点火分电器 19. 进气口

5

8

13

14

15

16

17

18

19

速度俱乐部

20 世纪 30 年代初，以曼岛 TT 远程大奖赛为首的各种摩托车赛事，大大推动了运动摩托车发展。摩托车速度越来越高，一些 500 毫升摩托车速度达到了 100 英里 / 小时 (161 公里 / 小时)。发动机功率不断增加，更为坚固的车架和显著改进的前叉协助改善了操控性。在这个十年中，英国摩托车引领着世界摩托车的技术潮流。

▷ 查特莱 超级运动 1930

国别 英国

发动机 350 毫升单缸

最大速度 153 公里 / 小时

查特莱（Charter-Lea）“超级运动”的发动机采用非常特殊的平面凸轮气门驱动系统。一款测试用“超级运动”创下过 165.74 公里 / 小时的速度纪录。

◁ 斯科特 TT 复刻 1930

国别 英国

发动机 498 毫升单缸

最大速度 142 公里 / 小时

该车是阿尔弗雷德·斯科特（Alfred Scott）最快的两缸车，其技术源于一款一战前的设计方案。虽然在 TT 摩托车赛上已经老迈，但公路快速骑行的需求仍然不少。

△ 诺顿 ES2 18 型 1934

国别 英国

发动机 490 毫升单缸

最大速度 132 公里 / 小时

诺顿在该车上最终实现了安静利落地封装气门，ES2 采用全承载式车架，可以选装活塞式后悬挂。

▷ 阳光 90 1930

国别 英国

发动机 493 毫升单缸

最大速度 146 公里 / 小时

尽管 90 型实际上是 20 世纪 20 年代的设计，但由于采用了四速变速箱和鞍形油箱，该车仍能与 20 世纪 30 年代诺顿最好的产品分庭抗礼。

▽ 诺顿“国际” 30 型 1936

国别 英国

发动机 490 毫升单缸

最大速度 153 公里 / 小时

作为当时最炫酷的运动摩托，“国际”30 型还为那些钟情赛车的骑手们提供可选的全铝发动机和赛车型油箱。

▷ **标准雷克斯运动 1935**

国别 德国

发动机 491 毫升单缸

最大速度 129 公里 / 小时

标准雷克斯 1925 年起投产，这款运动型雷克斯使用的倾斜汽缸顶置凸轮轴发动机以及前叉部件都是来自布拉夫“优越”的授权产品。

▷ **精益 曼克斯曼 1936**

国别 英国

发动机 250 毫升单缸

最大速度 129 公里 / 小时

采用双凸轮轴四气门的曼克斯曼原型车在 1933 年轻量级 TT 大赛中夺冠，但在 1936 年四气门车型推出前，曼克斯曼的生产型都只配备双气门。

◁ **哈雷－戴维森 EL61 1936**

国别 美国

发动机 989 毫升 V 形双缸

最大速度 113 公里 / 小时

1936 年哈雷为 V 形双缸车配用顶置气门，这种发动机后来被称为“指节头”发动机，并且沿用到更新潮现代的车架上，称为经典哈雷。

△ **拉奇 阿尔斯特 1937**

国别 英国

发动机 499 毫升单缸

最大速度 129 公里 / 小时

1928 年拉奇公司在阿尔斯特大奖赛拿下了首个 4 气门摩托车冠军，该车便得名于此。但 1936 年身陷困境的拉奇公司被留声机公司（后来的 EMI）收购。

▷ **布拉夫“优越”**
SS80 1937

国别 英国

发动机 982 毫升 V 形双缸

最大速度 137 公里 / 小时

20 世纪 20 年代初，刚推出的 SS80 速度可达 125 公里 / 小时。1935 年，原来的 JAP 发动机被换成了 AMC 发动机（如本图所示）。

▷ **阿利尔“红色猎人”1937**

国别 英国

发动机 497 毫升单缸

最大速度 135 公里 / 小时

瓦尔·佩奇（Val Page）1932 年构思“红色猎人”时设计了 250、350 和 500 毫升版。由于结构坚固、性能可靠、动力强劲，“红色猎人”持续热销到 1959 年。

速度俱乐部（续）

到 20 世纪 30 年代，各类摩托车购买者开始寻求不同风格的产品，摩托车市场变得相对复杂。在大多数购买者看来，性能是最重要的因素，为此生产商在其基本车型基础上推出运动款，或者通过安装高配置发动机推出特别高性能款——有些发动机直接取自专业赛车。一个明显的事实是，车辆炫酷的外观对于彰显车辆性能也是非常重要的。

△ 印第安运动型“侦察兵”1936
国别 美国
发动机 737 毫升侧置气门 V 形双缸
最大速度 137 公里 / 小时

“侦察兵”是很多赛车的基础，车手拆下车头灯和其他额外装备，调整发动机便能直接参加比赛。

◁ AJS R10 1936
国别 英国
发动机 295 毫升顶置凸轮轴单缸
最大速度 145 公里 / 小时

无双公司接管了 AJS 并继续生产。超级运动型 R10 配置一台链条驱动顶置凸轮轴发动机且屡次参加大赛的发动机。

▷ 宝马 R51 RS 1938
国别 德国
发动机 494 毫升对置双缸
最大速度 153 公里 / 小时

这款 R51 是在宝马标志性的 R5 顶置气门双缸发动机基础上发展而来，采用活塞式后悬挂。本图为赛车版的 R5。

△ 皇家恩菲尔德 JF 1936
国别 英国
发动机 499 毫升顶置气门单缸
最大速度 137 公里 / 小时

JF 是 20 世纪 30 年代为数不多的配备四气门缸头的车型之一。恩菲尔德还尝试过三气门缸头，后来又回到到双气门配置。

◁ 凯旋“极速”双缸 1937
国别 英国
发动机 498 毫升顶置气门并列双缸
最大速度 151 公里 / 小时

“极速”双缸车采用并列双缸发动机，为接下来 40 年英国摩托车发展树立了标杆。这是一款紧凑、时尚、高速的车型。

△ 凯旋“虎”80 1937
国别 英国
发动机 349 毫升单缸
最大速度 126 公里 / 小时

爱德华 · 特纳受命执掌凯旋后，他用镀铬油箱、抛光变速箱、高高的排气管、全新涂装和动感十足的新名字改造了这款 350 毫升车。

◁ **文森特 HRD“迅猛”A 系列 1938**

国别 英国

发动机 998 毫升顶置气门 V 形双缸

最大速度 177 公里 / 小时

通过双份拷贝单缸发动机的方法，文森特推出了速度极高的 V 形双缸车。后来一款战时设计创造了文森特双缸车中的典范之作。

◁ **文森特 HRD“彗星”1938**

国别 英国

发动机 498 毫升单缸

最大速度 148 公里 / 小时

1928 年菲利普 · 文森特买下了 HRD，1935 年起开始采用澳大利亚人菲尔 · 欧文设计的高凸轮轴发动机。这种发动机除了装备“彗星”还是许多赛车的动力装置。

▽ **克罗克 1938**

国别 美国

发动机 1000 毫升顶置气门 V 形双缸

最大速度 177 公里 / 小时

该车 1936 年投产，1942 年即告停产。克罗克 V 形双缸车速度快，质量好，售价很贵。图中所示为使用垂直顶置气门的后期型。

△ **BSA“帝国之星”1936**

国别 英国

发动机 496 毫升顶置气门单缸

最大速度 129 公里 / 小时

BSA 凭借着炫目的“星”系列运动型单缸摩托车大放异彩。“帝国之星”于 1937 年重新设计，后来发展出了 BSA 中极负盛名的“金星”。

▽ **BSA M24“金星”500 1938**

国别 英国

发动机 496 毫升顶置气门单缸

最大速度 129 公里 / 小时

1937 年，一辆特制版 BSA 单缸摩托车以 160 公里 / 小时的速度环绕布鲁克兰兹赛道并荣获金星徽章，这枚徽章成为 1938 年采用全合金发动机的“金星”摩托车得名的原因。

◁ **无双 G80 1939**

国别 英国

发动机 498 毫升顶置气门单缸

最大速度 137 公里 / 小时

伦敦制造的 G80 配备镀铬油箱和高位排气管，不仅外形炫酷，性能也相当不错。

JW121

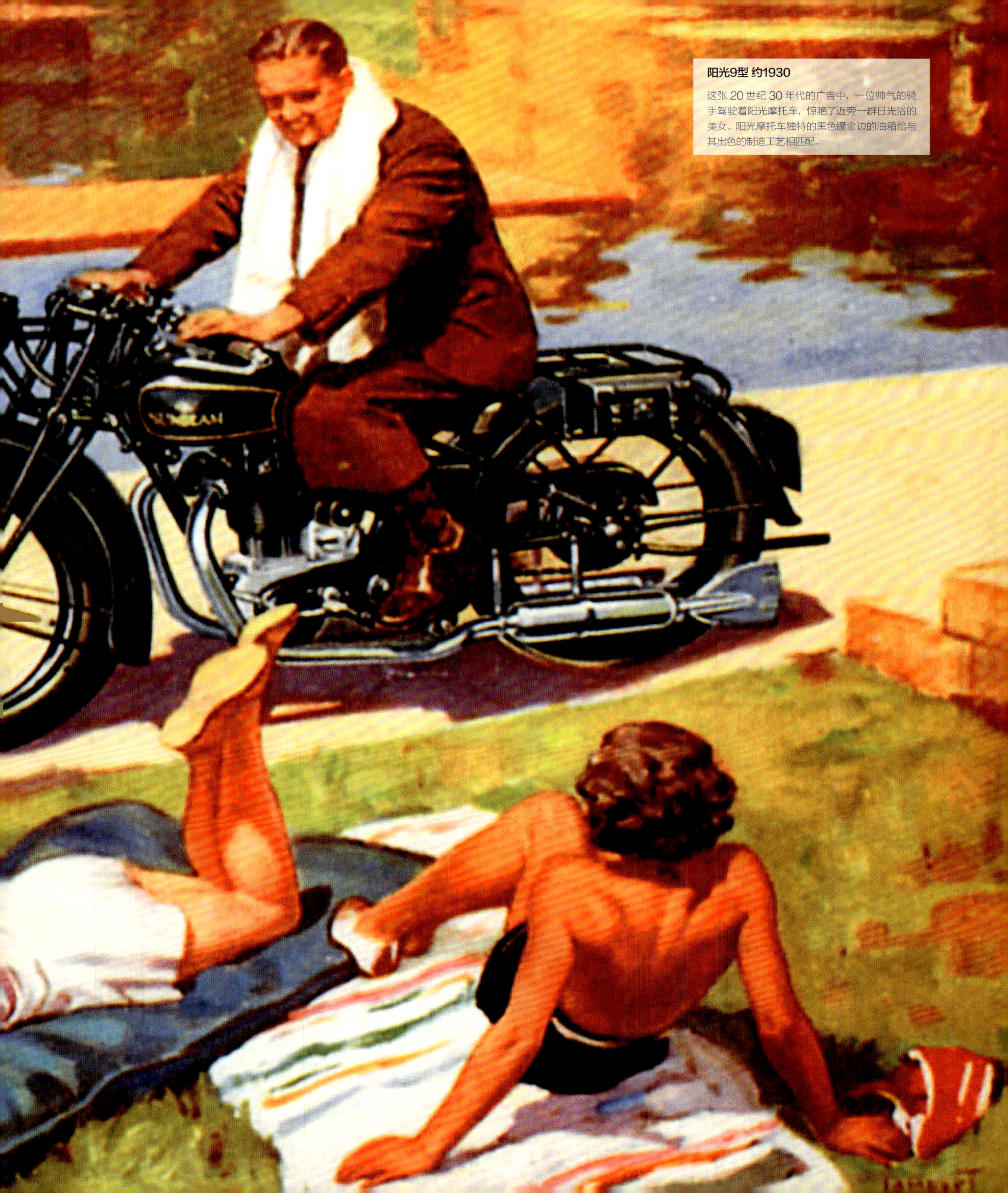

阳光9型 约1930

这张 20 世纪 30 年代的广告中，一位帅气的骑手驾驶着阳光摩托车，惊艳了近旁一群日光浴的美女。阳光摩托车独特的黑色镶金边的油箱恰与其出色的制造工艺相匹配。

信赖之选

20 世纪 30 年代，欧洲市场上仍活跃着许多种类各异的摩托车。制造商们或者利用过去十年中取得的创新成果，或者直接选取其他制造商开发的最优技术成果并在此基础上增加自己的特色。当时欧洲摩托车零部件许多是通用的，但是各个摩托车品牌仍然保留了自己产品的特色，从外观上很容易加以区别。

◁ **斯蒂尔森 布莱克本 1930**

国别 法国

发动机 350 毫升单缸

最大速度 97 公里 / 小时

斯蒂尔森（Stylson）从 1919 年到 1940 间生产摩托车，一度定位于成为两轮摩托车中的布加迪。这款高质量摩托车大部分使用英国产发动机，拥有强劲的运动性能。

△ **科顿 布莱克本 350 1930**

国别 英国

发动机 350 毫升单缸

最大速度 120 公里 / 小时

1918 年，一位叫比尔 · 科顿（Bill Cotton）的律师设计了一款性能优异的三角结构车架，使用这种车架的摩托车在 1923 年和 1926 年曼岛 TT 大赛中两度夺冠。科顿摩托车同时使用外购的布莱克本和 JAP 发动机。

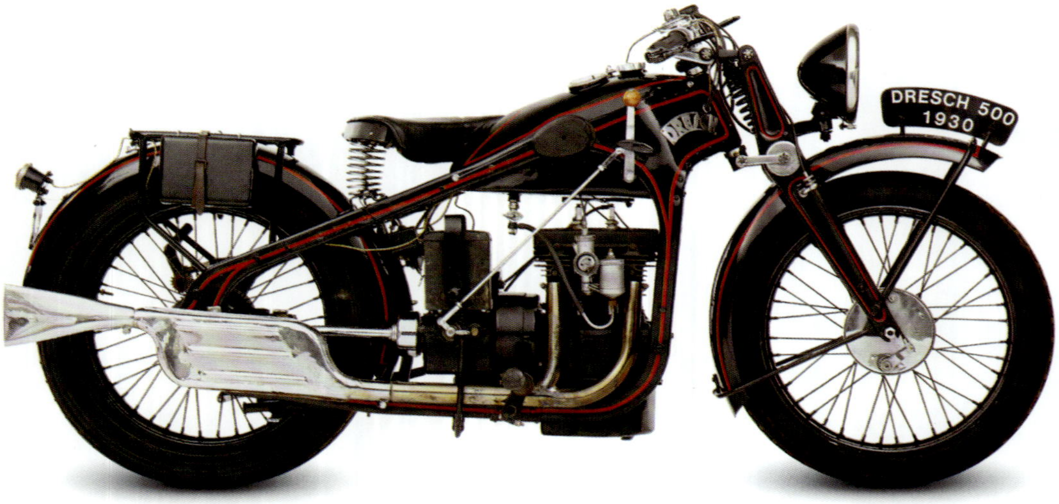

△ **德雷施 5CV 1930**

国别 法国

发动机 499 毫升直列双缸

最大速度 105 公里 / 小时

亨利 · 德雷施（Henri Drech）1923 年到 1939 年间生产摩托车，年销量曾高达 10000 辆。这款 500 毫升摩托车颇受巴黎警方欢迎，采用一体化发动机和轴转动系统。

△ **OD TS 50 1931**

国别 德国

发动机 498 毫升单缸

最大速度 113 公里 / 小时

德国德累斯顿的维利 · 奥斯特纳（Willi Ostner）在 1927 到 1936 年间生产高质量摩托车，其产品配装袖珍发动机公司（Motosacoche）的 MAG 发动机，在各类赛事中获得屡获佳绩。

△ **宝马 R2 1931**

国别 德国

发动机 198 毫升单缸

最大速度 95 公里 / 小时

这款宝马的基本型摩托配有轴传动装置、博世电器和轿车用三速变速箱。1938 年以前，在德国无需驾照即可驾驶低于 200 毫升排量的摩托车。

◁ **维多利亚 KR 50 S 1931**

国别 德国

发动机 495 毫升单缸

最大速度 119 公里 / 小时

1901 年，自行车生产商维多利亚开始在纽伦堡生产摩托车。1928 年，该公司开始在 S 型车上采用英国制造的斯托米 · 阿彻发动机和顶置气门。

△ **袖珍发动机“银禧” 424 1932**

国别 瑞士

发动机 498 毫升单缸

最大速度 111 公里 / 小时

为庆祝品牌二十五周年庆，袖珍发动机公司（Motosacoche）专门推出这款耐用的“银禧”。该车采用易于维护的侧置气门发动机，配用汽车用电池和点火线圈，车上很多零部件都是英国货。

▷ **维默尔 GG35 1932**

国别 德国

发动机 344 毫升单缸

最大速度 97 公里 / 小时

德国维默尔公司（Wimmer）从 1921 年到二战爆发前生产摩托车，公司的主打车型是设计精良的 350 毫升单缸车系列。

△ **凯旋 6/1 型 1934**

国别 英国

发动机 649 毫升直列两缸

最大速度 122 公里 / 小时

设计师瓦伦丁 · 佩奇（Valentine Page）的旗舰级凯旋主要是为拖带边车，它的垂直两缸发动机布局后来被广泛应用。

△ **凯旋 2/1 型 1936**

国别 英国

发动机 250 毫升单缸

最大速度 97 公里 / 小时

1933 年佩奇设计了一系列结实耐用的单缸摩托车，1937 年由爱德华 · 特纳改进设计并重新推出。

◁ **托纳克斯“宇宙” 1934**

国别 德国

发动机 592 毫升单缸

最大速度 120 公里 / 小时

1926 年起托纳克斯（Tornax）开始生产摩托车，大多使用英国 JAP 发动机。1934 年起国家社会主义政府禁止使用进口零件，因此公司开始采用哥伦布发动机。

△ **道格拉斯“奋进” 1936**

国别 英国

发动机 494 毫升对置双缸

最大速度 97 公里 / 小时

道格拉斯一直生产水平对置双缸车型，根据不同的车架发动机安装方式有所不同；该车是道格拉斯第一款轴传动的横置水平双缸摩托。尽管性价比较高，但该车实际销量不佳。

信赖之选（续）

20 世纪 30 年代，随着时代的发展，摩托车技术变得更为复杂，增加了后悬挂装置以改善舒适性；配用顶置气门机构以提高燃烧效率，改善燃油经济性；车辆外形更趋时尚，例如开始风行骑跨安装在车架前上梁的带曲线造型的“鞍式“油箱等。与小型家用轿车相比，购买造型剽悍动力强劲的 V 形双缸挎斗摩托，既可以带上家人也可以拖带机器，仍然算是十分划算的明智之举。

▷ 标致 P108 1932

国别 法国
发动机 248 毫升单缸
最大速度 76 公里 / 小时

标致致力于制造 P108 这类配置精良的摩托车，很快在法国摩托车行业中占据领先地位。P108 配备一台紧凑的发动机，发动机和变速箱采用一体化设计。

◁ 哈雷－戴维森 RL 1935

国别 美国
发动机 737 毫升 V 形双缸
最大速度 113 公里 / 小时

该车是哈雷第二款采用小型平缸头 V 形双缸发动机的摩托车，哈雷特色浓郁但售价较低，在经济大萧条时期给摩托车市场带来一抹亮色。

△ 光轮 MK Ⅱ 1934

国别 丹麦
发动机 746 毫升直列四缸
最大速度 120 公里 / 小时

光轮（Nimbus）是丹麦唯一一家大型摩托车制造商，从 1919 年运营至 1957 年，动力强劲的 MK Ⅱ 配备了汽车型发动机，可选配边车，总产量为 12715 台。

▷ AJS 2 型
挎斗摩托 1936

国别 英国
发动机 982 毫升 V 形双缸
最大速度 103 公里 / 小时

1931 年无双收购 AJS，随后推出新的 2 型摩托车（或称无双 X）是一款用于拖带豪华边车的侧置气门大功率摩托车，与奥斯汀 7 型轿车相比，该车是一款更便宜的家用交通工具。

◁ BSA G14 型挎斗摩托 1937

国别 英国
发动机 996 毫升 V 形双缸
最大速度 105 公里 / 小时

BSA 从 1919 年开始生产 V 形双缸车，这款侧置气门大排量车在整个 20 世纪 30 年代几乎从无变化，很适于搭载边车作为家用交通工具。

▷ 比安奇 ES250/1
运动型 1937

国别 意大利
发动机 248 毫升单缸
最大速度 108 公里 / 小时

比安奇（Bianchi）是意大利最早的摩托车制造商之一，20 世纪 20 年代就开始生产性能优异的赛车。这款公路摩托车就性能不凡，使用顶置气门双气口发动机。

▷ 新帝国
76 型 1937

国别 英国
发动机 496 毫升单缸
最大速度 132 公里 / 小时

新帝国（New Imperial）开创了 500 毫升级摩托车的发动机－变速箱一体化结构设计和后弹簧悬挂系统的先河，这款高性能双气口 500 毫升摩托车就是这一级别摩托车中的顶极品。

△ **OK- 卓越 350 1937**

国别 英国

发动机 348 毫升单缸

最大速度 120 公里 / 小时

这款装配 JAP 发动机的“卓越”（Supreme）推出时，位于伯明翰的制造商 OK 正在压缩其公路摩托车的生产，专注于生产高速赛车。

△ **博内利 4TN 1938**

国别 意大利

发动机 500 毫升单缸

最大速度 145 公里 / 小时

1911 年由六兄弟创立的博内利（Benelli）凭借其顶置凸轮轴摩托车赢得诸多赛事佳绩，这款 4TN 就是基于这些赛车技术发展的公路车型。

△ **OEC“指挥官”1938**

国别 英国

发动机 498 毫升单缸

最大速度 132 公里 / 小时

约翰 · 奥斯伯恩（John Osborn）巧妙的双路转向机构确实性能优异，但将一些购买者吓退，远不像这款优良旅行车上使用的 2 英寸（5 厘米）行程后减震簧那样来得实用。

△ **考文垂“鹰”250 1938**

国别 英国

发动机 247 毫升单缸

最大速度 92 公里 / 小时

20 世纪 30 年代问世的考文垂“鹰”以新颖的冲压钢车架、两冲程维利尔斯发动机和低矮的外形为标志，但该车销量不佳。

◁ **无双 X 型 运动旅行者 1938**

国别 英国

发动机 990 毫升 V 形双缸

最大速度 129 公里 / 小时

无双 X 型车实际上与 AJS 2 型车相同，前者在 1937 年经过重新设计，车架缩短，成为豪华运动摩托车，该车发动机与布拉夫 SS80 相同。

▷ **皇家恩菲尔德 K 型 1939**

国别 英国

发动机 1140 毫升 V 形双缸

最大速度 137 公里 / 小时

因为配置了强劲的侧置气门 V 形双缸发动机，K 型摩托车可以为车手提供源源不断的动力。在家里可以拖挂重型挎斗，安装手动离合器后也可以作为单车狂飙。

参加摩托车拉力赛的一辆早期宝马 R32

大品牌

宝马的故事

宝马早期出品的坚固摩托车很容易让人赞美，但却很难赢得人们的喜爱。但是当真正有个性的摩托车，如 R90S 开始出现后，宝马摩托车的美感和性能一样开始受到市场垂青。融合了美感和性能的宝马摩托开始变得令人无法抗拒。

宝马的起源可以追朔到一战期间两家巴伐利亚航空制造企业的合并。卡尔·拉普（Karl Rapp）的公司临近慕尼黑，主要生产飞机发动机，古斯塔夫·奥托（Gustav Otto）的工厂生产小型飞机。1917 年，拉普和奥托都离开了各自的公司，随后两家公司合并，组成了巴伐利亚发动机制造厂（Bayerische Mortoren Werke），缩写为 BMW，也就是中国人熟知的宝马。战后，德国被禁止生产飞机和飞机发动机，于是宝马开始着力生产摩托车。

宝马标志（1917年采用）

宝马的第一辆摩托车是 1932 年推出的 486 毫升 R32，由工程师马克思·弗里茨（Max Friz）设计，这款车因其超凡的质量和坚如磐石的可靠性而备受赞誉，并在此后为宝马赢得了声望。R32 的水平对置双缸发动机成为未来几十年摩托车的样板。不过，车手恩斯特·亨（Ernst Henne）的破纪录壮举高调证明了宝马不仅仅是简单可靠。1936 年宝马推出 R5，该车比之前的车型更便宜，但却更为坚固轻便。接下来推出 R12 凭借液压减震前叉成为世界领先车型。

宝马摩托车极高的高可靠性在战时给宝马带来了不少实惠。在沙漠地带，宝马轴传动摩托车的故障率远低于那些链条驱动的竞争车型。然而，二战结束后，宝马受到了战争双方的摧残。宝马位于艾森巴赫（Eisenbach）的工厂处于苏联占领区内，英国以及其他盟国则掠走了大部分摩托车设计蓝图和重要技术人员。宝马唯一的选择只剩下从头再来。战后宝马推出的第一款产品是 1949 年的 R24 单缸摩托车，该车市场需求极为旺盛，宝马工厂要加班加点才能满足源源不断的订单。

战后宝马大部分摩托车的吸引力都来自于其低廉的价格，然而 20 世纪 50 年代是一个世界经济快速发展的时代。对所有摩托车制造商来说，人们逐渐强烈的对拥有汽车的渴望使这十年成为充满尴尬的年代。

重大金融投资体现了资本对产业的信心，这种信心也让宝马相信可以熬过这段困难时光。1955 年宝马推出 R69S，这款车以 177 公里 / 小时的最大时速风驰电掣地横空出世，吸引了所有人的目光。R69S 总是宝马车迷的最爱，也是现代运动旅行车的先驱。

宝马 R69S 持续生产了十年，但其背后的经济背景并不乐观。20 世纪 50 年代以来便盛行的对摩托车行业的悲观预期一直延续到 60 年代。到 1969 年，宝马销售的车辆中只有 5%是摩托车。随着汽车制造板块逐渐占据主导地位，宝马将摩托车生产从慕尼黑转移到柏林郊区。如果这一行为可以看作是摩托车沦为非主流的标志，那么配备全新水平对置双缸发动机的 /5 系列摩托车却让宝马摩托重放异彩。R50/5、R60/5 和 75/5 的出现让市场开始重新认识宝马，作为该系列的巅峰之作，1973 年的 /6 系列让宝马摩托实现了彻底跃迁。

大约在这个时候，像“高效”和“强悍”这样一直用来形容宝马摩托车的词汇开始被“动人”、“漂亮”甚至“性感”所取代。R90S 摆脱传统设计思想的束缚，它惊艳的外表下力量和速度完美地结合在一起。即使是所向披靡的日本摩托车厂商也不得不瞩目它。以 R90S 为蓝本，宝马又在 1976 年推出了 R100RS，该车是世界上第一种大规模生产的全流线包覆式摩托车。

宝马公司相信可靠性是一切产品性能的基础。1981 年、1983 年和 1984 年宝马摩托车在达喀尔拉力赛上三次夺冠。其中 1981 年的冠军车是 R80G/S，在此基础上一年后宝马推出了公路款 R80RT，

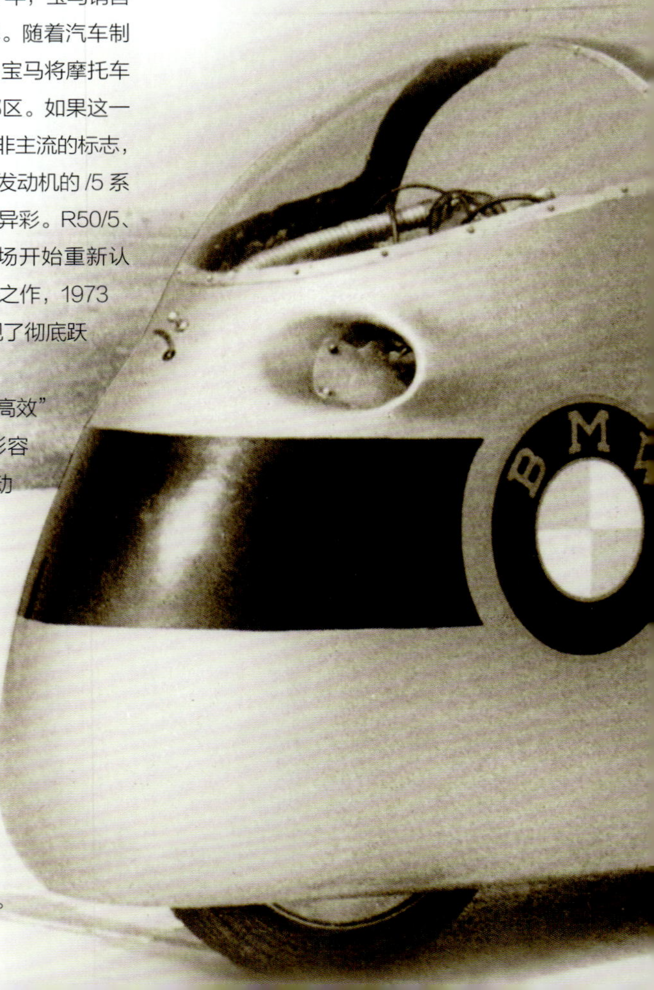

极速之王

1955 年，威廉·诺尔（Wilhelm Noll）在特制的 500 毫升宝马摩托车上创造了 282 公里 / 小时的速度纪录。自从恩斯特·亨在 20 世纪 20 年代后期取得诸多成就之后，宝马就凭借先进摩托车技术不断刷新速度纪录。

极速标杆

到 20 世纪 30 年代，宝马可以自豪地宣布自己能够制造世界上最快的某些摩托车，这也是宝马在广告中着力宣传的东西。

R32

1923 宝马生产第一辆汽车的 5 年前，R32 首次亮相。
1926 鲁道夫 · 施莱歇尔（Rudolph Schleicher）驾驶 R37 赢得了国际六日测试赛（ISDT）冠军。
1929 恩斯特 · 亨（Ernst Henne）驾驶宝马摩托车创造了 216 公里 / 小时的速度纪录。
1939 乔治 · 梅尔（George Meier）在曼岛高级 TT 赛中驾驶宝马 R12 夺冠；二战期间，宝马 R75 在北非战场证明了自己的价值。
1954 威廉 · 诺尔（Wilhelm Noll）和弗里茨 · 科隆（Fritz Cron）夺得世界挎斗摩托锦标赛冠军。

R69

1959 约翰 · 彭顿（John Penton）驾驶一辆宝马摩托车，以 24 小时的巨大优势打破了纽约至洛杉矶的最快纪录（之前由哈雷 - 戴维森保持）。
1969 宝马摩托车的生产转移到柏林西部的斯潘道；/5 系列开始有计划地重新推出。
1973 周身采用闪亮橙色的 R90S 象征着宝马光明的未来；这一年宝马摩托车产量达到巅峰级的 500000 辆。

K1200S

1974 克劳斯 · 恩德斯（Klaus Enders）赢得了他 6 个世界挎斗摩托锦标赛冠军中的最后一个；这也是 21 年来宝马第 19 次夺冠。
1980 R80G/S 越野摩托车（G/S 表示 Gelande/Strasse，意为越野）一经推出便成为畅销车型。
1981 法国的休伯特 · 奥里奥尔（Hubert Auriol）赢得了达喀尔拉力赛；他在两年后再次夺冠。1984 年，比利时人加斯顿 · 拉希尔（Gaston Rahier）成为冠军。
1991 3 月 18 日下线的一辆 K75RT 成为宝马出产的第 100 万辆摩托车。

G650GS

1993 F650ST 成为宝马首款链条传动摩托车。
1995 宝马生产了最后一台传统水平对置发动机。后来 2004 年推出的 R1200GS 采用了全新水平对置发动机。
1999 法国的理查德 · 塞因克特（Richard Sainct）驾驶 F650RR 夺冠达喀尔拉力赛；第二年蝉联冠军。
2000 宝马的摩托车部门更名为宝马摩托。
2011 宝马首次推出了首款六缸车型 K1600GT 和 K1600GTL。

市场反响强烈。此时的宝马更具创新性，产品线中新出现的 K 系列采用直列三缸或四缸发动机。宝马还率先采用了防抱死制动系统（ABS），并在 K100LT 旅行摩托车上配备了电动可调挡风玻璃。

可以说，1989 年的高性能 K1 超级摩托车走得更远。它符合空气动力学的设计和数字式电子系统已经超出了宝马自己对创新的预期。该车因为红黄两色涂装被冠以“番茄酱加芥末糊”的绰号，但销量却平平。

1993 年 R1100GS 的前悬挂系统使用的电控摇臂技术颇受欢迎，当车手猛捏刹车时，弹簧支撑的辅助摇臂会提供协助制动。

1999 和 2000 年，F650RR 在达喀尔拉力赛连续夺冠。这一事件及相关摩托车曾在查理 · 鲍尔曼（Charley Boorman）纪录片《奔向达喀尔》（2006）中出现，这个是一部记录查理 · 鲍尔曼从里斯本到达喀尔的冒险旅程的电视系列纪录片。在 2004 年记录片《长路蜿蜒》中，鲍尔曼和电影明星伊万 · 麦格雷戈（Ewan McGregor）每人驾驶一辆 R1150GS “探险”。在 2007 年记录片《长路漫漫》中，查理 · 鲍尔曼选择的车型则是 R1200GS “探险”。

2006 年的 F800S 和 F800ST 都是宝马家族令人印象深刻的新成员，虽然 K1200S 在推出时遇到了一些技术问题，但这辆车拥有无与伦比的强大动力。

“很难想象会有巨大 GS 摩托车不能应付的情况”，作家彼得 · 甘特里斯（Peter Gantriis）在他作品中这样描述 R1200GS。他的赞誉更加稳固了宝马探险 - 旅行摩托车的声望。从 2004 年到 2007 年，在短短的三年时间里，宝马公司制造了 10000 辆 RG1200GS 和 R1200GS “探险”，这是一项骄人的纪录。

宝马摩托车过去一直以坚固可靠而著称，不过现在宝马摩托也开始变得色彩大胆、设计炫酷，成为骑手们值得期盼的世界上最棒的摩托车。

生产中心

宝马在柏林的高技术制造工厂是该公司摩托车制造业务的中心。2010 年这里生产了近 10 万辆摩托车。

“提到宝马，我的第一反应是它是这趟旅行的唯一选择。”

伊万 · 麦格雷戈，电视纪录片《长路蜿蜒》

经济旅行

20 世纪 30 年代，消费者开始逐渐明白，一次经济的旅行并不一定意味着要忍受一辆噪音很大、慢吞吞没有生气，甚至比自行车好不到哪里的摩托车。经济型摩托车当时大多配置 100-250 毫升发动机，巡航速度 64-80 公里 / 小时，并且日益复杂化。有些制造商引入了封闭式护板以吸引一些新车友，其他制造商则选择依靠最新的工程技术来提高销量。

△ 标致 P108 1930
国别 法国
发动机 249 毫升单缸
最大速度 80 公里 / 小时

P108 使用四冲程侧置气门发动机和三速变速箱，工艺精湛，在整个 20 世纪 30 年代一直是标致的主打车型。

◁ 维洛塞特 GTP 1930
国别 英国
发动机 249 毫升单缸
最大速度 92 公里 / 小时

这款高品质的活塞排气口两冲程单缸摩托车以油门联动主动润滑和线圈点火而闻名。TP 代表双排气口，分别连接两个排气管。

△ DKW "鼎盛" 200 1931
国别 德国
发动机 198 毫升单缸
最大速度 71 公里 / 小时

因为拥有一个红色的油箱，该车被冠以"血泡"的绰号。"鼎盛"这款运动型两冲程摩托车让 DKW 一跃成为当时世界上销量最大的摩托车制造商。

▷ BSA H31 "倾斜者" 1930
国别 英国
发动机 557 毫升单缸
最大速度 105 公里 / 小时

1927 年推出的"倾斜者"（Sloper）采用带倾角安装的顶置气门发动机，以便降低车架前上梁和车座的高度。后期型"倾斜者"改用侧置气门发动机，如图所示。

△ 美洲豹 250
"红豹" 1932

国别 英国
发动机 249 毫升单缸
最大速度 93 公里 / 小时

"红豹"不像美洲豹的其他排量更大的单缸车，它没有用汽缸代替车架下梁，该车也是当时英国同级车中最便宜的一款。

△ 弗朗西斯－巴尼特 "巡航者" 1933

国别 英国
发动机 249 毫升单缸
最大速度 72 公里 / 小时

这款车型的目标受众是那些并不太发烧的摩托车买家，他们只是希望寻求更方便的公交车替代出行方式。"巡航者"（Cruiser）的钢制冲压前挡风板可以为骑手提供更多保护。

▷ 皇家恩菲尔德 "弹头" 250 1936

国别 英国
发动机 346 毫升单缸
最大速度 113 公里 / 小时

"弹头"（Bullet）诞生于 20 世纪 30 年代，该款车总体外观几十年来几乎保持未变。这种单缸车的滑油储存在曲轴箱里。

△ 奇迹 "鲍伯" 100 1938

国别 德国
发动机 98 毫升单缸
最大速度 51 公里 / 小时

这是一辆配置了大号轮胎、两冲程发动机和双速变速箱的轻便摩托车。带有链条机构的脚踏板在启动车辆时和爬陡坡时可提供辅助。

▷ 特罗特 "旅游" 1938

国别 法国
发动机 346 毫升单缸
最大速度 97 公里 / 小时

位于第戎的特罗特公司 1890 年起制造自行车，1902 开始生产摩托车。1932 年特罗特赢得了法国 250、350 和 550 毫升级冠军。"旅游"（Tourisme）是一辆侧置气门发动机旅行摩托车。

◁ BSA C11 1939

国别 英国
发动机 249 毫升单缸
最大速度 106 公里 / 小时

C11 车身轻便利索，配有顶置气门发动机，更注重耐久性而非速度。二战后，重新投产的 C11 增加了伸缩套筒式前叉。

▽ 库什曼 自动滑翔
1 型 1938

国别 美国
发动机 202 毫升单缸
最大速度 51 公里 / 小时

库什曼公司（Cushman）自 1913 年起生产发动机，1936 年生产了第一辆小轮摩托车。二战期间该车曾作为伞兵特种装备伞降空投。

白热化竞争

尽管20世纪30年代发生了世界范围的经济衰退，赛车活动仍然激励着工程师和设计师不断寻找新的途径来超越竞争对手。在公路赛中，顶置凸轮轴成为四冲程发动机的标配，两冲程发动机发展也很迅速，特别是在德国。增压器提高了车速，后悬挂系统能让车辆适应更为颠簸的赛道。在英国布鲁克兰兹和意大利的蒙扎这样的快速赛道上，车手们经常会跑到100英里/小时（161公里/小时）。

△ **维洛塞特 KTT 1930**
国别 英国
发动机 348毫升单缸
最大速度 169公里/小时

KTT设计于20世纪20年代，该车采用锥齿轮传动顶置凸轮轴，也是第一辆装配了自动限位脚踏变速器的摩托车，这让该车成为30年代350毫升级的顶级私人赛车。

△ **哈雷-戴维森 DAH 45 "登山者" 1930**
国别 美国
发动机 496毫升单缸
最大速度 180公里/小时

"登山者"是专为美国很流行的极限越野赛事而设计的车型，这辆全国锦标赛冠军车采用很小的油箱、低矮的车身和后轮防滑链，不带前轮刹车。

◁ **罗利 500 TT 1931**
国别 英国
发动机 496毫升单缸
最大速度 180公里/小时

罗利聘请了布鲁克兰兹的绝世奇才奥多诺万博士（Dr O' Donovan），以期从TT赛事的车手中获得更多经验。1931年的TT大奖赛中，亚瑟·泰勒（Arthur Tyler）驾驶罗利500TT获得第7名。

△ **AJS R7 1930**
国别 英国
发动机 350毫升单缸
最大速度 177公里/小时

为了在350毫升摩托车上取得更多突破，AJS设计了链条驱动的顶置凸轮轴，一经改造立刻创下了多项纪录并在30年代的比赛中多次夺冠。

▷ **拉奇 四气门 1931**
国别 英国
发动机 499毫升单缸
最大速度 177公里/小时

20世纪30年代初，拉奇的250、350和500毫升排量的四气门推杆单缸摩托车获得了4次曼岛TT冠军。图中这样的复制品主要用于提供私人收藏。

▽ **AJS V4 1939**
国别 英国
发动机 494毫升V形四缸
最大速度 217公里/小时

配备增压器和水冷系统（气冷方式下容易过热）后，庞大的V4摩托车在阿尔斯特大奖赛创下了单圈100英里/小时（161公里/小时）的速度纪录。该车的进一步改进发展随着二战爆发而陷入停滞。

△ **精益"机械奇迹" 1933**
国别 英国
发动机 246毫升单缸
最大速度 161公里/小时

这辆车是1933年曼岛TT轻量级赛事的冠军，其动力系统是复杂的布莱克本发动机，有四个放射状气门和两个化油器。这辆车也因此而得名"机械奇迹"。

▷ **新帝国 TT 500 1937**

国别 英国

发动机 500 毫升 V 形双缸

最大速度 193 公里 / 小时

1934 年，金杰·伍兹（Ginger Woods）在布鲁克兰兹 TT500 比赛中以 102.2 英里 / 小时（164.5 公里 / 小时）的速度连续行驶 1 小时。这种车型在高速赛道上表现颇佳，但在曼岛赛事中表现平平。

△ **富世华 TT 500 1935**

国别 瑞典

发动机 500 毫升 V 形双缸

最大速度 193 公里 / 小时

设计师福克·曼纳斯泰德（Folke Mannerstedt）用轻合金改进了这款富世华（Husqvarna）500 毫升赛车以保持轻量化特征。斯坦利·伍兹（Stanley Woods）在 1934 年 TT 大赛中险些夺魁，遗憾的是最后一圈时摩托车耗尽了燃油。

△ **NSU 增压器 1939**

国别 德国

发动机 500 毫升直列双缸

最大速度 340 公里 / 小时

NSU 增压型由于二战后禁止使用增压器而没能展示出更多潜力。1955 年 NSU 一辆使用此发动机的摩托车创下了 338 公里 / 小时的速度纪录。

△ **诺顿“国际”1938**

国别 英国

发动机 500 毫升单缸

最大速度 201 公里 / 小时

诺顿是 20 世纪 30 年代的顶尖赛车品牌。1938 年起这款顶置凸轮轴通用赛车加装了活塞后悬挂装置。

△ **宝马 R51 增压型 1939**

国别 德国

发动机 494 毫升对置双缸

最大速度 280 公里 / 小时

1937 年恩斯特·亨驾驶一辆顶置凸轮增压型宝马创下了速度纪录并保持了 14 年。该车赢得诸多比赛荣誉，其中包括 1939 年高级 TT 大赛冠军。

▽ **DKW SS250 1939**

国别 德国

发动机 250 毫升单缸

最大速度 185 公里 / 小时

DKW 大胆的竞速理念在这辆车上体现得淋漓尽致。该车采用了单燃烧室和双活塞配置，另外还有第三个活塞专门用于为油气混和气体增压。这辆车的排气噪声震耳欲聋。

20世纪40年代

第二次世界大战使得很多新摩托车的研发工作突然停滞，战时的需求主要是简单、可靠、坚固并容易修理的通信用车和轻型武器载车。但战争一结束，复员军人促成了对摩托车的大量需求。各制造商纷纷急忙重新推出了战前的旧车型，1939年一些很棒的设计重新迅速兴盛起来：DKW125毫升两冲程摩托车就以“战争赔偿”的形式风靡全球。很快，全球摩托车的总量就比战前翻了一番。

61936

军用摩托

大多数军用摩托车都被用于通讯——传递信息，特别是当其他手段不可用时。这些摩托车必须坚固，可靠，能穿越各种崎岖地形，并且——因为它们很有可能碰上没有经验的骑手，所以必须易于驾驶。制造商通常在已有型号基础上去发展实用型军用摩托，仅为其增设军用附件，如货架、特殊灯具、挡泥板，有时还会配置枪套。

△ **维洛塞特 MAC-MDD 1940**
国别 英国
发动机 349 毫升顶置气门单缸
最大速度 120 公里 / 小时

这辆 MAC-MDD 最初因为法国陆军订购而军用化，但后来订单被取消。英军中的 MAC-MDD 后来被皇家空军更专业的 MAP 所取代。

△ **凯旋 3TW 1940**
国别 英国
发动机 349 毫升顶置气门单缸
最大速度 97 公里 / 小时

1941 年德军轰炸考文垂时，凯旋工厂和唯一一批轻便灵活的 3TW 一起被摧毁。

▽ **阿利尔 W/NG 1940**
国别 英国
发动机 347 毫升顶置气门单缸
最大速度 105 公里 / 小时

这种顶置气门摩托车由战前一款运动车改进而来，累计向军方交付近 50000 辆，其中很多在战后仍作为民用摩托使用。

△ **凯旋 3HW 1944**
国别 英国
发动机 343 毫升顶置气门单缸
最大速度 105 公里 / 小时

该车在战前民用"猛虎"80 基础上改进而来，凯旋在新的梅里登工厂恢复生产后，战争中总计生产了超过 30000 辆 3HW。

◁ **聪达普 KS 750 1940**
国别 德国
发动机 751 毫升顶置气门单缸
最大速度 97 公里 / 小时

聪达普（Zundapp）KS750 的设计用途是运载 3 名士兵及其武器在崎岖地貌行军，该车拥有 8 个前进档和 2 个倒档，挎斗边车的轮子也由发动机驱动。

◁ **无双 G3/L 1941**
国别 英国
发动机 347 毫升顶置气门单缸
最大速度 113 公里 / 小时

G3/L 相对于之前的型号以及其他英国军用摩托车，最大优势在于它的液压减震伸缩套筒式前叉。

▷ **无双 G3/L**
北非版 约 1941
发动机 347 毫升顶置气门单缸
最大速度 113 公里 / 小时

该车专为北非沙漠环境使用设计，采用沙漠黄涂装。这辆车没有使用镀铬，由于战时橡胶短缺，握把护套也改成了帆布制品。

△ **宝马 R12 1940**
国别 德国
发动机 745 毫升侧置气门对置双缸
最大速度 80 公里 / 小时

1936 年宝马 R12 推出，随之首次亮相的还有宝马伸缩套筒式前叉。从 1938 年到 1942 年，宝马出产的全部侧置气门 R12 都供应德军使用。

△ **宝马 R75 1941**
国别 德国
发动机 745 毫升顶置气门对置双缸
最大速度 97 公里 / 小时

宝马 R75 与聪达普 KS750 一样简洁，配置高 / 低传动比变速箱，带倒档，边车车轮由发动机驱动。

△ **宝马 R35 1946**
国别 德国
发动机 342 毫升顶置气门单缸
最大速度 113 公里 / 小时

R5 是战前的设计，战后在宝马艾森纳赫（Eisenach）工厂生产，该厂位于原社会主义东德境内。

◁ **诺顿“大四” 1940**
国别 英国
发动机 633 毫升侧置气门单缸
最大速度 80 公里 / 小时

由于后轮和边车轮都是动力轮，诺顿“大四”挎斗摩托车可作为人员、弹药和武器载车越过崎岖地形。

△ **诺顿 16H 1942**
国别 英国
发动机 490 毫升侧置气门单缸
最大速度 89 公里 / 小时

诺顿 16H 在二战中按照军用标准进行了改进，战争中诺顿总计向盟军交付了 100000 辆 16H。

加拿大摩托传令兵 1943

在部队之间传递紧急信息时，摩托车的快速与可靠至关重要。图为第二次世界大战期间，一群即将执行任务的加拿大陆军摩托传令兵正在听取高级军官的简报。

军用摩托（续）

20 世纪 40 年代不仅出现了大量基本型军用摩托车，也出现了很多特殊用途的摩托车。其中包括可以轻松置于船只和飞机上的轻型摩托车，也包括可以用降落伞空投作为空降兵快速机动方式的超轻摩托车。有些挎斗摩托车专门用于携带重型武器，有时它们的边车车轮由动力驱动，能够适应战场地形。然而，随着吉普车的到来，这些军用摩托车很快都过时了。

△ 哈雷 - 戴维森 U 海军 1940
国别 美国
发动机 1213 毫升侧置气门 V 形双缸
最大速度 120 公里 / 小时

U 系列比哈雷 W 系列排量更大，技术指标更高；在战争时期生产和交付的数量都相当有限。

◁ 哈雷 – 戴维森 XA 1942
国别 美国
发动机 738 毫升侧置气门对置双缸
最大速度 105 公里 / 小时

XA 的设计灵感来自宝马，采用对置双缸和轴传动机构，生产了 1000 辆后，吉普车的出现促使生产终止。

▽ 哈雷 – 戴维森 WLA 1942
国别 美国
发动机 738 毫升侧置气门 V 形双缸
最大速度 105 公里 / 小时

为将民用 WL 型摩托车改造为军用摩托，哈雷在发动机下方安装了一块防撞板，改良了挡泥板，并加装了一个枪套。

▷ 哈雷 – 戴维森 WLC 1942
国别 美国
发动机 739 毫升侧置气门 V 形双缸
最大速度 105 公里 / 小时

哈雷向盟军提供了共计超过 80000 辆摩托车。提供给加拿大军方的这辆 WLC 与原来的 WLA 只在细节处有些许不同。

△ **印第安 841 1941**

国别 美国

发动机 737 毫升侧置气门 V 形双缸

最大速度 105 公里 / 小时

该车专为美军设计，采用轴传动机构，与印第安之前的车型不同，但该车从未进入批量生产。

△ **印第安 741 1942**

国别 美国

发动机 500 毫升 V 形双缸

最大速度 85 公里 / 小时

741 在民用 35 型基础上发展而来，结构坚固，性能可靠，主要供传令兵和侦察兵使用，也供应其他几个盟国地面部队。

△ **BSA M20 1942**

国别 英国

发动机 496 毫升侧置气门单缸

最大速度 89 公里 / 小时

BSA M20 既简便又坚固，是二战中英国军队使用最多的摩托车，总产量远超 100000 辆。

△ **威尔拜克及贮箱 1942**

国别 英国

发动机 98 毫升两冲程单缸

最大速度 64 公里 / 小时

威尔拜克（Welbike）没有悬挂，只有一个刹车，结构简单，十分轻巧。该车主要作为降落伞空投装备，许多也被用于机场地区的交通。

◁ **NSU 半履带摩托 HK101 1944**

国别 德国

发动机 1488 毫升顶置气门直列四缸

最大速度 69 公里 / 小时

NSU 半履带摩托扩展了摩托车的内涵，这种车把转向式牵引车可以承载士兵和物资越过崎岖地形。1941 年苏联战役中德军曾广泛使用。

◁ **皇家恩菲尔德"飞行跳蛋" WD/RE125 1948**

国别 英国

发动机 126 毫升两冲程单缸

最大速度 64 公里 / 小时

这款轻型摩托车拷贝了德国 DKW 的设计，主要用于降落伞空投，或随滑翔机机降到前线。

哈雷－戴维森 WLC

哈雷戴维森的军用 WL 系列摩托车是二战中最出色的摩托车之一。WL 绝大部分装备美军，称作 WLA，加拿大军队也装备过不少这种45立方英寸排量V形双缸摩托车，称作 WLC。WLC 坚固耐用，实用可靠，是哈雷侧置气门发动机契合严酷战场环境的极好范例。

1937 年哈雷 - 戴维森的 W 系列 750 毫升双缸摩托车问世，三年之后，这家位于密尔沃基的摩托车制造商不得不开始集中精力生产战争所需的军用摩托车。W 系列的侧置气门发动机是其最鲜明的核心特点，这也使得它成为了军用摩托车的首选。战争结束时，哈雷 - 戴维森交付盟军的 W 系列已超过 80000 辆。WLC 型是 1941 年到 1944 年间为加拿大军队生产的车型，当时英国诺顿和 BSA 都在全力以赴生产以满足英国和加拿大对战时摩托车的巨大需求，哈雷 - 戴维森也成功跻身其中。WLC 的军用特征包括采用橄榄绿伪装涂装、管制灯，前叉也特别加长以获得更好的距地高度，有些车前叉上还配置了步枪皮套。加拿大军使用的 WLC 略有不同，包括可变油门杆位置，配有辅助离合器手柄，车轮可互换等。到 1945 年，哈雷 WLA 和 WLC 被公认为是最成功的军用摩托车，战后也有很多被继续作为民用车辆。

前视图

后视图

灯光问题

加拿大陆军装备的 WLC 配备有一套“灯光管制套件”，其中包括前后灯的遮光罩，在防空管制条件下可以将灯光导向下方。为了弥补前后灯光的不足，在前后挡泥板上方增设了小型标志灯。

性能指标

型号	哈雷 - 戴维森 WLC (1942)	**悬挂**	前铰接式前叉，刚性后悬挂
输出功率	23 马力	**结构**	管式承载车架
产地	美国密尔沃基	**制动**	前后鼓式刹车
变速	三速	**发动机**	739 毫升侧置气门 V 形双缸
产量	超过 80000 辆	**最大速度**	105 公里 / 小时

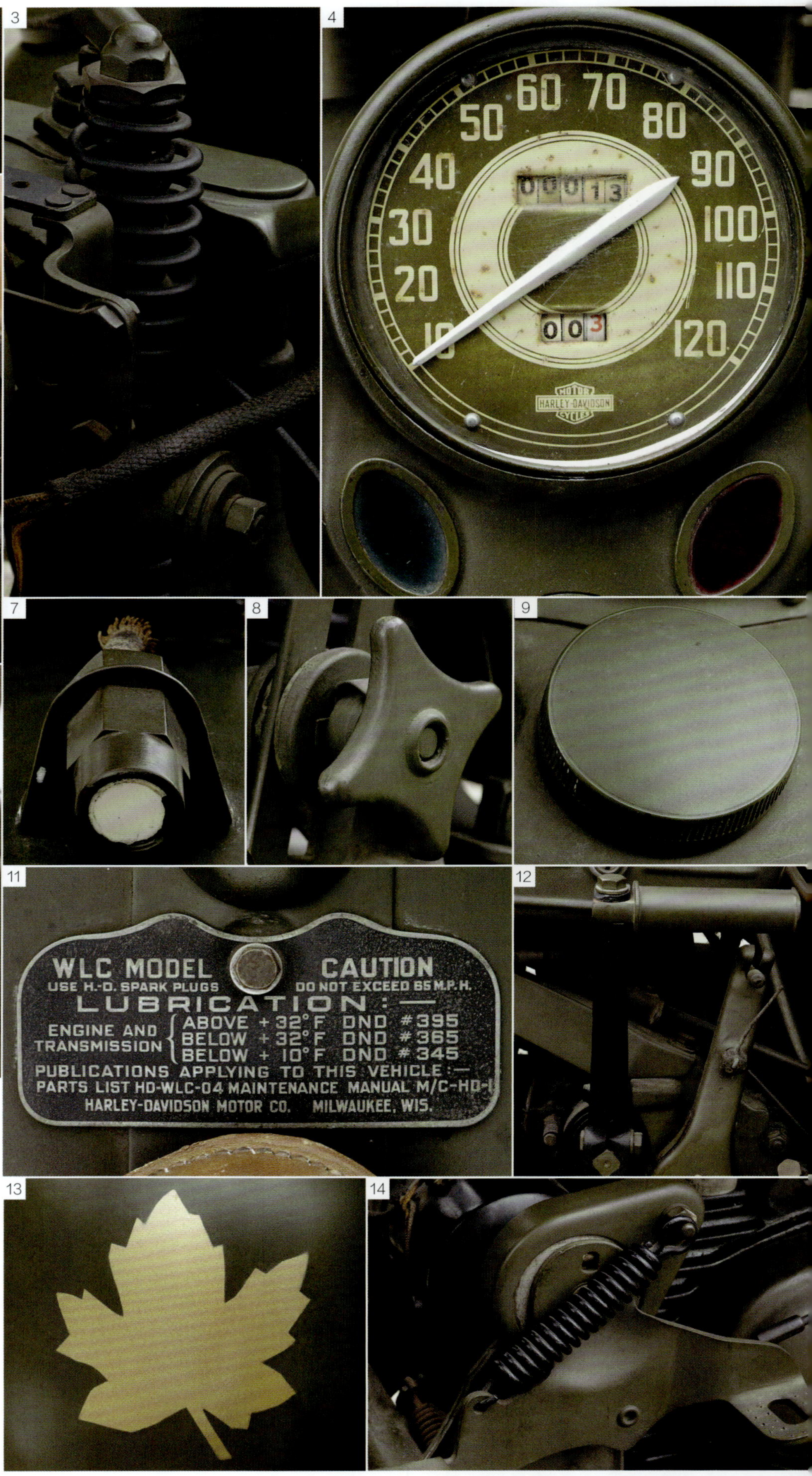

车体

军用 WL 系列摩托车是在之前的“小扁平缸头”双缸 W 系列基础上改进而来。车体增加了一些特殊变化，如改进了哈雷 - 戴维森传统的前缘铰接式前叉，增加车辆距地高；此外还加装了脚踏板和防撞杆。从 1941 年到 1945 年，WLC 在多个重要战区参战，其中包括诺曼底登陆战役和欧洲许多重大战役。

1. 识别编号 2. 喇叭 3. 前叉弹簧 4. 速度表 5. 换挡手柄 6. 带矩形小开口的前灯管制罩 7. 前标志灯 8. 前叉调节旋钮 9. 加油口盖 10. 后齿轮 11. 油箱顶部的铭牌 12. 脚踏启动器 13. 油箱两侧的加拿大标志 14. 离合控制机构 15. 尾灯

5

10

15

发动机

哈雷-戴维森的侧置气门（扁平头）V形双缸发动机成功的关键在于其汽缸头内没有任何活动部件，从而简化了战场维护工作。改进的润滑系统和油浴空气过滤器能够有效防止灰尘和砂砾，进一步增强了车辆的可靠性。

16. 进气软管 17. 坚固的侧置气门发动机 18. 点火定时装置 19. 化油器浮碗 20. 进气总管

16

17

18

19

20

创新与演进

战争的破坏事实上影响了世界上的每个国家和每个人，在摩托车制造业，这种影响体现在重复使用战前的设计。但是，也有一些工厂致力于创新，战时车辆和飞机技术的快速发展促进了一些衍生技术的出现，包括性能更优的合金和合成材料。

◁ 印第安 440 1940
国别 美国
发动机 1265 毫升直列四缸
最大速度 145 公里 / 小时

早在美国参战之前，印第安就在 1940 年和 1941 年产品上做了未雨绸缪的准备工作。这款车加装了带裙部的挡泥板和活塞式后悬挂。1942 年印第安干脆取消了四缸车的生产。

△ 哈雷 - 戴维森 FL74 1941
国别 美国
发动机 1208 毫升 V 形双缸
最大速度 160 公里 / 小时

因其摇臂盖上指节状的凸出，哈雷 - 戴维森 FL74 的发动机被人称作"指节缸头"（该词在英文中另一个含义是"傻瓜"）。排量增加到 1208 毫升，最大速度提高到每小时 160 公里。

△ 哈雷 - 戴维森 WLD 运动单车 1941
国别 美国
发动机 740 毫升 V 形双缸
最大速度 120 公里 / 小时

该车是哈雷的长销车 750 毫升侧置气门型的运动版，带有高压缩比汽缸头。WLDR 赛车型和 WL 军用型都是该车的衍生型。

△ 凯旋 极速双缸 1946
国别 英国
发动机 498 毫升直列双缸
最大速度 137 公里 / 小时

爱德华 · 特纳 1937 年设计的漂亮强劲的并列双缸摩托车战后仍然需求旺盛，当时宣传卖点是伸缩套筒式前叉。

◁ AJS 16M 型 1946
国别 英国
发动机 347 毫升单缸
最大速度 115 公里 / 小时

战后，除了增加了伸缩式前叉，1939 年的 AJS 变化很小。但其需求量依然很大，整个 20 世纪 40 年代，要买一辆 AJS 16M 需要排队等候 12 个月。

△ 赛特姆 VT-4 250 1947
国别 意大利
发动机 250 毫升单缸
最大速度 105 公里 / 小时

米兰发动机生产商赛特姆（Sertum）在 1931 年到 1951 年间生产摩托车。1937 年赛特姆推出了全悬挂系统的 250 摩托车。该车在赛车比赛中获得了很好的成绩，战后重新生产。

△ **印第安“酋长”1947**
国别 美国
发动机 1200 毫升 V 形双缸
最大速度 137 公里 / 小时

“酋长”于 1922 年推出，1940 年加装了挡泥板围裙和全悬挂系统。该车外形美观驾驶舒适，虽然很重，但调试好后可以跑到 160 公里 / 小时。

△ **EMC 350S MKI 1947**
国别 英国
发动机 346 毫升单缸
最大速度 115 公里 / 小时

二战后，约瑟夫 · 厄里希博士（Dr Joseph Ehrlich）制造了一辆分裂式单缸两冲程摩托车。这辆车设计参考是厄里希祖国奥地利普赫公司的设计方案，但当年该车销售缓慢。厄里希产品后来在一些赛事上夺冠。

△ **BSA A7 1949**
国别 英国
发动机 495 毫升直列双缸
最大速度 140 公里 / 小时

针对凯旋 500 毫升产品开发的新型双缸车 A7 于 1946 年推出，1949 该车开始选装后悬挂，同年“星”双缸车推出。

△ **皇家恩菲尔德 J2 1948**
国别 英国
发动机 499 毫升单缸
最大速度 122 公里 / 小时

基于 20 世纪 30 年代的实践，J2 安装了伸缩套筒式前叉。从 1953 年起，皇家恩菲尔德开始使用战前“弹头”这一名字来命名与运动款 500 毫升单缸车。

△ **诺顿 500T 1949**
国别 英国
发动机 490 毫升单缸
最大速度 129 公里 / 小时

500T 是早期的特制测试赛摩托，采用坚固的车架，配备全合金版诺顿 ES2 发动机、纤细的油箱、抬高的消音器和橡胶鞍座。

◁ **FN 13 型 1948**
国别 比利时
发动机 444 毫升单缸
最大速度 124 公里 / 小时

比利时 FN 战前出品的 13 型摩托车标志性特征是后缘铰接式前叉。1949 年起，后悬挂和前叉上开始使用橡胶材料。

△ **MV 阿古斯塔 125 旅行 1949**
国别 意大利
发动机 123 毫升单缸
最大速度 80 公里 / 小时

多米尼克 · 阿古斯塔伯爵（Count Domenico Agusta）在其家族飞机制造厂中增加了摩托车制造分部。MV 阿古斯塔 125 采用的摇臂后悬挂系统是一个重大进步。

创新与演进（续）

20 世纪 40 年代后期，摩托车产业进入快速发展，一些 30 年代的设计被重新推出，同时也出现了一些真正新颖的创新。出现的新车型中包括文森特 -HRD 和哈雷 - 戴维森等重新设计的双缸车，发动机和底盘都很先进；也包括深受宝马影响的创新型“阳光”，以及一系列外观新颖但销售不佳的印第安车型。

△ 诺顿“国际”1948
国别 英国
发动机 490 毫升单缸
最大速度 145 公里 / 小时

运动型顶置凸轮轴“国际”适合公路条件，配备诺顿“持路者”前叉。该车有 350 毫升和 500 毫升两种排量可选。

◁ 印第安 149“箭”1949
国别 美国
发动机 213 毫升单缸
最大速度 89 公里 / 小时

1945 年拉尔夫 · 罗杰斯（Ralph Rogers）接管了印第安，引入了欧式摩托车，这便是其中一个单缸车型，但品质和性能不佳。

▽ 印第安“超级侦察兵”249 1949
国别 美国
发动机 426 毫升直列双缸
最大速度 120 公里 / 小时

印第安新品中的并列双缸车因为设计不完善和制造品质低而令人失望。经营 52 年后的 1953 年，印第安停产。

△ NSU“狐狸”1949
国别 德国
发动机 98 毫升单缸
最大速度 80 公里 / 小时

“狐狸”是 NSU 战后推出的首款产品，配置两冲程或四冲程发动机，照片中这辆车使用四冲程发动机。“狐狸”设计简洁而精致，配置了单减震后悬架。

▽ 凯旋 TR5“奖杯”1949
国别 英国
发动机 498 毫升直列两缸
最大速度 129 公里 / 小时

“奖杯”得名于凯旋在国际六日测试赛上夺得的奖杯，是一辆轻巧灵活的摩托车，非常适于通勤和测试赛。

△ 哈雷 - 戴维森 FL“许德拉滑翔”1949
国别 美国
发动机 1208 毫升 V 形双缸
最大速度 153 公里 / 小时

哈雷 1948 年的全新顶置气门 FL 发动机有个绰号“平锅头”。1949 年推出的“许德拉滑翔”（Hydra Glide）加装了油压阻尼伸缩式前叉，这是 FL 的另一重大改进。

△ **诺顿 7 型“统治者”1949**
国别 英国
发动机 497 毫升直列双缸
最大速度 142 公里 / 小时

“统治者”（Dominator）是 1949 年诺顿为回应凯旋并列双缸车推出的产品，该车发动机采用八字形排气口，一直使用到 20 世纪 70 年代。

△ **诺顿 E32 1949**
国别 英国
发动机 490 毫升单缸
最大速度 132 公里 / 小时

诺顿的老式长冲程单缸车在继续艰难地发展。这辆 E32 顶配车型加装了活塞式后悬挂和“持路者”伸缩式前叉。

◁ **文森特“暗影”1949**
国别 英国
发动机 998 毫升 V 形双缸
最大速度 196 公里 / 小时

“暗影”（Black Shadow）是世界上最快的量产摩托车，配备一台黑漆涂饰的 V 形双缸发动机，车身采用“无框”结构，还有一个 241 公里 / 小时标称的大型速度表。

◁ **阳光 S8 1949**
国别 英国
发动机 487 毫升直列双缸
最大速度 134 公里 / 小时

这辆双缸车外观更加简洁，使用传统车轮。虽然该车比 S7 更快更可靠性，但收藏者们却更青睐 S7.

▷ **阳光 S7 豪华 1949**
国别 英国
发动机 487 毫升直列双缸
最大速度 126 公里 / 小时

收购了阳光后，BSA 制造了这辆豪华的顶置凸轮轴两缸旅行车，该车配有传动装置和气球轮胎，行驶时平稳安静，但速度不快。

沃尔特·戴维森（Walter Davidson）在展示一款早期哈雷单缸车

大品牌

哈雷－戴维森的故事

作为美国有史以来最伟大的公司之一，哈雷－戴维森的起点，可以追溯到一个多世纪前四位创始企业家的合作努力。他们创立的这家企业将成为先锋级前瞻性的摩托车品牌，成为美国梦想和自由开放道路的象征。

20世纪初美国的摩托车制造业正处于起步阶段。一些自行车制造商试图在自行车车架上加装发动机，只有少数几家公司试图从头开始研发摩托车。正是在这种背景下，1903年，威廉·S·哈雷和亚瑟·戴维森开始在威斯康星州密尔沃基戴维森住所外的棚屋里组装他们的第一辆摩托车。亚瑟的兄弟沃尔特和威廉A.不久也加入他们，他们二人的创新方法在后续几年让公司卓尔不群。

威廉·A·戴维森、沃尔特·戴维森、亚瑟·戴维森和威廉·S·哈雷

哈雷－戴维森摩托车公司于1907年正式成立，此后开始迅速发展。1903年公司最初的24.74立方英寸（405毫升）单缸摩托车仅制造了3辆，但到1910年，公司新厂房制造了超过3000辆摩托车。早期创新包括弹簧前叉和链条传动，但在公司发展方向上发挥关键作用的却是V形双缸发动机。自1911年全面生产开始，V形双缸布置方式一直是哈雷系列的核心。美国1917年加入第一次世界大战时，哈雷－戴维森已经建立起坚固可靠的产品声望。战争期间哈雷－戴维森作为承包商为军队提供了超过20000辆摩托车。哈雷－戴维森公司官方赛车队也在越野赛中赢得了多项荣誉。

20年代初，哈雷－戴维森公司的产品已经行销欧洲和日本，出口形势喜人。通过在北美建立广泛的销售网络，哈雷－戴维森在20年代中期超越印第安成为美国最大的摩托车制造商。1929年，哈雷－戴维森在原有上进下排单缸发动机产品序列基础上增加了一种新型布局——当年推出的D系列上采用的侧置气门V形双缸发动机。

侧置气门发动机具备相当好的可靠性，直到20世纪70年代初还有一些发动机采用这种布局。1936年，哈雷戴－维森推出了具有里程碑意义的61EL“指节缸头”，这一名称的由来是因为发动机摇臂盖颇似握紧拳头的指节外观。

第二次世界大战为哈雷－戴维森提供了更多的机会，公司总计为盟军提供了超过70000辆WL军用摩托车。1945年恢复生产民用摩托车时，哈雷－戴维森开始生产125毫升两冲程摩托车，该车的原始设计属于德国DKW公司。1948年，“指节缸头”设计开始被“平锅缸头”所取代，后者增加了额外的摇臂盖。

1949年推出的“许德拉滑翔”使用了液压减震伸缩套筒式叉。20世纪50年代，哈雷－戴维森在传统大排量产品之外开始增加小排量V形双缸产品，

20世纪20年代的海报

广告宣传和全国经销网络的发展促进了哈雷－戴维森早期的快速成长。

野性天使

彼得·方达（右二）在1966年电影《野性天使》（The Wild Angels）中骑着一辆定制的哈雷－戴维森平锅缸头摩托车。

JD 型

1903 哈雷-戴维森第一辆摩托车——一辆单缸车在密尔沃基的木制工棚中制造出来。

1907 哈雷-戴维森摩托车公司成立。

1914 哈雷-戴维森公司赛车队成立，该队不久即在赛道上取得成功。

1920 哈雷-戴维森成为世界上最大的摩托车制造商。

1929 经典的 45 立方英尺（或称平缸头）V 形双缸发动机首次应用于 D 型车。

FL“许德拉滑翔”

1936 推出了“指节缸头”发动机。

1937 乔·佩特里（Joe Petrali）驾驶哈雷-戴维森摩托车创下了 219 公里/小时的世界速度纪录。

1941 哈雷为战争需求建造了上万辆 WLA 摩托车。

1948“平锅缸头”发动机发布。

1949 哈雷-戴维森在“许德拉滑翔”上首次采用自己的液压前叉。

1952 K 型车出现，哈雷据此在 1957 年发展出的运动摩托堪称世界上最长销的摩托车。

74FLHB“电力滑翔”

1960 哈雷-戴维森购买意大利马基公司股份。

1969 AMF 买下哈雷-戴维森的控股权。

1970 XR750 亮相。该车的改进版在美国土赛道上占据统治地位，直到 21 世纪。

1981 哈雷-戴维森管理层从 AMF 手中买回了公司，由此产生了哈雷的新口号“雄鹰独自翱翔”。

1983 哈雷车主集团（HOG）成立。

VRSCA V-ROD

1984 成功推出“进展”发动机，扭转了公司的财务状况。

1999 双凸轮轴 88 发动机取代“进化”发动机。

2001 VRSC V-Rod 亮相，该车采用哈雷首款液冷燃油喷射发动机。

2009 哈雷-戴维森宣布把业务扩展到全球最大摩托车市场之一的印度次大陆。

以此应对英国凯旋和 BSA 等品牌推出的时尚秀气的摩托车，它们比美国货更轻巧更高速。1957 年推出的 XL 运动摩托车是一个经典范例，它是哈雷历史上最长销的产品之一，如今仍在生产。

1960 年，哈雷·戴维森购买了印度马基公司的股份。原来马基公司的单缸摩托车被重新冠以哈雷品牌，很好地满足了市场上对经济型旅行工具的需求。然而，日本摩托制造商已经崛起，开始推出更便宜，更先进的摩托车，促使哈雷在 1965 年采用电启动系统，研制了标志性的“电力滑翔”。

尽管如此，外国进口产品开始影响公司的财务状况。即使在 1965 年股票上市之后，哈雷-戴维森公司仍不免与困境抗争。1960 年 AMF（美国金属铸造厂）购买了哈雷-戴维森大部分股份。AMF 对哈雷-戴维森的控制一直维持到 1981 年，在此期间哈雷产品质量问题和可靠性问题不断，让哈雷品牌形象受到损害。

20 世纪 70 年代推出的 XR750 土道赛车成为美国最成功的赛车。在这十年间，哈雷-戴维森也认识到战后摩托车定制化的趋势——1969 年电影《逍遥骑手》（Easy Rider）中的哈雷-戴维森摩托车让这个品牌广为人知。

通过将大型双缸发动机与公路跑车风格相结合，1971 年推出的 FX“超级滑翔者”成为第一款哈雷工厂生产的定制车型。

20 世纪 80 年代起哈雷-戴维森公司进入低谷。1981 年 AMF 管理层的改变带来了急需的变革。哈雷-戴维森开始采用更高效的制造工艺和更优的质量控制手段，同时决定以为传统而自豪的美国公司形象进行品牌推广。1984 年哈雷-戴维森公司推出了“进化”大型双缸发动机，标志着公司重回正轨。这款发动机动力强劲，效率高，最重要的是非常可靠，特别适用于“超级滑翔”等车型，该车型巩固了哈雷作为美国顶级旅行车制造商的声誉。

哈雷公司的其他创新包括 1990 年推出的采用独特碟式车轮的“胖男孩”，以及 1999 年推出的全新双凸轮轴 88V 形双缸发动机。哈雷公司还发布了一系列以哈雷传统为创作素材的车型，将复古造型与最新技术相结合。这迎合了新一代摩托车玩家的心理需求，他们希望购买一款时尚的美国摩托车，但又想以经典“骑车人”的形象示人。

> “让我们追逐日落，不管汽油是 6 美元还是 6 个红铜美分……让我们像摇滚明星一样骑车参加派对。”
>
> *哈雷-戴维森的宣传口号，2008 年*

进入新千年，哈雷-戴维森推出了令人兴奋的新产品，如 2001 年的未来派 V-Rod 和名为“比尔”（Buell）的强力运动摩托车。2003 年，哈雷-戴维森迎来了成立百年庆典，哈雷公司举办了一系列纪念活动，其中的密尔沃基哈雷摩托拉力赛是庆典的高潮，有超过 10 万名哈雷车主参加比赛。现在随着进入利润丰厚的中国和印度市场，哈雷-戴维森通过审慎管理和创新信念，成为一个超成功的全球品牌。

V-ROD燃油喷射系统

2001 年推出的“进化”发动机是一款液冷式燃油喷射 V 形双缸发动机，用于哈雷-戴维森的 VRSC 车型。

经济交通方式

战争时期以及战后的通货紧缩意味着人们对便宜的两轮车的需求主要是日常驾驶，而不是满足运动或娱乐需求。战后，一些新的品牌开始出现并在随后的几年中获得了极大的成功，特别是日本的本田摩托车和意大利的兰美达踏板车。

◁印第安“小侦察兵”1940
国别 美国
发动机 500 毫升 V 形双缸
最大速度 97 公里 / 小时

1932 年推出的“小侦察兵”（Junior Scout），在轻巧的“王子”车架上安装了一台 500 毫升 V 形双缸发动机。1940 年加装了外罩裙，当时所有印第安车辆都开始使用外罩裙。

◁威泽 F 型 1943
国别 美国
发动机 138 毫升单缸
最大速度 56 公里 / 小时

1939 年威泽（Whizzer）开始售卖自行车改装用发动机。这辆皮带传动的 F 型摩托车是在二战期间“专为卫国者”推出的，1945 年开始全面销售。

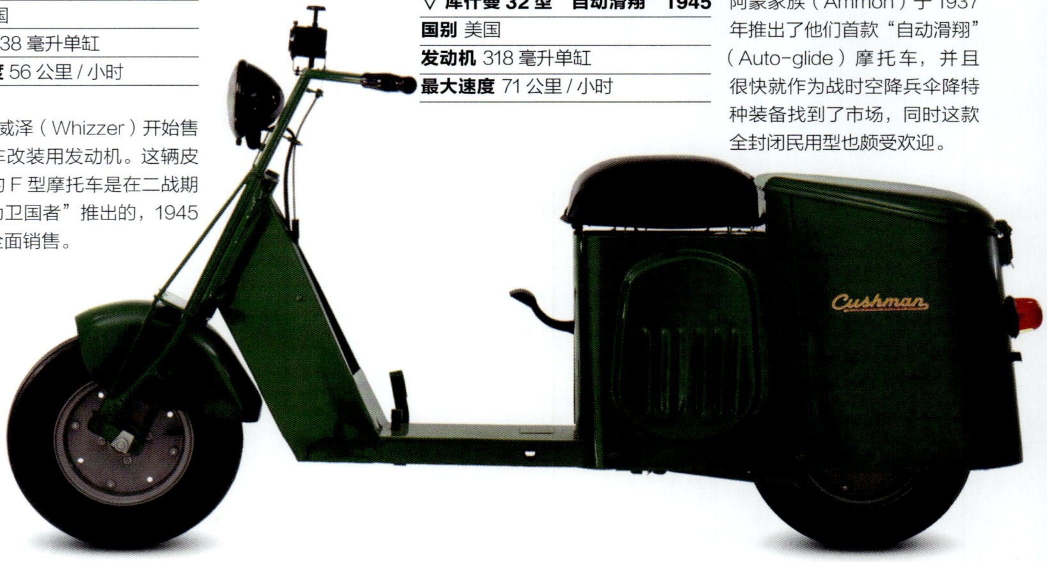

▽库什曼 32 型“自动滑翔”1945
国别 美国
发动机 318 毫升单缸
最大速度 71 公里 / 小时

阿蒙家族（Ammon）于 1937 年推出了他们首款“自动滑翔”（Auto-glide）摩托车，并且很快就作为战时空降兵伞降特种装备找到了市场，同时这款全封闭民用型也颇受欢迎。

△Cyc-Auto J 型 1947
国别 英国
发动机 98 毫升单缸
最大速度 48 公里 / 小时

1931 年英国针对 100 毫升以下摩托车推出税收减免政策，Cyc-Auto 公司因此推出的 J 型车开启了英国的动力自行车浪潮，后续版本陆续上市销售，一直持续到 1958 年。

◁凯旋 3T 豪华款 1949
国别 英国
发动机 349 毫升直列双缸
最大速度 109 公里 / 小时

3T 豪华款最初计划于 1940 年推出，但直到 1946 年才最终面市。3T 豪华款配备顶置气门直列双两缸和伸缩套筒式前叉，外观平庸速度也不快。

△伊姆 R100 1948
国别 德国
发动机 99 毫升单缸
最大速度 80 公里 / 小时

这辆车在伊门施塔特（Immenstadt）制造，也因此而得名伊姆。R100 外型优雅，配置了一个可随后悬挂一起转动的紧凑的发动机单元和一个单边型前叉。

▷兰美达 B 型 1948
国别 意大利
发动机 123 毫升单缸
最大速度 71 公里 / 小时

在 1948 年 11 月兰美达 B 型车推出之前，英诺森蒂（Innocenti）已经制造了近 10000 台兰美达 A 型车。B 型车一经问世销售业绩立即窜升，到 1950 年 1 月已经售出 35014 台。

△ **杜卡迪 库奇洛 1949**

国别 意大利

发动机 48 毫升单缸

最大速度 64 公里 / 小时

意大利律师奥尔多 · 法里内利（Aldo Farinelli）和工程师奥尔多 · 莱尼（Aldo Leoni）在二战期间发明了库奇洛（Cucciolo）卡扣式发动机，凭借这一发明，杜卡迪在战后成功跻身摩托车市场，到 1952 年共销售 200000 台摩托车。

△ **BSA 班塔姆 D1 1949**

国别 英国

发动机 123 毫升单缸

最大速度 85 公里 / 小时

作为战争赔偿，BSA 从德国获得了 DKW 公司一款战前两冲程摩托车的图纸，通过加装三速变速箱和伸缩套筒式前叉，BSA 将其改造成一台小巧却劲头十足的摩托车。

◁ **索尔兹伯里 85 型 “超级踏板车” 1949**

国别 美国

发动机 320 毫升单缸

最大速度 97 公里 / 小时

1936 年 E. 福斯特 · 索尔兹伯里（E. Foster Salsbury）制造了他的第一辆踏板车，后来进一步完善推出了 85 型踏板车，该车配置了自动传动机构、脚踏刹车和油门，以及超级炫酷的车身。

▽ **布罗克豪斯 柯吉 1949**

国别 英国

发动机 98 毫升单缸

最大速度 48 公里 / 小时

布罗克豪斯公司主管约翰 · 多芬（John Dolphin）于 1946 年创建了柯吉摩托车公司（Corgi），生产他在战时设计的折叠式威尔摩托车的民用型。到 1956 年共生产了 27050 辆。

△ **本田 D 型 “梦想” 1949**

国别 日本

发动机 98 毫升单缸

最大速度 64 公里 / 小时

1946 年本田宗一郎（Soichiro Honda）开始将战争剩余发动机产品用于改装动力自行车。“梦想” 是他第一种较为出色的车型，该车使用两冲程发动机和双速变速箱。

△ **VéloSoleX 45 1949**

国别 法国

发动机 45 毫升单缸

最大速度 34 公里 / 小时

VéloSoleX 45 最早在二战时期开始设计，65 年后仍在生产，这款结构简单的动力自行车总计售出数百万辆。该车发动机通过一个摩擦滚轮驱动前轮行进。

赛车回归

战争结束后赛车运动重新回归，所使用的车辆大多以战前的设计为基础。有时那些在整个战争期间都销声匿迹的车款，在战后以完全相同的面貌重新出现。由于国际汽车大奖赛限制增压式摩托车参赛，这使得单缸赛车具有极强的竞争力。多缸发动机摩托赛车的出现，还需要一点时间。

◁ **印第安“运动型侦察兵”1940**
国别 美国
发动机 745 毫升侧置气门 V 形双缸
最大速度 169 公里 / 小时

“运动型侦察兵”战前就是美国冠军赛车，曾打破过世界纪录，到 20 世纪 40 年代后期仍然很有竞争力。这辆椭圆形场地赛车上没有安装制动系统。

△ **哈雷 - 戴维森 WR 1941**
国别 美国
发动机 738 毫升侧置气门 V 形双缸
最大速度 177 公里 / 小时

WR 是针对印第安的一款竞争产品，配备铝制汽缸头，直到 50 年代都很有竞争力。图中这辆车采用了土赛道的赛车配置。

△ **摩托古奇“邓多利诺”1946**
国别 意大利
发动机 498 毫升顶置气门单缸
最大速度 177 公里 / 小时

这款量产型赛车使用了古奇传统式的水平汽缸发动机，生产数量较少。“邓多利诺”（ Dondolino ）在意大利语中意思是安乐椅。

△ **维洛塞特 KTT MkVIII 1947**
国别 英国
发动机 348 毫升顶置凸轮轴单缸
最大速度 185 公里 / 小时

这辆 MkVIII 是 350 毫升量级中的顶尖量产赛车，采用加大的气缸散热片和摇臂式后悬挂，1949 年起首先交付给一些特定骑手。

△ **印第安 648“侦察兵”1948**
国别 美国
发动机 737 毫升侧置气门 V 形双缸
最大速度 177 公里 / 小时

这款印第安的终极版侧置气门赛车被称作“大底盘”（the Big Base）。该车总产量仅 50 量，其中一辆在 1948 年由美国赛车冠军弗洛伊德·埃姆德（Floyd Emde）驾驶夺得了代托纳 200 冠军。

△ **博内利 250 GP 1949**
国别 意大利
发动机 249 毫升双顶置凸轮轴单缸
最大速度 180 公里 / 小时

博纳利 250 毫升单缸摩托车赢得了 1939 年的曼岛轻型 TT 冠军。1950 年该辆车依然很有竞争力，曾同时赢得了 TT 大奖赛和 250 毫升级世锦赛两项冠军。

▽ **凯旋 大奖赛 1949**
国别 英国
发动机 499 毫升顶置气门并列双缸
最大速度 193 公里 / 小时

1949 年欧尼·里昂（Ernie Lyons）驾驶一辆以量产车为基础配置全合金发动机的摩托车赢得了曼岛大奖赛冠军。凯旋随后卖出了一大批以此为基础的量产赛车。

△ **哈雷 - 戴维森 WR 1941**
国别 美国
发动机 738 毫升侧置气门 V 形双缸
最大速度 177 公里 / 小时

对于那些参加 500 毫升级 TT 赛事和国际大奖赛公路赛的独立车手，30M 是不错的选择。这是 30 年代的活塞式车架最后一次被用在摩托车中。

△ **AJS 7R 1949**
国别 英国
发动机 348 毫升顶置凸轮轴单缸
最大速度 160 公里 / 小时

7R 上连接顶置凸轮轴的链条外壳采用独特的金色涂装，其赛车生涯可谓是持久而辉煌。

△ **吉列那“土星圣雷莫”1949**
国别 意大利
发动机 499 毫升顶置气门单缸
最大速度 185 公里 / 小时

尽管吉列那（Gilera）最为著名的产品是其四缸大奖赛赛车，但这辆单缸“圣雷莫”在部分赛事中也取得了不错的成绩。

◁ **精益 JAP“赛道”1949**
国别 英国
发动机 497 毫升顶置气门单缸
最大速度 不详

赛车运动风靡英国时期，精益公司曾专注于生产赛车车架，“赛道”配备了 JAP 强大的甲醇发动机。

诺顿 曼克斯

对于英国公路赛车爱好者来说，诺顿曼克斯会让人勾起感伤的怀旧情结。诺顿从 1947 年起开始少量生产这种大型单缸摩托车，出售给一些独立赛车选手。曼克斯是在诺顿早期世界大奖赛冠军车型基础上研制而成，成为诺顿赛车系列的主打车型，曾多次夺得曼岛大奖赛和 4 次代托纳 200 冠军。曼克斯一直稳定发展，其发动机从 1949 年起开始使用顶置双凸轮轴。曼克斯是英国战后赛车中十分杰出的一款。

诺顿与曼岛旅行者杯的渊源可以追溯到比赛创立初期：1907 年雷姆·福勒（Rem Fowler）驾驶一辆诺顿赛车赢得了首届（双缸）比赛冠军。20 世纪 30 年代，诺顿凭借其顶置凸轮轴单缸车型在初级和高级 TT 赛事中持续称霸。诺顿详细记录了当年曼岛大奖赛赛车技术参数，战后重新推出了一款新型定制化，称作“曼克斯”。曼克斯 30M（500 毫升）和 40M（350 毫升）两款车最初配置带活塞后悬挂的车架，被人们嘲讽地称为“花园大门”。从 1951 年开始，曼克斯换装了诺顿绝佳的羽毛床车架，传奇车手杰夫·杜克（Geoff Duke）驾驶该车赢得了当年 350 毫升和 500 毫升量级世界锦标赛冠军。1954 年诺顿退出顶级赛车领域后仍继续生产曼克斯摩托车，1962 年停产后数年内仍有许多人求购此车。这种备受尊崇的车型的复制品如今在其精神家园曼岛的经典赛事中继续参赛。

前视图

后视图

为竞赛而生

大约 1915 年诺顿车标首次出现。车标最初可能是由诺顿家族设计，其后又经历了很多细微的调整。

性能指标	
型号	诺顿 30M 曼克斯 (1949)
装配	英国伯明翰
产量	1900 辆
结构	钢制承载式车架
发动机	499 毫升顶置凸轮轴单缸
输出功率	发动机转速为 7200 转 / 分时可达 52 马力
传动	四速
悬挂	伸缩套筒式前叉，活塞式后悬挂
制动	前后鼓式刹车
最大速度	160 公里 / 小时

著名的前叉

曼克斯的前悬挂使用诺顿专利“抓地者”伸缩套筒式前叉，使用润滑油实现液压阻尼。当时的广告将该车誉为“世界上道路适应性最好的摩托车”。

车体

与诺顿的其他摩托车不同，除了精心设计的动力系统，曼克斯还拥有一些额外的赛车配置，包括精细齿轮比变速箱、赛车型点火磁电机和快卸加油口盖。从1951年起，曼车型配置了带摇臂后悬架的羽毛床式双承架车架，具备了更强的竞争实力，使其在艰苦的比赛场地仍具备良好的操纵性。

1. 油箱上的车标 2. 空气控制杆 3. 链条润滑器 4. 滑油快速填加口盖 5. 转速表 6. 转向阻尼调节旋钮 7. 鞍座弹簧 8. 加油口盖 9. 带通风孔的前刹车机构 10. 后轴固定装置 11. 发卡式气门簧 12. 后刹车踏板

1

2

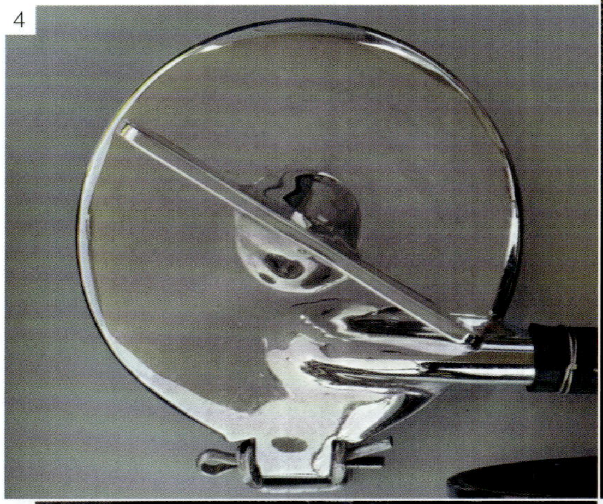
4

5

6

7

8

9

10

发动机

这台顶置凸轮轴发动机由带常规散热片的汽缸盖、铝合金缸体和超轻镁合金曲轴箱制成，专为满足国际大奖赛的需求。后期的曼克斯摩托车使用双凸轮轴，缩短了活塞行程，高速档速度可达225 公里 / 小时。

13. 发动机外侧的开放式主链条 14. 发动机侧面可以看到顶置凸轮轴的驱动轴 15. 点火磁电机 16. 浮碗式化油器 17. 钟形进气口 18. 四速变速箱

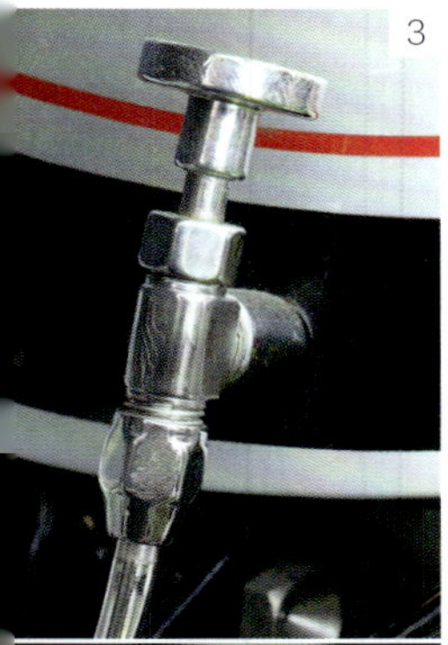
3

13

14

11

12

15

16

17

18

20世纪50年代

在这个十年的初期英国摩托车工业名列前茅，这要归功于英国政府积极的出口支持政策，在接下来的几年里为摩托车工业发展提供了有力支撑。在欧洲大部分地区摩托车是日常必备交通工具，当时汽车对许多人来说仍然过于昂贵，相比之下简单、廉价、经济的两冲程摩托车成为了人们的首选。意大利微型摩托车和法国踏板摩托车遍布全球，销售量达数百万台。这一时期美国经济走向繁荣，但美国摩托车产业却在与数量庞大的欧洲进口货对抗过程中走向衰微。

INNOCENTI
Lambretta
MILANO
150
INNOCENTI

踏板摩托车

战争刚结束后的几年中，能买得起汽车的人并不多。但不是所有人都愿意在传统摩托车上搞得又脏又湿。这时踏板摩托车应运而生，最初这种车确实设计粗糙，但随着时代发展变得越来越精良，车上设有储物箱，配有 4 速变速箱，甚至还有电起动装置。不久，踏板摩托车就成为一种社会风尚而不再仅仅是一种交通工具。

△ **印第安“印第安幼童”1954**
国别 英国 / 美国
发动机 98 毫升单缸
最大速度 48 公里 / 小时

战后英国布罗克豪斯公司推出了柯吉摩托车，这是战时可折叠威尔摩托车的民用版本。这辆“印第安幼童”(Papoose)使用印第安车标，在美国发售。

△ **标致 S157 1956**
国别 法国
发动机 147 毫升单缸
最大速度 89 公里 / 小时

在法国政府的政策鼓励下，标致汽车公司设计了这辆电动踏板车。这辆车很重，有两个储物箱，结构比较复杂。

▷ **亨克尔“旅行者”1956**
国别 德国
发动机 174 毫升单缸
最大速度 92 公里 / 小时

与竞争对手相比，这款踏板摩托车堪称同类产品中的“劳斯莱斯”设计精良，更安静，更洁净，更易驾驶，但相当昂贵。共售出超过 100000 辆。

▽ **维斯帕 125 1957**
国别 意大利
发动机 125 毫升单缸
最大速度 69 公里 / 小时

比亚乔的小型维斯帕采用钢制冲压整体结构，车体线条非常简洁。从 1948 年起该车配置了全悬挂系统和大型发动机，但经济性能仍然不错。

△ **卡布里 70 毫升 1956**
国别 意大利
发动机 69 毫升单缸
最大速度 64 公里 / 小时

20 世纪 50 年代，自行车制造商阿格拉蒂（Agrati）加入踏板摩托车制造行列，这款纤细迷人的卡布里踏板摩托车（Capri）使用了卡雷利小型发动机。

工作踏板摩托车

电动脚踏车非常紧凑的动力装置与小型后轮集成在一起，非常适合用作城市小型运输车辆，因此车前部安装储物箱的踏板摩托车诞生了。将其换一个方向驱动两个后轮，这样就产生了更多种版本的“厢式货车”，这种车型很快就推出了适用于各种工作的各种版本。为了新手驾驶员更方便驾驶，兰美达甚至采用双重控制技术推出了教练用车型。

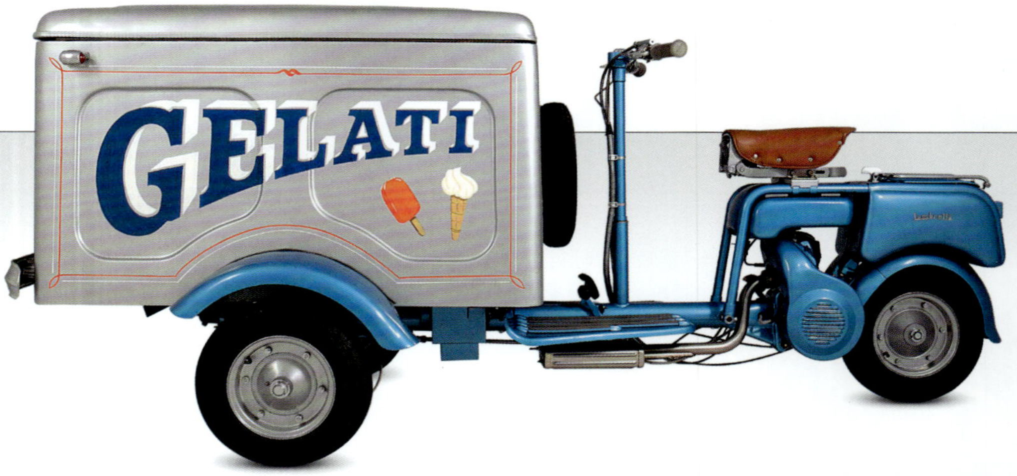

△ **兰美达 FB125 冰激凌货车 1950**
国别 意大利
发动机 125 毫升单缸
最大速度 45 公里 / 小时

兰美达把自己踏板摩托车的动力装置用于驱动轻型运输车，在其前部两个带刹车的转向轮上装了一个很大的货箱，最多能够装载 441 磅（200 千克）货物。

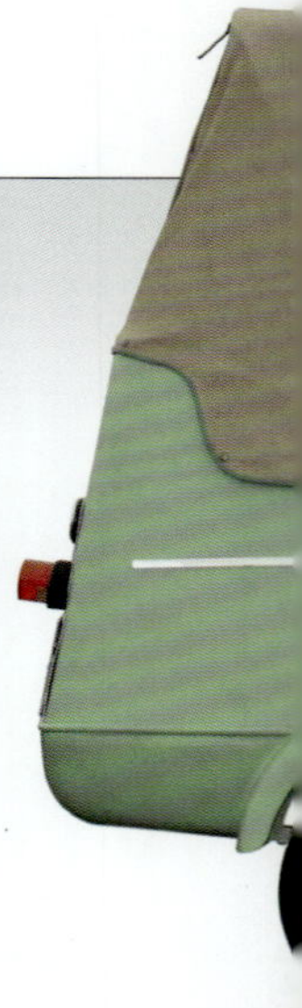

△ **杜克普 戴安娜 1957**
国别 德国
发动机 194 毫升单缸
最大速度 80 公里 / 小时

作为最老牌的摩托车制造商之一，杜克普（Durkopp）于 1953 年推出了自己的踏板摩托车。这款戴安娜是配有四速变速箱和电启动装置（后来）的高档摩托车。

△ **聪达普 贝拉 R201 1957**
国别 德国
发动机 197 毫升单缸
最大速度 97 公里 / 小时

贝拉（Bella）车体较大，重量也较大，使用 30 厘米（12 英寸）直径铸造合金车轮。该车排量不久由 150 毫升增至 200 毫升，1955 年起加装电启动装置。到 1964 年共出售出超过 130000 辆。

▷ **兰美达 LD150 1957**
国别 意大利
发动机 148 毫升单缸
最大速度 80 公里 / 小时

LD150 由航空工程师设计，1947 年推出，和维斯帕一样，兰美达 LD150 的销量很大。这辆 LD150 设计精巧，动力强劲，可选装电启动装置。

△ **辛普利克斯 自动踏板摩托车 1958**
国别 美国
发动机 150 毫升单缸
最大速度 80 公里 / 小时

辛普利克斯（Simplex）的自动踏板摩托车使用离心式离合器和变速传动装置，但这种线条简洁的产品销量一直不高。辛普利克斯公司最终于 1960 年关闭。

△ **库什曼“高地人”1958**
国别 美国
发动机 318 毫升单缸
最大速度 80 公里 / 小时

“高地人”（Highlander）是库什曼第一辆使用外露式侧置气门简单发动机的民用踏板摩托车。“高地人”为后来的“鹰”（右图）做了铺垫。

△ **库什曼“鹰”1958**
国别 美国
发动机 318 毫升单缸
最大速度 84 公里 / 小时

库什曼公司 1901 年起在内布拉斯加开始生产发动机，30 年代开始组装踏板摩托车。这种外观与传统摩托车相似的“鹰”持续销售了 16 年。

◁ **兰美达 FDC150 吉亚迪内塔“萨里马车”1957**
国别 意大利
发动机 148 毫升单缸
最大速度 60 公里 / 小时

兰美达在 1952 年开始将轻型商用踏板车改造为带后部货厢的工作车，1955 年又改装了 150 毫升发动机，1957 年起又加装顶篷并增设倒挡。

▷ **兰美达 LI 150 1957**
国别 意大利
发动机 148 毫升单缸
最大速度 85 公里 / 小时

全新的 LI 采用更为现代的设计，使用新型发动机和四速变速箱，但是重量过大，速度较慢。图中这辆教练型设有供教员使用的刹车和离合器。

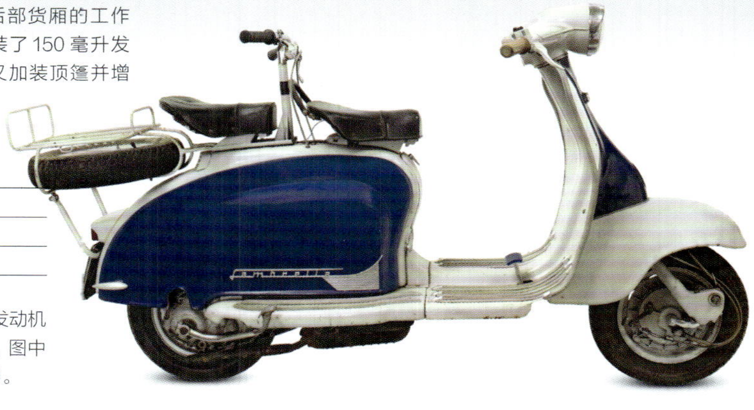

兰美达 LD 150

兰美达 LD 是一辆时尚的轻便摩托车，它是意大利制造商费迪南多 · 英诺森蒂（Ferdinando Innocenti）最初的电动踏板摩托车灵感的投影。这种全封闭车型在技术上优于早期的兰美达摩托车，将人们对英诺森蒂简洁可靠的期待与更强劲的动力与天赋结合在一起。兰美达 LD 在 1951 年后期最初以 125 毫升版本进入市场，1954 年又推出了 150 毫升版本（图中所示），设计优雅而且使用费用较低。

英诺森蒂 1950 年的宣传活动标语为“驾驶兰美达，骑行 100000 公里”，鼓励人们驾驶踏板摩托车进行远距离旅行，这为 20 世纪 50 年代的摩托车市场奠定了基调。踏板摩托车俱乐部、公路汽车赛和新闻营造了激动人心的青春自由氛围，而且随着动力提升和可靠性改善，长距离驾驶踏板摩托车成为可能。配置了单缸两冲程发动机的兰美达 LD 150 功率高达 6 马力，最大速度达 80 公里 / 小时，有力地证明踏板摩托车不仅可以短途骑行，也可以进行更大胆的远程旅行。驾驶员和乘客的舒适度由于全新后悬架扭力杆使用了液压减震系统而得到提升，即使在长途旅行中，强制风冷系统通过安装在飞轮上的风扇也可以有效防止发动机过热。兰美达 LD 是第一辆在意大利境外制造的英诺森蒂摩托车，商业上取得了巨大的成功。这款车在流水线上生产超过 6 年，它的停产也标志着这家公司轴传动车辆的尾声。

米兰制造

1947 年第一辆兰美达踏板摩托车在位于米兰的英诺森蒂工厂开始生产。兰美达这个名字来源于兰布罗河（Lambro），这是一条流经工厂的小河。

前视图

后视图

豪华配置

一系列巧妙的标配和售后配件美化了兰美达 LD 150 MkIII。最显眼的是前挡风玻璃、带备用轮胎和附加油箱的后载货架、后挡板和踏板扩展板。

性能指标	
型号	兰美达 LD150 MkIII (1957)
装配	意大利米兰
产量	110186
结构	高强度钢管车架
发动机	148 毫升单缸
输出功率	转速 4600 转 / 分时可达 6 马力
传动	三速
悬挂	铰接摇臂前悬挂，扭杆 / 液压减震后悬挂
制动	前后鼓式刹车
最大速度	80 公里 / 小时

车体

广告中称为“理想的个人交通摩托车”的兰美达 LD 150 兼有平衡性，舒适性和简约设计。该车很容易控制，以前从未驾驶过机动车的人也可以迅速找到自信。高强度钢管制成的车架既保证了坚固性，又把振动控制在很低水平。可互换的车轮拆卸方便，车把转动握把换挡机构也让车手感到非常自然。新手们会发现 LD 150 亲切可人，而那些老手则更看重它的可靠性和强劲动力。

1. 制造商标牌 2. 锁定转向机构的钥匙 3. 车灯开关 4. 握把换挡机构 5. 时钟 6. 后刹车踏板 7. 喇叭 8. 备用油箱和滑油箱 9. 汽油 / 机油混合油加注口 10. 脚踏板 11. 发动机盖板开启手 12. 排气口 13. 镀铬防护杆 14. 脚踏起动器 15. 进气口 16. 前轮和制动系统 17. 车尾灯和指示灯 19. 双排气管

1

2

4

5

6

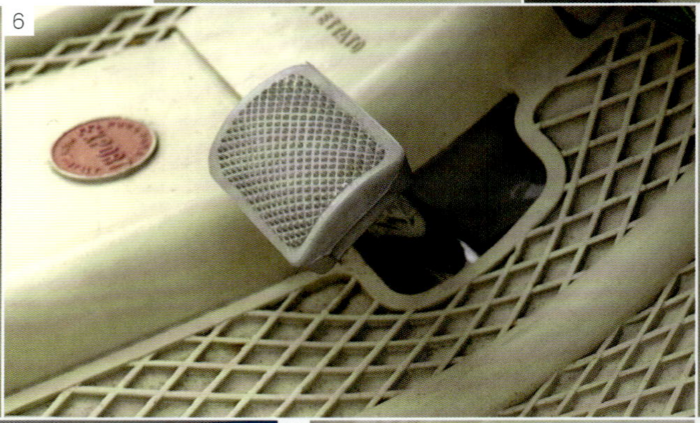

7

9

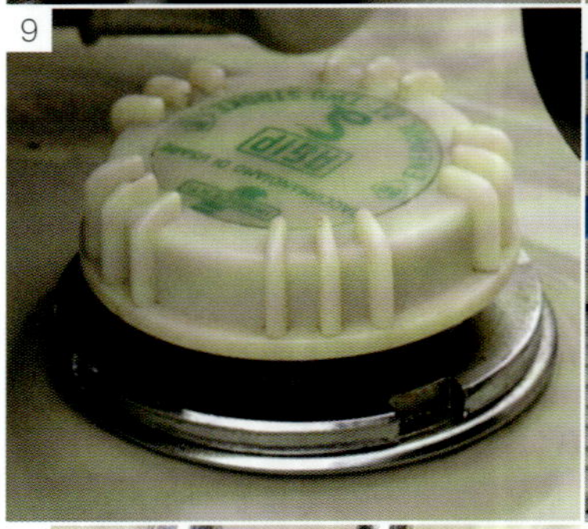

10

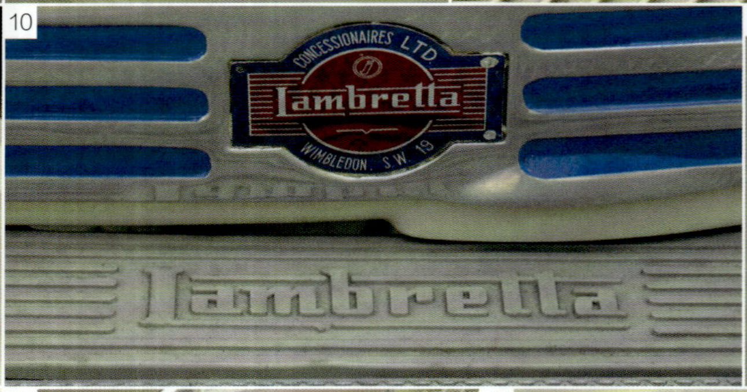

11

12

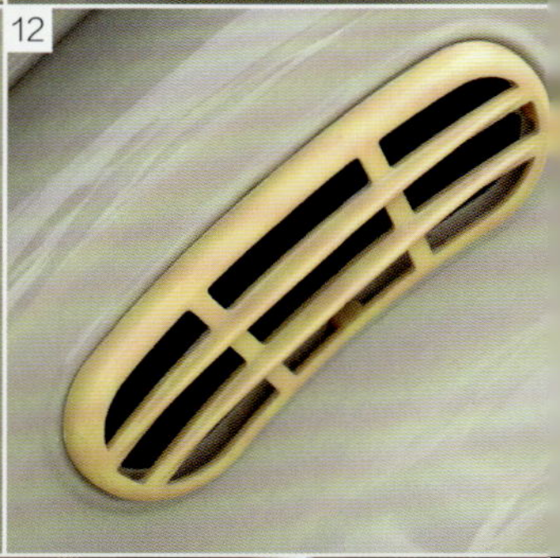

13

14

15

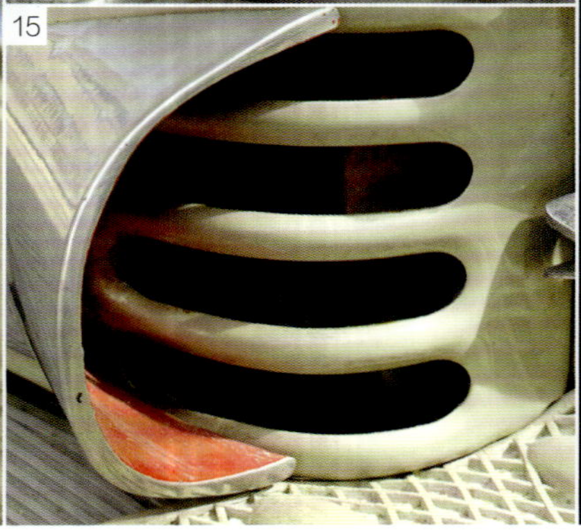

16

3

8

17

18

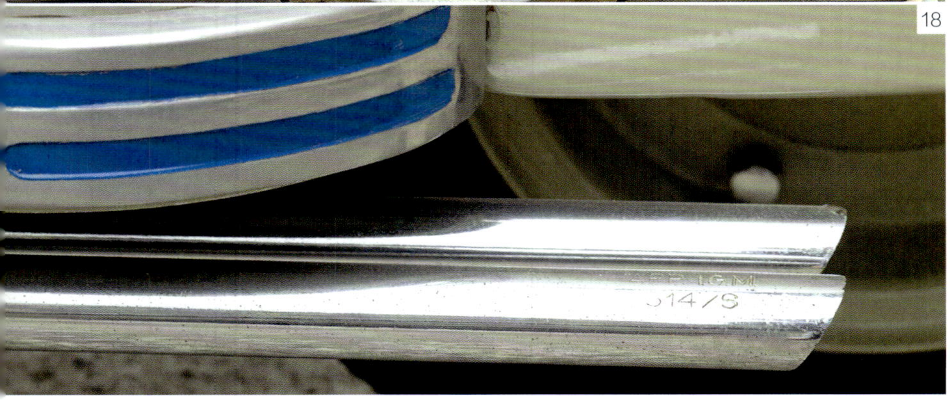

19

20

21

22

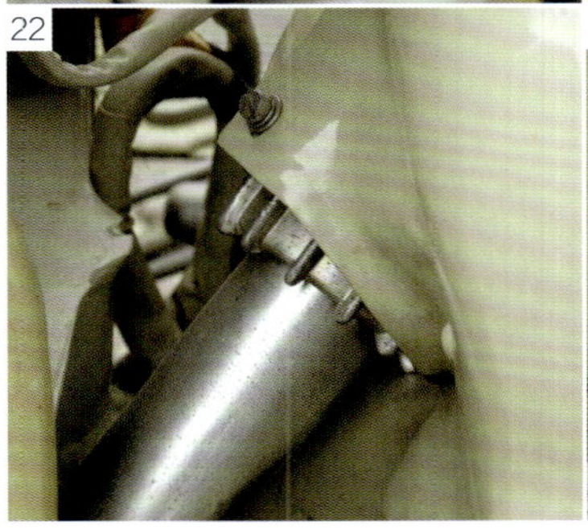

23

发动机

兰美达 LD 150 的单缸两冲程发动机和传动装置是全封闭的，经销商在广告中称驾驶摩托车时“不需要穿防护衣”——这是针对穿着时尚者或者女性骑手的广告。LD 150 的风扇散热式发动机配有飞轮点火磁电机、合金汽缸盖、直列铸铁汽缸、高强度钢连杆、组合式曲柄轴、多片离合器和常啮合齿轮三速变速箱。为在城市居民区建筑区保持安静，LD 150 排气管上安装了膨胀室用于降噪，此外还装有空气过滤器以防尘埃颗粒进入化油器。

19. 掀开发动机挡板露出发动机 20. 点火线圈 21. 进气歧管 22. 排气管 23. 风扇进气口

运动双缸车

20 世纪 50 年代见证了纯休闲型运动摩托车市场的飞速发展，特别是经济繁荣的美国体现更为明显。这一时期美国唯一大批量生产的品牌是大排量发动机的哈雷 - 戴维森，英国摩托厂商则致力于将不俗性能和细腻操纵性相结合。德国制造商的追求目标是更精良更独特的产品。到 50 年代末，许多运动两缸车的速度都可以超过 160 公里 / 小时。

◁ **凯旋 6T “雷鸟” 1950**

国别 英国
发动机 649 毫升直列双缸
最大速度 158 公里 / 小时

为满足美国市场对高功率高速两缸车的需求，凯旋增加了该车发动机排量，取得了销售业绩的突破性增长。“雷鸟”一名来自北美印地安人的神话传说。

◁ **皇家恩菲尔德 500 双缸 1951**

国别 英国
发动机 496 毫升直列双缸
最大速度 126 公里 / 小时

恩菲尔德将其杰出的“弹头”车架应用在这辆 500 两缸上，加装摇臂悬挂和点火线圈。但这款英国两缸车并不很受欢迎。

△ **凯旋 TR5 “胜利” 1956**

国别 英国
发动机 498 毫升并列双缸
最大速度 150 公里 / 小时

凯旋“胜利”和“猛虎”100 的全合金 500 毫升 Revvy 发动机都可选用改装套件。1954 年起凯旋摩托车开始使用摇臂悬挂车架。

△ **凯旋 T120 博纳维尔 1959**

国别 英国
发动机 649 毫升直列双缸
最大速度 185 公里 / 小时

凯旋 650 毫升双缸发动机加上双化油器和加强型曲轴，成就了博纳维尔，这款高速车型持续生产了几十年。

△ **无双 G9 1951**

国别 英国
发动机 498 毫升直列双缸
最大速度 137 公里 / 小时

这辆最小的无双两缸车工艺精良，配备伸缩套筒式前叉和摇臂式悬挂，舒适度极好。G9 和与之相似的 AJS 一直销售到 1961 年。

▽ **无双 G11 CSR 1958**

国别 英国
发动机 593 毫升直列双缸
最大速度 169 公里 / 小时

无双公司稳步提升其大型两缸发动机的排量和功率，改进后的 CSR 是第一款创下以 160 公里 / 小时速度连续行驶一小时纪录的量产摩托车。

◁ **哈雷 - 戴维森 K 型 1952**

国别 美国
发动机 743 毫升 V 形双缸
最大速度 137 公里 / 小时

配用小发动机的哈雷摩托是为了对抗当时席卷美国市场且操控性更优的英国产品而诞生的，但从产品性能看该车尚不能做到这一点。

◁ **BSA A7 1952**

国别 英国
发动机 495 毫升直列双缸
最大速度 140 公里 / 小时

1951 年的重新设计改进了 A7 的性能，该车有标准版和运动版两种款型。图中这辆车是 1952 年通过 5000 英里（8050 公里）可靠性测试的 3 辆 A7 之一。

▽ **哈雷 – 戴维森 XL 运动型 1957**

国别 美国
发动机 883 毫升 V 形双缸
最大速度 161 公里 / 小时

通过将顶置气门"铁头"式 XL 发动机应用在 K 系列车架，哈雷 - 戴维森重新振作起来。XL 运动型已经足以与英国产品相抗衡，在市场上持续销售到 1972 年。

△ **BSA "超级火箭" 1957**

国别 英国
发动机 646 毫升直列双缸
最大速度 169 公里 / 小时

这辆 BSA 旗舰级两缸车配置了一个高压缩比汽缸盖、阿迈勒 TT 化油器和双摇臂车架，在赛车比赛中成为诺顿和凯旋的强劲对手。

◁ **道格拉斯 90 Plus 1953**

国别 英国
发动机 348 毫升水平对置双缸
最大速度 160 公里 / 小时

由于道格拉斯公司当时因销量不佳而处于破产清算中，尽管 90 Plus 配备了大型前刹车和性能优异的发动机，但 4 年里却只生产了 250 辆。

▷ **霍雷克斯 "帝王" 1955**

国别 德国
发动机 392 毫升直列双缸
最大速度 145 公里 / 小时

"帝王"配置了顶置凸轮轴一体式发动机和封闭式传动链条。霍雷克斯 1960 年停产，但此后又凭借 V6 车型重整旗鼓。

▽ **宝马 R69 1959**

国别 德国
发动机 594 毫升水平双缸
最大速度 160 公里 / 小时

水平对置双缸轴传动 R69 在速度、舒适度、安静性和可靠性方面都达到了最高水平。该车采用厄尔专利前部铰接式前叉。

△ **诺顿 "统治者" 88 1959**

国别 英国
发动机 497 毫升直列双缸
最大速度 145 公里 / 小时

双缸"统治者"赛车有 500 毫升 88 型和 600 毫升 99 型两款，它们都配用诺顿自己的坚固四速变速箱和羽床式车架。

灵动轻型车

250 毫升及以下排量摩托车在欧洲很受欢迎。这种车的优势在于低税收、更经济、易操纵、适于短途交通，轻型摩托车对于年轻的新骑手是理想车型，所以制造商开发了运动版轻型摩托车。这些车采用两冲程发动机，功重比最优。50 年代末日本摩托车开始进入欧洲，它们是未来派的代表。

◁ **印第安 250 "战士" 1951**
国别 美国
发动机 500 毫升直列双缸
最大速度 137 公里 / 小时

战后的印第安公司处境艰难：垂直两缸的"战士"是一次大胆尝试，但该车性能平平，不能匹敌欧洲进口产品。

△ **精益 塔利斯曼运动型 1952**
国别 英国
发动机 244 毫升直列双缸
最大速度 105 公里 / 小时

尽管该车无减震悬挂且电子器件性能平平，但历史悠久的精益公司凭借这辆令人兴奋的双化油器两冲程双缸车胜过了英国其他竞争对手。

△ **MV 阿古斯塔 175CSS 超级运动型 1953**
国别 意大利
发动机 172 毫升单缸
最大速度 100 公里 / 小时

阿古斯塔 175CSS 顶置凸轮轴运动型摩托车因其外形优美的油箱拥有了 Disco Volante（"飞碟"）的绰号。该车的前铰接式前叉是英国厄尔的设计。

△ **摩托默里尼 "观光" 2T 1953**
国别 意大利
发动机 123 毫升单缸
最大速度 59 公里 / 小时

阿尔方索 · 默里尼（Alfonso Morini）对战后摩托车市场作出了准确判断，战争刚结束便推出了这款轻便的三速两冲程摩托车，其中一辆摩托车甚至赢得过比赛冠军。

◁ **维多利亚 V35 贝戈麦斯特 1953**
国别 德国
发动机 345 毫升 V 形双缸
最大速度 129 公里 / 小时

这辆精致的轴传动四冲程摩托车是德国市场上完美的中档车型，但推出行动的延迟影响了销量。

△凯旋“幼虎”1954

国别 英国

发动机 199 毫升单缸

最大速度 109 公里 / 小时

“幼虎”简洁高效的四冲程单缸发动机转速较高，但是该车噪声也够大，这一点倒是很适合那些爱慕虚荣的年轻骑手。

△雄鹰 MB200 1954

国别 德国

发动机 195 毫升直列双缸

最大速度 105 公里 / 小时

这款工程设计精湛的雄鹰两冲程摩托车采用了独特的钟表卷簧前减震悬挂以及其他一些精彩设计特点，但随着雄鹰公司转产打字机该车便逐步走向停产。

◁NSU Supermax 1957

国别 德国

发动机 247 毫升单缸

最大速度 126 公里 / 小时

50 年代 NSU 一直在稳步改进其 250 毫升单缸车，1953 年起采用硬壳式冲压钢板车架。到 1955 年 NSU 成为世界上最大的摩托车制造商。

△FB 环球 175 快速旅行 1956

国别 意大利

发动机 181 毫升单缸

最大速度 105 公里小时

1948 年 FB 由朱塞贝 · 博塞利伯爵（Count Giuseppe Boselli）创立，很快就开始生产高品质小型摩托车，其赛车也在一些世界锦标赛中取得佳绩。

△使节 Super S 1958

国别 英国

发动机 249 毫升直列双缸

最大速度 113 公里 / 小时

1958 年这辆配用维利尔斯发动机的传统轻型摩托车加装了厚重的挡泥板。使节公司（Ambassador）是二战后由赛车手凯耶·唐（Kaye Don）创立的摩托车品牌。

△雅马哈 YD2 1959

国别 日本

发动机 247 毫升直列双缸

最大速度 109 公里 / 小时

这是第一款在欧洲发售的雅马哈摩托车（自 1960 年起），YD2 配置了一台可靠性很高的两冲程发动机，该发动机由德国雄鹰发动机发展而来，外形彪悍且采用燃油喷射设计。

◁阿利尔“领导者”1959

国别 英国

发动机 249 毫升直列双缸

最大速度 113 公里 / 小时

阿利尔“领导者”是一个大胆的试验，该车试图让骑手们像驾驶踏板车一样保持整洁的仪态。“领导者”配备类似雄鹰的两冲程发动机，性能不俗但价格昂贵。

1955 年浅间火山摩托车大赛中的本田宗一郎（Soichiro Honda）

大品牌

本田的故事

在过去的 50 年里，本田公司一直是世界上最大的摩托车制造商。然而 20 世纪 40 年代中期这家日本公司成立时却名不见经传，完全无法想象这样一家公司未来会有数十亿美元的规模。这个梦想的实现归结于一个人——本田宗一郎的热情、决心和眼界。

二战后的日本是公共交通设施和燃料供应都严重短缺的国家。正是在这样的背景下，自学成才的工程师本田宗一郎凭借一个想法最终使他的公司将摩托车带给大众。

本田先是收购了 500 部作为战争剩余物资的两冲程发电机组，这些东西战时用作军用电台的电源。本田把它们加以改造，成为自行车附加动力组件。这种临时改造版摩托车非常成功，在这批动力自行车销售完毕后，本田在 1948 年设计和制造了自己的 50 毫升发动机，也就在同一年本田公司成立。

第二年本田公司生产了第一辆安装本田自己发动机和车架的摩托车。本田的两冲程 98 毫升摩托车被称为 D 型，D 代表“梦想”——这个名字在未来几十年经常使用。本田强烈希望拓宽产品线，在 1951 年推出了首款四冲程摩托车“梦想”E。第二年本田又推出一款 50 毫升动力版自行车，此举为本田小排量车型开创了一个新名字并一直沿用至今——“小熊”（Cub）。

本田标志
1988年起采用

作为赛车迷，公司的创始人很快就开发出可以将极限拓展到赛道的车型。20 世纪 50 年代中期本田宗一郎在曼岛 TT 赛事中从亲眼目睹的欧洲摩托车中获得灵感。1959 年本田首次亮相著名赛事，当时几辆 125 毫升摩托车奠定了本田在超轻量级赛车中的厂商地位。两年后，英国车手麦克 · 海伍德（Mike Hailwood）驾驶本田摩托成为世界锦标赛 250 毫升组冠军，标志着本田公司在世界大赛中的领导者地位正式确立。

20 世纪 60 年代，本田因其在竞争中取得成功和海外市场拓展蓬勃发展。通过在洛杉矶成立专门的销售部，本田在美国建立了立足点。尽管起步缓慢，但本田的增长速度惊人。到 1962 年底，本田每年在美国销售的摩托车达到 4 万辆。

本田快速扩张的关键是创建了经销商网络以及倾力宣传其各种新型“清洁型”摩托车（主要是 50 毫升“超级小熊”）的促销推广活动。

促销活动，重点关注其不同外观的新型“干净”摩托车的乐趣。一个生动的例子是1962年的宣传活动，推出的口号是“骑着本田遇到最好的人”。对于习惯了沾满油污的传统摩托车印象的消费者来说，这是一股清新的气息。

20 世纪 60 年代末，本田已经生产出品类丰富的各型摩托车，从小型机动踏板车到大型公路摩托车。其中最重要的车型是 CB750，该车在技术水平和性能指标方面为量产型摩托车确立了新标准。

在接下来的二十年中，本田进一步扩大其产品系列，推出了许多经典产品，例如本田首款长途旅行车，1974 年的“金翼”，以及成功的 250 毫升埃尔西诺（Elsinore）越野摩托车。1979 年，埃尔西诺在俄亥俄州的一家本田新工厂下线，本田由此成为第一家在美国生产摩托车的日本厂商。

本田继续在国际大奖赛中取得丰硕成果。弗雷迪 · 斯潘塞（Freddie Spencer）在 1983 年和 1985 年先后赢得 500 毫升世界锦标赛冠军，这是本田在世界级竞赛活动中最为耀眼的亮点。VF750F 等经典公路摩托车，以及美国新出产采用大型 6 缸 1520 毫升发动机的“金翼”保证了本田作为世界领先制造商的地位。

1991 年，本田创始人本田宗

“这是东方取得的一次毁灭性胜利。”

《曼岛检查者》如此评价 1961 年 TT 大奖赛夺冠

本田本利海报

20 世纪 50 年代第一代本田本利（Benly）的宣传海报。采用四冲程发动机和新型冲压钢制车架的本利上市时并不顺利，但最终成为非常畅销的车型。

D 型

1948 本田公司成立。

1949 98 毫升 D 型成为本田公司首款摩托车。

1951 本田推出首款四冲程摩托车“梦想”E。

1958 “超级小熊”50 毫升车发布。“超级小熊”及此后各种该型车成为世界上最畅销的摩托车，至 2008 年总计制造 6000 万辆。

1959 本田首次参加曼岛 TT 赛。

1961 本田赢得 125 毫升和 250 毫升 TT 大赛冠军。

CB750

1963 本田在比利时建立第一家海外工厂；成为奥斯卡的第一个外国赞助商，在美国产生了巨大的宣传效果。

1966 本田成为首个囊括摩托车世界锦标赛所有单项赛冠军的制造商：50 毫升、125 毫升、250 毫升、350 毫升和 500 毫升。

1968 第 1000 万辆本田摩托车下线。

1969 本田首款四缸车 CB750 推出。

“金翼”GL1500 SE

1974 本田凭借“金翼”打入旅行摩托车市场，该车型受到北美用户青睐。

1978 本田推出 NR500；该车为大奖赛研发，采用 32 个气门和椭圆形活塞。

1982 法国车手西里尔·内沃（Cyril Neveu）驾驶本田 XR500R 获得巴黎－达喀尔拉力赛摩托车组冠军。

1986 本田开始在西班牙生产摩托车。

1991 本田创始人本田宗一郎逝世，享年 84 岁。

CBR1000RR“烈火刀锋”

1996 本田 CBR1100“黑鸟”成为地球上速度最快的量产摩托车，时速 285 公里。

2001 本田夺得第 500 个摩托车大奖赛冠军。

2007 西班牙车手托尼·布（Toni Bou）驾驶西班牙制造的蒙特萨－本田赢得了世界耐力锦标赛冠军。

2008 本田制造了第 2 亿辆摩托车。

2010 配备按键换档系统的新锐 VFR1200F 问世。

一郎逝世。但本田公司的扩张计划仍在继续：本田积极进军中国市场，推出了包括 RC 45 超级摩托车和 CBR900RR“烈火刀锋”在内的顶级产品，这两款车以其卓越的功重比重新定义了运动型摩托车。1992 年本田第 2000 万辆“超级小熊”下线，这是一个辉煌的里程碑。1997 年，第 1 亿辆本田摩托下线，本田创造了惊人的业绩。

本田在新千年推出了一款令人兴奋的新款 V 形双缸车——SP-1。2000 年推出当年即夺得世界超级摩托车锦标赛冠军，瓦伦蒂诺·罗西（Valentino Rossi）在 2002 年和 2003 年两度夺得摩托大奖赛冠军。

本田对海外市场的开拓热情促成了中国本田工厂的开设，本田在世界其他地区的业务也继续拓展。凭借诸多创新成果，如全球首创摩托车安全气囊和燃料电池技术研发等，本田宗一郎的开拓精神在本田公司长盛不衰。

本田发动机

本田 750 毫升 K2 摩托车发动机剖视图显示了其变速箱（左下）和离合器（右下）。这台四缸四冲程发动机采用顶置单凸轮轴。

摩托大奖赛测试

2005 年意大利摩托大奖赛车手麦克斯·比亚吉（Max Biaggi）在西班牙巴塞罗那附近的加泰罗尼亚赛道官方测试会上对他的雷普索尔－本田摩托车进行了弯道测试。

旅行摩托车

20 世纪 50 年代，并不关注赛车性能的老骑手有很多舒适、强劲和实用的车型可供选择。旅行摩托车是为更平稳安静的驾驶体验而设计，常用于周末出行和日常驾驶。500 毫升及以上车型常用于加挂挎斗以搭载同伴和儿童。

▷ **沃森尼安 JAP “爵士乐队” 1950**

国别 英国
发动机 996 毫升 V 形双缸
最大速度 129 公里 / 小时

罗恩 · 沃森（Ron Watson）最初制造沃森尼安挎斗部件。这辆原型车使用坚固耐用的 JAP 发动机，后来随着 JAP 的衰落该车成为沃森尼安唯一一款车型。

△ **皇家恩菲尔德 500 毫升双缸 1951**

国别 英国
发动机 496 毫升直列双缸
最大速度 126 公里 / 小时

这辆恩菲尔德双缸车为保证舒适度使用了当时很好的悬挂，是很棒的旅行摩托车，持续生产了 10 年之久。

△ **BSA A10 “金色闪电” 1953**

国别 英国
发动机 646 毫升直列双缸
最大速度 153 公里 / 小时

BSA 紧随竞争对手，在 1950 年针对美国市场将其 500 毫升发动机扩大至 650 毫升。“金色闪电” 灵活坚固，必要时可以加挂挎斗。

▽ **皇家恩菲尔德 星座 “气流” 1959**

国别 英国
发动机 692 毫升直列双缸
最大速度 160 公里 / 小时

排量 700 毫升的星座是当时市场上最大的平行双缸车。这款新颖的 “气流” 采用了符合空气动力学的整流罩和风挡。

△ **阿利尔 KH “猎人” 1954**

国别 英国
发动机 498 毫升直列双缸
最大速度 129 公里 / 小时

1948 年阿利尔推出首款平行双缸发动机后，又于 1954 年推出了升级型 KH “猎人”，该车采用摇臂式悬挂和合金气缸盖。

▽ **阿利尔 方形四缸 Mk Ⅱ 1955**

国别 英国
发动机 995 毫升方形四缸
最大速度 161 公里 / 小时

这辆阿利尔摩托车采用改进型 1000 毫升方形 4 缸发动机，其变速箱可以让骑手在 16 公里 / 小时到 160 公里 / 小时之间调节。

△ **霍夫曼 “总督” 1954**

国别 德国
发动机 248 毫升水平双缸
最大速度 113 公里 / 小时

1948 年创立的霍夫曼公司（Hoffmann）为 “总督” 开发了自己的水平双缸四冲程发动机，但存在发动机过热问题。霍夫曼公司最终在 1954 年倒闭。

△ **哈雷 - 戴维森 FL 平锅头 1955**
国别 美国
发动机 1200 毫升 V 形双缸
最大速度 153 公里 / 小时

1948 年哈雷 - 戴维森推出了顶置气门“平锅头”V 形双缸发动机，一直使用到 1965 年。这辆 FL 旅行摩托车是警用配置，携带了专用设备。

△ **道格拉斯“蜻蜓”1955**
国别 英国
发动机 348 毫升水平双缸
最大速度 113 公里 / 小时

“蜻蜓”是道格拉斯最后一款摩托车，采用类似宝马的水平双缸发动机和轴传动机构。“蜻蜓”驾驶平稳舒适，但动力不足。

▷ **文森特 D“黑太子”1956**
国别 英国
发动机 998 毫升 V 形双缸
最大速度 193 公里 / 小时

“黑太子”是文森特的传奇 V 形双缸摩托车中最后一款，采用全覆盖玻璃纤维车身。但销量不佳，1955 年后停产。

△ **IFA BK350 1956**
国别 德国
发动机 343 毫升水平双缸
最大速度 106 公里 / 小时

东德 IFA 的水平双缸两冲程摩托车重心很低，采用轴传动装置和全悬挂，具备良好的驾驶舒适性。

△ **宝马 R50“爵士乐队”1957**
国别 德国
发动机 494 毫升水平双缸
最大速度 115 公里 / 小时

R50 的水平双缸发动机的大扭矩和灵活性使得它成为挎斗摩托的良好选择。图中这辆车使用德国斯泰伯挎斗组件，正好与宝马的高品质相匹配。

△ **凯旋 21 3TA 1958**
国别 英国
发动机 349 毫升直列双缸
最大速度 129 公里 / 小时

或许是注意到电动踏板车的巨大成功，凯旋推出了这款中型摩托车，因其封闭的后部包覆结构而被戏称为“浴缸”。该车车轮较小，直径为 17 英寸（43 厘米）。

超轻型摩托车

20 世纪 50 年代初，对于大部分人来说，个人出行的唯一选择就是自行车。很多人会欣然选择花一笔很小的支出将其改装成机动车：一只动力后轮的改装只需要大约 25 英镑。随着时代的发展，意大利和日本为首的制造商开始制造整体化更优的产品，机动脚踏车摩托自行车也就应运而生。

△ **凯旋 BDG 125 1950**
国别 德国
发动机 123 毫升分体式单缸
最大速度 90 公里 / 小时

这种超轻型摩托车由凯旋纽伦堡工厂（TWN）生产，采用分体式单缸两冲程发动机，配有双活塞和一个燃烧室。这种发动机是 DKW 率先使用的技术。

△ **车王 1951**
国别 英国
发动机 32 毫升单缸
最大速度 37 公里 / 小时

EMI 以德国 DKW 的战前设计为蓝本制造出这款“车王”（Cyclemaster），1950 年起在英国销售。这种改装套件可以用于任何自行车，最初发动机排量是 26 毫升，1951 年增至 32 毫升。

△ **特洛伊 迷你摩托 1951**
国别 英国
发动机 50 毫升单缸
最大速度 32 公里 / 小时

这套动力套材 1946 年由意大利设计，后来英国特洛伊公司获得许可生产，通过在后轮上安装滚轮来驱动自行车。

▽ **维泽 领跑者 1951**
国别 美国
发动机 199 毫升单缸
最大速度 56 公里 / 小时

维泽（Whizzer）从 20 世纪 30 年代末期开始在美国生产自行车马达套件，其产品比欧洲同类型产品动力更强。“领跑者”是维泽第一辆真正的摩托车。

◁ **BSA 翼轮 1952**
国别 英国
发动机 35 毫升单缸
最大速度 37 公里 / 小时

“翼轮”（Winged Wheel）自行车动力组件可以安装在所有标准自行车架上（BSA 自己也生产带有独立前悬挂的自行车架），但它很快就被机动脚踏车超越了。

△ **本田 小熊 F 1952**
国别 日本
发动机 49 毫升单缸
最大速度 35 公里 / 小时

战后本田公司（Honda）的第一个产品是自行车马达套件，这成为战后日本主要的机动交通工具。20 世纪 50 年代初，本田每个月生产 6500 套“小熊”（Cub）套件。

△ **NSU 迅捷 N 1954**
国别 德国
发动机 49 毫升单缸
最大速度 45 公里 / 小时

1954 年到 1958 年间，NSU 总计生产了 50 万辆“迅捷”（Quickly）。该车采用冲压钢材框架和前叉，配有双速变速器和前悬挂，是最优秀的机动脚踏车。

△ **本田 超级小熊 C100 1958**
国别 日本
发动机 49 毫升单缸
最大速度 48 公里 / 小时

这一辉煌设计助推本田迈向成功——骑乘舒适的“超级小熊”（Super Cub）采用四冲程发动机和自动离合器，配有塑料护腿板，很快在东南亚成为热销品。

△ **新哈德森 自动脚踏车 1957**
国别 英国
发动机 98 毫升单缸
最大速度 51 公里 / 小时

BSA 公司在二战期间收购了新哈德森（New Hudson），并重新推出了价格低廉的“自动脚踏车”（Autocycle），在 20 世纪 50 年代不断升级。该车作为后来机动脚踏车的先驱，一直生产直到 1958 年。

△ **摩托古奇 雄鸡 200 1958**
国别 意大利
发动机 192 毫升单缸
最大速度 89 公里 / 小时

1950 年至 1958 年制造的“雄鸡”（Galleto）四冲程踏板车由于采用了大直径车轮，因此具有摩托车般的稳定性。该车护腿板前方可以携带一只备胎。

△ **克莱德勒 花剑 K53M 1959**
国别 德国
发动机 49 毫升单缸
最大速度 56 公里 / 小时

克莱德勒（Kreidler）从 1951 年起制造小型摩托车，到 1959 年该公司凭借“花剑”（Florett）这样制造精良的全悬挂机动脚踏车占领了德国摩托车市场三分之一的份额。

◁ **摩动 超级运动 1958**
国别 意大利
发动机 48 毫升单缸
最大速度 80 公里 / 小时

摩动（Motom）在冲压钢材车架上安装了强劲的四冲程发动机和一体化油箱，制造出“超级运动”（Super Sport），这是最早的运动型机动脚踏车之一。

20 世纪 40 年代末，罗马市民骑着维斯帕摩托车穿行在罗马城。

大品牌

维斯帕的故事

维斯帕（Vespa）最初源于战后困难时期廉价出行工具的需求，但它最终成为全世界范围内自由奔放、无忧无虑、注重时尚的风格标志。维斯帕踏板车在意大利语中意为“黄蜂”（Wasp），它创下的风靡程度无人可及。

第二次世界大战后，面对意大利财政和物质方面的困境，恩里克·比亚乔（Enrico Piaggio）需要为他在托斯卡纳小镇庞特德拉的工厂寻求新出路。他与兄弟继承下来的比亚乔公司过去生产船只和铁路车厢，更令人瞩目的产品是飞机。现在他们必须设法满足消费者对于廉价产品的需求。由于大面积的炸弹破坏，意大利的道路系统弹坑星罗棋布，比亚乔意识到市场上需要一种能适应这种路况的安全的交通工具。他们的新摩托车必须机动灵活而且性价比要高。

恩里克·比亚乔（1905-1965）

然而这些必备条件不应以放弃时尚感为代价。比亚乔不喜欢第一款称为 MP5 的原型车，于是他寻求航空工程师科拉迪诺·达斯卡尼奥（Corradino D’Ascanio）的帮助。达斯卡尼奥的设计立场是他不喜欢摩托车，感觉它们笨重且丑陋，他要避开所有传统摩托车的窠臼。在他的脑海中，自己要“制造尽可能简单的机器”。

摩托踏板车并非全新事物，但过去的踏板车完全不同于比亚乔的新设计。这款新踏板车把封闭式发动机安装在后轮上方，变速手柄一体化设计在车把上。受航空背景的影响，达斯卡尼奥用金属板材塑造了车身的独特外形。该车没有传动链条，发动机通过传动机构直接驱动后轮。有了前挡泥板帮助，骑车人不用忍受一身泥土的烦恼。宽大的踏板使该车的中央区域较大，这增加了对女性的吸引力。全车前部和后部通过这个纤薄的中央踏板相连，外观酷似纤细腰身的黄蜂，于是比亚乔立即决定将 MP6 原型车重新命名为“维斯帕”（Vespa，意大利语意为“黄蜂”）。然而，市场并未立即接受这款新产品。

1946 年初，记者和公众对虽然这款名为维斯帕 98 的新车产生好奇，但也感到困惑。

前 50 款维斯帕车型的销售表现并不算好。维斯帕最大 60 公里 / 小时的速度很难立即点燃市场热情。但它的设计兼具廉价（付款可以分期按揭）和时尚的重要特征，很快扭转了市场形势。

早在 1947 年，在欧洲就已经出现了黑市交易。在黑市上人们可以不用排队等待就能买到新车。从 1947 年到 1950 年，维斯帕销量大幅增加：从 2500 辆窜升到 60000 辆。经典电影中维斯帕的多次露面让它获得了金钱无法实现的知名度，这一品牌很快成为一个风靡国际的标志。

1953 年的经典电影《罗马假日》中，格雷高里·派克和奥黛丽·赫本骑着维斯帕穿行在古老的罗马街巷，这让维斯帕成为电影中最酷的摩托踏板车。在电影明星那里，维斯帕成为青春和自由的象征。随着好莱坞明星们骑着它出现在

全民踏板车

正如这则 20 世纪 60 年代初的广告强调的那样，维斯帕热衷于创造这样一种概念，即除了男性，这款车对于女性也是一种理想的交通工具。

自由的感觉

到 20 世纪 60 年代中期，维斯帕建立起对于青年市场具有强大吸引力的时尚享乐摩托踏板车制造商的品牌形象。

125

1946 比亚乔公司在 4 月 23 日提交了维斯帕设计专利。
1948 维斯帕 125 成为第一款配备后悬挂的维斯帕。
1950 维斯帕 125“科尔萨”在博洛尼亚大奖赛上获得冠亚军。
1951 维斯帕“鱼雷”创下了疾驰 1 公里速度纪录。总耗时仅为 21 秒多一点，平均速度 171.1 公里 / 小时。
1952 维斯帕俱乐部全球会员规模达到 50000 人。

VBB 运动款

1953 电影《罗马假日》中维斯帕的出镜让该品牌获得极高的知名度。
1954 维斯帕 150 的发布成为比亚乔和整个摩托踏板车的里程碑。
1956 第 100 万辆维斯帕售出，此时距维斯帕推出仅 10 年。
1962 超现实主义艺术家萨尔瓦多 · 达利用他自己独特的方式定制了一辆属于两名学生的维斯帕。
1965 恩里克 · 比亚乔逝世。

ET3

1970 法国法律强制要求维斯帕 50 装脚踏板，该特点使得该车型具有极高收藏价值。
1972 维斯帕的第一：一款 200 毫升版维斯帕首次安装了电子点火系统。
1977 维斯帕 P125 X 采用了重新设计的前悬挂和车把。
1985 维斯帕 PX 系列 T5“杆位”进行了运动化改造，修改了后车身，前面增加了小型风挡。

LX50

1991 维斯帕 50 特别怀旧版发布。
1996 维斯帕 ET4 配备了四冲程发动机；维斯帕出现 50 年之际，总销量达到了 1500 万辆。
2001 在缺席 20 年之后，维斯帕 ET2 和 ET4 重新打入北美市场。
2003 配备 12 英寸（30 厘米）车轮的大旅行车（GTS）125 和 200 推出。
2008 比亚乔发布维斯帕 GTS 300，这是史上动力最强的维斯帕。

“它看起来像一只黄蜂！”

恩里科 · 比亚乔看到维斯帕原型车时说。

银幕内外，维斯帕的销量如火箭般窜升，不仅风靡欧洲，还热销到南美和东亚。

虽然像 1950 年的“蒙特莱西”（Montlhery）和次年的“鱼雷”（Torpedo）这样的越野车型都创下速度世界纪录，但动力水平从来都不是单缸二冲程维斯帕的卖点。1947 年底，恩里克 · 比亚乔决定停止生产 98 毫升排量的维斯帕 98，转而生产 125 毫升排量车型。后来又在这些车型基础上于 20 世纪 50 年代中期推出了维斯帕 150——这被认为是有史以来最成功的量产摩托踏板车。其中GS（增强运动型）甚至突破了时速 97 公里 / 小时的大关。

崇拜之始

1979 年关于英国摩登摇滚青年的电影《四重人格》（Quadrophenia）表现了维斯帕如何成为 20 世纪 60 年代的摩登亚文化象征。

市场当然有所反应。正如 1960 年代初呈现的那样，维斯帕 150 对具有价格意识的年轻车手展现出不可抗拒的诱惑。作为达斯卡尼奥设计的最后一款维斯帕，它标志着一个时代的结束。维斯帕 150 总销售量达到了 300 万辆，这是一个完美的谢幕。但是，这并不是维斯帕创新故事的结束。在 20 世纪 60 年代的一段时间，在英国售出的维斯帕超过了其他任何国家。如果没有维斯帕，动荡的 60 年代会失去一个时代标志。进入 20 世纪 70 年代，比亚乔又推出了维斯帕 200“拉力赛”，为车手提供了更高的速度和电子点火系统。

在一个日本摩托车大举输出构成巨大挑战的时代，维斯帕用更积极进取的车身设计理念配合更好的发动机性能作为竞争手段，取得了不错的效果。

1985 年的 T5“杆位”（Pole Position）是一款充满活力和动感的新产品，1996 年，这款传统的两冲程维斯帕摩托踏板车又发展出四冲程的 ET4 125。

20 世纪 80 年代初及之后 20 年，维斯帕在北美市场的销售业绩较差，ET 系列率先打开了公路摩托踏板车市场，继而比亚乔又推出了 GTS 和 LX。2011 年比亚乔又在 30 年前的 PX 基础上改进升级成为新款车型，在维斯帕传统产品线中占据重要地位。正如英国《独立报》在评论中所说：“你得到的 2011 型 PX 是经典的摩托踏板车体验”。在比亚乔重建在美国市场存在的同时，新任比亚乔集团主席罗伯托 · 科兰宁诺（Roberto Colaninno）在财政方面也给予了推广行动更大的关注。

进入 21 世纪，维斯帕依然备受喜爱，而且更重要的是，随着城市停车问题日益突出，维斯帕的低使用成本变得比以往任何时候都更有意义。维斯帕的骑乘娱乐主义仍然存在。维斯帕车主们给该车总结的内涵如下：娱乐、生活风格和自由。对于摩托踏板车而言，潮流是暂时的，但经典是永恒的。

实用轻型摩托车

20 世纪 50 年代，能够支付得起一辆“合适的”摩托车的人的理想之选是比过去的机动脚踏车更优秀的产品。制造商为此以简洁的两冲程发动机为核心推出了舒适、精致的产品。人们开始采用发动机与变速箱一体化设计技术，全悬挂系统成为标配，有些车型甚至采用了电动变速机构。

▷ 詹姆斯 彗星 1950
国别 英国
发动机
最大速度 64 公里 / 小时

詹姆斯（James）的战后车型采用两冲程维利尔斯发动机。1951 年 AMC 接管詹姆斯公司后，将自己的发动机应用到了除“彗星”外所有车型上。“彗星”一直生产到 1964 年。

△ NSU 251 OSL 1951
国别 德国
发动机 242 毫升单缸
最大速度 105 公里 / 小时

这款活力四射的顶置气门单缸摩托车源自 1933 年的战时通信兵摩托设计。1953 年 NSU 251 OSL 被更现代的 NSU MAX 取代。

△ 哈雷 - 戴维森 S-125 蜂鸣器 1952
国别 美国
发动机 123 毫升单缸
最大速度 85 公里 / 小时

哈雷 - 戴维森以战争赔偿的方式得到了德国 DKW 公司 125 毫升两冲程发动机的设计方案并应用于这款新车型，1955 年起该车被命名为“蜂鸣器”（Hummer）。

▷ 精益 斯库塔比克 1954
国别 英国
发动机 98 毫升单缸
最大速度 105 公里 / 小时

100 毫升排量斯库塔比克（Skutabyk）看起来就像是摩托踏板车热潮中趁势敛钱的粗陋设计。该车有着金属护腿板和粗糙的金属包覆件，并未上市销售。

▽ 捷运 雷迪克斯 200 1954
国别 德国
发动机 197 毫升单缸
最大速度 108 公里 / 小时

轻便的雷迪克斯（Radex）采用 JLO 发动机。和其他很多德国品牌一样，捷运（Express）在 1957 年并入两轮摩托车联合公司。

◁ **维多利亚 KR21 摇摆 1956**
国别 德国
发动机 199 毫升单缸
最大速度 95 公里 / 小时

“摇摆”（Swing）先进的发动机和传动机构被安装在车架内部，可以随后悬挂一起运动。1956 年起该车增加了电动变速装置。

▷ **MZ RT 125 1956**
国别 原东德
发动机 123 毫升单缸
最大速度 80 公里 / 小时

1939 年的 125 毫升 DKW 车型战后在位于原东德的工厂继续生产，当时工厂更名为 MZ 公司。该车型一直生产到 1965 年。

△ **DKW RT 175 VS 1957**
国别 德国
发动机 174 毫升单缸
最大速度 105 公里 / 小时

DKW 战前就生产颇受欢迎的两冲程摩托车，战后继续生产。1956 年 VS 车型增配了改进型前后悬挂。

◁ **宝马 R26 1957**
国别 德国
发动机 247 毫升单缸
最大速度 129 公里 / 小时

宝马自 1948 年推出豪华的单缸车型后一直对其不断改进，到 1956 年该车已经配备了封闭式轴驱动装置、摇臂式后悬挂和厄尔斯前叉。

△ **维洛塞特 LE Mk II 1958**
国别 英国
发动机 192 毫升水平双缸
最大速度 84 公里 / 小时

LE 是一款为普通人设计的摩托车，采用安静的水冷发动机，配有手动起动器和薄钢板车架。相当多的 LE 被作为警用巡逻车。

△ **辛普利克斯 Servi-cycle 1957**
国别 美国
发动机 125 毫升单缸
最大速度 64 公里 / 小时

辛普利克斯（Simplex）为其 1935 款直驱式单缸摩托车增加了自动离合器和多速变速箱。该车配备的两冲程发动机采用旋转气门，燃油利用率达到了 100 英里 / 加仑（35 公里 / 升）。

▷ **BSA C15 1958**
国别 英国
发动机 249 毫升单缸
最大速度 109 公里 / 小时

C15 的整体式发动机和凯旋“幼虎”相似，该车结构坚固，尽管看起来不那么令人兴奋，但却是英国摩托车新手的挚爱。

单缸摩托车

四冲程单缸摩托车是战后欧洲理想车型。这种摩托车结构坚固且经济性好，非常适合旅行和通勤，小幅改进就能作为赛车、越野车或测试赛用车。20 世纪 50 年代大部分摩托车都是基于战前的成功设计，但随着时代进步逐渐升级，风格也随之转变，比如增加了改进悬挂系统。随着速度更快更豪华的双缸摩托车出现，单缸摩托车逐渐让位于它们。

◁ BSA 金星 1950

国别 英国

发动机 349 毫升顶置气门单缸

最大速度 145 公里 / 小时

“金星”（Gold Star）是标准的 BSA 单缸摩托车的改进版，它可以作为通用业余赛车或叛逆少年的公路赛车。

▽ 吉列那 土星 1951

国别 意大利

发动机 498 毫升顶置气门单缸

最大速度 137 公里 / 小时

“土星”（Saturno）是采用发动机 – 变速箱一体化设计的高品质摩托车，采用非常独特的后悬挂系统。

◁ 文森特 彗星 1952

国别 英国

发动机 499 毫升顶置气门单缸

最大速度 145 公里 / 小时

文森特的单缸摩托车和该品牌的大型双缸车一样设计精良，只是不像大型车那样性能超群。

▷ 摩托古奇 法尔科内 1952

国别 意大利

发动机 498 毫升顶置气门单缸

最大速度 135 公里 / 小时

水平单缸发动机搭配外置飞轮，自 1921 年“法尔科内”（Falcone）首次推出起就成为该系列产品的标志性特征。

△ 诺顿 30M 国际 1953

国别 英国

发动机 490 毫升顶置凸轮轴单缸

最大速度 153 公里 / 小时

这是诺顿“国际”系列的最后一款，采用羽绒床式车架。该车赢得了 1953 年曼岛高级俱乐部 TT 赛冠军，1957 年停止发售。

◁ **BSA B31 1956**

国别 英国
发动机 348 毫升顶置气门单缸
最大速度 113 公里 / 小时

1954 年 BSA 为其顶置气门单缸摩托车机配备了弹簧悬挂车架，改善了骑乘舒适度，但增加了重量并且降低了性能。

△ **阿利尔 NH 350 红色猎人 1955**

国别 英国
发动机 346 毫升顶置气门单缸
最大速度 113 公里 / 小时

NH350 “红色猎人”（Red Hunter）采用 1925 年设计的发动机，持续生产了许多年。在这期间，NH360 由刚性车架运动车型发展成为可靠的勤务车型。

▽ **霍雷克斯 女皇 1955**

国别 德国
发动机 342 毫升顶置气门单缸
最大速度 120 公里 / 小时

“女皇”（Regina）在战后德国很受欢迎，该车采用封闭式传动链条和活塞式后悬挂。

△ **阿利尔 HS Mk3 1957**

国别 英国
发动机 499 毫升顶置气门单缸
最大速度 137 公里 / 小时

HS 是阿利尔 500 毫升单缸车的越野版，采用合金汽缸等改进措施，但依然无法匹敌 BSA “金星”。

◁ **无双 G3LS 1955**

国别 英国
发动机 348 毫升顶置气门单缸
最大速度 113 公里 / 小时

无双 350 毫升车型自 1949 年开始采用弹簧悬挂车架，由于悬架机构的特殊外形，该车获得了“果酱罐”的绰号。

▽ **维洛塞特 MAC 1958**

国别 英国
发动机 349 毫升顶置气门单缸
最大速度 129 公里 / 小时

维洛塞特没有很快应用革新技术。1953 年 MAC 才开始使用弹簧悬挂车架，但直到 1960 年停产都很少有更多的改进。

△ **维洛塞特 毒液 1959**

国别 英国
发动机 499 毫升顶置气门单缸
最大速度 160 公里 / 小时

“毒液”（Venom）是维洛塞特单缸运动型，设计精良同时特色浓郁，吸引着具有同样价值观的买主。

维斯帕队列，约1955年

由于在好莱坞电影《罗马假日》中的出镜，维斯帕摩托踏板车成了时尚的代名词。随着维斯帕越来越多地赢得女性青睐，维斯帕广告中的女性形象也变得前所未有地突出。

Vespa
Vespa

特技赛与越野车

越野赛是在崎岖地形进行的摩托车赛；而特技赛中骑手则需要驾车在障碍赛道上完成一系列挑战科目。最初人们用改装后的公路摩托参加这两类比赛。20 世纪 50 年代专业的竞赛摩托车开始出现。最初特技车与越野车看起来很相似，都有防滑胎、宽车把、离地间隙大，但随着两种运动难度逐渐加大，两种赛车的差异也越来越大。

△ **皇家恩菲尔德 特技飞弹 1950**
国别 英国
发动机 346 毫升单缸
最大速度 113 公里 / 小时

在依靠升级版“飞弹”赢得了包括 1953 年国际六日特技赛在内的无数冠军后，皇家恩菲尔德推出了这款专业特技赛车。

△ **无双 G3L 特技摩托 1953**
国别 英国
发动机 347 毫升单缸
最大速度 120 公里 / 小时

1951 年，无双公司在一款战前车型上增加了摇臂式后悬挂和合金汽缸盖，推出了四冲程 G3L，这是很受车友俱乐部欢迎的特技赛车。

◁ **格里夫斯 20T 1955**
国别 英国
发动机 197 毫升单缸
最大速度 105 公里 / 小时

从投产的第一年开始，格里夫斯（Greeves）的这辆结实轻巧，配有橡胶前悬挂和铸造合金下管架的两冲程摩托车就成为理想的特技和越野赛车。

△ **无双 G80CS 1957**
国别 英国
发动机 498 毫升单缸
最大速度 145 公里 / 小时

这辆 CS（赛车悬挂）G80 是一辆动力强劲的越野赛车。1956 年起该车开始采用更结实的合金汽缸短冲程发动机。

△ **AJS 16MC 特技赛车 1956**
国别 英国
发动机 348 毫升单缸
最大速度 113 公里 / 小时

作为顶级特技赛车车型，16MC 先后赢得了一日观察赛和苏格兰六日特技赛。1956 年起 AJS 在 16MC 通用款上引入了后悬挂。

◁ **无双 G11 CSR 1958**
国别 英国
发动机 593 毫升直列双缸
最大速度 169 公里 / 小时

CSR 是 1958 年的新车型，该车将 CS 操作性良好的越野车架和高压缩比双缸发动机结合在一起，成为一款优秀的公路摩托车。

◁ **凯旋 幼虎越野车 1957**

国别 英国
发动机 199 毫升单缸
最大速度 105 公里 / 小时

轻型“幼虎”（Tiger Cub）是很实用的越野车。1959 年，罗伊 · 佩普洛（Roy Peplow）驾驶“幼虎”击败了大排量对手赢得了苏格兰六日特技赛冠军。

△ **凯旋 胜利 TR6 1958**

国别 英国
发动机 650 毫升直列双缸
最大速度 145 公里 / 小时

“胜利”（Trophy）系列因凯旋在国际六日特技赛中夺冠而得名。“胜利”采用上倾排气管，初期型排量 500 毫升，1956 年起提升为 650 毫升。

△ **阿利尔 HT500 1957**

国别 英国
发动机 497 毫升单缸
最大速度 137 公里 / 小时

HT5 配备了全合金四冲程发动机，结构轻巧紧凑，是由“红色猎人”公路摩托发展而来的优秀特技赛车。

▽ **诺顿 游牧者 600 1958**

国别 英国
发动机 597 毫升直列双缸
最大速度 153 公里 / 小时

“游牧者”(Nomad) 是针对美国市场的产品，该车将精良的“统治者”发动机与坚固的越野车架相结合，尽管该车重量较大，但性能不俗。仅售出 350 辆。

△ **BSA B34 飞剪 1957**

国别 英国
发动机 499 毫升单缸
最大速度 145 公里 / 小时

“飞剪”（Clipper）专为出口推出，采用全合金发动机，该车与“金星”渊源颇深，配有中央滑油箱、轻型特技鞍座和多速变速箱。

◁ **BSA DBD34 卡特林娜金星越野车 1959**

国别 英国
发动机 499 毫升单缸
最大速度 145 公里 / 小时

该车是由所向披靡的“金星”的越野款，其名字是为纪念 1956 年查克 · 迈纳特（Chuck Minert）夺得美国卡特林娜越野大奖赛冠军。

赛车

1950 年曼岛高级 TT 赛的冠军是诺顿摩托车，成绩为 148 公里 / 小时；10 年后这一桂冠由 MV 阿古斯塔摘得，成绩为 164 公里 / 小时。赛车技术变得越来越复杂，各个代表队不仅要提升发动机的动力输出水平，还要改进悬挂、刹车、整流罩等部件，改善行驶时的空气动力学性能。这十年中最重大的事件可能要数 1955 年 TT 大奖赛中日本代表队首次亮相。

▷ **DKW 350 三缸 1950**

国别 德国

发动机 349 毫升三缸两冲程

最大速度 209 公里 / 小时

DKW 的三缸两冲程摩托车只取得了有限的成功，但它指明了未来的方向。到 20 世纪 70 年代中期，两冲程摩托车成为大奖赛的统治者。

△ **NSU 伦马克斯 1953**

国别 德国

发动机 248 毫升顶制双凸轮并列双缸

最大速度 209 公里 / 小时

NSU 的大奖赛生涯很短但很成功。伦马克斯(Rennmax ）参加了两季 250 毫升级大奖赛，两次都夺得冠军。

▽ **罗特莱克斯 JAP 赛车 1950**

国别 英国

发动机 490 毫升顶置气门单缸

最大速度 97 公里 / 小时

20 世纪 50 年代的经典赛车使用甲醇燃料 JAP 发动机和特制车架，罗特莱克斯 JAP 就是顶级赛车之一。

◁ **AJS E95 1954**

国别 英国

发动机 496 毫升顶制双凸轮平行双缸

最大速度 185 公里 / 小时

莱斯 · 格雷厄姆（ Les Graham ）是战后第一位 500 毫升级世界锦标赛冠军（1949），他当时驾驶一辆 AJS E90。E95 就是在该车型基础上改进而来，配备了造型独特的撑裙式油箱。

▷ **MV 阿古斯塔 350 1953**

国别 意大利

发动机 349 毫升顶置双凸轮直列四缸

最大速度 209 公里 / 小时

MV 在 1953 年通过降低 500 毫升车款的排量推出 350 毫升赛车。到 20 世纪 50 年代末，该车型赢得了世界锦标赛冠军。

▽ **NSU 斯宝马克斯 1954**

国别 德国

发动机 247 毫升顶置凸轮轴单缸

最大速度 201 公里 / 小时

斯宝马克斯（ Sportmax ）是在 NSU Max 公路摩托车基础上发展的量产型赛车，该车获得了巨大的成功，赢得过多次大奖赛冠军，还摘得了 1955 年世界锦标赛冠军。

△ **宝马 伦斯宝 1954 年**

国别 德国

发动机 494 毫升顶置凸轮水平双缸

最大速度 209 公里 / 小时

水平双缸发动机和轴传动并不是理想的单人赛车技术，但伦斯宝（ Rennsport ）发动机作为挎斗摩托车动力相当成功。

△ **吉列那 四缸 1954**
国别 意大利
发动机 493 毫升顶置双凸轮直列四缸
最大速度 225 公里 / 小时

吉列那在战前就生产增压四缸摩托赛车，战后又制造了新型非增压型四缸赛车用于比赛。该车赢得过 4 次世界锦标赛冠军。

▽ **摩托古奇 V8 1957**
国别 意大利
发动机 499 毫升顶置双凸轮 V8
最大速度 286 公里 / 小时

作为最出色的赛车之一，古奇 V8 是一款转速可达 13000 转 / 分，功率高达 80 制动马力的小型摩托车杰作。

▽ **无双 G45 1957**
国别 英国
发动机 498 毫升顶置气门并列双缸
最大速度 193 公里 / 小时

G45 是无双公司利用 350 车型底盘和 G9 公路摩托车改进型发动机制造 500 毫升赛车的一次尝试。

◁ **无双 G50 1959**
国别 英国
发动机 496 毫升顶置凸轮单缸
最大速度 222 公里 / 小时

这辆为独立赛车手提供的量产赛车是在 350 毫升 AJS 7R 基础上改进而来的。在整个 60 年代，G50 的发动机被成功应用在各型摩托车底盘上。

△ **本田 RC160 四缸 1959**
国别 日本
发动机 249 毫升 dohc 直列四缸
最大速度 201 公里 / 小时

本田的第一辆四缸摩托车是为在日本参赛打造，但它后来为 60 年代本田摩托称霸世界锦标赛铺平了道路。

▽ **FB 世界 250 1957**
国别 意大利
发动机 249 毫升 dohc 单缸
最大速度 217 公里 / 小时

“世界”（Moncial）的转速高达 10000 转 / 分，1957 年塞西尔 · 斯坦福（Cecil Stanford）驾驶“世界”夺得 250 毫升组世界锦标赛冠军。1958 年世界锦标赛禁止了全流线赛车设计。

△ **本田 RC142 1959**
国别 日本
发动机 124 毫升顶置双凸轮双缸
最大速度 169 公里 / 小时

1959 年本田 RC142 参加曼岛 TT 大奖赛是本田公司首次参加大奖赛，在这次比赛中本田赢得了 125 毫升组制造商大奖。

20世纪60年代

廉价汽车的出现对欧洲的摩托车工业造成了重创。英国和美国的大型摩托车企业发展停滞，一些小的制造商甚至走向消亡。但是日本摩托车产业在这一时期快速发展并将其视线投向了国际市场，尤其是美国市场——那里的娱乐型摩托需求正盛。凭借极具竞争力的价格和精良的设计，日本摩托车吸引了大量入门级车手并培养出许多忠实用户，他们的品牌忠诚度助推了日本摩托车产业未来的发展。摩托踏板车和机动脚踏车仍然具有吸引力，尤其是在气候比较温暖的地区。

Norton

路面加热器

随着汽车价格越来越平民化以及世界经济趋于繁荣，摩托车也从一种必备交通工具变为休闲娱乐工具。在美国二战后出生的年轻一代期盼又快又拉风的摩托车，而英国人也正处于对轻量化高速度“咖啡赛车”的迷恋之中。1969 年，轰动一时的本田 CB750 四缸摩托车的诞生标志着英国品牌统治时代的结束。

◁ **BSA 金星 DBD34 1960**

国别 英国
发动机 499 毫升单缸
最大速度 177 公里 / 小时

作为 11 次俱乐部 TT 大赛的冠军，BSA“金星”结构简单外形粗犷，配有巨大的阿玛尔化油器和合金铸造发动机。1963 年该车的停产曾令许多人伤感。

▷ **无双 G15 CSR 1965**

国别 英国
发动机 745 毫升直列双缸
最大速度 185 公里 / 小时

无敌摩托车的极限运动款，配有双化油器诺顿“阿特拉斯”发动机，后掠排气管，纤细的合金挡泥板和下垂式车把。该车型一直生产到 1968 年。

▷ **BSA A65L 喷火 MK Ⅱ 1966**

国别 英国
发动机 654 毫升直列双缸
最大速度 177 公里 / 小时

配备阿玛尔 GP 赛道版化油器和玻璃纤维油箱的超级运动版车型，号称最大速度曾达到 193 公里 / 小时。

△ **印第安 维洛塞特 1969**

国别 美国
发动机 499 毫升单缸
最大速度 172 公里 / 小时

弗洛伊德 · 克莱默（Floyd Clymer）曾在 1969 年短暂恢复过印第安品牌。他制造的 500 毫升摩托车采用英国维洛塞特单缸发动机和意大利车架拼凑而成，该型车仅制造了 200 辆。

◁ **BSA 火箭 3 A75 1970**

国别 英国
发动机 740 毫升直列三缸
最大速度 200 公里 / 小时

采用源自凯旋摩托车的铝制三缸发动机、3 个阿玛尔化油器，拥有极佳的操控性能，“火箭”3 在市场上的销售记录远不及它在赛场上的成功。

▷ **皇家恩菲尔德“拦截者”系列 1 1965**

国别 英国
发动机 736 毫升直列双缸
最大速度 185 公里 / 小时

历史最悠久的制造商生产的英国最早的 750 毫升双缸摩托车——结实的“拦截者”系列于 1962 年推出，而系列 2 则在 1969 年到 1970 年生产。

▷ **维洛塞特 斯拉克斯顿 毒液 1967**

国别 英国
发动机 499 毫升单缸
最大速度 169 公里 / 小时

维洛塞特这个在后来日本创新狂潮中被击垮的另一个古老英国品牌——为赢得生产竞赛而制造了动力强劲的“毒液”。1967 年该车赢得了一次曼岛 TT 大奖赛冠军。

大型旅行摩托车

富裕的骑士们更喜欢那些性能先进，能进行高速长途旅行的高性能旅行车，而不是简单的街道巡游或者从一间咖啡馆飞驰到下一间咖啡馆的交通工具。满足这些要求的顶级选择包括稳重的 1.2 升哈雷“伊莱克特拉滑翔”V 形双缸车、独特又富魅力的 MV 阿古斯塔四缸车，以及德国剽悍昂贵的高速公路巡游者“蒙赫猛犸”。

△ **哈雷 - 戴维森 FLHB 伊莱克特拉滑翔 1965**

国别 美国
发动机 1208 毫升 V 形双缸
最大速度 129 公里 / 小时

保有哈雷传统“平锅头”发动机系列的最后一款摩托车，也是首次装备起动电机的哈雷摩托车。该车搭载的大型高功率电池配置于车架右侧。1966 年哈雷 · 戴维森将发动机改为“铲形头”，一直生产到 1984 年。

◁ **诺顿 阿特拉斯 750SS 1962**

国别 英国

发动机 745 毫升直列双缸

最大速度 192 公里 / 小时

该车型专为出口，主要销往美国。阿特拉斯虽然高速巡航性能不错，但振动较大，这是当时大型双缸摩托车的通病。

△ **凯旋 博纳维尔 T120R 1966**

国别 英国

发动机 649 毫升直列双缸

最大速度 177 公里 / 小时

博纳维尔在不断完善中迈向巅峰，它在全球市场的需求量很大。1966 到 1970 年间出品的博纳维尔被认为是最好的版本。

◁ **诺顿 突击队员长尾 1969**

国别 英国

发动机 745 毫升直列双缸

最大速度 193 公里 / 小时

该车型独创性的新型车架将骑手与发动机固有振动隔离，尽管“突击队员”（Commando）发动机设计略显过时，但该车在市场上却颇为成功。

△ **凯旋 三叉戟 T150 1969**

国别 英国

发动机 740 毫升直列三缸

最大速度 200 公里 / 小时

为避免双缸车的振动问题，凯旋为它的 750 毫升旗舰车型配备了三缸发动机。虽然“三叉戟”速度很快，但仍无法匹敌本田 CB750 的优秀性能。

△ **本田 CB750 1969**

国别 日本

发动机 736 毫升直列四缸

最大速度 200 公里 / 小时

在这个先锋级车型上，本田将横向直列、顶置凸轮的四缸布局一举捧红，同时随之风行的还有为极限运动车配置的前轮盘式制动器。

△ **MV 阿古斯塔 600 1968**

国别 意大利

发动机 592 毫升直列四缸

最大速度 170 公里 / 小时

该车是大奖赛名牌 MV 顶级 500 毫升车中第一款四缸车，MV 阿古斯塔配备有双凸轮轴和前轮盘式制动器，后轮采用轴传动系统。

◁ **蒙赫 猛犸 4TTS 1967**

国别 德国

发动机 1177 毫升直列四缸

最大速度 209 公里 / 小时

弗莱德·蒙赫（Friedl Munch）制造的这款骠悍摩托车采用一台功率高达 88 马力的 NSU 汽车发动机，技术上还有多项创新细节，比如 V 形轮辐的钢制后轮。

凯旋博纳维尔

市场定位为“极致动力”的博纳维尔 T120 可谓英国摩托车黄金时代的一个标志。1958 年后期发布的“邦尼”（Bonnie，时人对博纳维尔的昵称）标志性的 649 毫升垂直横列双缸发动机让所有竞争对手艳羡，也让该车成为当时世界上速度最快的量产摩托车。T120R 等车型大量出口世界各地，1983 年博纳维尔停产时，这一英国出品的最酷炫运动摩托已经成为传奇。

1956 年，约翰尼·艾伦（Johnny Allen）驾驶着一辆安装凯旋发动机的摩托车在犹他州博纳维尔（Bonneville）盐滩打破了世界陆上速度纪录，车速达到惊人的 345 公里 / 小时。凯旋公司著名的总设计师爱德华·特纳（Edward Turner）设计的 650 毫升排量双化油器发动机为这款英国最著名摩托车提供动力。创造纪录的地点博纳维尔也成为该车名字——博纳维尔 T120 的灵感之源。双化油器版 T120 在 1958 年首次发布，它拥有强劲的加速性能，最大速度达到 185 公里 / 小时。1966 年T120R 推出时，博纳维尔已经在英国和全世界热销，美国市场需求更旺。20 世纪 60 年代，博纳维尔的发动机性能更优，操控性也大大改善。进入 70 年代后，博纳维尔在日本产品的冲击下仍然凭着良好的路面附着性、经济性和维护简便性等特点立于不败之地。1983 年老凯旋工厂关闭，但 2000 年该品牌重获新生，开始生产全新的博纳维尔摩托车。

前视图

后视图

日耳曼渊源

凯旋这一品牌最初被用于摩托车销售是在 1902 年。虽然凯旋公司看似是一家纯粹的英国公司，但这一企业事实上是两个德国人在 19 世纪 80 年代创办的。

性能指标			
型号	凯旋博纳维尔 T120R（1966）	输出功率	47 马力（6700 转 / 分）
装配	英国梅里登（Meriden）	传动	四速
产量	不详	悬挂	伸缩套筒式前叉，摇臂式后悬挂
结构	管钢承载式车架	制动	前后鼓式
发动机	649 毫升直列双缸	最大速度	110 英里 / 小时（177 公里 / 小时）

原版“炫酷不列颠尼亚”

博纳维尔出口美国的车型，简洁的线条、圆润光滑的油箱，灵气十足的抛光不锈钢镀铬件，这些设计让博纳维尔 T120R 成为英国作为“摇摆六十年代”中心的标签。尽管发动机是 20 世纪 30 年代的设计，但它的狂野性能仍然让 T120 成为当时最抢眼的摩托车。

车体

“想出一个描述最棒的词汇，再把描述程度翻倍……不行，别试了，单纯用语言怎么都无法形容博纳维尔T120。”1964年《摩托车》杂志中用如此热情的评论赞誉博纳维尔。作为1966年操控性能最棒的摩托车，T120R的车架和悬挂系统都比最初型有了很大提升，在高速公路上飙车就和城区遛弯一样简单轻松。虽然1970年重新设计的尝试归于失败，但博纳维尔在排量增加到750毫升后再度兴盛，作为一款多功能运动型旅行摩托车存续到80年代。

1.1966年设计的新商标 2.发动机关车按钮 3.油箱盖 4.镀铬前大灯 5.后刹车灯机构 6.格灵后减振器 7.转速表和速度表 8.铰链式座位释放装置 9.前轮毂式制动器 10.油箱最小油量标记 11.电流表 12.连杆驱动的后制动器 13.灯光和点火开关 14.空气滤清器 15.脚踏启动装置 16.后灯 17.带消音器的排气管

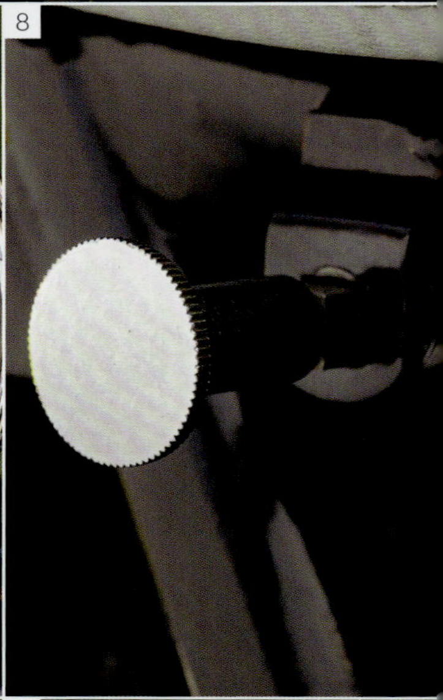

发动机

博纳维尔的双化油器顶置气门发动机在该车型生产期间一直不断改进。改进后的发动机配有铸铁缸体、高压缩比活塞和干吸式润滑系统，1963 年发动机与变速箱采取了一体化设计。这些改进使得 1966 年推出的 T120R 拥有更佳的发动机性能。

18. 采用一体化设计的发动机和变速箱 19. 摇臂箱滑油管 20. 带散热片的排气管接头 21. 转速表驱动装置 22. 使用整体式浮碗的阿玛尔单体化油器

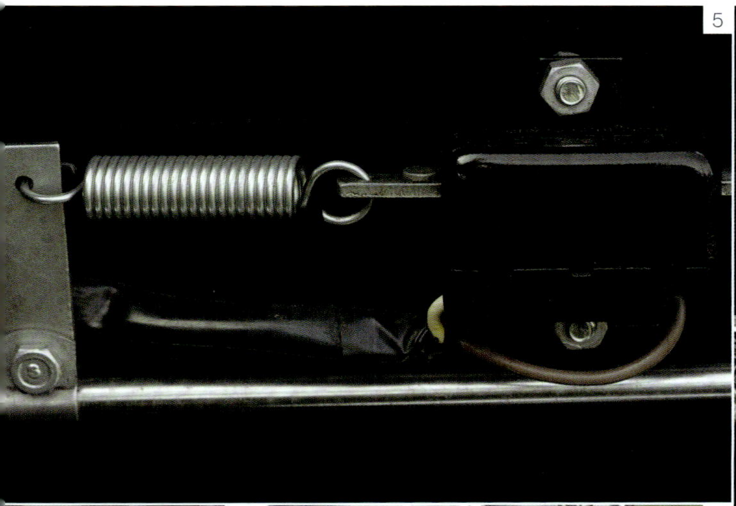
5

6

9

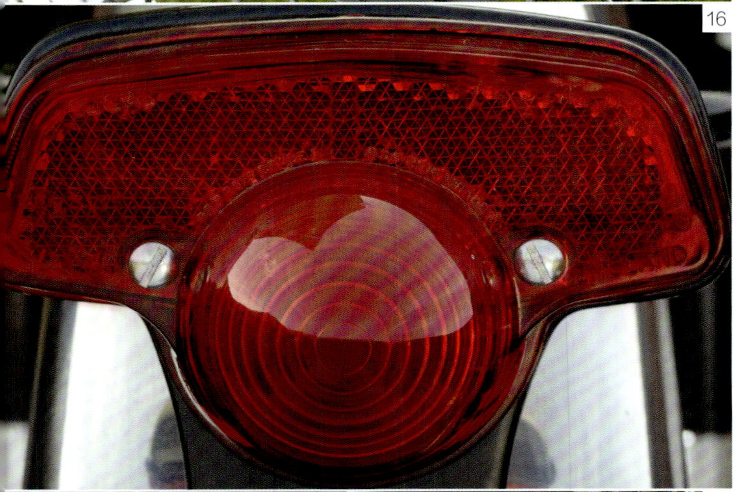
16

17

18

19

20

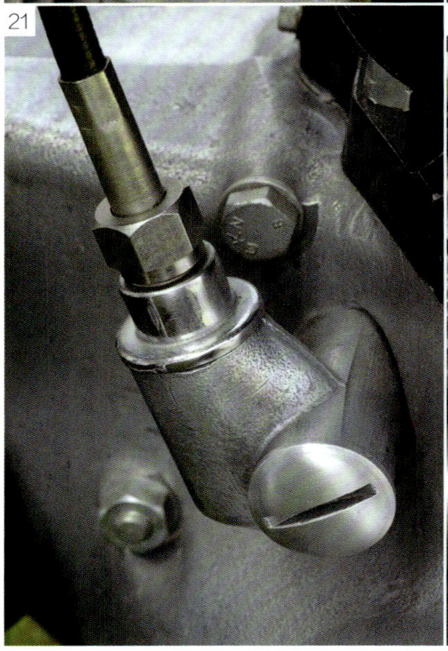
21

22

年轻人的钟情之选

20 世纪 60 年代摩托车市场的轻量敏捷类产品出现了巨大变化。这个 10 年开始的时候，这一级别产品中风行的易操控且结构简单的摩托车绝大部分是英国产品；但在这个 10 年结束时，市场被性能先进，拥有多达 6 速变速箱和按键式启动机构的日本摩托席卷。与日本产品相比，美国和英国摩托车在技术上严重滞后，完全处于劣势。

△ FB 世界 48 运动型 1960
国别 意大利
发动机 48 毫升单缸
最大速度 72 公里 / 小时

“世界”50 毫升排量级赛车的目标客户是充满激情的年轻人。这一类别产品极受年轻骑手欢迎，以至于 1962 年摩托车大奖赛特别设立了 50 毫升排量级赛事。

△ 本田 C77 梦想 300 1961
国别 日本
发动机 305 毫升直列双缸
最大速度 142 公里 / 小时

该车首次发布于 1956 年，1960 年进行了重新设计。“梦想”（Dream）性能先进，配置精良，在各种基础款车型中属于性价比极高的产品。

△ 本田 CB72 梦想 1961
国别 日本
发动机 247 毫升直列双缸
最大速度 129 公里 / 小时

本田惯于采用钢板冲压车架，前部铰接式前叉，将动力单元作为承力部件，其造型在西方人看来有些古怪。但该车以设计精良著称，市场销售业绩优良。

△ 本田 CB92 本利超级运动版 1961
国别 日本
发动机 124 毫升直列双缸
最大速度 113 公里 / 小时

本利（Benly）是当时 125 毫升摩托车中速度最快的产品，是日本摩托车产业的旗手。CB92 小小的顶置凸轮发动机能非常“暴力”地达到每分钟 10000 转以上的转速。

△ 哈雷 - 戴维森冲刺 H 1962
国别 美国 / 意大利
发动机 246 毫升单缸
最大速度 122 公里 / 小时

这款由意大利马基公司制造的“冲刺”（Sprint）单缸车填补了哈雷产品线的空白，原本这一空白正是日本摩托车拓展的目标。1969 年该车又推出了 350 毫升版。

◁ 哈雷 - 戴维森 BTH 美洲野猫 1966
国别 美国
发动机 175 毫升单缸
最大速度 97 公里 / 小时

“美洲野猫”（Bobcat）源自早前一款“蜂鸣器”两冲程摩托车，这款最终版设计独特，采用聚苯乙烯成型的油箱和后部构件。

△**格里夫斯 32DC**
运动型双缸车 1961
国别 英国
发动机 322 毫升直列双缸
最大速度 1´3 公里 / 小时

这款格里夫斯公司（Greeves）最大的跑车采用维利尔斯 3T 两冲程发动机。虽然是家小公司，但格里夫斯在摩托车特技赛和越野赛中享有很高的声望。

◁**阿利尔 箭**
超级运动 1963
国别 英国
发动机 249 毫升直列双缸
最大速度 126 公里 / 小时

在全包覆型的“领军”（Leader）车型销售失利后，阿利尔将“箭”投入市场。这款车型操纵性优良，后来推出的“金箭”超级运动版速度不凡。

△**杜卡迪 250 马赫 I 1964**
国别 意大利
发动机 249 毫升单缸
最大速度 160 公里 / 小时

杜卡迪公司历史上的里程碑车型，这是第一辆实现 160 公里时速的 250 毫升普通公路摩托车。该车的赛车型曾在 1969 年为麦克·罗杰斯（Mike Rogers）赢得曼岛 TT 大奖赛 250 毫升级冠军。

▷**普利斯通**
飓风 1968
国别 日本
发动机 177 毫升直列双缸
最大速度 113 公里 / 小时

“飓风”（Hurricane）的高性能两冲程发动机配有旋转进气门，气缸内壁硬化镀层。图中这辆“飓风”一副街头越野车的派头。1968 年以后普利斯通公司的产品就只剩下轮胎了。

△**铃木 TC250 1968**
国别 日本
发动机 247 毫升直列双缸
最大速度 145 公里 / 小时

1966 年铃木的 X6“充沛者”（Hustler，或 T20 超级六速）是世界上第一款六速摩托车。这款 TC250 街道版相当时髦，配有上扬的排气管。

铃木 TC250

1965 年末发布 T20 超级六速时，铃木已经开始与对手们展开脉动式竞赛，该车后来成为 TC250 的基础。自 1952 年铃木推出首批摩托车起，其产品便以可靠性和坚固性为主要特征，性能方面反倒逊色不少。1967 年到 1969 年售卖的 T20 和更为时髦的 TC250“街道越野车”彻底改变了这一形象。铃木摩托车直接采用了国际大奖赛用车的新锐技术，使得其产品广为流行。

在五速摩托车都非常罕见和令人尖叫的时代，拥有六速变速箱的 T20 超级六速和之后的TC250系列简直超越人们的想象。铃木 250 摩托为骑手们提供了全新骑乘体验，这些产品让一家原本朴实本分但却并不起眼的公司一举成为全世界最具判断力摩托车爱好者钟爱的厂商。英国法律规定摩托车初学者最高只能驾驶 250 毫升摩托车，所以运动型铃木 T20 就成了每一个 16 岁的摩托车爱好者最为梦想的顶级产品。

TC250 是直接瞄准美国市场的车型。欧洲人习惯将低矮的车把和后掠式排气管等同于摩托车性能，而美国人则认为高车把和上扬式排气管是动力的标志，TC250 通过修改设计满足了这一市场偏好。TC250 街道越野版本非常符合美国年轻人的口味，它的力量和动感给人留下了深刻的印象，这一切都源于它的 30 马力发动机——比标准TC250 整整多出 1 马力。

前视图　　后视图

名称的由来

公司创始人铃木道雄（Michio Suzuki）用自己的姓氏为公司命名。从 1952 年直到现在，艺术体字母“S”成为这家发端于日本滨松的企业的独特标志。

性能指标	
型号	TC250（1968）
装配	日本滨松
产量	不详
结构	双减振承载式车架
发动机	247 毫升两冲程双缸
输出功率	29 马力（7500 转 / 分）
传动	六速一体变速箱
悬挂	伸缩套筒式前叉，双减振后悬挂
制动	前后鼓式
最大速度	90 英里 / 小时（145 公里 / 小时）

日本崛起

TC250 在许多方面体现了 20 世纪 60 年代日本企业取得的显著进步。凭借超凡的技术指标和卓越的性能，TC250 标志着日本厂商并不只是强有力的市场参与者，而是在向摩托车产业统治者迈进。

车体

TC250（或美国人熟知的“街道越野车”）使用了更为强劲的发动机，即日本市场上超级运动版 T21 的发动机。这款车安装了上扬的排气管、套筒减振车架、深沟纹轮胎，让它适合一些轻度越野的场合。但事实上，这些额外的性能只能算是一种时髦的尝试，对于一个认真的越野爱好者来说是完全不够的。根据买家要求，经销商还提供一种 GT 改装套件，其中包括新型油箱和座椅。

1. 油箱上的车标 2. 侧面装饰板上的标志 3. 转向阻尼器调节钮 4. 大灯上的点火钥匙插孔 5. 组合仪表盘 6. 马蹄形前大灯 7. 前叉护套 8. 油箱口盖 9. 变速箱滑油口盖 10. 油量指示器 11. 前制动作动机构 12. 脚踏启动器 13. 后链条齿轮 14. 后灯 15. 轮胎充气机 16. 消声排气口

1

2

5

6

4

8
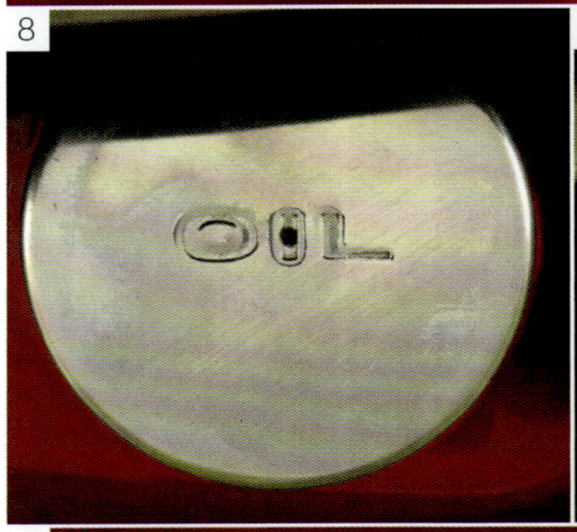

9
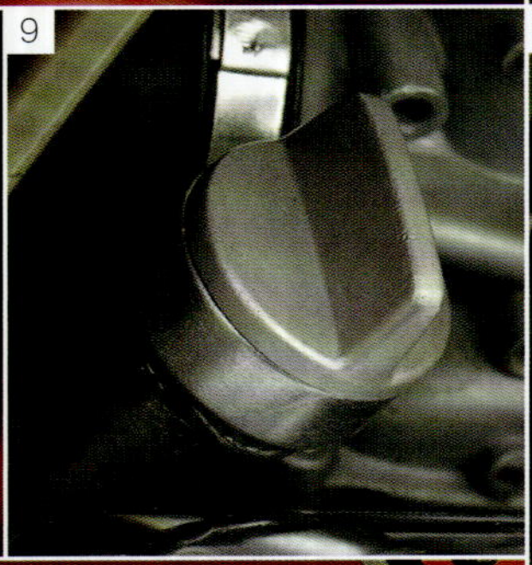

10

11

12

13

14

3

7

15

16

17

18

19

20

发动机

TC250 车型使用了 T20 上的双缸两冲程 250 毫升排量发动机。第一眼看这台发动机，看起来像只是它的前身 T10 的改进版。事实上这种发动机从早期版本继承的只有水平分裂式曲轴箱、倾斜气缸（气缸盖和气缸保持分离）以及主驱动机构和发电机的罩盖。这种接近方形的发动机气缸内径和活塞行程均为 54 毫米，排量 247 毫升，在转速 7500 转 / 分时可输出 29 马力。这些性能参数在当时相当出色，这意味着 TC250 的动力性能可以轻松超过那些排量比它大一倍甚至两倍的其他产品。

17. 发动机缸头宽大的散热片 18. 上扬的排气管 19. 油路开关 20. 带冷启动杆的化油器

踏板摩托车和摩托助力车

20 世纪 60 年代踏板摩托车变得越来越轻巧也越来越精致，因为骑手们（多数是女性）希望有一种不需要很大力气就能抬起、启动和骑乘的摩托车。两轮的交通工具越来越多地取代汽车用于短途旅行、购物或娱乐，特别是在气候温暖干燥的国家和地区。摩托助力车则是青少年们追求自由感觉的理想车型。

△ **兰美达 Li 125 1960**
国别 意大利
发动机 123 毫升单缸
最大速度 69 公里 / 小时

兰美达（Lambretta）外观时髦，性能优异，物超所值。兰美达 2 系列的 Li 125 和 150 配有整流罩内埋式大灯和大型化油器，在全球销售市场始终遥遥领先。

△ **本田 朱诺 M85 1962**
国别 日本
发动机 169 毫升水平双缸
最大速度 100 公里 / 小时

只生产了一年的“朱诺”（Juno）是一款创新的钢制硬壳式踏板摩托车，它采用外露式水平双缸发动机和多速液力机械传动机构。

△ **兰美达 Li 150 III 系列 1963**
国别 意大利
发动机 148 毫升单缸
最大速度 93 公里 / 小时

在全包覆型的“领军”（Leader）车型销售失利后，阿利尔将“箭”投入市场。这款车型操纵性优良，后来推出的“金箭”超级运动版速度不凡。

△ **本田 50 超级小熊 1963**
国别 日本
发动机 49 毫升单缸
最大速度 72 公里 / 小时

“超级小熊”直到 2012 年销售势头仍然强劲，结实耐用的本田 50 有望成为世界上最畅销的车辆，总产量已超过 6000 万辆。

▽ **野马 纯血马 1962**
国别 美国
发动机 320 毫升单缸
最大速度 97 公里 / 小时

“纯血马”（Thoroughbred）产自加利福尼亚州的一家战时的飞机制造商，它拥有简单的侧置气门发动机，但图中这款车上选用了摇臂式后悬挂和四速变速机构。

◁ **维斯帕 VBB 运动型 1963**
国别 意大利
发动机 150 毫升单缸
最大速度 80 公里 / 小时

VBB 首次在维斯帕上采用了 4 速变速箱，造就了最实用的经典踏板摩托车，其机械结构耐用性相当出色。

▷ **维斯帕 GS160 1963**
国别 意大利
发动机 159 毫升单缸
最大速度 100 公里 / 小时

维斯帕以其冲压钢材一体化无车架结构在二战之后让意大利重新“运动”起来。GS（Gran Sport）是运动款的豪华版。

△ **凯旋 蒂娜 1964**

国别 英国
发动机 99 毫升单缸
最大速度 72 公里 / 小时

凯旋公司原本期待这款皮带传动、自动变速的踏板车大卖。虽然英国歌手克里夫·理查德（Cliff Richard）为之宣传，但它过时的外观导致销售惨淡。

△ **NSU 快捷 S2/S3 1964**

国别 德国
发动机 49 毫升单缸
最大速度 43 公里 / 小时

NSU“快捷”（Quickly）的生产从 1953 年持续到 1963 年，这是一款简洁动人的摩托助力车，采用与众不同的钢制车架和双速变速箱（改进版采用三速变速箱），总销量接近 100 万辆。

△ **哈雷 - 戴维森 AH 高端踏板车 1964**

国别 美国
发动机 164 毫升单缸
最大速度 64 公里 / 小时

哈雷产的高端踏板车与其他的踏板车鲜有共同点，它采用水平安装的两冲程发动机和先进的无级变速机构。

◁ **罗利 RM5 超级自动 1964**

国别 英国
发动机 50 毫升单缸
最大速度 48 公里 / 小时

自行车制造商罗利公司 1958 年开始销售摩托助力车，到 20 世纪 60 年代中期推出了约 10 款。RM5 是在许可制造的法国品牌摩托贝卡纳（Motobecane）。

▷ **阿格拉蒂 卡普里踏板车 1966**

国别 意大利
发动机 78 毫升，单缸
最大速度 72 公里 / 小时

阿格拉蒂公司旗下的加雷利（Garelli）为这款诱人的传统摩托踏板车生产发动机。这款车可以选配 50 毫升、70 毫升、80 毫升或 98 毫升两冲程发动机。

▽ **维斯帕 好事达巡航 1964**

国别 意大利
发动机 123 毫升单缸
最大速度 76 公里 / 小时

邮购经销商希尔斯（Sears）在美国以贴牌方式卖出了数量巨大的维斯帕，它们都贴着好事达（Allstate）商标。这些维斯帕与标准维斯帕相比降低了配置，如取消了前减振器。

▽ **摩托贝卡纳 摩托助力车 1968**

国别 法国
发动机 50 毫升单缸
最大速度 64 公里 / 小时

从 1948 年开始，摩托贝卡纳作为法国最大摩托车生产商在 48 年间销售了 1400 万辆摩托助力车。“小蓝车”是 20 世纪 60 年代一款简洁可靠且十分精致的车型。

△ **克拉克 淘气鬼 1968**

国别 英国
发动机 50 毫升单缸
最大速度 48 公里 / 小时

这款车是怀特岛上的一家桅杆生产商利用小轮自行车非常聪明地改造成果。但随着公司与发动机制造商之间陷入官司，生产被迫停止。

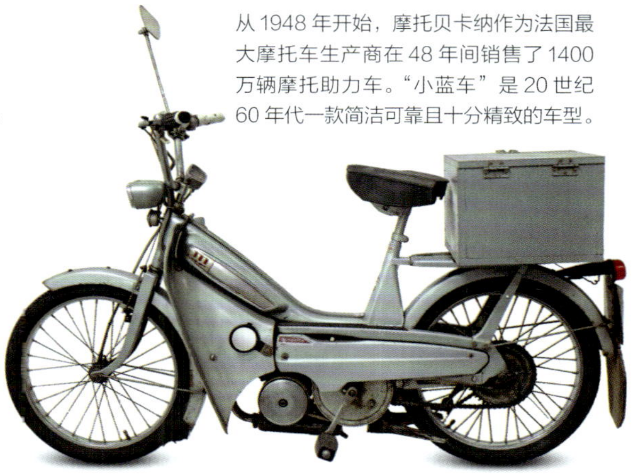

1949 年，多梅尼克 · 阿古斯塔（Domenico Agusta）伯爵与骑着本品牌 125 毫升级赛车的车手在一起。

大品牌

MV 阿古斯塔的故事

在二战后的年代，意大利 MV 阿古斯塔公司最初将自己定位为一家创新型小排量摩托车制造商。产品范围扩大到大排量车型后，MV 阿古斯塔在国际大奖赛上成就了传奇地位。20 世纪 70 年代，MV 阿古斯塔公司停产，但在 90 年代再度复苏。

MV 阿古斯塔的起源要追溯到 1910 年，当时乔瓦尼 · 阿古斯塔（Giovanni Agusta）伯爵在意大利北部伦巴底地区创办了自己的飞机制造厂。1927 年伯爵离世，他的妻子朱塞平娜（Giuseppina）和儿子多梅尼克不得不接手经营在航空工业衰退的大潮中步履维艰的公司。正是他们进军摩托车行业的冒险决定，后来造就了世界上最受尊重的摩托车品牌之一。MV 阿古斯塔第一款车型——98 毫升两冲程摩托车的研制工作被战争的突然爆发打断，但是 1945 年战争结束后工作得以继续。这一年，多梅尼克 · 阿古斯塔伯爵在伦巴底建立了维尔加拉机械制造公司（Meccanica Verghera），缩写为 MV，这家公司负责制造战前设计的摩托车。最初阿古斯塔伯爵计划给第一款产品定名为“维斯帕 98”并推广销售，但是“维斯帕”这个名字被对手比亚乔公司抢先使用，最后在 1945 年秋阿古斯塔决定就以“98”这个数字直接上市。第二年 MV 阿古斯塔进军摩托车赛领域，几乎立刻就在赛场上获得了成功，首次在神圣的蒙扎（Monza）赛道上摘得桂冠，此后 MV 阿古斯塔还将多次在蒙扎赛道夺冠。

MV阿古斯塔标志
（20世纪40年代末开始使用）

20 世纪 40 年代末，98 车型作了修改，之后 MV 阿古斯塔又推出了 125 毫升和 250 毫升级产品。50 年代，MV 阿古斯塔在 175CSS 等摩托车款上使用了诸多先进技术，在赛事中获得了骄人战绩。由此引发的连锁反应便是市场对 MV 阿古斯塔公路车型需求增加——如出色的 125“长摩托”（Motore Lungo），该车被认为是市场上最好的运动摩托车之一，让 MV 阿古斯塔公司在国内外声名鹊起。

MV 阿古斯塔力求在各型产品都采用创新型的设计思想，这一点在 1956 年推出的双人版 83 型摩托车上体现得淋漓尽致。公司对尝试新技术极富热情，在一些原型车上大胆试用了包括燃油喷射和液力变速等新技术。1959 年，这种开拓式的尝试带来了一种全新的先进润滑系统，后来应用在 MV 阿古斯塔全线产品。MV 阿古

赛车传奇

世界冠军约翰 · 瑟蒂斯（John Surtees）是 MV 阿古斯塔众多代表性车手中的一员。图为来自英国的瑟蒂斯在 1956 年驾驶一辆 250 毫升 MV 阿古斯塔在水晶宫打破了单圈速度纪录。

125 旅行车

1945 多梅尼克·阿古斯塔伯爵创办 MV 阿古斯塔公司。
1947 豪华的 98 毫升和 250 毫升 4T 型在米兰车展推出。
1950 125“长摩托”发布，此后成为该级别的领军运动车型。
1953 MV 阿古斯塔在西班牙建立新厂，专门组装出口产品；175CSS 车型推出。
1956 MV 阿古斯塔赢得了 125 毫升、250 毫升和 500 毫升级世界冠军。

600

1958 该年到 1960 年间，公司的赛车队参加了 76 场比赛，其中 63 场夺冠。
1966 三缸 500 毫升车型发布，贾科莫·阿格斯蒂尼（Giacomo Agostini）驾驶该型车多次夺得大奖赛冠军。
1967 带前轮盘式刹车的四冲程四缸 600 车型推出。
1969 250B 车型发布。
1969 350B 运动车型发布。
1971 多梅尼克·阿古斯塔伯爵去世。
1975 瞄准美国市场的力量型 750“运动美利坚”发布。

假想运动

1976 MV 阿古斯塔最后一年参加大奖赛。贾科莫·阿格斯蒂尼在纽博格林赛道最后一次拿下了 500 毫升级冠军。
1980 20 世纪 70 年代的经济衰退迫使公司停产摩托车。
1986 MV 阿古斯塔参加过大奖赛的车型散落到美国和意大利收藏家手中。
1992 克劳迪奥·卡斯蒂利奥尼（Claudio Castiglioni）的卡吉瓦（Cagiva）集团收购了 MV 阿古斯塔商标。

910S 野蛮

1997 新的 MV 阿古斯塔公司首款产品 F4 发布。
2008 MV 阿古斯塔在意大利超级摩托车锦标赛上夺冠。
2010 哈雷－戴维森在收购 MV 阿古斯塔两年后，又将它卖回给克劳迪奥·卡斯蒂利奥尼。
2011 MV 阿古斯塔宣布发布 F4RR“科斯卡柯达超级摩托车”（Coscacorta superbike），采用新型超轻材料，动力超过 200 马力。

斯塔将发动机可靠性提高到前所未有的水平，能够确保为使用者提供多达 10 万公里的惊人无忧行驶里程。

品牌绝唱

1975 年的 125 运动型是公司停业前最后推出的新车型之一。

“MV 阿古斯塔让我有机会驾驶一些漂亮的摩托，那是我驾驶过的最棒的车。”

意大利赛车手贾科莫·阿格斯蒂尼，1966 年至 1972 年效力 MV 阿古斯塔车队。

20 世纪 60 年代和 70 年代初，是 MV 阿古斯塔在国际大奖赛的全盛时期。阿古斯塔伯爵赢取赛事胜利的狂热促使他招募了世界上最好的工程师和赛车手。由于对手企业吉列那和摩托古奇退出了大奖赛，，MV 阿古斯塔的银红两色摩托车从 1958 年至 1974 年连续 17 年夺得 500 毫升级冠军。获胜的骑手包括很多传奇人物，比如约翰·瑟蒂斯、迈克·海伍德（Mike Hailwood）、克劳迪奥·卡斯蒂利奥尼（他一人曾 7 次夺冠）。

MV 阿古斯塔生产的诸多公路型摩托车中有一些就得益于成功的赛车技术，比如四缸 600，由此发展出快如闪电的 750S“美利坚”，以及稍小一些的公路车型，如长期生产的 50 毫升“自由”。

在那个廉价汽车竞争引发摩托车销量下滑的年代，公司巧妙地通过拓宽产品线来维持竞争力。竞争优势一直持续到 20 世纪 70 年代，但在这之后，日本进口摩托车席卷整个市场，再加上 1971 年阿古斯塔伯爵去世，MV 阿古斯塔公司进入黑暗时代。这一系列事件带来的结果是公司经营思路的转变，新老板 EFIM 为了节约成本，退出了赛车活动。但这并不能阻止阿古斯塔摩托车销量的下滑，公司最终在 1980 年停产。面对这样的消息，不仅是意大利，全世界摩托车爱好者都为这家著名企业的陨落而伤感。在跌入谷底之后，1992 年意大利卡吉瓦集团买下了 MV 阿古斯塔的商标，此举复苏了这一品牌。卡吉瓦要求自己最优秀的工程师把创新技术应用到 MV 阿古斯塔传统产品上。1997 年，公司推出了 750 毫升 F4 型，该车拥有经典的阿古斯塔银红涂装，加上未来感十足的高科技部件，如可拆卸的传动系统，立刻就受到了爱好者和记者们的青睐。运动型碳纤维车架，加上近 300 公里 / 小时的惊人速度，这是一个足以复活的 MV 阿古斯塔品牌魅力的标志性产品。最初发布的限量款黄金系列只有 300 辆，这是一款为富裕的车迷们准备的典藏级产品。

F4 受到如此好评，卡吉瓦继续推出了价格更平民化的改型 F45。接下来的几年中，公司使用 MV 阿古斯塔的商标不断拓宽运动款摩托车阵容，推出了包括“野蛮”（Brutale）在内的诸多产品。2005 年为纪念摩托车设计师马西莫·坦布里尼（Massimo Tamburini）推出的坦布里尼 1000 被很多评论家认为是世界上最好的运动摩托车。

21 世纪初一系列所有权的变更并没有阻挡 MV 阿古斯塔的复苏，公司重新回到赛场，这也唤醒了车迷们对 MV 阿古斯塔称雄大奖赛时代的美好回忆。

充满力量的新车型

1997 年发布的 750 毫升 F4 是重生的 MV 阿古斯塔的第一款产品。该车型最初只发售限量版，进入 21 世纪后扩展到各种子型。

勤恳的工作车

20 世纪 60 年代，对于一些工人或商人来说，摩托车仍是一种既实用性价比又高的交通工具，不管是上下班，还是警察巡逻，抑或是载运工具进行维修服务。这些摩托车的种类从简单的通勤车，训练车到动力强劲、可以安装挎斗的重型摩托车。

▷ **詹姆斯 L25**
海军准将 1960
国别 英国
发动机 249 毫升单缸
最大速度 105 公里 / 小时

“海军准将”是一款诱人的经济车型，但它的性能被设计不佳的两冲程 AMC 发动机打了折扣。自 1951 年起 AMC 成为詹姆斯品牌的母公司。

▽ **BSA M21 1960**
国别 英国
发动机 591 毫升单缸
最大速度 101 公里 / 小时

M21 从 BSA 公司二战时期的军用摩托车发展而来，该车配备有巨大而又慢吞吞的侧置气门发动机，英国汽车协会用来它来拖拽满载工具和零件的挎斗。

△ **BSA“矮脚鸡”D10 1967**
国别 英国
发动机 173 毫升单缸
最大速度 105 公里 / 小时

到 20 世纪 60 年代，“矮脚鸡”（Bantam）采用一台两冲程 175 毫升发动机和四速变速箱。它一直是英国摩托新手和通勤者的最爱。

▷ **好事达 紧凑型 1961**
国别 奥地利
发动机 60 毫升单缸
最大速度 71 公里 / 小时

“比炸肉排更嘶嘶作响”，这是美国好事达紧凑型的广告，它是美国零售业巨头希尔斯从 1961 年至 1963 年以贴牌方式销售的奥地利普赫 D60。

△ **皇家恩菲尔德 子弹头 1962**
国别 英国
发动机 499 毫升单缸
最大速度 145 公里 / 小时

自 1948 年以来几乎没有改变，这种长期生产运行的子弹头 500 毫升版，在最后的英式版本上，采用了电子线圈点火和大型远程油箱。

◁ **诺顿 50 型 1963**
国别 英国
发动机 348 毫升单缸
最大速度 120 公里 / 小时

50 型在 1956 年推出，它的设计基于一款战前的摩托车。1959 年开始使用诺顿的羽绒床式车架，但它仍是一款既绅士又传统的英式摩托。

▷ **维洛塞特 时尚 1964**
国别 英国
发动机 192 毫升水平双缸
最大速度 89 公里 / 小时

“时尚”（Vogue）采用水冷发动机和全封闭玻璃纤维车体，本来瞄准踏板车市场，但是它又贵又慢，只生产了不到 400 辆。

△ **凯旋 6TP 圣人 1966**
国别 英国
发动机 649 毫升直列双缸
最大速度 160 公里 / 小时

为了执行公务配备给英国警队的专用车，该车以 650 毫升“雷鸟”旅行摩托车为蓝本设计，号称“能立刻拦停一切东西”，因此被称为“圣人”（Saint）。

◁本田 CL90 街道越野车 1967

国别 日本

发动机 90 毫升单缸

最大速度 95 公里 / 小时

CL90 是一款坚固耐用的小车型，配备强力的顶置凸轮轴和全套公路装备。它是一款时髦的街道越野车，而不是真正的越野车。

◁本田 CD175 1967

国别 日本

发动机 174 毫升直列双缸

最大速度 126 公里 / 小时

旅行版 CD175 比大多数竞争车型更安静舒适，顶置凸轮轴发动机动力充沛且安静性出色，颇具吸引力。

△铃木 M15 1969 年

国别 日本

发动机 49 毫升单缸

最大速度 56 公里 / 小时

铃木生产的一款既实用又舒适的小车，配用一台 49 毫升两冲程发动机，配有双人座和全方位挡泥板，很多年轻的新骑手非常喜欢这款车。

▷MZ ETS/2 奖杯 1969

国别 原东德

发动机 243 毫升单缸

最大速度 126 公里 / 小时

“奖杯”结构简单，技术成熟，价格优势超过其他 250 级新车，在那些外观不敏感用户群中拥有较大市场。

▽哈雷 – 戴维森

勤务车 GE 1969

国别 美国

发动机 740 毫升 V 形双缸

最大速度 101 公里 / 小时

这款三轮摩托车从 1932 年一直生产到 1973 年，采用侧置气门发动机，带倒挡，用途颇多，曾作为警用巡逻车。

《逍遥骑士》，1969年

在电影《逍遥骑士》(Easy Rider)中，彼得·方达(Perter Fonda)和丹尼斯·霍普(Dennis Hopper)驾驶的定制款摩托的原型是哈雷 - 戴维森的“许德拉滑翔”(Hydra-Glides)。电影所呈现的流浪者风格让这种高车把摩托车成为流行风。

旅行摩托车

当速度不是第一要务的时候，就有大量豪华旅行摩托车可供选择。宝马的水平对置双缸摩托车在可靠性、平稳性和舒适性方面都非常优秀。英国厂商提供的多半是经过升级的 20 世纪 50 年代甚至 40 年代的车型，日本企业开始在旅行车市场分得一杯羹，日本摩托车的可靠性和低维护要求很受长途旅行者欢迎。

▽ 哈雷 - 戴维森 FLH 双人滑翔 1960

国别 美国

发动机 1213 毫升 V 形双缸

最大速度 160 公里 / 小时

哈雷的大型旅行车在 1958 终于装上了摇臂式后悬挂，并采用了新名字——“双人滑翔”（Duo-Glide）来推广。很多车都配有旅行版附件。

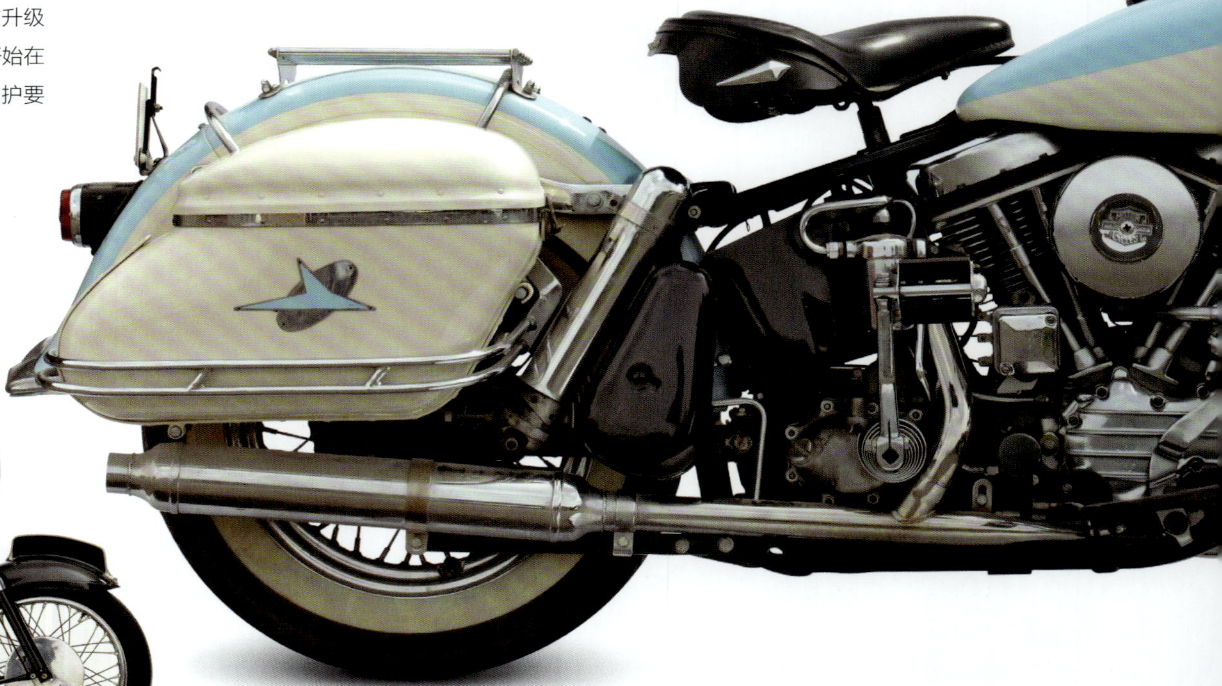

▽ 凯旋 雷鸟 1960

国别 英国

发动机 649 毫升直列双缸

最大速度 158 公里 / 小时

1946 年的成功车型“雷鸟”进入 60 年代后装上了新的双管式车架和时髦的后裙。该车型被认为是旅行车，但并非出于性能原因。

▽ 诺顿 统治者 99 豪华版 1960

国别 英国

发动机 597 毫升直列双缸

最大速度 160 公里 / 小时

1960 年诺顿推出的改进型“统治者”采用了更窄的顶部车架，豪华版采用半封闭式车身，舒适性显著提升。

◁ 诺顿“领航员”1963

国别 英国

发动机 349 毫升直列双缸

最大速度 132 公里 / 小时

诺顿“金禧”（Jubilee）在 1960 年发展起来，配用全新设计的加大发动机，更重的前后叉和更大的前制动。稍加改动就能跑到 160 公里 / 小时。

△ 好事达 250 双体 1965

国别 奥地利 / 美国

发动机 248 毫升分裂式单缸

最大速度 111 公里 / 小时

希尔斯公司贴牌销售的普赫 SGS250，因采用不寻常的双活塞两冲程发动机获得了“双体”（Twingle）的绰号。该车型生产到 1970 年。

△ 宝马 R60/2 1965

国别 德国

发动机 594 毫升水平双缸

最大速度 129 公里 / 小时

R60 主要用于拖带挎斗，从 1956 年至 1969 年制造超过 2 万辆。R60 既平稳又坚固，是长途旅行的优良装备。

△ 宝马 R75/5 1969

国别 德国

发动机 749 毫升水平双缸

最大速度 177 公里 / 小时

宝马重新设计了 R 系列，增加了 12 伏电器系统、电启动、套筒前后叉和更好的制动系统，R75 由此成为多功能旅行车，而不仅仅是挎斗拖车。

◁ 本田 CB450 1965

国别 日本

发动机 444 毫升直列双缸

最大速度 177 公里 / 小时

本田 CB450 采用顶置双凸轮轴、扭杆气门弹簧和电启动，展示了日本车后来赖以兴盛的优秀性能。

◁ 川崎 W1 1965

国别 日本

发动机 624 毫升直列双缸

最大速度 174 公里 / 小时

W1 设计源于 20 世纪 50 年代英国 BSA 的车款，川崎从目黑公司买下了设计专利。W1 瞄准出口市场特别是美国市场，但该车设计已经过时。

△ 吉列那 124 特别版道路 1966

国别 意大利

发动机 124 毫升单缸

最大速度 113 公里 / 小时

吉列那擅长制造小排量高性能的摩托车，它的 124 毫升单缸车在美国和欧洲都由希尔斯公司销售。1969 年比亚乔公司收购了吉列那。

△ 摩托古奇 V7 特别版 1969

国别 意大利

发动机 757 毫升 V 形双缸

最大速度 185 公里 / 小时

这款由朱利奥 · 卡尔卡诺（Giulio Carcano）原本为比赛设计的产品采用 V 形双缸和轴传统，结构坚固，成为意大利警察指定摩托车，也成为进入 21 世纪后摩托古奇的主要产品。

1960 年首次参加曼岛 TT 大奖赛的铃木车队。

大品牌

铃木的故事

铃木开始制造摩托车比其他厂商晚了近 50 年，但它很快便成为了世界领先的摩托车制造商之一。持续的技术优势让它在竞争者中脱颖而出，铃木的量产摩托车通过屡次在世界瞩目的赛事中夺魁赢得了崇高声望。

铃木公司最初制造纺织品，现在它已成为一家全球性公司，产品从摩托车到汽车，再到舷外发动机，到沙滩摩托车。1909 年，铃木道雄在日本城市滨松创办了铃木纺织工厂。1920 年创立的铃木织布机制造公司制造了第一台棉布纺织机，之后又制造了丝绸纺织机。在接下来的几十年中，企业获得了巨大的成功。

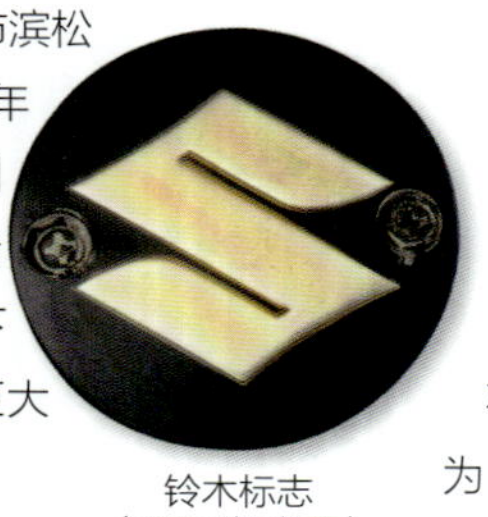

铃木标志（1958年启用）

二战中铃木公司停产。战后公司经济陷入困境，这促使管理层决定走产品多样化道路。在注意到便宜的个人交通工具在这个交通基础设施遭受战争重创国家的巨大市场后，铃木在 1947 年开始试验自行车动力改装用发动机。

1952 年，铃木织布机制造公司推出的 36 毫升排量“动力自由”（Power Free）成为铃木首款摩托车产品。这款动力自行车拥有灵巧的驱动系统、两冲程气冷发动机，广受好评。第二年铃木又推出了排量更大的“钻石自由”（Diamond Free）。在富士山攀登赛中夺魁之后，市场对于铃木新产品的需求大增，公司月产量很快达到了 6000 辆。

1954 年公司将名字更改为铃木摩托车公司，但几年之后才会有带铃木标志的产品出现。同年，公司推出了一系列真正的摩托车——不是带发动机的自行车——名为“Colleda”，意为“就是它”。该系列的第一款车型是 125 毫升四冲程的钢架摩托车 CO。20 世纪 50 年代末期，Colleda 双缸车配置了电启动装置，铃木开始采用字母“S”标志。铃木逐渐将自己打造成两冲程摩托车专业厂商。20 世纪 60 年代初，铃木在曼岛 TT 大奖赛 50 毫升组的胜利为它赢得了国际声誉，从 1962 年到 1967 年间，铃木又连续保持该级别赛事的冠军。1963 年，为直接向北美市场销售产品，美国铃木公司在洛杉矶成立。该公司售卖的著名车型中包括从 1965 年开始生产的“充沛者”（Hustler）X6（欧洲市场称为 T20 超级六速），该车被认为是世界上最快的 250 毫升摩托车。它的创新之处在于钢管承载式车架和六速传动系统。三年后，铃木推出了 T500，它是市场上排量最大的两冲程摩托车，速度可达 180 公里 / 小时。

到 20 世纪 70 年代，出口市场成为了铃木最主要的市场，铃木第一个海外制造工厂在泰国建立。这十年间，铃木在各种顶级赛事中斩获颇丰，包括 250 毫升级公路赛和 125 毫升与 250 毫升级越野赛冠军。最伟大的胜利要算 500 毫升级赛事，英国车手巴里 · 谢尼（Barry Sheene）在 1976 与 1977 年两度荣膺世界冠军。

20 世纪 70 年代铃木的新款公路摩托车包括该公司的第一款四冲程四缸发动机 GS 系列，该系列有多种排量，最高可达 1000 毫升。70 年代中期，铃

大型旅行摩托车

20 世纪 70 年代初铃木首次推出大型旅行摩托车（GT），此后 GT 产品线逐渐丰富，使用两冲程发动机，排量从 125 毫升到 750 毫升，气缸数量为单缸、双缸和三缸。

工厂大门

1967 年日本滨松市铃木总部外停放的一排排铃木摩托车。现在这座城市拥有 6 座铃木工厂。

TC250

1909 铃木道雄在日本滨松创办铃木纺织厂。

1920 铃木织布机制造公司成立，这一天被认为是铃木摩托车公司的生日。

1952 铃木以 36 毫升“动力自由”进军摩托车市场。

1954 铃木摩托车公司成立。

1958 “S”标志首次出现在铃木摩托车上。

1962 铃木首次赢得曼岛 TT 大赛 50 毫升组冠军。

GS750

1965 T20 发布，被认为是世界上最快的 250 毫升量产摩托车。

1966 铃木公司确定了司旗和司歌。

1967 第一辆在日本以外生产的铃木摩托车在泰国工厂下线。

1971 采用创新型三缸发动机的 GT750 两冲程摩托车发布。

1974 RE-5 成为首款配备转子活塞发动机的日本摩托车。

RG500

1976 四冲程 GS 系列推出，首先发布的是 250 毫升、400 毫升和 750 毫升款。

1980 GSX 发布，排量从 250 毫升到 750 毫升。

1982 “爱”（Love）发布，这是铃木 80 年代出品的多款 50 毫升踏板车的首款。

1993 铃木完成了一次里程碑式的商业活动，决定在中国制造摩托车。凯文·施瓦兹（Kevin Schwantz）为铃木赢得 500 毫升级世界冠军。

1996 在越南生产的第一辆铃木摩托车下线。

隼 GSX 1300R

1999 世界上最快的量产车“隼”1300 发布。铃木摩托车的总销量达到 4000 万辆。

2002 市场上排量最大的踏板车博格曼 650 发布。

2006 铃木推出 M109R，该车使用 1783 毫升发动机，拥有当时摩托车和汽车中最大的活塞。

2007 铃木推出旗舰级“裸车”（无整流罩型）“B- 国王”（B-King）。

木试验性地推出了转子活塞发动机车型——RE-5，后来事实证明这款车是商业上的失败品。

20 世纪 80 年代和 90 年代铃木在国际大奖赛上继续荣耀，再一次获得 500 毫升级世界冠军。这段时间铃木发布了很多新车型，其中有一些踏板摩托车、性能优异的越野摩托车，以及先锋型 GSX 系列，GSX 系列中包括专为出口市场设计的搭载 1100 毫升发动机的“武士刀”（Katana）。

铃木公司与中国达成协议，向中国出口摩托车，后来又在中国建立制造厂，这是铃木海外扩张的又一成功案例。到 1995 年，铃木在日本以外销售了 2000 万辆摩托车。1999 年铃木推出了“隼”1300，这款运动型车拥有流畅的空气动力学外形，专为追求极限的骑手打造，最大速度超过 300 公里 / 小时，是当时最快的公路摩托车。

进入 21 世纪的最初十年，铃木通过与通用汽车和本国川崎公司的合作，进一步巩固自己的地位。这十年中，铃木的新车型在不同的市场分区中相继成为标杆。2001 的 GSX-R1000 融合了操控性、轻量化和燃油喷射技术，成为世界顶级赛道摩托车；而博格曼 650 以它巨大的 650 毫升发动机，以及带一个手动和两个自动模式的先进传动系统重新定义了踏板车。

铃木公司的地位随着全球销量的增加稳健提升。2011 年铃木发布了未来型燃料电池踏板摩托车以及一系列未来主义车型，同时积极投资于替代技术。如今这个著名的具有前瞻性思维的品牌仍然处于领先地位。

> “……在铃木一贯精神下，我在感受骄傲的同时，也感到巨大的压力……”
>
> *伊藤光男，唯一赢得曼岛 TT 大奖赛冠军的日本车手。*

超级摩托车的赢家

2005 年超级摩托车赛事中的铃木赛车，这一年铃木赢得了骑手（特洛伊·科瑟）和制造商双料世界冠军。

为速度而生

日本主要几家摩托车厂商之间的激烈竞争促进了先进技术的爆炸式发展。20 世纪 60 年代一度领先的四缸车生产商本田受到强劲双缸车生产商铃木和雅马哈的强烈冲击。一些欧洲企业也加入到竞争中，但是美国人却仍在多个领域保有优势。

▽ **哈雷－戴维森 KR750 1961**
国别 美国
发动机 744 毫升 V 形双缸
最大速度 177 公里 / 小时

虽然使用的是陈旧的侧置气门发动机，但 KR 仍然是美国平整椭圆赛道上的佼佼者。装上整流罩后，带图中这样带刹车的赛道版车速度可达 241 公里 / 小时。

▷ **诺顿 曼克斯 30M 1962**
国别 英国
发动机 499 毫升单缸
最大速度 217 公里 / 小时

曼克斯虽然性能无法与多缸车相比，但在 20 世纪 60 年代赛车场上仍然是强劲对手。它的最后几个改进版于 1962 年发售。

▽ **本田 RC163 1962**
国别 日本
发动机 249 毫升直列四缸
最大速度 219 公里 / 小时

RC163 的发动机采用四气缸、双凸轮轴和 16 个小气门，拿下了 1962 年大奖赛 250 毫升级全部 9 项赛事桂冠。赢得其中 6 场比赛胜利的吉姆·雷德曼（Jim Redman）成为最终的冠军。

◁ **克雷德勒 飞驰之花 1963 年**
国别 德国
发动机 50 毫升单缸
最大速度 160 公里 / 小时

摩托助力车制造商克雷德勒以小型 12 速两冲程车竞争早期 50 毫升级世界锦标赛，取得佳绩。在 1962 年和 1963 年赢下了 7 项大奖赛冠军。

DIY 赢家

虽然拥有资金支持的厂商车队是摩托车赛事的主流，但仍然有一些个人参赛选手在挎斗摩托赛、纪录挑战和减阻技术方面展现了卓越的工程能力。由此产生了外形最戏剧化、设计最狂野的车型，如带增压装置的短道赢家文森特“梅萨蒙”、“巨鼠”（Mighty Mouse）和汤姆·科尔比（Tom Kirby）的 BSA 挎斗三轮摩托车。

▷ **文森特 短跑者 梅萨蒙 1962 年**
国别 英国
发动机 1148 毫升 V 形双缸
最大速度 241 公里 / 小时

莫里斯·布莱尔利（Maurice Brierley）的超级挎斗摩托车在 1964 年创下了双人赛速度世界纪录，1 公里赛道静态发车平均时速 160 公里 / 小时。它的名字“梅萨蒙”（Methamon）意为“烧甲醇的怪兽”。

△ **雅马哈 RD05 1965**
国别 日本
发动机 249 毫升 V 形四缸
最大速度 217 公里 / 小时

雅马哈 RD05 配备带盘式气门的水冷双曲轴两冲程 V 形四缸发动机，每升排量能产生 200 马力动力，菲尔 · 里德（Phil Read）驾驶该车在 1968 年获得了世界锦标赛冠军。

△ **MZ RE125 1965**
国别 原东德
发动机 123 毫升单缸
最大速度 193 公里 / 小时

虽然投资不多，但 MZ 在 20 世纪 50 年代率先采用盘式气门，在整个 60 年代 MZ 产品一直在小排量产品中保有竞争力。

△ **哈雷 – 戴维森 CRTT 1967**
国别 美国
发动机 250 毫升单缸
最大速度 161 公里 / 小时

这款意大利设计的单缸车是欧洲 250 毫升和 350 毫升类别的领先私人赛车。哈雷拥有马基公司部分所有权意味着这款车也能在美国参赛。

△ **铃木 GP RT63 1963**
国别 日本
发动机 124 毫升直列双缸
最大速度 185 公里 / 小时

铃木凭借 50 毫升与 125 毫升产品获得了早期成功。这款较小的 RT63 双缸车让休 · 安德森（Hugh Anderson）在 1963 年赢得了世界冠军。

△ **ESO 赛道 DT–5 1966**
国别 捷克斯洛伐克
发动机 497 毫升单缸
最大速度 145 公里 / 小时

20 世纪 60 年代，“赛道” DT–5 是煤渣椭圆形赛道赛事中首选的甲醇燃料赛车。1966 年 ESO 公司被更大的爪哇（Jawa）公司吞并。

△ **铃木 XR05 TR500 1969**
国别 日本
发动机 493 毫升直列双缸
最大速度 237 公里 / 小时

铃木的第一款 500 毫升级车，气冷发动机来自 T500 跑车。1969 年阿特 · 鲍曼（Art Baumann）驾驶它在美国希尔斯点夺冠，这是该车首次赛事冠军。

◁ **本田 RC166 1966**
国别 日本
发动机 249 毫升直列六缸
最大速度 241 公里 / 小时

这款震耳欲聋的 RC166 六缸发动机转速可达 18000 转 / 分，代表了 20 世纪 60 年代赛车技术的前沿。麦克 · 海伍德（Mike Hailwood）驾驶它夺得了两次 250 毫升级和一次 350 毫升级世界冠军。

▷ **文森特 巨鼠 1966**
国别 英国
发动机 198 毫升单缸
最大速度 257 公里 / 小时

“巨鼠”由其建造者布莱恩 · 查普曼（Brian Chapman）亲自驾驶参加短道赛，它配备一台增压型 500 毫升文森特发动机。1977 年该车在英国桑塔普德赛道首次在 500 毫升级四分之一英里（四百米）赛中跑进了 9 秒内。

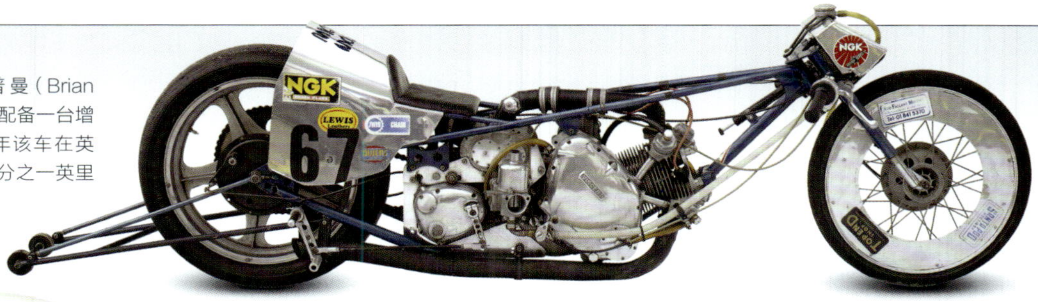

◁ **科尔比 BSA 挎斗改装车 1968**
国别 英国
发动机 750 毫升直列双缸
最大速度 241 公里 / 小时

特里 · 威尼康（Terry Vinicombe）和约翰 · 弗雷克斯曼（John Flaxman）驾驶该车赢得了 1968 年曼岛 TT 赛 750 毫升级挎斗组冠军。这辆车由汤姆 · 科尔比资助，是 18 年英国挎斗改装车最后一次夺得 TT 冠军。

野地征服者

20 世纪 60 年代，一些因素刺激了越野摩托车的发展。越野闭合赛道赛在国际级和草根级层面都蓬勃发展。美国西部沙漠举行的越野赛吸引了大量的参赛者，同时特技赛也需要更多更好的摩托车，非竞赛的特技骑行和非竞赛的越野骑行同样变得越来越流行。

△ **格里夫斯 豪客斯通 1961**
国别 英国
发动机 249 毫升直列双缸
最大速度 113 公里 / 小时

英国小厂商格里夫斯维生产的使用维利尔斯单缸或双缸发动机的摩托车赢得了很多赛事冠军，包括戴夫 · 毕克尔（Dave Bicker）在 1960 年和 1961 年的 250 毫升级越野赛世界冠军。

△ **富世华 250 1963**
国别 瑞典
发动机 250 毫升单缸
最大速度 120 公里 / 小时

富世华（Hasuvarna）从 1903 年开始制造摩托车，但该公司更为人熟知的产品是链条锯。这些定制款 250 毫升和 500 毫升摩托车在 20 世纪 60 年代赢得了很多比赛胜利。

△ **罗孔 断路器 1963**
国别 美国
发动机 134 毫升单缸
最大速度 32 公里 / 小时

唯一投入量产的前后双轮驱动摩托车就是罗蒙“断路器”，它由加利福尼亚州的查理 · 芬恩（Chailie Fehn）在 1958 年设计。该车主要用于崎岖地形低速行驶。

◁ **维洛塞特 MSS 越野车 1963**
国别 英国
发动机 499 毫升单缸
最大速度 132 公里 / 小时

该车采用专门设计的全合金发动机，但重量较大的 MSS 越野车虽是一款坚实可靠的越野赛车，但很少成为赢家。

△ **本田 CL72 越野车 1964**
国别 日本
发动机 247 毫升直列双缸
最大速度 120 公里 / 小时

本田以 CB72 跑车改型进入越野车市场。这款车拥有低传动比变速箱、承载式车架和高位排气管，但是没有启动马达。

△ **巴塔科 夏尔巴人 T 1964**
国别 西班牙
发动机 244 毫升单缸
最大速度 120 公里 / 小时

巴塔科（Baltaco）与爱尔兰摩托特技大师萨米 · 米勒（Sammy Miller）合作开发了一款敏捷的两冲程车，一夜之间改变了大赛格局。1965 年起巴塔科凭借该车赢得了很多胜利。

◁ **多特 恶魔 1965**
国别 英国
发动机 250 毫升单缸
最大速度 121 公里 / 小时

曼彻斯特的多特公司（Dot）从 20 世纪 50 年代起在越野车领域日渐强势，“恶魔”（Demon）经常获得英国 250 毫升以下级别冠军。

◁ **里克曼 混血女 MK3**
越野车 1965
国别 英国
发动机 凯旋 490 毫升直列双缸
最大速度 137 公里 / 小时

德里克（Derek）和伦 · 里克曼（Ron Rickman）兄弟 1960 年起开始制造越野车，为买家提供可以自行选装发动机的装备。这些产品是成功的越野摩托车。

▽ **凯旋 博纳维尔**
TT 特别版 1966
国别 英国
发动机 649 毫升直列双缸
最大速度 193 公里 / 小时

博纳维尔 TT 特别版车在美国销售，配有特制发动机，不安装大灯等公路装备，专门用于越野赛和泥地赛。

△ **BSA 胜利者 耐力赛车 1967**
国别 英国
发动机 441 毫升单缸
最大速度 137 公里 / 小时

1964 年到 1965 年世界越野锦标赛的胜利促使 BSA 将“胜利者”（Victor）开发成全赛道版和图中这款公路耐力赛版（Enduro）。

◁ **雅马哈 DT-1 1968**
国别 日本
发动机 246 毫升单缸
最大速度 129 公里 / 小时

雅马哈发现美国存在未被开发的量产型公路 / 越野摩托车市场。据此开发的 DT-1 销量很大，由此产生了雅马哈 DT 系列多种车型。

△ **雅马哈 YR2-C**
大奖赛版 1968
国别 日本
发动机 348 毫升直列双缸
最大速度 160 公里 / 小时

1967 年推出的 YR1 是雅马哈第一款 350 毫升产品，随后雅马哈又推出了速度 177 公里 / 小时的 YR2。YR2-C 是一款双用途越野车，越野性能适中。

△ **诺顿 P11A 游骑兵 1968**
国别 英国
发动机 745 毫升直列双缸
最大速度 185 公里 / 小时

P11 为美国日益流行的沙漠越野赛制造，使用强劲的阿特拉斯发动机和轻型的无双车架。P11A 是合规的公路赛车。

◁ **麦科 MC30 1969**
国别 德国
发动机 352 毫升
最大速度 145 公里 / 小时

老牌德国越野车品牌麦科（Maico）将 250 毫升两冲程发动机车型放大成轻型却动力十足 500 毫升越野赛车。

▷ **AJS 突击者 1969**
国别 英国
发动机 247 毫升单缸
最大速度 120 公里 / 小时

AJS 和维利尔斯 1966 年合并后推出了“突击者”（Stormer），开始时以散件形式发售，市场颇为成功。后来又推出了 410 毫升版“突击者”。

Sei
Benelli

20世纪70年代

20世纪70年代日本摩托车品牌开始统治欧美市场，日本产品没有滑油渗漏，外观漂亮，性能可靠。几十年来摩托车发动机技术首次进入快速发展时期，这些都源于赛场经验。在更大的摩托车上，气缸数量翻倍，车速超过193公里/小时。日本车要匹敌欧洲公路摩托车尚需时日。越野运动车和休闲娱乐车市场繁荣起来，两冲程发动机摩托车成为主流，排量最高可达750毫升。

超级摩托车

以本田发布速度高达 201 公里 / 小时的四缸 CB750 作为发端，新一代豪华高性能摩托车在 20 世纪 70 年代改变了摩托车行业的面貌。“超级摩托车”（Superbike）这个词就是专为描述这些令人兴奋的日本和意大利新车型而创造的。虽然在很长一段时间内都是行业主导者，但此时古老陈旧的英国摩托车企业开始黯然失色。

△本田 CB750 1970
国别 日本
发动机 736 毫升直列四缸
最大速度 201 公里 / 小时

第一款“超级摩托车”。本田 1969 年以这款顶置凸轮轴四缸发动机，配备盘式制动且经过优化的 CB750 让运动型摩托车为之一新。

△本田 金翼 GL1000 1975
国别 日本
发动机 999 毫升水平四缸
最大速度 201 公里 / 小时

先进的汽车制造技术让“金翼”成为一款精致强劲的重量级摩托车，该车成为旅行摩托车的基调车型。

△拉沃达 750SF2 1974
国别 意大利
发动机 744 毫升，顶置凸轮轴平行双缸
最大速度 190 公里 / 小时

拉沃达（Laverda）制造的第一款大排量摩托车选用了顶置凸轮轴双缸发动机，气缸倾斜安装。这款 SF 运动版操控性能出色，在耐力赛上屡获佳绩。

△川崎 Z1 1973
国别 日本
发动机 903 毫升直列四缸
最大速度 217 公里 / 小时

顶置双凸轮轴的 Z1 动力充沛，外观漂亮，价格低廉。虽然操控性不算一流，但发动机的参赛表现非常出色。

◁杜卡迪 750 运动版 1973
国别 意大利
发动机 747 毫升顶置凸轮轴 V 形双缸
最大速度 196 公里 / 小时

以成熟的杜卡迪单缸车为基础研制的 750 运动版外形纤巧，是专为高速性而不是舒适性制造的基本运动型。该车复苏了制造商对 V 形双缸发动机的兴趣。

△**MV 阿古斯塔 运动版 美利坚 1975**

国别 意大利

发动机 789 毫升直列四缸

最大速度 193 公里 / 小时

MV 这款升级型轴传动 750S 四缸车安装了功率更大的发动机和前轮双盘制动。就像它名字一样，这款车直接瞄准美国市场。

△**MV 阿古斯塔 750S 1972**

国别 意大利

发动机 743 毫升顶置双凸轮轴直列四缸

最大速度 185 公里 / 小时

国际大奖赛的著名品牌阿古斯塔的四缸公路摩托车以赛车技术为基础开发，采用轴传动技术。该车价格昂贵，非常少见。

◁**川崎 H2C 1975**

国别 日本

发动机 748 毫升三缸

最大速度 203 公里 / 小时

这款"马赫"IV 是川崎迷人的高性能两冲程车中动力最强劲的一款，但它被越来越严格的尾气排放限制扼杀。

△**里克曼 恩菲尔德 混血女 1974**

国别 英国

发动机 736 毫升顶置气门平行双缸

最大速度 177 公里 / 小时

里克曼兄弟用皇家英菲尔德 750 毫升发动机结合自己造的车架，生产了为数不多的"混血女"。

△**摩托古奇 V7 运动版 1972**

国别 意大利

发动机 748 毫升顶置气门 V 形双缸

最大速度 193 公里 / 小时

摩托古奇强劲的 V 形双缸发动机和轴传动对旅行车而言十分理想，它们也被成功应用在运动车上，比如这款 V7。

△**本摩托古奇 勒芒 MkI 1976**

国别 意大利

发动机 844 毫升顶置气门 V 形双缸

最大速度 212 公里 / 小时

"勒芒"（Le Mans）MkI 由早前的 V7 运动款发展而来，排量增加到 844 毫升，安装了联动盘式制动系统。

本田 CB750

本田 CB750 是超级摩托车的起源，是里程碑式车型，它前所未有地影响了大排量摩托车的未来。本田将强劲的四缸发动机和其他一些通常被认为是附加性能的技术结合起来，同时保持了价格竞争力。1969 年 CB750 发布，标志日本企业开始进军大型摩托车市场，掀起了一场大型摩托车设计、效率和生产上的巨变。

凭借着 1958 年推出 50 毫升“小熊”，本田已经在全世界摩托车厂商中树立了声望。但直到 20 世纪 60 年代末，这家日本企业都还没有生产出一款专供出口的大排量车。被美国大型摩托车市场吸引的本田公司，开始研制一款能打入由欧美品牌把持的市场的车型。由此产生的 CB750 一举成功。从来没有一款车能拥有这样的技术配置：顶置凸轮轴四缸发动机、五速变速器、电启动，以及首次应用于量产车上的液力盘式制动。CB750 一下子让 BSA、凯旋、哈雷 - 戴维森的产品过了时。摩托车行业被彻底改变。又大又快的本田 CB750 为大型摩托车的动力、可靠性和先进性设定了新标准，也给其他日本厂商提出了新的挑战。

前视图

后视图

快速成长

以创始人本田宗一郎（Soichiro Honda）命名的本田摩托公司在 1948 年创立。早期的本田商标旁边都有翅膀图像，象征着带翼的胜利女神。到 1963 年本田的名字已经享誉世界。

制动力

对于以前依靠鼓式刹车提供制动力的大型摩托车车主来说，CB750 的液力盘式制动器是革命性的。它可以让 CB750 从最大速度进行安全稳定的制动，不会产生抖动，而且刹车盘的性能不受积水和尘土的影响。1975 年起 CB750 的后轮也配备了盘式制动系统。

性能指标	
型号	本田 CB750（1970）
装配	日本滨松 / 铃鹿
产量	未知
结构	管钢承载式车架
发动机	736 毫升直列四缸
输出功率	67 马力（8500 转 / 分）
传动	五速变速箱
悬挂	伸缩套筒式前叉，摇臂式后悬挂
制动	前盘后鼓
最大速度	125 英里 / 小时（201 公里 / 小时）

车体

“与风交谈，聆听答案，自由！”本田市场团队将CB750定位为一款打破极限的车型。最初被称为“梦想四缸”（Dream Four）的CB750进行了令人眩目的一系列优化，同时保留了很多成熟特征，包括承载式车架、伸缩套筒式前叉和双减振摇臂式后悬挂系统等。CB750改变了摩托车行业面貌，辗压了英国竞争对手。

1. 油箱上的商标 2. 前叉护套 3. 侧反光板 4. 侧饰板上的带翼本田标志 5. 握把换挡机构 6. 前刹车手柄 7. 前轮刹车盘 8. 后减振器 9. 速度表（225公里/小时）10. 乘员脚踏 11. 作为备份的脚踏启动机 12. 前轮毂锥 13. 排气管口

1

2
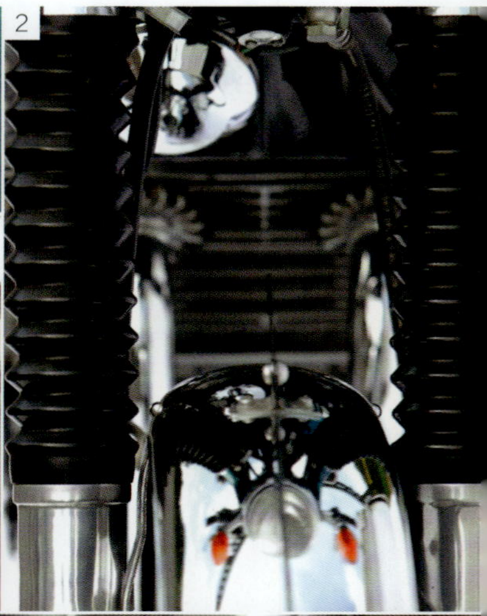

4

5

6

7

9

10

11

12

3

发动机

CB750 采用世界上首款量产型横向四缸发动机，这款发动机根据本田在国际大奖赛上获得的经验开发。四个化油器负责向发动机提供油气混合物。伴随令人热血沸腾的排气声，736 毫升顶置凸轮轴四冲程发动机提供平稳又强劲的动力。

14. 顶置凸轮轴发动机 15. 化油器上的吸气阀杆 16. 带圆形罩盖的交流发电机 17. 镀铬排气管

14

15

16

8

13

17

超级摩托车（续）

20 世纪 70 年代，摩托车买家主要在动力设计精良的日本车和结构简单但操控性更好的欧洲车之间进行选择。意大利厂商杜卡迪、拉沃达和摩托古奇等通过对基本车型改进达到了日本车的水平，而宝马公司的产品则具有优秀的空气动力学性能。

◁ **杜卡迪 860GTS 1977**
国别 意大利
发动机 864 毫升顶置凸轮轴 V 形双缸
最大速度 190 公里 / 小时

为了制造 860GTS，杜卡迪扩大了原有的 V 形双缸发动机，并委托汽车设计师乔格托·乔伽罗（Giogetto Giugiaro）打造它的时尚外形。

◁ **雅马哈 XS750 1977**
国别 日本
发动机 747 毫升直列三缸
最大速度 185 公里 / 小时

雅马哈 XS750 在超级摩托车竞争中采取了迂回路线，它是一款比运动型车更像旅行车的重型轴传动车，但性能上比超级摩托车并未落后太多。

△ **宝马 R100RS 1978**
国别 德国
发动机 980 毫升水平双缸
最大速度 198 公里 / 小时

R100RS 配有经风洞测试的整流罩，虽然发动机动力输出一般，却可以高速并舒适地进行长距离旅行。

▷ **雅马哈 XS1100F 1979**
国别 日本
发动机 1101 毫升直列四缸
最大速度 222 公里 / 小时

雅马哈在豪华旅行车市场中和宝马针锋相对，推出动力更强劲，更精致的 XS1100F，但重量也更大，操控性稍逊。

△ **本田 CBX 1000 1978**
国别 日本
发动机 1047 毫升直列六缸
最大速度 219 公里 / 小时

20 世纪 70 年代的本田车变得有些古板，但这款车改变了这一切。惊人的 24 气门双凸轮六缸发动机让 CBX 1000 成为当时最快的公路摩托车。

◁**杜卡迪 900SD**
达玛 1979
国别 意大利
发动机 864 毫升 V 形双缸
最大速度 183 公里 / 小时

SD 有极佳的平衡性，配备了不常见的 90 度夹角 V 形双缸联控气门发动机，以及坚固的轻型车架，能在弯曲道路高速行驶。

△**川崎 Z1000 Z1R**
D1 1978
国别 日本
发动机 1015 毫升直列四缸
最大速度 219 公里 / 小时

日本第一款“定制”的咖啡馆摩托车，70 年代棱角分明的外观，黑色发动机和合金车轮，是动力最强劲的 Z 系列，但销量惨淡。

△**川崎 Z650C 1979**
国别 日本
发动机 652 毫升直列四缸
最大速度 190 公里 / 小时

Z650C 在 1976 年首次推出，1979 年川崎为该车增加了额外的镀铬件、合金车轮和装饰花纹，希望借此增加销量，但买家更青睐 750 摩托车。

▷**铃木 GS750 1978**
国别 日本
发动机 748 毫升直列四缸
最大速度 193 公里 / 小时

铃木从 GS750 开始放弃了两冲程发动机转向四冲程发动机。这款优秀的双凸轮四缸车远胜对手的同级车，而且还是一款实用的日常通勤车。

△**铃木 GT750 1978**
国别 日本
发动机 738 毫升直列三缸
最大速度 198 公里 / 小时

作为唯一量产的水冷两冲程车，GT750 速度快、舒适性好，但公路操控性稍差。

△**铃木 GS1000S 1979**
国别 日本
发动机 987 毫升直列四缸
最大速度 224 公里 / 小时

这款带整流罩的 GS1000 是为庆祝维斯·库利（Wes Ccoley）和吉村（Yoshimura）在 1978 年夺得 AMA 超级摩托车赛冠军而推出。它是当时同级车中速度最快的之一，不过驾驶起来也非常平顺。

◁**拉沃达 霍塔 1000 1979**
国别 意大利
发动机 981 毫升直列三缸
最大速度 224 公里 / 小时

在一段较短的时间内，“霍塔”（Jota）曾是世界上速度最快的量产摩托车。它噪声大，造型粗犷，桀骜不驯，是很多摩托爱好者的挚爱。

中型摩托车

在中型车市场，一些买家仍然寻求一款可靠的“能带我回家”的通勤车，比如值得信赖的西班牙桑格拉（Sanglas），而其他人则追求更高的速度和更好的操控性。欧洲厂商改进一些早期车型，推出了更快的产品，但它们通常略显粗糙，可靠性和维护性不足。日本厂商则制造完美设计的摩托车：从至今仍是最小的本田 350 四缸车到雅马哈的双凸轮四气门 500 并列双缸车。

△ **杜卡迪 350 联控气门 1974**
国别 意大利
发动机 340 毫升单缸
最大速度 148 公里 / 小时

法比奥·塔格里奥尼（Fabio Taglioni）设计了一种不用弹簧开合的联控气门机构，赋予这款单缸车无与伦比的性能。

△ **杜卡迪 银色猎枪 1970**
国别 意大利
发动机 436 毫升单缸
最大速度 158 公里 / 小时

在公路上你不会错过这款杜卡迪，它那玻璃纤维车身侧板涂着银色金属漆，7000 转 / 分的联控气门发动机的声音也相当独特。

▽ **杜卡迪 450 联控气门 1974**
国别 意大利
发动机 436 毫升单缸
最大速度 158 公里 / 小时

450“联控气门”的强劲联控气门发动机，以及超细腻的操控性，大大弥补了 70 年代杜卡迪制造质量不佳的缺陷。

△ **MV 阿古斯塔 350S 电子版 1972**
国别 意大利
发动机 349 毫升直列双缸
最大速度 166 公里 / 小时

该车良好的操控性源于其轻巧的车架，发动机作为结构部件与车架结合。这款 1972 年推出的 350S 装有早期的电子点火系统。

▽ **凯旋 T100R 戴托纳 1972**
国别 英国
发动机 490 毫升直列双缸
最大速度 179 公里 / 小时

该车是“老虎”100 的高性能版，用于与日本对手竞争，其名字来自 1966 年凯旋在戴托纳赛道的首场胜利。

△ **雅马哈 TX500 1972**
国别 日本
发动机 498 毫升直列双缸
最大速度 177 公里 / 小时

该车是首款为直列双缸发动机每个气缸配置顶置双凸轮轴和 4 气门的公路摩托车，具有相当不错的操控舒适性。

◁**桑格拉 400E 电启动版 1973**
国别 西班牙
发动机 422 毫升单缸
最大速度 130 公里 / 小时

桑格拉公司从 1945 年起在巴塞罗那制造简单的低转速四冲程单缸车，直到 1981 年被雅马哈收购。这款电启动版是可靠的交通工具。

▽**本田 CB350F 1973**
国别 日本
发动机 347 毫升直列四缸
最大速度 159 公里 / 小时

尺寸如此小的顶置凸轮轴直列四缸发动机在当时非常独特。CB350F 虽然不是特别快，但造型美观，行驶平稳，安静性好。

△**博内利 500 四缸 1975**
国别 意大利
发动机 498 毫升直列四缸
最大速度 172 公里 / 小时

在德·托马索（De Tomaso）的掌管下，博内利这款外形酷似本田的发动机由摩托古奇公司制造。该车采用前盘式制动，动力输出极佳，经济性优良，是一款颇具吸引力的产品。

▽**铃木 GT550 1975**
国别 日本
发动机 543 毫升直列三缸
最大速度 174 公里 / 小时

这款 550 毫升摩托车是铃木 380 毫升和 750 毫升的两冲程三缸车的中间型。图中这辆车的车身、排气管和车轮进行了售后改装。

△**铃木 T500 1975**
国别 日本
发动机 492 毫升直列双缸
最大速度 170 公里 / 小时

赢得 AMA 全国赛的第一款两冲程车，也是当时世界上最大的两冲程双缸车，容易产生振动，但相比于它提供的性能来说还算值得。

中型摩托车（续）

随着时代进步，后来的任何 500 毫升车最大速度都能达到 160 公里 / 小时，而运动版比这还要高出 16–24 公里 / 小时。虽然在这个时期日本品牌没有在所有细节上尽善尽美，但他们凭借精致、简洁、时髦的产品在中型车市场上占有很大份额。随着川崎公司开始在美国制造摩托车，一个新时代开始了。

◁ **本田 CB400F 1975**
国别 日本
发动机 408 毫升直列四缸
最大速度 158 公里 / 小时

400 四缸车虽小，但造型优美，是将日本车带向市场霸主地位的车型之一。它拥有令人愉悦的发动机、漂亮的外观和极佳的性能。

△ **莫里尼 $3^1/_2$ 运动版 1975**
国别 意大利
发动机 344 毫升 V 形双缸
最大速度 156 公里 / 小时

"苍鹭头"赋予佛朗哥 · 兰博基尼（Franco Lambertini）设计的 V 形双缸发动机强大的动力和出色的灵活性，该车配有轻型易操纵的车架。

△ **本田 CB500T 1976**
国别 日本
发动机 499 毫升平行双缸
最大速度 160 公里 / 小时

CB500 噪声小，易操控，但振动较大，如果是在几年前而不是 1975 年，这样的振动是可以接受的。该车采用赛车外观。

◁ **本田 CB550 四缸 1976**
国别 日本
发动机 544 毫升直列四缸
最大速度 169 公里 / 小时

550 四缸是一款综合性能优异的产品，在性能、经济性和操控性上实现了最佳平衡。

△ **本田 CX500 1978**
国别 日本
发动机 497 毫升 V 形双缸
最大速度 169 公里 / 小时

20 世纪 70 年代中期，本田几乎在中型车上尝试了每一种发动机布局。CX 最具创意，采用水冷 V 形双缸发动机和轴传动系统。

△ **杜卡迪 500SL 潘塔 1977**
国别 意大利
发动机 497 毫升 V 形双缸
最大速度 188 公里 / 小时

“潘塔”的联控气门 V 形双缸发动机作为结构组件与既轻又坚硬的格架式车架结合，赋予该车良好的性能和操控性。

△ **杜卡迪 500 运动型 联控气门 1977**
国别 意大利
发动机 497 毫升直列双缸
最大速度 170 公里 / 小时

杜卡迪标志性的联控气门并不是公路车的必需，但它的确为这款快速、敏捷、紧凑的 500 毫升车打上了独特烙印。

△ **摩托古奇 V50 1977**
国别 意大利
发动机 490 毫升 V 形双缸
最大速度 169 公里 / 小时

在德 · 托马索的掌控下，古奇公司标志性的横向 V 形双缸车的小型版推出，采用合金车轮和轴传动，性能良好。

△ **MV 阿古斯塔 350S 假想 1978 年**
国别 意大利
发动机 349 毫升直列双缸
最大速度 151 公里 / 小时

MV 350 在 1975 年由乔治 · 乔治亚罗（Giorgio Guigiaro）重新设计，采用新型车架和一些现代技术。顶置气门发动机几乎没有改变。

▷ **雅马哈 XS400 1978**
国别 日本
发动机 392 毫升直列双缸
最大速度 169 公里 / 小时

XS400 带有盘式制动、合金车轮、时髦涂装和一些大型摩托车才有的配置，成为一款具有吸引力的产品。

▷ **川崎 KZ400 1978**
国别 日本
发动机 398 毫升直列双缸
最大速度 150 公里 / 小时

川崎在美国的创建第一家“外国工厂”出品的就是这样的摩托车。KZ400 是本田 CB360 的全面优化型。

驾驶目黑设计的川崎 W 系列的车手

大品牌

川崎的故事

川崎摩托车和车主之间通常都有着极强的关联度。不像其他日本厂商的产品有时会显得雷同，川崎一直在需求创新色彩和个性化道路，由此建立起车手对川崎肌肉感十足的摩托车强烈的忠诚度。

19 世纪的最后几年，川崎正藏（Shozo Kawasaki）在东京创办了川崎造船所。造船事业上的成功让川崎把业务扩大到蒸汽机车和飞机制造。二战后的困难时代，摩托车被认为是经济遭受重创的日本所需的高效费比交通工具。从那时起川崎开始为其他摩托车企业制造发动机，20 世纪 50 年代末，川崎开始制造摩托车整车。川崎在明石建立了一间装配工厂，通过合并目黑获得了先进技术，从而建立起行业声望。最初的事业即便算不上激情四射，但也足够有效。川崎推出的第一款整车是 1961 年的 125 毫升两冲程 B7。第一款带有川崎商标的是 1963 年的 B8，虽然高效但并不惊艳。后来的车型，如 1966 年的长销车型 B1 进一步强化了川崎作为平庸品牌而不是开创性品牌的形象。

川崎标志（1968年启用）

1967 年 当 250 毫升双缸车 A1（也被称为“武士”）出现时，这一切都开始改变，尤其是在美国。这款车向世界展示了川崎不仅循序渐进，也能革命性地改变市场格局。摩托车行业还没有准备好迎接 1968 年将要到来的川崎新车型。那一年推出的 500 毫升 H1 具备可怕的加速性能，将竞争对手远远甩在身后。虽然这款车操控比较困难，但摩托车杂志记者伊安 · 法伦（Ian Falloon）还是给予高度评价：“这款车是每一个青少年的梦想，包括我”。

如果骑手关注的是摩托车的性能，那么川崎 1972 年的 Z1 足以让他们心满意足。这款 900 毫升顶置双凸轮轴野兽可以飚到 211 公里 / 小时。1973 年 Z1 在戴托纳创下了超过 40 项速度和耐力纪录。如果说 H1 和 H2 主打的是单一性能优势，那么四缸的 Z1 则是一款全面优秀的摩托车，拥有无可质疑的动力输出，它的绰号“国王”并非浪得虚名。

Z1 推出之后的十年是川崎的黄金时代。1976 年的 KZ1000A 和 KZ650 在公路车领域继续成功，此后川崎又在赛场上夺得统治地位。20 世纪 70 年代末和 80 年代初，空气动力性能优秀的 KR250 和 KR350 在国际锦标赛上囊括了几乎所有相应级别的世界冠军。人们常说，到达巅峰和保持巅峰完全是两回事，但六缸 Z1300 旅行摩托车巩固了川崎的地位，它的动力让很多汽车都黯然失色。

进入激烈竞争的 80 年代中期，川崎又推出液冷 GPZ900R。GPZ 系列继承了川崎的不俗品质和令人屏息的性能，而 900R 则让这一形象保持多年。1990 年，川崎经典车型名单上又增加了新成员。这一年 ZZ-R1100 发布，它以 282 公里 / 小时的极速成为世界上最快的量产摩托车。

20 世纪 90 年代，川崎在摩托车中赛事中不断取胜。从 1991 年开始，川崎在 6 年里 5 次夺取世界耐力赛冠军。在这场连冠中间，1993 年美国车手斯科特 · 拉塞尔（Scott Russell）险胜英国车手卡尔 · 福格蒂（Carl Fogarty）赢得世界超级摩托车

先锋级车型

1972 年推出的 903 毫升川崎 Z1 拥有优秀的操控性，盘式制动提供强劲的制动力，是世界上最早的“超级摩托车”之一。

全地形品牌

川崎素有制造最优秀越野摩托车的传统，这一美誉是一个个越野赛和耐力赛世界冠军堆砌起来的。

W1

1954 采用川崎新型 KB-5 发动机的明发 125V 推出。

1961 完全由川崎生产的第一款整车 B7 推向市场。

1963 第一辆带有川崎标志的车 B8 推出。

1967 A1（又称“武士”）发布。

1968 川崎以 H1 首次进军三缸车市场，成为世界上最快的量产车。

Z1

1972 四缸 Z1 打开了超强动力车型市场。

1976 KZ650 发布。

1978 科克·巴林顿（Kork Ballington）夺得当年和次年 250 毫升和 350 毫升级世界冠军。

1980 安顿·曼格（Anton Mang）夺得 250 毫升和 350 毫升级 3 年 4 冠中的第一冠。

1981 吉安·拉方德（Jean Lafond）和雷蒙德·罗奇（Raymond Roche）斩获世界耐力赛冠军；川崎发布 AR50。

ZX-12R

1983 GPZ900R 成为世界上最畅销的两轮摩托车。

1991 阿列克斯·维埃拉（Alex Vieira）驾驶川崎开始了世界耐力赛 6 年 5 冠之旅。

1994 世界上最快的量产摩托车 ZZ-R1100 发布。

1994 川崎最具优势的 900 毫升级 ZX-9R 发布。

1996 川崎摩托车产量突破 1000 万辆大关。

KX250F

1998 塞巴斯蒂安·托特利（Sebastian Tortelli）夺得 250 毫升级世界越野赛冠军，两年前他曾获此桂冠。

2000 川崎“忍者”发布，该车解决了减轻重量的同时提升动力的难题。

2008 由 ZZ-R1400 发展而来的 1400GTR 帮助川崎再次进入旅行车市场。

2009 在 VN1700 “航行者” 赛事中，哈雷 - 戴维森的“伊莱克特拉滑翔”在旅行车级别上迎来了一位有力的竞争对手。

赛冠军。在泥浆四溅的越野赛多年摸爬滚打终于在 1995 年得到回报，伟大的比利时车手斯蒂芬·埃弗茨（Stefan Everts）捧得 250 毫升级桂冠。

90 年代中期的 ZX-7R 车型并不被评论家看好，但该车的外形、操控性和速度却赢得了大众的喜爱。

> “设计非常精巧，制造堪称完美。”
>
> *科克·巴林顿，驾驶 KR500 夺得 250/350 毫升级世界冠军。*

法国经典组合

由格里高利·勒布朗（Gregory Leblanc）、奥利维亚·福尔（Olivier Four）和朱利安·达·科斯塔（Julien Da Costa）组成的川崎车队在庆祝 2010 年勒芒 24 小时赛夺冠，这是世界耐力锦标赛的一部分。

2000 年推出的旗舰型“忍者”继续执掌川崎高端车市场地位，该车无与伦比的功重比专为打破纪录而设计。2003 年发布的 Z1000 和 2006 年发布的 ZZ-R1400 证明川崎的脚步一点也没有减缓，后者在 2.5 秒内就能加速到 97 公里 / 小时，成为川崎以动力著称的辉煌历史的完美继承者。川崎的“绿色刻薄鬼”赛车和开创性的公路车个性十足，虽然如今作为庞大的川崎重工集团的一部分，川崎在日本四大摩托车制造商中规模最小，位列本田、铃木和雅马哈之后，但这并不妨碍它成为顶级车市场的有力竞争对手。

标新立异

对 20 世纪 70 年代那些经济实力胜于普通大众的高级买家，可供选择的车型很多，其中包括德国、日本、荷兰产的汪克尔转子发动机摩托车。一些品牌聘用顶级的汽车造型师帮助其产品外观赢得优势，另一些品牌则专注于技术。这类车的销量并不大，但留存下来的都是值得崇拜的经典。

▷ **哈雷－戴维森**
FLH 定制版 1970
国别 美国
发动机 1208 毫升 V 形双缸
最大速度 145 公里 / 小时

哈雷重新设计的 FL 发动机绰号叫“锹形头”。这辆定制版采用加长前叉、高车把和排气管售后改造件，非常时髦。

▽ **凯旋 X-75 飓风 1973**
国别 英国
发动机 741 毫升直列三缸
最大速度 183 公里 / 小时

这款车由定制车设计者克莱格 · 维特尔（Craig Vetter）为美国市场设计。X-75 是凯旋公司利用 BSA 产品改造而成，成为第一款工厂生产的定制车。

◁ **凯旋 T140D 博纳维尔特别版 1979**
国别 英国
发动机 744 毫升直列双缸
最大速度 169 公里 / 小时

这款诱人的 T140D 配备铸造合金车轮、小型油箱、高车把和二合一排气管。该车面向美国车，“D”表示美国戴托纳。

△ **大力神 /DKW W2000 1974**
国别 德国
发动机 294 毫升汪克尔单转子发动机
最大速度 145 公里 / 小时

世界首款没有活塞的汪克尔转子发动机摩托车，在德国称作“大力神”，在其他地方称作 DKW，古怪的气冷动力组让买家们望而却步。

▷ **铃木 RE-5 1974**
国别 日本
发动机 497 毫升汪克尔单转子发动机
最大速度 167 公里 / 小时

日本首款转子发动机摩托车，技术精良，但在大多数骑手看来有些怪异，它重量大油耗高，铃木在 1977 年之后放弃了转子发动机。

▽ **哈雷－戴维森 XLCR 1978**

国别 美国
发动机 998 毫升 V 形双缸
最大速度 185 公里 / 小时

XL 咖啡馆摩托车源自一款 1000 毫升运动摩托车，风格上深受欧洲运动摩托车影响，但速度和操控性逊于欧洲产品，没有吸引到多少买家。

◁ **宝马 R90S 1975**

国别 德国
发动机 898 毫升水平双缸
最大速度 200 公里 / 小时

宝马凭借这款既快又舒适的大排量运动旅行车加入超级摩托车市场竞争后，宝马品牌阴郁的色彩一扫而光。

▷ **IZH 木星 3 1975**

国别 原苏联
发动机 348 毫升直列双缸
最大速度 115 公里 / 小时

伊热夫斯克（Izhevsk）制造的这款“木星”价格昂贵，但在机构上和造型上都显陈旧。这款车在英国以哥萨克品牌销售。

△ **MV 阿古斯塔 假想 运动版**

国别 意大利
发动机 349 毫升直列双缸
最大速度 170 公里 / 小时

“假想”的外形由杰出汽车造型师乔格托 · 乔伽罗设计，速度、操控和制动都很出色，但它的顶置气门发动机振动较大。

△ **博内利 750 Sei 1976 年**

国别 意大利
发动机 747 毫升直列六缸
最大速度 203 公里 / 小时

亚历杭德罗 · 德 · 托马索（Alejandro de Tomaso）收购博内利公司后，以这款直列六缸车向日本车发起挑战。该车发动机和本田 CB500 相似，但多了两个气缸。

△ **类星体 1977**

国别 英国
发动机 848 毫升直列四缸
最大速度 177 公里 / 小时

“类星体”（Quasar）由马科姆 · 麦维尔（Malcolm Mewell）和肯 · 黎曼（Ken Leaman）创造，这款躺坐式驾驶带顶棚的车使用一台“可赖”汽车发动机，配有加热器和雨刮器，只生产了 21 辆。

△ **范 · 维恩 OCR 1000 1978**

国别 荷兰
发动机 996 毫升汪克尔双转子发动机
最大速度 201 公里 / 小时

亨克 · 范 · 维恩（Henk van Veen）使用一台 NSU/ 雪铁龙发动机制造了这款车。它比其他早期汪克尔发动机摩托车体型更大，动力更强。只制造了 38 辆。

车轮上的乐趣

到20世纪70年代，廉价二手车很容易买到，这对小排量摩托车提出了除低价和通勤以外的更多要求。制造商一面寻求新市场，一面努力将摩托车变成人们的必需品。儿童迷你摩托车是应对措施之一，这为孩子们从小爱上摩托车创造了可能。

◁ **本田 ST70“短腿猎犬”/越野 70 1970**
国别 日本
发动机 72毫升单缸
最大速度 47公里/小时

ST70的车轮直径只有25厘米，车把可折叠，在一些国家不能合法上路，但这款冲压钢车架的迷你摩托车能带来许多乐趣。

△ **本田 CB250 K4 1972**
国别 日本
发动机 249毫升直列双缸
最大速度 148公里/小时

本田在1968年重新设计了250摩托，由此产生的CB250 K4是一款可靠又经济的工作车。在70年代，它是一款完美的初学者用车，也能胜任日常交通。

▷ **维斯帕 超级 150 1970**
国别 意大利
发动机 145毫升单缸
最大速度 90公里/小时

比亚乔更小的踏板摩托车（车轮直径8英寸/20厘米），在20世纪60年代中期风格炫酷，一直生产到1976年，销量超过50万辆。

△ **兰美达 GP/DL 150 1970**
国别 意大利
发动机 148毫升单缸
最大速度 101公里/小时

这款贝尔通（Bertone）重新设计的运动版（200款采用盘式制动）将兰美达带入70年代。1972年英国利兰公司关闭兰美达生产线后，生产转移到印度进行。

△ **兰美达 J50 特别版 1971**
国别 意大利
发动机 49毫升单缸
最大速度 40公里/小时

1964年推出的J50是专为女性设计的微型车。这款车造型时髦，自重轻，但是动力弱。也有98毫升或122毫升型可供选择。

△ **聪达普 GS 125 1972**
国别 德国
发动机 123毫升单缸
最大速度 116公里/小时

聪达普公司1922年起制造摩托车，持续到1984年。GS125两冲程车是一款成功且诱人的越野赛车，在公路上也有较高的速度。

▷ **CZ 运动版 175 1972**
国别 原捷克斯洛伐克
发动机 172毫升单缸
最大速度 109公里/小时

原捷克斯洛伐克制造商爪哇-CZ用这款车创造了优秀的越野赛成绩。但跟日本车相比它的噪声更大，工艺粗糙。

△MZ ETS 250 奖杯 运动版 1973

国别 原东德

发动机 249 毫升单缸

最大速度 132 公里 / 小时

原东德制造商 MZ 极其强劲的两冲程发动机为他们带来了很多比赛胜利。MZ 的公路车通常敦实耐用，不过 ETS 是一款活力十足的运动车。

▷印第安 MT5A 1973

国别 美国

发动机 46 毫升单缸

最大速度 40 公里 / 小时

具有历史意义的印第安品牌几经浮沉。20 世纪 70 年代印第安通过“伊塔杰特”（Italjet）发展出这款 50 毫升儿童越野车，其车轮直径只有 10 英寸（25 厘米）。

△雅马哈 200 CS5E 1972

国别 日本

发动机 195 毫升直列双缸

最大速度 137 公里 / 小时

这款 200 毫升车是同级别车中的性能领跑者，带电启动，个头与 125 毫升车相同。它的两冲程发动机可以媲美四冲程 250 毫升发动机。

△雅马哈 SS50 1973

国别 日本

发动机 49 毫升单缸

最大速度 72 公里 / 小时

雅马哈为这款 SS50 安装了可以锁定的自行车脚踏板，因为法律规定 16 岁的少年在公路上只能骑摩托助力车。

△伊塔杰特 M5B 1973

国别 意大利

发动机 48 毫升单缸

最大速度 40 公里 / 小时

伊塔杰特从 1959 年起制造了一系列 50 毫升摩托车，包括迷你儿童越野车，它主打 20 世纪 70 年代蓬勃发展的娱乐市场。

车轮上的乐趣（续）

酷锐的外观，明丽的色彩，日渐先进的小排量摩托和轻型摩托踏板车变得越来越具有魅力。与此同时，制造精良的两冲程运动型摩托车虽然有环境污染问题，但却提供了令人兴奋的性能。日本厂商在自己的低价车型上配置盘式制动和合金车轮，使它们看起来像“大排量摩托车”，同时又具有低廉价格。

△MV 阿古斯塔 迷你车 1973
国别 意大利
发动机 48 毫升单缸
最大速度 48 公里 / 小时

菲尔 · 里德（Phil Read）为 MV 阿古斯塔夺得 500 毫升级世界冠军后，公司奖励给他儿子一款迷你“赛车”，并以阿古斯塔标志性涂装限量推出。

△普赫 MS50 1973
国别 奥地利
发动机 49 毫升单缸
最大速度 45 公里 / 小时

普赫从 20 世纪 50 年代开始制造可靠又美观的摩托助力车，1956 年之后其基本型基本没有什么改变。这款车采用双速变速箱和车把旋转式换挡机构。

▷维斯帕 拉力赛 180 美国版 1974
国别 意大利
发动机 180 毫升单缸
最大速度 105 公里 / 小时

美国版拉力赛 180 增加了许多配件，如不一样的灯，电池也成为标配。该车是首款采用旋转气门的维斯帕。

◁维斯帕 拉力赛 200 1976
国别 意大利
发动机 198 毫升单缸
最大速度 113 公里 / 小时

拉力赛 200 带电启动，可输出 10 马力，紧凑的车身搭配宽大舒适的双人座，是最令人渴求的维斯帕之一。

▷维斯帕 ET3 1977
国别 意大利
发动机 123 毫升单缸
最大速度 90 公里 / 小时

这是维斯帕小型的“普里马韦拉”的最后改型，拥有电子点火系统和第三输气孔，制动马力从 5.5 马力提升到 7 马力。

▽哈雷 - 戴维森
SS-250 1975
国别 美国 / 意大利
发动机 243 毫升单缸
最大速度 137 公里 / 小时

20 世纪 70 年代哈雷在意大利的子公司制造了一系列新的轻型两冲程摩托车。这些车外观漂亮，但可靠性不及日本车。

△卡萨尔 K196 运动版
摩托助力车 1977
国别 葡萄牙
发动机 49 毫升单缸
最大速度 61 公里 / 小时

葡萄牙摩托助力车制造商卡萨尔（Casal）从 1964 年开始许可制造聪达普摩托车。这款轻型运动款提供双速手动变速和后踏板刹车。

◁雅马哈 XS250 1978
国别 日本
发动机 248 毫升直列双缸
最大速度 137 公里 / 小时

雅马哈在 1977 年推出 250/360/400 毫升级顶置凸轮轴发动机 XS 系列。这些车性能不错，但算不得突出。

△铃木 GT185 1979
国别 日本
发动机 184 毫升直列双缸
最大速度 132 公里 / 小时

这款有活力的车目标群体是年轻人，但风头被 200 毫升车盖过。它采用电启动和冲压空气冷却。

△铃木 A100 1975
国别 日本
发动机 98 毫升单缸
最大速度 115 公里 / 小时

20 世纪 60 年代推出，它车身瘦削、优雅，涂装亮丽，配备旋转气门两冲程发动机，重量只有 183 磅（83 公斤），性能卓越。

△卡吉瓦 SST350 1979
国别 意大利
发动机 342 毫升单缸
最大速度 145 公里 / 小时

卡斯蒂利奥尼兄弟制造与此类似的两冲程摩托车和助力车。1978 年收购 AMF- 哈雷工厂后，几年内就成为意大利最大的摩托车生产商。

明特400越野赛，1971年

明特 400（Mint 400）也被称为大美利坚沙漠拉力赛，是一年一度的穿越内华达州莫哈韦沙漠的耐力赛。1977 年之前，摩托车和汽车都一起参加比赛。这段时期越野摩托车运动发展迅速。

镀铬和尾气

凭借两冲程发动机强大的功重比，新一代高性能运动摩托车出现。日本厂商是这个领域的领军群体，他们不仅将赛车技术运用于产品，还通过增加镀铬件和绚丽涂装让摩托车更具吸引力。没人会关心排气管冒出的烟尘，但高油耗的确是个缺点。

▷ 铃木 T350 反叛 1971
国别 日本
发动机 315 毫升直列双缸
最大速度 146 公里 / 小时

相对于价格，铃木这款六速两冲程摩托车提供极佳的性能，销量也随该车频频参赛而增加。1972/1973 年澳大利亚阿玛鲁 6 小时耐力赛上，T350 击败了比它大得多的车型。

◁ 铃木 T125 毒刺 1972
国别 日本
发动机 124 毫升直列双缸
最大速度 119 公里 / 小时

“毒刺”（Stinger）的造型融合了赛车和越野车元素，配备高转速直列双缸两冲程发动机，被宣传成一辆“可以在街道上开的赛车”。

▷ 铃木 T500 1975
国别 日本
发动机 492 毫升直列双缸
最大速度 171 公里 / 小时

1968 年推出的 T500 是铃木首款大排量车型，又称“眼镜蛇”和“巨人”。它让其他 500 毫升级产品黯然失色，1976 年后又发展成 GT500 旅行车。

◁ 铃木 GT380 1976
国别 日本
发动机 371 毫升直列三缸
最大速度 169 公里 / 小时

铃木 380 毫升和 550 毫升三缸车采用冲压空气冷却，扭矩强悍，行驶平稳。这款 GT380 的车轮、车座和排气管均为售后改装件。

◁ 铃木 GT250 X7 1979
国别 日本
发动机 247 毫升直列双缸
最大速度 160 公里 / 小时

这款时速高达 160 公里 / 小时的 X7 源于 60 年代的 X6 和稍晚的 GT250，是咖啡馆摩托改装的最佳选择。

△ 雅马哈 CS5 1972
国别 日本
发动机 195 毫升直列双缸
最大速度 135 公里 / 小时

这款小型 200 毫升两冲程雅马哈摩托车提供令人惊艳的性能和操控性，60 年代末 70 年代初吸引了很多爱好者。

◁**川崎 H1 马赫 III 1973**

国别 日本

发动机 499 毫升直列三缸

最大速度 185 公里 / 小时

这款两冲程怪兽提供可怕的 60 制动马力，跑完四分之一英里（400 米）只需 12.4 秒。该车在美国获得巨大成功，但它对经验不足的骑手而言比较危险。

◁**雅马哈 RD400 1978**

国别 日本

发动机 399 毫升直列双缸

最大速度 175 公里 / 小时

RD400 车型由颇似赛车的 RD350 发展而来，在不牺牲完美性能基础上提供更好更干净的骑乘体验，一直生产到 1981 年。

△**川崎 G3SSD 1974**

国别 日本

发动机 89 毫升单缸

最大速度 105 公里 / 小时

90 毫升 SS 系列从 1969 年生产到 1974 年，装备齐全，造型美观，配备两冲程旋转气门滑油喷射发动机和五速变速箱。

△**川崎 KH400 1978**

国别 日本

发动机 400 毫升直列三缸

最大速度 166 公里 / 小时

这款气冷两冲程三缸车因极佳的性价比获得了巨大成功。性能成熟的 400 一直生产到 1980 年。

▽**巴塔科 弹片 GT 1975**

国别 西班牙

发动机 244 毫升单缸

最大速度 145 公里 / 小时

“弹片”（Metralla）出自拥有浓烈赛车、特技车和越野车血统的巴塔科公司，重量轻，够敏捷，两冲程发动机提供 24 制动马力。

△**雅马哈 RD350 1975**

国别 日本

发动机 347 毫升直列双缸

最大速度 170 公里 / 小时

雅马哈在 1973 年对其高速的 350 毫升两冲程摩托车进行了升级，装上了簧片气门、六速变速箱和前轮盘式制动，赛车一般的观感让它好评如潮。

公路之外

20 世纪 70 年代，障碍骑行在美国和其他地方成为蓬勃发展的娱乐方式，制造厂商抓住这个机会扩大市场，售卖越障摩托车，这些车可以合法上路同时又具有不错的越野性能。一些骑手希望在赛场上将越障技术提高到新的水准，越野车、耐力车和越障车的需求也随之增加。

◁ 川崎 G4TR 越障霸王 1970
国别 日本
发动机 99 毫升单缸
最大速度 108 公里 / 小时

可调高低传动比赋予其十速变速机构，加上铝制气缸和堪比大排量车的性能，让“越障霸王”成为 70 年代理想的越障车。

◁ 本田 CT50 猎人小熊 1970
国别 日本
发动机 49 毫升单缸
最大速度 43 公里 / 小时

1964 年起，本田就制造了一系列带高 / 低传动比的四冲程摩托车，目的是应付偶然的越野行驶。该车在北美被称作“越障小熊”，其他地方则称作“猎人小熊”。

△ 本田 XR75 迷你车 1971
国别 日本
发动机 72 毫升单缸
最大速度 72 公里 / 小时

XR75 最初作为儿童越野车设计，这款四冲程迷你摩托车虽然不太能合法上路，但在儿童级越障赛上是款利器。

▷ 穗高 超级老鼠 1971
国别 日本
发动机 98 毫升单缸
最大速度 87 公里 / 小时

壳牌石油旗下的美日合资公司帕巴科（Pabatco）为美国市场制造越障摩托车。“超级老鼠”是它的第一款竞赛车型，取得了很大成功。

△ 铃木 TS125 1971 年
国别 日本
发动机 123 毫升单缸
最大速度 109 公里 / 小时

TS125 装有一台动力强悍的小排量两冲程发动机，它有一款更严肃的越障型 TS 125R“除尘器”（Duster）。

◁ 穗高 SS 1973
国别 日本 / 美国
发动机 98 毫升单缸
最大速度 89 公里 / 小时

合成滑油和迷你摩托车大师约翰 · 斯蒂恩（John Steen）用一辆 Ace 100 穗高摩托车进行改装，拆掉不必要的零件，装上塞里亚尼车叉、里克曼车把等，将它变成了赛车赢家。

▽ 富世华 耐力赛 504WR 1973
国别 瑞典
发动机 504 毫升直列双缸
最大速度 161 公里 / 小时

贡纳尔 · 尼尔森（Gunnar Nilsson）用一款排量增加到 504 毫升的赛车（为参加 500 到 750 毫升组比赛）夺得欧洲 FIM 杯。

▷ 富世华 390 WR 1979
国别 瑞典
发动机 384 毫升单缸
最大速度 137 公里 / 小时

这款又快又坚固的两冲程车是为耐力赛设计，扭矩惊人，六速变速箱，配有长行程悬挂系统和大灯。

▷ **CZ 175 耐力赛 DT 1974**

国别 捷克共和国
发动机 172 毫升单缸
最大速度 100 公里 / 小时

耐力赛标准型粗糙沉重且造型老旧，广受批评。但是轻量化的 DT 型却是不错的越野车。

△ **川崎 G4TR 越障霸王 1970**

国别 日本
发动机 99 毫升单缸
最大速度 108 公里 / 小时

这款相当成功的越野赛车率先采用了单减振悬挂装置，两冲程发动机为最大胆的骑手提供了强大的中档和高档动力。

◁ **CZ 250 越野车 1974**

国别 捷克共和国
发动机 246 毫升单缸
最大速度 105 公里 / 小时

20 世纪 60 年代起 CZ 摩托车就一直处在越野车市场前沿。尽管日本车冲击力强劲，但亚罗斯拉夫 · 法尔塔（Jaroslav Falta）仍然在 250 毫升世界锦标赛上占绝对优势。

△ **雅马哈 XT500 1975**

国别 日本
发动机 499 毫升单缸
最大速度 132 公里 / 小时

绰号“轰鸣器”（Thumper）的 XT500 是雅马哈首款大型单缸四冲程车，市场接受度很高。它在 1979 年和 1980 年超级累人的巴黎 - 达喀尔拉力赛中获胜。

△ **巴塔科 阿尔卑斯 1975**

国别 西班牙
发动机 244 毫升单缸
最大速度 105 公里 / 小时

1975 年起巴塔科连续 5 年赢得世界摩托车特技锦标赛冠军。此后公司将冠军车型改进成“阿尔卑斯”，使其更适于越障和耐力骑行。

▷ **蒙特萨 科塔 172 1977**

国别 西班牙
发动机 158 毫升单缸
最大速度 105 公里 / 小时

250 毫升“科塔”是轻型越障车的顶级款，它的 158 毫升小排量版十分敏捷，非常适于极限越障运动。

杰克·马歇尔（Jack Marshall）骑在为他夺得1908年TT大奖赛的凯旋摩托车上。

大品牌

凯旋的故事

著名的凯旋品牌曾是经典摩托车工业的代表，拥有一系列新潮的产品，如“疾速双缸”，博纳维尔和“雷鸟”，这些名字开创了英国摩托车在产业中地位至高无上的时代。20世纪80年代短暂的停顿后，重整旗鼓的凯旋继续生产独具特色的摩托车，凭借外观和动力保持杰出的地位。

经典的英国摩托车企业凯旋公司的出现，要归功于19世纪末来到英国的两位德国人的创业精神。1895年，西格弗里德·贝特曼(Siegfried Bettmann)开始以凯旋的名字销售自行车。后来，一个叫毛利茨·舒尔特(Mauritz Schulte)的工程师加入进来。像同时代其他企业家一样，他们很快发现了将发动机安装到自行车上的巨大商机。1902年，在考文垂选定了厂址后，贝特曼和舒尔特推出了他们第一辆由$2^{1}/_{4}$马力密涅瓦（Minerva）发动机驱动的动力版凯旋自行车。

“冲刺的R”标志
（20世纪30年代中期启用）

凯旋紧接着开发出自己的发动机。1905年生产的一款3马力发动机迅速为它赢得了可靠的单缸发动机的名声，接下来的十年中又发展出了动力更强的版本。其中一些发动机被安装到赛车上，这让凯旋很早就在赛场确立了自己的地位。1908年，杰克·马歇尔获得了曼岛TT比赛单缸车组的冠军。这场胜利促使凯旋车国内销量上升，1909年生产了大约3000辆摩托车。到1914年一战爆发前，凯旋摩托车卓越的性能让英国要求公司提供军用摩托车。英国政府军用订单主要是H型，凯旋公司总计为军方生产了约30000辆这款结实的499毫升单缸摩托车。

20世纪20年代早期，凯旋委托发动机设计大师哈里·里卡多（Harry Ricardo）设计新型发动机，由此产生了气缸头配备四气门的499毫升发动机。这款发动机装上R型摩托车后，让这款车性能显著提升，创下多项速度纪录。20年代后期，凯旋公司将产业扩大到汽车，但新型摩托车，如1933年凯旋首款双缸车表明，两轮交通工具仍然是公司业务的主流。

经济危机沉重打击了凯旋公司。1936年，凯旋的摩托车分部被杰克·桑斯特(Jack Sangster)接管，他之前曾让阿利尔摩托车公司摆脱困境。新老板聘用了前阿利尔公司雇员爱德华·特纳（Edward Turner）担任总设计师。此举被证明是关键一步，特纳凭借出色的工程才华重塑了凯旋产品线，推出了拥有眩目外形、良好性能和低廉价格的“老虎”。

特纳最大的贡献出现在1937年，当年推出的标志性的凯旋T100“疾速双缸”，被认为是20世纪英国最有影响力的车型。特纳相当巧妙地在通常只能容纳一个气缸的空间里成功地配置了两个气缸，这一革命性设计成为此后几十年里双缸摩托车的设计蓝本。这种500毫升排量平行双缸摩托车比以往任何同排量车型都更轻巧更高速，而且更漂亮。

研发出这款创新的双缸车，凯旋一度将注意力转向为二战中的英军制造侧置气门发动机摩托车。战争初期的1940年，德军轰炸摧毁了凯旋在考文垂的工厂，但两年后新工厂在附近的梅里登建立起来。

1934年的凯旋TT赛车队

1934年的曼岛TT大赛中的凯旋车队的车手，从左到右：汤米·斯潘、约克·韦斯特、厄尔尼·托马斯。

> “骑上凯旋博纳维尔之前，你不会体会到真正的激动，就像没有真正活过。”
>
> *史蒂夫·吉本斯乐队歌曲《凯旋博纳维尔》，2007年。*

完美旅行车

凯旋睿智地将其产品宣传成英国最好的摩托车，同时也是乡村游历的完美选择。

战后的凯旋把产品重心放在双缸摩托车上，开启了凯旋产品作为世界上最受欢迎摩托车的光辉时代。特纳将他的500毫升发动机扩大到650毫升，于1950年开发了“雷鸟”和一系列子型，主打美国市场，因为美国人觉得500毫升发动机太小。1953年，摩托车题材电影《飞车党》(The Wild One)中马龙·白兰度（Marlon Brando）与“雷鸟”的眩目组合，更让“雷鸟”享誉世界。

1951年凯旋被BSA收购，但它仍保持独立品牌。除了大型摩托车，凯旋也开始生产小型车，如149毫升的“小猎犬”和199毫升的“幼虎”。1956年，凯旋因创下陆地速度世界纪录受到全世界关注。在美国犹他州博纳维尔盐场，约翰尼·埃伦驾驶着649毫升凯旋发动机驱动的流线形摩托车达到了345公里/小时的速度。这一胜利促使凯旋在1958年推出T120博纳维尔，这款650毫升高速双缸车成为英国最著名的摩托车。20世纪60年代，

R 型快速跑车

1902 凯旋发布它的第一款带动力车辆，使用一款比利时造 $2^1/_4$ 马力密涅瓦动机。

1908 杰克 · 马歇尔使用凯旋摩托车获得曼岛 TT 比赛单缸车组冠军。

1921 安装哈里 · 里卡多设计的发动机的 R 型车速达到 120 公里 / 小时。

1924 494 毫升 P 型是凯旋首款量产车型。

1936 杰克 · 桑斯特收购凯旋。“老虎”70/80/90 单缸车发布。

疾速双缸

1937 采用激进的双缸发动机设计的“疾速双缸”超越任何其他 500 毫升车，为战后英国摩托车制造商勾画了蓝图。

1942 考文垂工厂被炸毁后，凯旋将新工厂建在梅里登。

1951 BSA 公司收购凯旋，但该品牌仍然独立运营。

1953 T110“老虎”发布。

1954 650 毫升“老虎”110 车型推出。

1956 搭载凯旋发动机的摩托车在美国博纳维尔盐场创造了新的陆地速度纪录。

T120 博纳维尔

1958 双化油器版 T120 博纳维尔发布，成为英国最著名的摩托车。

1963《大逃亡》中史蒂夫 · 麦昆（Steve McQueen）驾驶凯旋双缸车出镜。

1969 采用三缸发动机的 750 毫升“三叉戟”（Trident）发布。

1973 诺顿 - 维利尔斯 - 凯旋公司成立。

1979 T140 博纳维尔发布，这是凯旋最后一款大量出口美国的车型。

戴托纳 955i

1983 凯旋关闭梅里登工厂。

1990 新生的凯旋摩托车公司发布六款新车，排量从 750 毫升到 1200 毫升。

1994“疾速三缸”发布。

1995 采用三缸发动机和燃油喷射的 T595 戴托纳发布；辛克利（Hinckley）工厂被大火烧毁，但在 6 个月后重建。

2004“火箭”III 采用 2293 毫升发动机，迄今为止都是最大排量的摩托车。

凯旋年产量达到了 50000 辆，大多数用于出口。60 年代也是越来越大的日本车进入市场的年代，凯旋凭借 1969 年推出的车速 125 英里 / 小时的三缸“三叉戟”应对挑战。然而，凯旋的母公司 BSA 此时面临财政危机，在遭到严重打击后，1973 年英国的三大摩托车制造商联合成立了一家新公司——诺顿 - 维利尔斯 - 凯旋（NVT）。NVT 发布了一款 750 毫升博纳维尔，但当公司打算关闭梅里登工厂时，大部分工人占领和封锁了工厂。生产停止，直到 1975 年政府支持的工人合作社恢复生产 750 毫升双缸车。

1983 年，凯旋陷入资金短缺困境，房地产商约翰 · 布鲁尔（John Bloor）买下了凯旋的名字，建立了一家全新企业。1990 年，凯旋摩托车有限公司推出了它的首批产品，这些产品使用能唤起粉丝记忆的名字，如“三叉戟”、“戴托纳”和“奖杯”。接下来几年，凯旋用一系列新车宣告自己重回世界级制造商行列。21 世纪第一个十年，人们期盼已久的博纳维尔现代款终于到来。它不再是一款极速车，而是一款多功能的车手友好型车。现代感十足的双缸车及其一系列改型在销售上获得了成功。

半个多世纪前，凯旋摩托车给人留下的印象是干净的线条、极佳的操控性和令人印象深刻的速度。现在，年轻一代仍然青睐现代凯旋摩托车这些优秀的品质。

银幕偶像

1963 年电影《大逃亡》中史蒂夫 · 麦昆骑着凯旋 TR6 为了自由越过铁丝网，成为经典银幕形象。

世界级企业

作为世界级企业，凯旋公司拥有五家工厂：两个在英国莱斯特郡，三个在泰国。

赛车

20 世纪 70 年代是赛车技术爆炸的年代。制造商们开始使用特种合金，并以不锈钢尝试制造硬壳式结构，通过使用多气门/凸轮轴，燃油喷射以及强制进气等手段，以期从越来越高转速的发动机中提取更强的动力。日本品牌在国际大奖赛上占据绝对优势，但欧洲和美国品牌也奋力竞争，在更加迷茫的竞赛中也有所斩获。

◁ **凯旋 F750 1971**
国别 英国
发动机 741 毫升直列双缸
最大速度 225 公里/小时

1971 年，这款凯旋/BSA 联合工厂车队使用的三缸车在欧美 750 毫升级比赛中拔得头筹。图中这辆车是 1970 年美国冠军吉恩·罗密欧（Gene Romero）的参赛座驾。

△ **诺顿 F750 1973**
国别 英国
发动机 746 毫升直列双缸
最大速度 259 公里/小时

这款空气动力性能优秀的诺顿摩托车采用不锈钢硬壳式底盘，操控性完美，弥补了动力不足。彼得·威廉姆斯（Peter Williams）驾驶它在 1973 年方程式 750TT 赛事中夺魁。

△ **杜卡迪 750SS 1972**
国别 意大利
发动机 748 毫升 V 形双缸
最大速度 225 公里/小时

该车 1972 年包揽了意大利伊莫拉 200 国际赛的前两名，它是杜卡迪早期高转速 V 形双缸联控气门发动机的一个突破。

△ **哈雷－戴维森 XRTT 1972**
国别 美国
发动机 750 毫升 V 形双缸
最大速度 223 公里/小时

这款哈雷 XR750 改装的整流型短道加速赛车也可用于坡道赛。图中这款车配有丰塔纳前制动，曾是美国传奇车手卡尔·雷布恩（Carl Rayborn）的座驾。

◁ **哈雷－戴维森 RR250 1976**
国别 美国
发动机 250 毫升直列双缸
最大速度 177 公里/小时

这款水冷双缸车由马基工厂研制和生产，该车曾击败雅马哈 250 毫升和 350 毫升对手，帮助意大利人沃尔特·维拉（Walter Villa）荣膺四次世界冠军。

短道加速赛车

短道加速赛在美国诞生，20 世纪 60 年代传到欧洲。70 年代，顶级赛车手采用增加发动机数量的方法来获得 $^1/_4$ 英里（400 米）距离内从静止启动后的最大加速动力。这类赛车通常使用加长车架，采用硝基甲烷燃料、大型后轮、快速换挡传动系统和涡轮增压器。在赛道上操控这类赛车需要高超的技术和难以想象的勇气。

▽ **诺顿 屠夫 短道加速赛车 1975**
国别 英国/美国
发动机 2×880 毫升直列双缸
最大速度 290 公里/小时

汤姆·克里斯滕森（Tom Christenson）在 20 世纪 70 年代用他的双引擎车统治了美国短道加速赛场，该车命名为“屠夫”是因为它能击败哈雷－戴维森赛车。

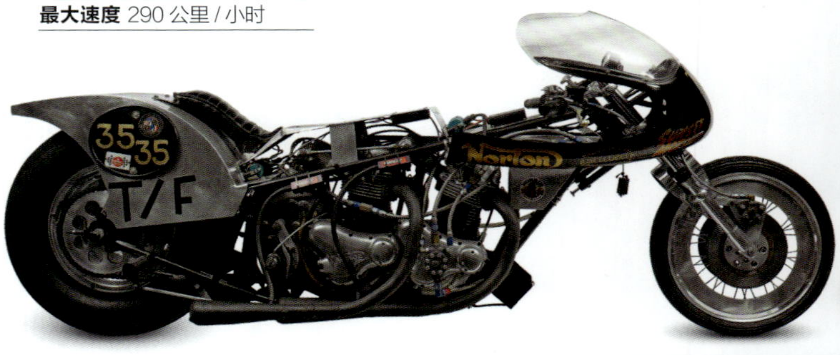

▷ **爪哇 布里格 高速赛车 1975**

国别 捷克共和国

发动机 599 毫升单缸

最大速度 177 公里 / 小时

顶级车手尼尔 · 斯崔特（Neil Street）和巴里 · 布里格斯（Barry Briggs）在 20 世纪 70 年代对高速赛车发动机进行了四气门改装。“布里格”由新西兰人布里格斯销售。

△ **本田 RCB1000 1976**

国别 日本

发动机 941 毫升直列四缸

最大速度 282 公里 / 小时

1976 年 RCB1000 成为欧洲和世界耐力赛霸主。该车由 CB750 改造而来，采用顶置双凸轮轴和其他创新技术。

△ **铃木 RG500 1978**

国别 日本

发动机 498 毫升方形四缸

最大逗度 282 公里 / 小时

铃木采用了不常见的方形四缸布局，每个气缸配有独立的曲轴。巴里 · 希尼（Barry Sheene）驾驶工厂版 RG500 获得了 1976 年和 1977 年世界冠军。

◁ **雅马哈 YZR 500 OW48 1979**

国别 日本

发动机 500 毫升直列四缸

最大速度 282 公里 / 小时

雅马哈研发出 YZR500 后，从 1973 年开始便赢得了多次国际大奖赛冠军。1980 年推出的 OW48 采用全新的铝制车架，帮助肯尼 · 罗伯茨（Kenny Roberts）赢得他的第三个世界冠军。

◁ **雅马哈 TZ250 1977**

国别 日本

发动机 247 毫升直列双缸

最大速度 209 公里 / 小时

雅马哈在 1972 年国际大奖赛 250 毫升和 350 毫升级赛事上试验了水冷缸头，1973 年将该技术用于 TZ，直到 1986 年它每年都有更新。

▷ **川崎 KR250 1979**

国别 日本

发动机 250 毫升直列双缸

最大速度 241 公里 / 小时

这款两冲程串联双缸赛车非常成功，为科克 · 巴林顿（Kork Ballington）拿下了 1978 年和 1979 年的世界冠军，为安顿 · 曼格赢得了 1981 年的世界冠军。

◁ **川崎 2400 毫升短道加速赛车 1977**

国别 英国 / 日本

发动机 2×850 毫升直列双缸

最大速度 354 公里 / 小时

鲍勃 · 韦伯斯特（Bob Webster）将两台川崎 850 毫升发动机装在一起，加上增压器，在北安普顿的桑塔普德赛道上跑出 241 公里 / 小时的高速，仅用 7.75 秒内就跑完了 1/4 英里（400 米）赛程。

△ **威斯莱克 霍比特 短道加速赛车 1978**

国别 英国

发动机 2×850 毫升直列双缸

最大速度 338 公里 / 小时

约翰 · 霍布斯（John Hobbs）用两台威斯莱克发动机和两台夏洛克斯增压器建造了这辆吓人的“霍比特”。从 1975 年到 1979 年一直在稳步改进，它的 1/4 英里（400 米）成绩为 8.2 秒。

古典风格

20 世纪 70 年代初，日本和英国摩托车制造商之间的区别变得非常明显。它们的摩托车虽然看起来非常相似，都是在成熟的生产线上生产出来，但是细看就会发现日本产品在发动机、机械部件和配备方面更加精湛：英国厂商的命运已经不言而喻。

▽ **哈雷－戴维森 FX 超级滑翔 1971**

国别 美国

发动机 1213 毫升 V 形双缸

最大速度 174 公里 / 小时

通过结合 FL 车架和 XL 赛车前叉，哈雷这款“超级滑翔”定位为“定制版量产车”，在去掉激进的尾部设计后它的销量明显改善。

◁ **BSA B25SS 金星 1975**

国别 英国

发动机 247 毫升单缸

最大速度 129 公里 / 小时

BSA 生产这款车的时正值其与日本厂商激烈竞争时期。该车被老旧的发动机拖了后腿——BSA 摩托车很快成为历史。

△ **BSA A65 雷电 1971**

国别 英国

发动机 654 毫升直列双缸

最大速度 167 公里 / 小时

单化油器的“雷电”性能不错，车架设计导致座位较高，油箱安装在车架上管部位。

▽ **本田 CB350 K4 1973**

国别 日本

发动机 326 毫升直列双缸

最大速度 177 公里 / 小时

顶置凸轮轴、平行双缸的 CB350 成为美国历史上最畅销车型，1968 年到 1973 年间销售超过 300000 辆。K4 超级运动版配用六速变速箱。

▷ **爪哇 350 型号 634 1974**

国别 捷克共和国

发动机 343 毫升直列双缸

最大速度 129 公里 / 小时

平行双缸、两冲程发动机的爪哇摩托车从 20 世纪 40 年代末期一直生产到 21 世纪，在全球销量巨大。

△ **博内利 龙卷风 S 1975**
国别 意大利
发动机 643 毫升直列双缸
最大速度 169 公里 / 小时

博内利是从 1911 年就开始制造摩托车的家族企业，以其传统但快速的平行双缸摩托车主打美英市场。1973 年德 · 托马索收购了博内利。

▷ **诺顿 突击队员 州际 MkII 850 ES 1975**
国别 英国
发动机 829 毫升直列双缸
最大速度 193 公里 / 小时

为与日本厂商竞争超级摩托车市场，诺顿将“突击队员”的平行双缸发动机加大，强化了运动机构，增加了电启动。

◁ **凯旋 三叉戟 T160V 1975**
国别 英国
发动机 750 毫升直列三缸
最大速度 185 公里 / 小时

为了采用更大的集气箱，凯旋将发动机向前倾斜，加上了后轮盘式制动和电启动，这让老旧的 BSA/ 三叉戟在市场上维系了最后一两年。

▽ **宝马 R60/6 1976**
国别 德国
发动机 599 毫升水平双缸
最大速度 159 公里 / 小时

宝马 /6 系双缸车发布于 1973 年，该车在 R60/5 轴传动和极佳平衡性基础上又增加了前轮盘式制动和五速变速箱。

△ **凯旋 博纳维尔 T140J 银禧 1977**
国别 英国
发动机 744 毫升直列双缸
最大速度 179 公里 / 小时

为纪念 1977 年女王银禧，凯旋为美国和英国各制造了 1000 辆特别版摩托车，外加 400 辆英联邦特别版，这些车采用绚丽涂装和标志，以及额外的镀铬件。

◁ **雅马哈 XS650B 1976**
国别 日本
发动机 653 毫升直列双缸
最大速度 182 公里 / 小时

雅马哈这款大型双缸摩托车以 BSA650 为蓝本研制，1969 年发布。它比 BSA 销售更为持久，这要归功于它的密封性、电启动和双盘式制动。

△ **凯旋 博纳维尔 T140E 1979**
国别 英国
发动机 744 毫升直列双缸
最大速度 190 公里 / 小时

1973 年凯旋将 650 博纳维尔放大，前轮增加了盘式制动（后来后轮也是）。T140E 加上了电子点火装置，为满足排放标准还做了其他改进。

▷ **雅马哈 SR500 1979**
国别 日本
发动机 499 毫升单缸
最大速度 150 公里 / 小时

这款设计简单、动力强劲、相对较轻的 SR500 装一台无渗漏顶置凸轮轴发动机，保留了脚踏启动机和后轮鼓式制动。

500

20世纪80年代

科技继续进步的动力主要源于四巨头——本田、川崎、铃木、雅马哈之间的激烈竞争。虽然有时竞争会剑走偏锋，比如厂商一度迷恋涡轮增压，但总体来说竞争促成了一些成熟新车型的出现，从小型通勤车到大型的高速超级摩托车。哈雷-戴维森这个美国唯一的全产品线厂商也在艰难岁月中重获活力，欧洲阿普里利亚、宝马和杜卡迪等也在继续前进。同时，对过去古典车持续升温的热情开始影响摩托车的设计。

公路运动车

20世纪80年代，摩托厂商们的产品线变得更趋多样化。运动型摩托车从赛车汲取更多的灵感。更高的动力要求和更紧凑的发动机让水冷系统成为运动型摩托车的标配，与此同时车架设计也不断进步。使用单减振器，安装在后轮前方的后悬挂系统也变得极为普遍。

▷ **川崎 GPZ 550 1981**

国别 日本
发动机 553 毫升直列四缸
最大速度 192 公里 / 小时

五辐合金车轮、黑色发动机和排气管是这款61马力GPZ的标志特性特征。该车采用Uni-Trak空气辅助后悬挂，是川崎中级车中的领军产品。

◁ **雅马哈 RD250LC 1981**

国别 日本
发动机 247 毫升直列双缸
最大速度 158 公里 / 小时

LC是为初学者设计的赛车，它的簧片气门水冷两冲程发动机每公升排量可以提供超过140马力功率，车速可达160公里 / 小时。

▷ **雅马哈 RD350LC YPVS 1983**

国别 日本
发动机 347 毫升直列双缸
最大速度 188 公里 / 小时

1981年发布的RD350将速度与乐趣在相对合理价位上完美融合，成为一代传奇。1983年采用的雅马哈式动力排气阀（YPVS）进一步提高了性能。

△ **川崎 Z1100 1984**

国别 日本
发动机 1089 毫升直列四缸
最大速度 220 公里 / 小时

川崎1100每个气缸只需两个气门就能输出108制动马力——这是当时四缸发动机的最高输出，让这款车拥有极佳的加速性能。

▽ **雅马哈 RD500LC/RZ500 1984**

国别 日本
发动机 499 毫升 V 形四缸
最大速度 238 公里 / 小时

这款由国际大奖赛车型发展而来的500摩托采用水冷簧片气门两冲程发动机，根据市场需求可以选择钢制或合金车架。两种配置都是轻量、强力的极佳车型。

▷宝马 R100CS 1983
国别 德国
发动机 980 毫升水平双缸
最大速度 198 公里 / 小时

摩托车爱好者总喜欢改装他们的车。图中这辆宝马车就使用了克劳泽气缸头和其他提升性能的改装件。

△川崎 GPZ900R/ZX900 忍者 1984
国别 日本
发动机 908 毫升直列四缸
最大速度 248 公里 / 小时

川崎较晚才在运动型车中使用水冷技术和每缸四气门配置。他们的新款 900 紧凑精致，动力强劲且平衡性好。

▽本田 VF400F 1983
国别 日本
发动机 399 毫升 V 形四缸
最大速度 182 公里 / 小时

这是一款创新产品，裸露车架上安装一台 16 气门 V 形四缸发动机，整流罩采用比基尼造型，采用内置盘式制动和防下俯空气辅助悬挂系统。

◁摩托古奇 勒芒 1000 1983
国别 意大利
发动机 949 毫升 V 形双缸
最大速度 220 公里 / 小时

摩托古奇 1977 推出的 850 成为其最早的顶级运动型摩托车。这款车是最早的咖啡馆赛车之一，配用低矮的车座、联动刹车、高传动比变速箱，外观漂亮，平衡性不错。

△本田 MBX50 1984
国别 日本
发动机 59 毫升单缸
最大速度 68 公里 / 小时

本田用这款六速盘式制动的时髦 MBX50 瞄准欧洲青少年市场。它的气冷两冲程发动机火力全开时非常强劲。

△本田 VF500F2 1984
国别 日本
发动机 498 毫升 V 形四缸
最大速度 212 公里 / 小时

这款水冷双凸轮 16 气门发动机的 VF500 外型紧凑，造型美观，性能让大多数 500 毫升车相形见绌，虽然价格不菲但物有所值。

▷杜卡迪 1000 MHR 1985
国别 意大利
发动机 973 毫升 V 形双缸
最大速度 204 公里 / 小时

MHR（麦克 · 海伍德复刻板）采用 900SS 的 V 形双缸发动机的 90 马力放大版，专为纪念海伍德重夺 1978 年曼岛 TT 大奖赛冠军推出。

本田 RC30

本田 RC30 是最伟大的日本运动车型之一，它是赛车复刻版，但又有所不同：没有厂商背景的私人赛车手可以用它参赛并夺取胜利。该车专为超级摩托车世界锦标赛而制造，帮助本田斩获 1988 到 1990 年连续三届制造商冠军。RC30 在曼岛 TT 赛事上的破纪录壮举让它赢得了殿堂地位，而限量生产的事实更强化了这一形象。

1987 年推出的本田 RC30 专为赛道而生。这款新车也被称为 VFR750R，RC30 拥有传承自 RVF750 的优良血统，自 1985 年以来一直统治着著名的耐力赛事，如勒芒 24 小时耐力赛和“黄金碗”（Bol d'OR）耐力赛。RC30 采用 748 毫升水冷 V 形四缸发动机，它可能不是同级别车中动力最强的，但它的竞赛配置如此精良，帮它战胜了所有竞争者。本田在比赛方面的专业性无与伦比，由于采用了成功的竞赛策略，车手弗雷德·默克尔（Fred Merkel）在 1988 年和 1989 年以 RC30 夺得超级摩托车世界锦标赛冠军和 4 次曼岛 TT 冠军。在生产的头几年，这款车开始进入其他市场，受到赛车队，私人车手和运动摩托车爱好者热烈欢迎。这款车最后生产的年份是 1990 年，到这之前，本田生产了近 5000 辆 RC30。

前视图

后视图

HONDA

胜利的开始

本田商标第一次出现在赛场上是 1953 年，当时本田派出几款车参加日本名古屋国际大奖赛，获得了制造商团队奖。

赛车底盘

RC30 的车架轻便、坚固、强度高，设计师们精心强化了应力集中点，同时在低承力结构部位设法减重。整车采用全包覆形整流罩，整流罩使用超轻的玻璃纤维加强塑料制造。

性能指标	
型号	本田 RC30（1988）
装配	日本滨松
产量	4780
结构	三盒式钢管车架
发动机	748 毫升 V 形四缸
输出功率	122 马力
传动	六速
悬挂	伸缩套筒式前叉，单减振后悬挂
制动	前轮双盘，后轮单盘
最大速度	152 英里 / 小时（245 公里 / 小时）

车体

RC30从设计出来就考虑到高负荷竞赛需求。它的单侧PRO摇臂在弹性底盘侧面工作，让摩托车在高速运行时相当稳定，赋予车手强大的信心。切分精细的六速变速箱可供车手精确换档。全可调悬挂系统和四活塞前刹车卡钳是该车型赛车血统的又一明证。通过关注竞赛稳定性和卓越的骑乘体验性，本田在竞赛车和公路车中找到了完美的平衡。

1. 整流罩上的商标 2. 座位后面板的车型标志 3. 双前大灯 4. 车把上的车灯开关 5. 仪表盘 6. 快速加油口盖 7. 油箱通气管 8. 阻气门控制钮 9. 右脚蹬 10. 散热器风扇 11. 前轮，可快速更换 12. 可快拆齿轮 13. 消声器 14. 后灯

1

2

3

6

7
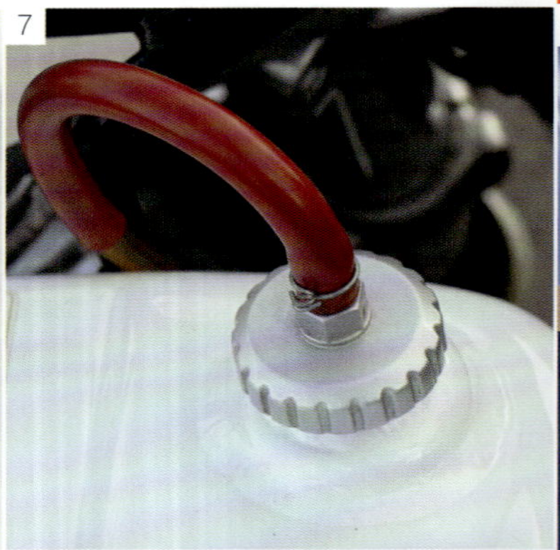

10

11

8

9
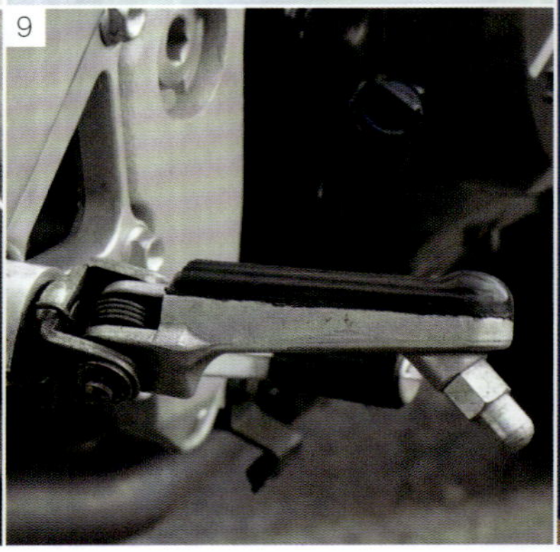

15

16

17

18
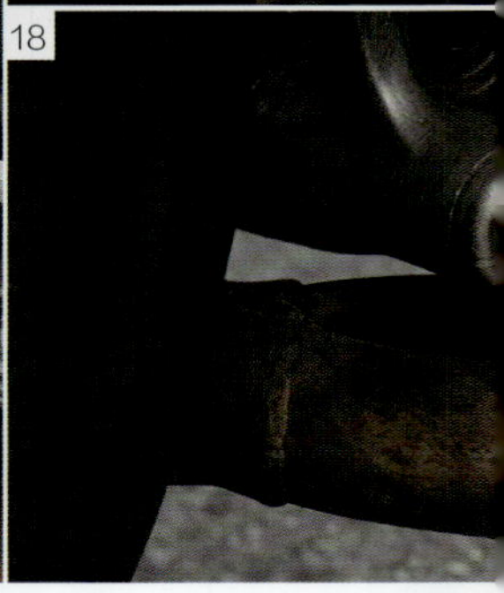

4

5

12

13

14

19

20

21

发动机

高技术元素在RC30的16气门90° V形四缸发动机上展现得淋漓尽致。发动机的双闭气环活塞与曲轴之间通过超轻超强的钛合金连杆连接，为把车重控制在408磅（185公斤）的超低水平作出了贡献。4个38毫米化油器为发动机提供油气混合物，带风扇的铝制散热器为发动机带走热量。这台可靠的高扭矩发动机让RC30成为耐力赛的理想座驾。在1989年的曼岛TT大奖赛上，史蒂夫·希斯洛普（Steve Hislop）驾驶一辆RC30成为第一个在可怕的山地赛道中以超过193公里/小时的速度跑完整圈的人。

15. 曲柄箱右侧 16. 交流发电机和水泵壳体 17. 怠速设置旋钮 18. 四合一排气管 19. 下部散热器 20. 滑油过滤器 21. 整流罩固定销

公路运动车（续）

虽然随求极限速度的玩家仍在寻求大排量发动机，但制造厂商证明，如果对发动机和空气动力特性进行优化，他们可以用 750 毫升甚至更小的发动机提供尽可能多的可用性能。中级车重量更轻，在低速时更好操控，更重要的是在崎岖曲折的路面上更敏捷灵活。

▷ **铃木 GSX-750 ES 1986**
国别 日本
发动机 747 毫升直列四缸
最大速度 217 公里 / 小时

铃木以这款方形截面车架、全浮后悬挂、防下俯减振器的街道赛车造型的摩托车复兴了 750 产品。虽然不是同级车里最快的产品，但是它骑乘体验不俗。

△ **雅马哈 FZ750 1985**
国别 日本
发动机 749 毫升直列四缸
最大速度 233 公里 / 小时

每个气缸 5 气门的配置让这款雅马哈从 750 毫升发动机获得 100 马力动力，而水冷设计使其车身更窄，空气动力学性能更佳，阻力系数仅为 0.34。

▽ **本田 VFR 700F 拦截者 1987**
国别 日本
发动机 699 毫升 V 形四缸
最大速度 209 公里 / 小时

为规避美国进口关税，VFR 700F 被设计成 1983 年 VF750 的短冲程版，但从它的三盘式制动到水冷 V 形四缸发动机都能看出骨子里的赛车基因。

◁ **比尔 RR1000 1986**
国别 美国
发动机 998 毫升，V 形双缸
最大速度 225 公里 / 小时

埃里克 · 比尔（Erik Buell）是六十多年来美国的第一家新生摩托车制造商。这款车装有精心改进的哈雷发动机，车架轻便，外形空气动力学性能优良，比尔凭借该车迎战日本超级摩托车。

△ **杜卡迪 851 1989**
国别 意大利
发动机 851 毫升 V 形双缸
最大速度 241 公里 / 小时

这款新一代杜卡迪拥有一台 90 度 V 形双缸发动，采用水冷和燃油喷射技术，每缸四气门。它既是一款高速公路车也是一款成功的赛车。

▽ **哈雷 - 戴维森 XLH883 运动车 1987**
国别 美国
发动机 883 毫升 V 形双缸
最大速度 160 公里 / 小时

哈雷这款 20 世纪 80 年代中期的入门级四速车速度慢，噪声大，振动剧烈，油箱个头也小，最大行驶里程仅为 100 英里（160 公里），但买家们却趋之若鹜。

△ **铃木 GSX-R400 1989**

国别 日本
发动机 398 毫升直列四缸
最大速度 185 公里 / 小时

GSX-R400 是第一款应用铝制承载式车架和双凸轮 16 气门水冷直列四缸发动机的轻型赛车复刻版，它在 1988 年对外形重新进行了设计。

▷ **吉列那 土星 洁白 500 1989**

国别 意大利
发动机 492 毫升单缸
最大速度 177 公里 / 小时

这款紧凑的咖啡馆赛车使用最高品质的零部件在现代化背景下再造了 1939 年的“土星”风范，它是一款重量轻、有活力、外观眩酷的车型。

△ **本田 CBR1000F 1988**

国别 日本
发动机 998 毫升直列四缸
最大速度 249 公里 / 小时

精良的制造质量和舒适的骑乘位置并不足以让公路车手们迷恋这款车，他们发现它速度不足，性能相对平庸，不过该车还是销售了十年。

△ **本田 RC30 1988**

国别 日本
发动机 748 毫升 V 形四缸
最大速度 245 公里 / 小时

顶级品质的 RC30 将轻便、灵活转向、迷人操纵性、出色骑乘体验，以及可靠性、稳定性结合在了一起。

△ **本田 CBR600F 1989**

国别 日本
发动机 598 毫升直列四缸
最大速度 233 公里 / 小时

CBR 系列于 1987 年推出，极佳的性能使之成为该级车的领军车型。1989 年经过重新设计令其动力增加了 10%，诸多升级保持了它的竞争力。

动力至上

20世纪80年代，世界越来越繁荣。各厂商开始在他们的终极车型上尝试新技术，因为买家愿意为特别的配置支付更多的金钱。人们开始尝试涡轮增压（见下文）；川崎推出了横向直列六缸发动机和数字燃油喷射技术；铃木则开发出两冲程的公路通用赛车。作为可选配件，专业厂商推出了车架套件，骑手可以用来打造属于自己的车。

◁ **雅马哈 XS1100 LG 午夜 特别版 1980**

国别 日本
发动机 1101毫升直列四缸
最大速度 203公里/小时

这款车黑色和金色的涂装美观到极致，但黑铬排气管和联合制动证明它不仅仅是外观好看。

▽ **本田 CB1100R 1983**

国别 日本
发动机 1062毫升直列四缸
最大速度 229公里/小时

一款高品质的运动车，在量产车竞赛中很有竞争力，同时它也是一款出色的运动旅行车，骑乘舒适、速度快、操纵性强。

▷ **川崎 GPZ 1100 1983**

国别 日本
发动机 1089毫升直列四缸
最大速度 220公里/小时

1982年川崎升级了GPZ 1100，增加了数字燃油喷射和比基尼整流罩。这款川崎当时最快的车虽然操控性不错，但只有经验丰富的骑手们才能真正驾驭它。

▷ **川崎 Z1300 1984**

国别 日本
发动机 1286毫升直列六缸
最大速度 224公里/小时

这台巨型车本来是作为旗舰车型发布的，但却遭遇败绩。该车在性能方面还不及川崎1000四缸车，但增加的重量却严重影响了操控性。

△ **哈雷-戴维森 XR1000 1984**

国别 美国
发动机 998毫升V形双缸
最大速度 185公里/小时

哈雷的赛车大师迪克·奥布莱恩（Dick O' Brien）在60天内就用他泥土赛道获胜赛车制造了第一辆公路版XR，这款车重量轻、强度高，充满乐趣，比起赛车更像运动车。

▽ **摩托马丁 CBX 1260 特别版 1985**

国别 法国
发动机 1260毫升直列六缸
最大速度 241公里/小时

法国摩托马丁的咖啡馆赛车车架可以安装买家自选发动机和设备。图中这辆车使用本田CBX发动机，但为了增加动力进行了改装。

涡轮增压

20世纪80年代涡轮增压成为汽车业最狂热的时尚，短道加速赛车也普遍采用增压技术，所以当日本“四巨头”在1982年到1983年宣布推出涡轮增压摩托车也并不出人意料。涡轮高效率情况下，涡轮增压发动机中段加速很快，但启动速度相对较慢，同时灵活性不足，这使得涡轮增压并不适合摩托车。

△ **铃木 XN85D 涡轮增压 1983**

国别 日本
发动机 673毫升直列四缸
最大速度 206公里/小时

铃木的涡轮在低压下工作，只能提供很小的动力增量。16英寸（41厘米）的前轮似乎表明操控性的改善，不过事实并非如此。

△ **本田 CX650 涡轮增压 1983**

国别 日本
发动机 674毫升V形双缸涡轮增压
最大速度 201公里/小时

尽管为V形双缸发动机配备涡轮增压存在技术困难，本田仍在1981年发布了一体化结构车身的CX500，不久将它的排量提高到了650毫升。

△ **雅马哈 V-Max 1985**

国别 日本

发动机 1198 毫升 V 形四缸

最大速度 235 公里 / 小时

这款车如同短道加速赛车，能提供 135 制动马力，油箱布置在座位下方。它是加速性最好的量产车，能在 10 秒内跑完四分之一英里（400 米）。

△ **拉沃达 SFC 1000 1986**

国别 意大利

发动机 981 毫升直列三缸

最大速度 230 公里 / 小时

20 世纪 80 年代拉沃达通过改进升级推出了这款终极气冷三缸车，它的速度相当不错，但比起超级摩托车更多地被视为运动型旅行车。

△ **铃木 RG500 1986**

国别 日本

发动机 498 毫升方形四缸

最大速度 237 公里 / 小时

铃木以两冲程 RG500 赢得了 1976、1977、1981 和 1982 年世界冠军。1984 年，RG500 被改造成公路摩托车：重量轻、造型锐利、速度极快。

◁ **川崎 ZX750E 涡轮增压 1983**

国别 日本

发动机 738 毫升直列四缸涡轮增压

最大速度 235 公里 / 小时

川崎在日本四巨头中最后一个生产涡轮增压摩托车，但川崎的涡轮增压技术最棒，涡轮延迟时间最短，加速性能远胜过传统超级摩托车。

△ **雅马哈 XJ650 赛卡 涡轮增压 1984**

国别 日本

发动机 653 毫升直列四缸

最大速度 203 公里 / 小时

“塞卡”（Seca）是继本田之后市场上第二款涡轮增压摩托车，启动时加速性相当不错，但涡轮延迟影响了整车表现，最终只生产了两年。

测试骑手与125毫升YA-1合影

大品牌

雅马哈的故事

雅马哈通过生产高质量轻型两冲程摩托车建立起名望之后，开始将产品线拓展，产品涵盖踏板车到旅行车诸多类别。雅马哈公司总是具有远见，在技术上敢于挑战，在赛道和越野方面都有很好的运动表现。

雅马哈标志上的三个音叉提醒人们这家公司在音乐领域的背景。1887年，山叶寅楠（Torakusu Yamaha）创立了生产簧片风琴的日本乐器制造株式会社，之后逐渐发展成为世界上最大的乐器制造商之一。

雅马哈商标（1964年启用）

1955年，日本乐器制造株式会社总裁川上源一（Genichi Kawakami）建立了雅马哈摩托株式会社。公司的第一款车是基于20世纪30年代德国DKW的设计推出的YA1，采用125毫升的单缸两冲程发动机。很快雅马哈又受德国阿德勒影响，推出了250毫升双缸车。这款代号YD1的产品在对手如云的日本摩托车市场销售喜人，为一系列两冲程双缸车设立了榜样。

雅马哈很快就成为日本摩托车赛事的领军者，1958年开始涉足美国赛事，以250毫升双缸车参加卡特林娜汽车大奖赛。1960年，雅马哈设立了美国销售公司，提供250毫升YD2和令人热血沸腾的YDS1运动款。但是让世界真正关注到雅马哈双缸车闪耀性能的是1962年推出的YDS2。

1961年开始的一项国际赛事稳固了雅马哈在赛车界的地位。两年内，美国车手唐·维斯科（Don Vesco）夺得美国大奖赛250毫升冠军；日本车手伊藤富见雄（Fumio Ito）则捧得比利时大奖赛桂冠。1964年，雅马哈打破了本田对250毫升世界锦标赛的垄断：英国车手菲尔·里德（Phil Read）夺走了该项冠军，并在次年蝉联冠军。

为了获得更高的动力，同时确保可靠性，雅马哈的工程师们将目标转向四缸水冷发动机。1967年，英国人比尔·艾维（Bill Ivy）赢得了125毫升级冠军，1968年，菲尔·里德又包揽了250毫升和125毫升级冠军。在那一年，艾维驾驶双曲轴V形四缸摩托车成为第一个在曼岛TT赛道上以160公里/小时跑完整圈的125毫升车手。

从20世纪60年代开始，雅马哈开始推出没那么张扬的

高产量

雅马哈摩托车株式会社最初每月产量只有200辆摩托车，10年后就成长为世界领军品牌。

周末出游

1972年雅马哈125毫升和175毫升耐力赛车的宣传海报，这两款车迎合了当时年轻人对冒险和自由精神的向往。

摩托车，提供给那些被称作“私掠者”的独立赛车手。最早推出的是250毫升TD气冷双缸车，之后是350毫升TR双缸车。从1973年开始，雅马哈闪亮推出了250毫升和350毫升TZ。

在国际大奖赛新规限定了发动机气缸数和传动比之后，雅马哈在20世纪70年代赢得了四个250毫升级和三个350毫升级世界冠军。1975年，意大利车手贾科莫·阿格斯蒂尼（Giacomo Agostini）驾驶一辆两冲程直列四缸车获得第一个冠军，雅马哈由此成为第一个在500毫升级夺冠的两冲程摩托车制造商。1978年，在渣土赛道上训练出来的肯尼·罗伯茨驾驶着他的500毫升车成为美国第一个沥青赛道世界冠军，他在接下来的赛季又为雅马哈捧回两个冠军。与此同时，公司越来越宽的产品线在世界市场上找到了立足点。1968年发布的DT1耐力赛车奠定了雅马哈在越来越繁荣的美国越野车市场上的顶级地位，而垂直双缸XS-1（后称XS650）从1970年开始挑战英国进口产品。

雅马哈一直努力以创新姿态前进。20世纪70年代末单减振器后悬挂这项越野摩托车使用的技术被推广到公路摩托车上，20世纪80年代的赛车衍生技术还包括对两冲程发动机性能起到改善作用的雅马哈动力气门系统和三角盒式铝制车架。在雅马哈的产品清单上，从排量50毫升的踏板车到1100毫升的四冲程和1200毫升V

> “日本最具西方思维和最富远见的厂商。”
>
> *肯尼·罗伯茨，1978–1980年雅马哈世界冠军。*

DT-1

1955 雅马哈摩托车株式会社成立，发布首款车——125 毫升 YA1。

1957 雅马哈发布第一款双缸车，250 毫升 YD1。

1958 库伯摩托车公司开始在美国销售雅马哈产品。

1960 雅马哈国际公司在美国成立，欧洲分销基地则设在荷兰。

1963 雅马哈第一款量产赛车 250 毫升 TD1 发布，伊藤富见雄赢得了比利时大奖赛 250 毫升级冠军。

TX500

1964 菲尔·里德赢得雅马哈第一个 250 毫升世界冠军。

1967 比尔·艾维赢得雅马哈第一个 125 毫升世界冠军。

1970 雅马哈第一款四冲程车——650 毫升 XS-1 发布。

1977 时速高达 209 公里 / 小时的轴传动 XS1100 推出。

1978 肯尼 · 罗伯茨为雅马哈夺得首个 500 毫升级世界冠军。

1980 雅马哈发布水冷两冲程 RD250 LC。

RD350

1984 FZ750 开启了雅马哈的五气门“创世”发动机时代。

1985 雅马哈 V-Max 旅行车开始了为期 20 年的生产。

1987 雅马哈推出 EXUP 动力气门系统。

1992 韦恩 · 雷尼（Wayne Rainey）第三次荣膺 500 毫升级世界冠军。

1994 雅马哈旅行车开始在美国以星牌销售。

1998 动力强劲的 1000 毫升 YZF-R1 运动摩托车发布。

YSZ-R1

2000 大卫 · 杰弗里斯（David Jefferies）驾驶一辆雅马哈 YZF-R1 在曼岛 TT 赛道首次以 201 公里 / 小时的速度跑完整圈。

2004 瓦伦蒂诺 · 罗斯（Valentino Rossi）驾驶一辆 YZR-M1 赢得了摩托大奖赛(MotoGP)世界冠军。

2007 雅马哈利用摩托大奖赛赛车技术改进 YZF-R1 量产车。

2009 新款 1700 毫升 VMAX 发布。本 · 斯皮斯驾驶 YZF-R1 赢得世界超级摩托车冠军。

2010 豪尔赫 · 洛伦佐（Jorge Lorenzo）驾驶雅马哈 YZR-M1 夺得摩托大奖赛系列赛冠军。

形双缸免保养轴传动产品，不一而足。

250 毫升、350 毫升和 500 毫升水冷两冲程车延续着雅马哈高性能公路摩托车的产品线，而非公路车型则从障碍摩托赛车到耐力赛车，再到凶悍的 YZ 越野赛车。1977 年雅马哈 500 毫升级世界冠军是雅马哈首次获此殊荣，此后雅马哈多次夺得该级别冠军。从 1979 年到 1998 年，雅马哈获得了 9 次达喀尔拉力赛冠军。

20 世纪 80 年代中期出现了两款激动人心的高性能四冲程车。1200 毫升的 V-Max 旅行车凭借水冷 V 形四缸发动机的超强加速性获得了极高的市场地位。FZ750 超级运动版则开启了雅马哈“创世”四缸发动机时代。它同时也衍生出了 FZR 系列，其中最著名的是 FZR1000，它采用一台排气极限动力气门（EXUP）发动机。

强大的发动机和底盘技术让埃迪 · 劳森（Eddie Lawson）在 1984 年到 1989 年间赢得了 4 次世界冠军，而 90 年代早期韦恩 · 雷尼使用 V 形四缸 YZR500 赢得了 3 次世界冠军。2002 年为摩托大奖赛方程式比赛推出的 900 毫升四冲程 YZR-M1，在 2004 年和 2005 年表现优异，为前本田冠军瓦伦蒂诺 · 罗西（Valentino Rossi）赢得了冠军。

赛车的技术基因也成就了很多技术展示车。其中较为著名的是 1998 年推出 1000 毫升 YZF-R1，该车配用紧凑的 1000 毫升 5 气门发动机，底盘平衡性出色。R1 后来加装了燃油喷射系统、升级版的三角盒式车架，2007 年开始换装每缸四气门发动机。最新的 R1 从 M1 赛车获益良多，交叉曲轴布局可实现更好的动力传输。

雅马哈的旅行车自 20 世纪 90 年代中期以来一直在美国以星牌出售。V 形双缸发动机排量一路上升，最后增加到 1854 毫升，星牌目前最强悍车型是 1679 毫升 VMAX。

摩托大奖赛冠军

西班牙明星豪尔赫 · 洛伦泽驾驶 YZR-M1 赢得了 2010 年摩托大奖赛冠军。洛伦泽位列为雅马哈斩获四次冠军的瓦伦蒂诺 · 罗西之后。

复古技术

雅马哈的气冷推杆 V 形双缸发动机 1999 年起开始在重型旅行车上使用。这种发动机的另一个版本也用于 MT-01。

设计多样性

百年来的发展让那些大众型摩托车有了趋同的设计传统，但这并不能阻挡20世纪80年代的制造商们寻求其他的工程技术解决方案和开拓新的市场。一些制造商仍然继续生产50年前设计的车型，而另一些则在试验转子发动机、倾转三轮车和极致流线型产品。

▷ **雅马哈 XV920R 1981**

国别 日本

发动机 920 毫升 V 形双缸

最大速度 185 公里 / 小时

这款车为美国市场制造，初衷是为运动型长途旅行提供宽范围的动力输出。更大排量的980 毫升版在欧洲市场以 TR1 车型销售。

△ **铃木 GSX 1000SV 武士刀 1982**

国别 日本

发动机 998 毫升直列四缸

最大速度 220 公里 / 小时

铃木德国分部委托标靶设计（Target Design）为德国市场设计一款摩托车。图中这款 1100 毫升车是标靶设计 1000 毫升方案的放大版，只生产了一年，仅用于资格赛。

▽ **海斯凯斯 V1000 1982**

国别 英国

发动机 992 毫升 V 形双缸

最大速度 192 公里 / 小时

海斯凯斯勋爵（Lord Hesketh）这辆奔放的 V 形双缸车在 1980 年已发布，但直到 1982 年才开始生产，这款车与他成功的 F1 方程式车队并列成为地位象征。

△ **凯旋 TSX 750 1982**

国别 英国

发动机 748 毫升直列双缸

最大速度 192 公里 / 小时

美国设计师韦恩·莫顿（Wayne Moulton）受凯旋工人合作社委托，以博纳维尔为蓝本为美国市场设计一款车，但 1983 年工人合作社解散了。

▷ **凯旋 雷鸟 TR65 1982**

国别 英国

发动机 649 毫升直列双缸

最大速度 177 公里 / 小时

这款车由工人合作社生产，是 750 博纳维尔的低配经济版，冲程缩短，采用后轮鼓式制动和触点式点火。

△**格利尔 流线车 1983**
国别 美国
发动机 185 毫升单缸
最大速度 145 公里 / 小时

△**本田 溪流 1982**
国别 日本
发动机 49 毫升单缸
最大速度 43 公里 / 小时

本田取得了乔治 · 威利斯（George Wallis）阿利尔 3 设计方案授权，制造了这款倾转三轮车，该车采用两冲程发动机和无级变速机构。

◁**本田 CB250RS 1982**
国别 日本
发动机 249 毫升单缸
最大速度 137 公里 / 小时

本田以这款受欢迎的双排气管车致敬早前的英式单缸车，该车采用四气门技术和减振阻尼机构，1982 年起增加电启动。

杰瑞·格利尔（Jerry Greer）和查克·盖伊（Chuck Guy）为从加利福尼亚到纽约横越美国的 3000 英里（4828 公里）征程打造了这辆车。该车采用雅马哈摩托车改造，依靠 15 加仑（68 升）燃油跑完全程，平均每加仑燃油行驶 196.5 英里（83.53 公里 / 升）。

▷**本田 XBR500 1988**
国别 日本
发动机 498 毫升单缸
最大速度 174 公里 / 小时

本田用这款放射状布局四气门（与 20 世纪 30 年代的“拉奇”相似）车向传统的英式运动型单缸车致敬。这是一款有趣的车，虽然不算太快。

△**KMZ 第聂伯 MT11 1985**
国别 原苏联
发动机 649 毫升水平双缸
最大速度 129 公里 / 小时

基辅制造的“第聂伯”基于 20 世纪 30 年代的宝马 R71，一直稳步（或者是缓慢）地升级，陆续增加了摇臂后悬挂、顶置气门和 12 伏电器系统。

◁**本田 兄弟 产品 2 1989**
国别 日本
发动机 398 毫升，V 形双缸
最大速度 151 公里 / 小时

这款车在日本以“兄弟”（Bros）名称售卖，此后销售范围更大，更多被称作 NT400。该车的铝制车架设计精良，各方面性能都较出色，非常适合新手驾驶。

△**诺顿 经典版 转子发动机 1988**
国别 英国
发动机 588 毫升汪克尔双转子
最大速度 203 公里 / 小时

诺顿在 1975 年就推出了自己的转子发动机摩托车，但因经费不足无法批量投产。从 1982 年诺顿为英国警察制造了 300 辆。1988 年，诺顿又制作了 100 辆特殊用户版（如图所示）用于销售。

△**本田 PC800 太平洋海岸 1989**
国别 日本
发动机 800 毫升 V 形双缸
最大速度 193 公里 / 小时

PC800 就像超级踏板车，该车使用创新型水冷轴传动发动机，可以保用 10 万英里（160934 公里），此外还配备了大型行李箱和全包覆式车身。

里程吞噬者

20 世纪 80 年代经济爆发式增长，很多人早早退休，并有钱有闲去享受极致奢华的摩托车长途旅行，他们骑着摩托车穿越整个国家或大陆。其中有些人选择从哈雷 - 戴维森的宽泛产品线中去找寻他们的梦想，而另一些转向本田“金翼”这样运动感更强或纯粹的奢华车型。

▽摩托古奇
加利福尼亚 II 1980
国别 意大利
发动机 949 毫升 V 形双缸
最大速度 192 公里 / 小时

摩托古奇 1972 年推出这款 850 毫升车时，就为它安装了横置 V 形双缸发动机。这款意大利车操控平顺，是一款不错的远程巡航车。

△本田 GL1100 金翼
阿斯彭凯德 1982
国别 日本
发动机 1085 毫升水平四缸
最大速度 166 公里 / 小时

超级奢华的阿斯彭凯德（Aspencade）的标配包括仪表板控制空气悬挂、立体声音响、化妆镜等，车速仍比哈雷 FL 快。

▽凯旋 T140AV TSS 1982 年
国别 英国
发动机 744 毫升直列双缸
最大速度 190 公里 / 小时

它是凯旋被日本车完全碾压前梅里登工厂制造的最后一款车，采用八气门、电启动和防振动措施。

◁本田 VF500C
麦格纳 1983
国别 日本
发动机 498 毫升 V 形四缸
最大速度 180 公里 / 小时

本田紧凑而又有力的 V 形四缸发动机不仅用于旅行车，也用于运动车，“麦格纳”（Magna）在世界许多市场都获得了销量上的成功。

△本田 VF1000F 拦截者 1985
国别 日本
发动机 998 毫升 V 形四缸
最大速度 233 公里 / 小时

“拦截者”拥有令人印象深刻的速度和精致，功率只比赛车衍生的 1000R 少 6 马力（后者也昂贵得多），堪称一款性能极佳的全能摩托车。

◁本田 GL1500 金翼 1988
国别 日本
发动机 1520 毫升水平六缸
最大速度 174 公里 / 小时

本田凭借该车野兽般强悍却又相当平顺的水平六缸车甩开了大型旅行车领域的其他竞争者。该车的倒挡是电子驱动的。

◁ **宝马 K100 1983**

国别 德国

发动机 987 毫升直列四缸

最大速度 220 公里 / 小时

在用一台平放的标致汽车发动机试验后，宝马制造了自己的纵向安装的四缸发动机摩托车，该车重心较低，采用轴传动方式，很适合长途旅行。

△ **宝马 K75 1985**

国别 德国

发动机 740 毫升直列三缸

最大速度 196 公里 / 小时

在制造了纵向安装的四缸车后，宝马减掉一个气缸，制造了一款三缸车，事实证明它的性能更加平稳，它是宝马 20 世纪 80 年代最便宜的摩托车。

▽ **哈雷 – 戴维森 FLT 旅行滑翔 1989**

国别 美国

发动机 1337 毫升 V 形双缸

最大速度 150 公里 / 小时

旅行滑翔者的整流罩安装在车架上，发动机采用橡胶隔离减振措施，是世界上最重的量产公路摩托车，在低速行驶时操控比较困难。

△ **哈雷 – 戴维森 FLHT 伊莱克特拉经典滑翔 1984**

国别 美国

发动机 1337 毫升 V 形双缸

最大速度 160 公里 / 小时

越来越大越来越贵的 FLHT 是非常奢华的长途旅行车，但是它在弯曲起伏的山路上很难操控。该车非常沉重，油耗非常大。

▽ **哈雷 – 戴维森 FXR 超级滑翔 1989**

国别 美国

发动机 1337 毫升 V 形双缸

最大速度 177 公里 / 小时

哈雷工厂定制车。该车比其庞大的旅行车姐妹更快，更经济，具有更轻的车架，发动机装有橡胶垫，以减少振动。

△ **本田 VT1100C 影子 1989**

国别 日本

发动机 1089 毫升 V 形双缸

最大速度 172 公里 / 小时

本田大型 V 形双缸旅行车售·介只有哈雷大型旅行车价格的一半多一点，该车使用水冷发动机，采用多气门和火花塞，以提高灵活性和速度。

冰上竞速

冰上竞速摩托车赛中有一个项目，参赛者驾驶带金属胎钉的赛车进行比赛。这种轮胎会产生巨大的摩擦力，因此要求使用特殊的变速箱。四冲程爪哇（Jawa）摩托车在该运动中一直处于霸主地位。

挖泥机

摩托车技术不断进步，在各种非公路运动中保持竞争力。在这个十年中，越野赛车的变化显而易见：例如从气冷变为水冷，从鼓式制动到盘式制动，从双减振后悬挂到单减振后悬挂。与之相比，速度赛或美国土道竞速赛的摩托车这十年来自始至终几乎没有多少变化。

△ 哈雷 - 戴维森 XR-750 1980
国别 美国
发动机 748 毫升 V 形双缸
最大速度 185 公里 / 小时

这款泥地赛车是美国摩托车手协会竞赛历史上最成功的摩托车。哈雷的赛车部门每年制造 200 辆。

▽ 本田 CR250R 埃尔西诺 1980
国别 日本
发动机 248 毫升单缸
最大速度 105 公里 / 小时

本田埃尔西诺（Elsinore）越野摩托车曾是成功车型，更强劲的新式发动机让这款车性能更佳，但需要改良悬挂以保持竞争力。

△ GM 赛道 1980
国别 意大利
发动机 500 毫升单缸
最大速度 145 公里 / 小时

二十世纪七十年代后期，前意大利冠军朱塞佩·玛佐多（Giuseppe Marzotto）设计了他自己的 GM 赛道发动机，采用顶置四气门和甲醇燃料。

△ 本田 CR125 1988
国别 日本
发动机 124 毫升单缸
最大速度 97 公里 / 小时

自 1973 年起作为本田产品线的一部分，CR125 一直处于越野摩托车赛的前沿地位，这得益于其强劲的簧片气门两冲程发动机。

▽ 戈登 GR500 1980
国别 英国
发动机 500 毫升单缸
最大速度 145 公里 / 小时

速度摩托车赛明星唐·戈登（Don Godden）在二十世纪七十年代开始制造自己的车架，并为这台 GR500 世界冠军车研发了自己的四气门顶置凸轮发动机。

▷ **麦科 迈加 490 1981**
国别 德国
发动机 488 毫升单缸
最大速度 145 公里 / 小时

迈施（Maisch）兄弟自 1926 年开始制造摩托车，二战后以类似此款的摩托车成名。迈加（Mega）虽然在大奖赛上竞争力不强，但深受业余爱好者欢迎。

◁ **摩托莫利尼 500 骆驼 1981**
国别 意大利
发动机 478 毫升 V 形双缸
最大速度 169 公里 / 小时

为成长中的越野摩托车市场所制造，发动机源自摩托莫利尼（Moto Morini）公路摩托车——早期版“骆驼”，具备出人意料的越野能力。

▷ **铃木 PE250X**
耐力赛 1981
国别 日本
发动机 246 毫升单缸
最大速度 113 公里 / 小时

铃木的簧片气门两冲程 PE 发布于 1977 年，为耐力赛所需配备了电子点火和宽传动比变速箱。重量仅 240 磅（109 千克），输出功率 38.5 马力。

◁ **阿姆斯特朗 MT500 1985**
国别 英国
发动机 481 毫升单缸
最大速度 129 公里 / 小时

英国军用摩托车，由专业的阿姆斯特朗公司生产制造，采用奥地利罗泰克斯（Rotax）发动机。这一设计后来由哈雷 - 戴维森公司生产，采用 350 毫升发动机。

▷ **MZ GE 250 ISDT**
复刻版 1985
国别 德国
发动机 243 毫升单缸
最大速度 120 公里 / 小时

MZ 的两冲程发动机强劲有力。自 1984 到 1987 年，这种“小型系列”摩托车大约制造了 200 辆，它们是 1982 年国际六日摩托车特技赛（ISDT）工厂赛车的复刻版。

△ **蒙特萨 科塔 304 1987**
国别 西班牙
发动机 238 毫升单缸
最大速度 120 公里 / 小时

本田在 1985 年收购蒙特萨；这款 304 首次采用了盘式制动和单减振器后悬挂，使蒙特萨公司保持了竞争优势。

赛车

尽管二十世纪八十年代大奖赛被纯粹的两冲程赛车所统治，但是超级摩托车组的出现为量产型摩托车提供了展示的机会。当时大奖赛上日本厂商仍占据绝对优势，但超级摩托车组刺激了意大利制造商杜卡迪推出轰鸣巨大的联控气门V形双缸车来打破这一局面，凭借增加的电子燃油喷射系统，杜卡迪超级赛车不断夺取胜利。

◁ 雅马哈 YZR500 OW46 1980
国别 日本
发动机 499 毫升 V 形四缸
最大速度 274 公里 / 小时

雅马哈 500 毫升两冲程大奖赛摩托车在 1982 年改为 V 形四缸布局，并在 1984 年采用了曲轴箱簧片气门，同年埃迪 · 劳森（Eddie Lawson）赢得车手冠军。

△ 雅马哈 TZ250H 1981
国别 日本
发动机 249 毫升直列双缸
最大速度 209 公里 / 小时

TZ 量产型赛车是雅马哈的巨大成功，此后该车不断改进。1981 年增加了废气动力气门，气门动作时间可调，以便提供更大功率。

◁ 维斯雷克 赛道 1981
国别 英国
发动机 499 毫升单缸
最大速度 120 公里 / 小时

安装在传统骨架底盘上的四气门维斯雷克（Weslake）赛道发动机在二十世纪七十年代相当出色。布鲁斯 · 彭豪尔（Bruce Penhall）驾驶这款车参加了 1981 年世界锦标赛。

△ 铃木 RG500 1982
国别 日本
发动机 495 毫升方形四缸
最大速度 274 公里 / 小时

这辆水冷簧片气门"阶梯状"方形四缸两冲程赛车为弗兰科 · 温奇尼（Franco Uncini）赢得了 1982 年 500 毫升组世界锦标赛冠军，这是他作为铃木公司车手的第一年。

▷ 川崎 ZX750 GPz 1983
国别 日本
发动机 738 毫升直列四缸
最大速度 300 公里 / 小时

韦恩 · 雷尼（Wayne Rainey）出人意料地以这辆车赢得了 1983 年美国摩托车协会超级摩托车锦标赛冠军，击败了公认的强者——本田 V 形四缸摩托车。

△ 川崎 KR500 1983
国别 日本
发动机 499 毫升方形四缸
最大速度 249 公里 / 小时

1980 年发布的两冲程 KR 创新颇多，采用了硬壳式车架和防下俯前叉，但它没能赢得大奖赛胜利。

◁ MBA 125 1984
国别 意大利
发动机 125 毫升直列双缸
最大速度 201 公里 / 小时

莫尔比代利公司（Morbidelli）在二十世纪七十年代制造的成功的盘式气门两冲程赛车，曾 36 次赢得 125 摩托车大奖赛胜利。该车型的商业版由 MBA 公司销售。

△本田 R500R 1984

国别 日本

发动机 499 毫升 V 形三缸

最大速度 274 公里 / 小时

弗雷迪 · 斯潘塞（Freddie Spencer）驾驶一辆三缸两冲程 NS500 赢得了 1983 年 500 毫升组世界锦标赛冠军，其商业版（RS500）在当时取得了全国性的成功。

◁本田 RVF750 1986

国别 日本

发动机 749 毫升 V 形四缸

最大速度 280 公里 / 小时

钛合金连杆等超轻材料帮助本田将 RVF 未加注燃料时的重量减少到仅 370 磅（168 公斤）。图中这辆车是乔伊 · 邓禄普（Joey Dunlop）的 F1 TT 冠军车。

▽本田 VF750F 拦截者 1983

国别 日本

发动机 748 毫升 V 形四缸

最大速度 249 公里 / 小时

这款摩托车参加了 1983 年美国超级摩托车锦标赛，虽然本田在那一年没有赢得冠军，但次年以相似的车型夺冠。

▽杜卡迪 851 超级摩托车 1989

国别 意大利

发动机 851 毫升 V 形双缸

最大速度 314 公里 / 小时

杜卡迪凭借其燃油喷射联控八气门 V 形双缸车成为世界超级摩托车竞赛的霸主。图中这辆车是公路版，赛车就是以此为蓝本开发。

△本田 NSR500 1989

国别 日本

发动机 499 毫升 V 形四缸

最大速度 266 公里 / 小时

自 1984 年初次亮相，NSR 赢得了 10 个世界大奖赛冠军，直到 2002 年大奖赛规则变得更有利于四冲程赛车。这辆车是埃迪 · 劳森在 1989 年锦标赛上的冠军车。

20世纪90年代

除了亚洲和南欧国家，两轮车作为必要交通工具的使用在持续减少，但整个摩托车产业总体上仍在提供更宽泛的产品类别。摩托车设计从全包覆式运动赛车开始向裸露发动机的复古设计转变。公路和越野摩托车产品也变得成熟，出现了越来越多适合于长途洲际探险行动的产品。起源于美国的旅行车种类有所扩展，尽管哈雷-戴维森仍处于统治地位。凯旋的成功复兴使英国重回摩托车产业高端俱乐部。

迈克·黑尔伍德（Mike Hailwood）驾驶125毫升杜卡迪在1959年TT大奖赛上领先。

大品牌

杜卡迪的故事

杜卡迪原本只是一家小型自行车附加发动机的制造商，后来却成长为现代摩托车技术和设计的一支领军力量。它的成功源于持续参加摩托车赛事，对工程创新的持久热情。此外拉丁式的华丽赋予了杜卡迪摩托车独特的风范。

杜卡迪公司的历史可以追溯到1926年，当时安东尼奥·杜卡迪（Antonio Ducati）和他的三个儿子在意大利北部的博洛尼亚开始制造收音机配件。尽管这家公司逐渐将产品拓展到照相机、剃须刀和其他消费品，但直到二战后才把注意力转向摩托车领域，为西亚塔（Siata）公司（一家位于都灵的汽车改装和配件公司）制造自行车附加式发动机。杜卡迪这款48毫升四冲程库西奥洛（Cocciolo/“小狗”）发动机为遭受战争破坏的意大利提供了基本交通工具，取得极大成功。1952年库西奥洛产量超过20万辆后，杜卡迪开始利用小型发动机制造自己的摩托车和踏板车。1954年，技术总监法比奥·泰戈里奥尼（Fabio Taglioni）的到来将杜卡迪引向了荣耀之路。作为一名卓越的工程师，他设计了100毫升顶置凸轮轴单缸发动机，这为未来的杜卡迪产品奠定了基调。这款坚固强劲的发动机在意大利长距离公路赛上取得了优胜，后来排量提升到125毫升。一款为国际竞速赛而研发的顶置双凸轮轴版本经泰戈里奥尼的联控气门系统优化，该系统完全使用凸轮机构开关气门，避免了高转速下的能量损失。1956年，杜卡迪首款联控气门发动机夺得了瑞典大奖赛125毫升组冠军，1958年世界锦标赛上，这款发动机又险些夺冠。

杜卡迪标志（2008年开始使用）

单缸公路摩托车进入国际市场，早期的杜卡迪摩托车电器设备粗糙，工艺简陋，舒适感差，但是摩托车运动车手们却被它们充沛的动力和良好的操纵性所吸引。泰戈里奥尼的单缸摩托车排量逐步增大，到20世纪60年代末达到450毫升。有些高档车还采用了联控气门发动机。

20世纪70年代，杜卡迪以一款750毫升车进军超级摩托车领域。在制造这辆车时，泰戈里奥尼将两台成熟的单缸发动机按照90度V形放置，创造了一种狭长型布局，通常被称为L形双缸。采用联控气门技术的工厂版赛车在1972年伊莫拉200竞速赛中取得冠亚军，这极大提升了杜卡迪动力系统的声望。

杜卡迪公路双缸摩托车提供了旅行版、运动版和超级运动版，最初采用750毫升发动机，后来采用900毫升（实际864毫升）发动机。1978年，著名的杜卡迪车手迈克·黑尔伍德赢得了一级方程式TT大奖赛冠军，进一步提高了杜卡迪大排量发动机的声望。

公司在20世纪80年代由一家更年轻的摩托车制造商加芝华（Cagiva）接手。当比莫塔（Bimota）前设计师马西莫·坦布尔尼（Massimo Tanburni）来到董事会并复兴这一品牌时，关于杜卡迪品牌将会消失的顾虑被证明是毫无事实依据的。他最激进的早期作品是1986年的全包覆式帕索750，尽管没有大卖却为运动摩托车奠定了风格。

正如以往，赛车领域的成功使杜卡迪一直保持声望。新一代水冷联控四气门发动机统治了双缸车竞赛。1988年合规的公路摩托车851斯特拉达（Strada）推出，该车采用燃油喷射技术，也是世界超级摩托车锦标赛的合规参赛车。

在系列赛事中，双缸1000毫升车型能够匹敌四缸750车型，杜卡迪敏捷的赛车极具竞争力。法国人雷蒙德·洛什（Raymond Roche）夺得1990年的冠军，

迈克·黑尔伍德和杜卡迪

1960年曼岛TT大奖赛上，年轻的明星车手黑尔伍德骑在一辆125毫升单缸摩托车上。黑尔伍德将驾驶一辆杜卡迪双缸摩托车取得他第13个TT冠军。

速度销售

杜卡迪20世纪50年代中期宣传海报，着重表现其在竞赛中成功的流线型125毫升联控气门单缸摩托车。

库西奥洛

1926 杜卡迪专利无线器材公司在博洛尼亚成立。

1946 库西奥洛 T1 自行车发动机开始生产。

1950 采用冲压钢车架和后悬挂的 65 毫升杜卡迪 60 运动摩托车推出。

1953 98 毫升顶置气门旅行和运动车推出。

1955 泰戈里奥尼设计的 GS 100 发布。

1956 第一台联控气门发动机赢得了瑞典大奖赛冠军。

350 联控气门

1965 250 毫升马赫 1 跑车推出。

1969 第一台联控气门公路摩托车 250 毫升 Mk3D 推出。

1970 搭载单缸发动机的街道越野车取得销售成功。

1971 第一台 V 形双缸顶置凸轮发动机公路摩托车 GT750 开始销售。

1972 保罗 · 斯玛特（Paul Smart）和布鲁诺 · 斯帕吉尔瑞（Bruno Spaggiari）驾驶联控气门 750 在伊莫拉 200 大赛中分别荣获冠亚军。

1979 攀塔（Pantah）500 称为杜卡迪首款量产型皮带传动凸轮摩托车。

916

1981 杜卡迪车手托尼 · 鲁特（Tony Rutter）赢得了他连续四次 TT 二级方程式赛车锦标赛冠军中的第一个。

1985 卡吉瓦集团从意大利政府购得杜卡迪公司。

1988 四气门 851 "公路"（Strada）在公路车上融合了赛车技术。

1990 杜卡迪赢得了它 16 个世界超级摩托车冠军中的第一个。

1993 第一款最畅销的无整流罩 "野兽"（Monster）双缸车 M900 上市。

1994 916 运动摩托车发布，该车广受好评。

联控气门 GP8

1998 美国得克萨斯州太平洋集团成为杜卡迪主要股东。

2003 杜卡迪 V 形四缸发动机参加世界摩托车大奖赛。

2005 杜卡迪公司被意大利工业投资控股集团收购。

2007 杜卡迪车手凯西 · 斯通纳（Casey Stoner）取得世界摩托车大奖赛冠军。

2008 限量版联控气门 4 缸 170 马力公路款销售一空。

2011 1198 毫升 "迪亚瓦尔"（Diavel）成为高性能车型中的新地标。

使双缸赛车及其轰鸣的排气名声大振。单缸竞速赛车潮流促成了 1993 年超级单缸摩托车（Supermono）的出现，那是皮埃尔 · 特布兰奇（Pierre Terblanche）设计的狭长风格的 550 毫升高技术赛车。之后杜卡迪又推出另一款杰作——916，该车由坦布里尼设计，采用最新款 114 马力联控气门发动机。张扬的外观和难以抵御的美感，让 916 影响了其他业内领先制造商们的设计。然而，并非所有人都想要一款半专业赛车，正因如此，无整流罩骑手友好型 M900 "野兽" 在 20 世纪 90 年代占据了杜卡迪摩托车销量的半壁江山。

十年中，杜卡迪统治着超级摩托车竞赛：卡尔 · 福格蒂（Carl Fogarty）四次夺得世界冠军，道格 · 波伦（Doug Polen）取得两个世界冠军，特洛伊 · 科索（Troy Corser）取得一个世界冠军。

2003 年，杜卡迪凭借 990 毫升 16 联控气门四缸车进军世界摩托车大奖赛，该车采用两对 L 形双缸发动机组合作为动力，最大速度可达 215 英里 / 小时（346 公里 / 小时）。2005 年这款 990 赛车取得了首次摩托车大奖赛冠军。在将 990 赛车技术改进成为 800 毫升世界摩托车方程式赛车之后，澳大利亚人凯西 · 斯通纳在 2007 年成为杜卡迪的第一位世界摩托车大奖赛冠军。2011 年，该品牌签下了多项世界冠军头衔得主、意大利人瓦伦蒂诺 · 罗西作为车队领军人物，后者在 2012 年为 1000 毫升联控气门车担任试验车手。

在赛道之外，本田公司和铃木公司在 20 世纪 90 年代后期发布了新款 1000 毫升直角 V 形双缸运动摩托车。但是杜卡迪仍固守其基本发动机布局，在全球普遍采用铝制车架的时候，杜卡迪仍保持管状钢制 "网格" 底盘。2003 年，杜卡迪发布运动旅行车 "众途"（Multistrada），拓宽了产品线。2007 年杜卡迪推出 1098 毫升 "窄缸头" 并继续增大到 1198 毫升。2011 年，采用 1198 "窄缸头" 的 "迪亚瓦尔" 以令人震惊的性能和冷峻的外观挑战了人们对运动旅行车的传统印象。

从 20 世纪 80 年代几乎绝迹的地步，杜卡迪强势崛起成为世界品牌，如今在全球范围内销售从手表到男士香水等各种高端商品，但是杜卡迪最引为骄傲的，仍是其时尚潮流的摩托车。

杜卡迪发动机

这种 90 度 V 形双缸发动机布局已经使用了 40 年。20 世纪 70 年代后期开始采用齿形皮带驱动凸轮轴。

"简洁一直是我所有设计的基本准则。"

法比奥 · 泰戈里奥尼，杜卡迪技术总监（1954-1989）。

世界摩托车大奖赛上的杜卡迪

凯西 · 斯通纳驾驶 800 毫升联控气门 V 形四缸赛车在 2010 年世界摩托车锦标赛日本站茂木町赛车场上领先本田赛车手安德里亚斯 · 多维西奥索（Andreas Dovizioso）。

运动摩托车

20 世纪 90 年代的技术进步让任何真正的超级摩托车竞争者都能实现 150 英里 / 小时（241 公里 / 小时）的速度。空气动力学变得比以往更加重要，它能确保赛车能够如利刃穿透空气而不会被紊流包围。法规将初学者用车限定在 125 毫升，引发了一批采用轻型发动机（但是销售势头强劲）的迷你超级摩托车和类巡航车的涌现。

▷ **雅马哈 TZR250 1990**
国别 日本
发动机 249 毫升直列双缸
最大速度 180 公里 / 小时

雅马哈利用大奖赛技术开发的二冲程公路摩托车在 1985 到 1995 年间经历了一系列演变，但速度不及同级的铃木产品。

▷ **雅马哈 FZR1000 1992**
国别 日本
发动机 1002 毫升直列四缸
最大速度 269 公里 / 小时

采用了更加紧凑的新型三角形盒式车架、20 气门气缸盖和 Exup 电机驱动排气节流阀的卓越发动机，FZR 变得更灵活、更敏捷、更高速。

◁ **诺顿 F1 运动车 1991**
国别 英国
发动机 588 毫升汪克尔双转子
最大速度 233 公里 / 小时

行驶平滑柔顺，带着汪克尔转子发动机的独特咆哮，这辆 F1 是诺顿 1989 年全国冠军赛车的公路版。

△ **本田 CBR900RR 火刃 1992**
国别 日本
发动机 893 毫升直列四缸
最大速度 262 公里 / 小时

看似速度极快却驾驶平顺，这款 900 比其他超级摩托车更小更敏捷，兼具日常实用性和卓越操控性。

△ **本田 NR750 1992**
国别 日本
发动机 748 毫升 V 形四缸
最大速度 257 公里 / 小时

价格是本田顶级运动摩托车的六倍，采用了每缸 8 气门的椭圆形气缸，这台惊人的、技术激进的 NR750 是车手们的梦想。

◁ **本田 CBR600 F2 1993**
国别 日本
发动机 598 毫升直列四缸
最大速度 245 公里 / 小时

1987 年最快的中量级赛车，这款 600 在 1991 年更新了底盘和发动机，拥有 100 匹制动马力。这款新车型更轻更坚固，平衡性完美。

△ **本田 RVF750 RC45 1994**
国别 日本
发动机 749 毫升 V 形四缸
最大速度 259 公里 / 小时

为了满足世界超级摩托车赛新规而设计，公路版采用燃油喷射和 119 匹制动马力。这款极快的 750 毫升 RC45 经过一段时间后在赛道上表现渐优。

▷ **本田 VFR400 NC30 1994**
国别 日本
发动机 399 毫升 V 形四缸
最大速度 201 公里 / 小时

VFR400 外形紧凑，减振可靠且加速性好，该车 1987 推出，但市场寿命很长，这要感谢 20 世纪 90 年代欧盟法律规定获得执照的新手两年内不能驾驶 400 毫升以上的摩托车。

◁铃木 RGV250 1990
国别 日本
发动机 249 毫升 V 形双缸
最大速度 201 公里 / 小时

20 世纪 80 年代末推出时，RGV250 如同行驶于公路的大奖赛赛车——驾驶体验优良且速度极快。该车采用独特的两冲程阿罗马发动机。

△铃木 GSX-R1100 1994
国别 日本
发动机 1074 毫升直列四缸
最大速度 272 公里 / 小时

GSX-R 在 1986 年发布时是一款典型的运动摩托车，但多年来一直重量偏大，直到 1994 年彻底减重让其又变得可人。

▷比摩塔 泰西 1D 906 1992
国别 意大利
发动机 904 毫升 V 形双缸
最大速度 249 公里 / 小时

比摩塔（Bimota）第一台采用轮毂中心转向系统的量产车，采用了一款燃油喷射式杜卡迪发动机。虽然价格极高但制造工艺完美，仅少量生产。

▽杜卡迪 888 SPS 1992
国别 意大利
发动机 888 毫升 V 形双缸
最大速度 260 公里 / 小时

杜卡迪将赛车推到最接近公路车的就是这款惊艳之作，采用了碳纤维材料的消声器和油箱，具备火辣的加速度。

△卡吉瓦 米托 125 进化版 1994
国别 意大利
发动机 126 毫升单缸
最大速度 172 公里 / 小时

看起来像大型杜卡迪，这是一款公路赛车，采用坚固的铝制双梁式车架，配备簧片气门 125 两冲程发动机，每升排量功率为 240 马力。

◁比尔 S2 雷电 1994
国别 美国
发动机 1203 毫升 V 形双缸
最大速度 233 公里 / 小时

1993 年哈雷 - 戴维森需要开发一款运动摩托车，而比尔公司（Buell）需要注资，故哈雷 - 戴维森收购了后者。这就是收购的成果：一台比运动车更轻、更强劲、更快的摩托车。

运动摩托车（续）

20 世纪 90 年代运动摩托车并没有确定标准：V 形双缸和直列四缸（全部采用顶置凸轮轴）是最普遍的选择，但是凯旋公司凭借直列三缸车的回归说明了其他方案也同样优秀。买家们开始由职业赛车转向将舒适度和操纵性放在首位的性能更全面的摩托车。

◁ **摩托古奇**
戴托纳 1000 1994
国别 意大利
发动机 992 毫升 V 形双缸
最大速度 230 公里 / 小时

该车是采用皮带驱动凸轮和燃油喷射的赛车复刻版，比一些竞争车敏捷舒适，但操纵上并不如它们灵活。

◁ **杜卡迪 916 1995**
国别 意大利
发动机 916 毫升 V 形双缸
最大速度 257 公里 / 小时

当时被认为是最佳公路车的这款 916 工程设计完美，采用铬钼合金车架和顶级的昭和悬挂。

△ **杜卡迪 748 1995**
国别 意大利
发动机 748 毫升 V 形双缸
最大速度 241 公里 / 小时

916 的小排量版，发动机声音更清脆而且比其他更大的同类车型转速更高，赋予了这款车独特性能。

◁ **比摩塔 颂歌 1996**
国别 意大利
发动机 904 毫升 V 形双缸
最大速度 201 公里 / 小时

杜卡迪发动机搭配坚固的网格车架，这款外观古怪又价格极高的“颂歌”敏捷性令人印象深刻，同时也是一款速度不错的摩托车。

◁ **凯旋 T595 戴托纳 1997**
国别 英国
发动机 955 毫升直列三缸
最大速度 257 公里 / 小时

一款极为高速且操纵平顺的超级摩托车，不仅像其他超级摩托车那样快，该车的发动机设计相当成功，但初期可靠性不足。

▷ **铃木 TL1000S V 形双缸 1997**
国别 日本
发动机 996 毫升 V 形双缸
最大速度 266 公里 / 小时

这台燃油喷射 TL1000S 拥有强悍的 125 匹马力功率，但该车在高速行驶时操纵性存在问题，影响了产品形象，部分原因是后减振器设计问题。

◁铃木 ZZ-R1100 1994

国别 日本

发动机 1052 毫升直列四缸

最大速度 277 公里 / 小时

ZZ-R1100 推出后的 5 年里一直是最快的量产摩托车，该车被证明是卓越的全能车型。尽管搭载了庞大强劲的发动机，但驾驶非常容易。

▽铃木 ZX-7R 1995

国别 日本

发动机 748 毫升直列四缸

最大速度 266 公里 / 小时

尽管车身沉重，不能在赛道上匹敌对手，这款 ZX7R 却是极佳的公路摩托车，操纵良好，刹车灵敏，而且极富特色（对于日本摩托车而言并不多见）。

△铃木 ZX-9R 1999

国别 日本

发动机 899 毫升直列四缸

最大速度 282 公里 / 小时

1994 年发布的 ZX-9R 在 1998 年采用了更轻的新型车架和发动机。尽管不是最佳的运动摩托车，却拥有优秀的发动机，被证明是耐用的运动旅行车。

▽雅马哈 YZF600R 雷猫 1998

国别 日本

发动机 599 毫升直列四缸

最大速度 233 公里 / 小时

尽管是一辆拥有充足性能而且可靠的运动巡航车，这款 600 并非为了与超级摩托车竞争；而是提供更柔软的悬挂和良好的耐久性。

△雅马哈 YZF-R1 1998

国别 日本

发动机 998 毫升直列四缸

最大速度 275 公里，小时

该车轴距超短，拥有 150 制动马力，仅重 423 磅（192 公斤），是一款极佳的超级摩托车，强劲的动力让该车不大容易操控。

△MV 阿古斯塔 F4 750S 1999

国别 意大利

发动机 749 毫升直列四缸

最大速度 282 公里 / 小时

造型美观的 F4S 采用了单摇臂悬挂和座下排气管，标志着 MV 品牌的回归。该车发动机研制过程中法拉利提供了帮助。

杜卡迪 916

1994 年杜卡迪 916 的发布从根本上震动了摩托车产业。仅凭这一款产品，这家意大利制造商重新定义了超级摩托车，创造了世界上最受推崇和最具影响力的运动摩托车。该车拥有一流的车架、高技术配置和有史以来最先进的双缸发动机。916 和后来的 996 发展型在 8 年中赢得了 6 次世界超级摩托车冠军。作为 20 世纪 90 年代的终极偶像，916 将人们的热情转化为狂热。

尽管杜卡迪最早源于 20 世纪 20 年代中期杜卡迪家族在意大利博洛尼亚建立的电子企业，但第一辆带着杜卡迪商标的摩托车制造于1950 年。多年之后，该品牌变成了摩托车速度与能量的代名词。90 年代初期杜卡迪决定研发一款新型运动赛车时，这一任务落在了卡吉瓦研究中心肩上。该中心著名总工程师马西莫·坦布里尼所创造的 916 最终让杜卡迪一举成为摩托车行业焦点。916 凭借其对未来技术和超级性能的成功融合，以及独特的设计风格——车手们已经逐渐对特征趋同的日本运动摩托车产生厌倦——成为摩托车新地标。916 被称赞为一个时代的最佳摩托车，只制造了 5 年后就在 1999 年被采用了更大发动机的 996 改型所接替。这款开创性的车型无形中将摩托车个方面性能的标准抬得极高，以至于竞争对手们花费许多年才能与之比肩。

前视图

后视图

可调节车头

916 的众多先进特征之一就是可调车头。在量产车型中首次实现了前叉倾角可调，使车手能够获得最合适的驾驶姿态。

性能指标			
型号	杜卡迪 916（1995）	输出功率	114 马力（9000 转 / 分）
装配	意大利博洛尼亚	传动	六速
产量	17870 辆	悬挂	可调前叉，前后悬挂
结构	钢管网格状车架	制动	前轮双盘，后轮单盘
发动机	916 毫升液冷 V 形双缸	最大速度	160 英里 / 小时（257 千米 / 小时）

车体

916是外表与内涵成功融合的典范，并因此入选古根海姆博物馆20世纪90年代后期设立的“摩托车艺术”展。作为市场上操纵性最佳的摩托车，液压转向阻尼器、出色的刹车系统、赛车配置以及可调悬挂系统让这辆运动摩托车出类拔萃。管式车架、单摇臂悬挂和短轴距设计也同样精彩，它们共同赋予骑手对这台车极佳的操控性。

1. 整流罩上的杜卡迪标志 2. 时尚的车头灯 3. 前转向灯 4.飞机形状的油箱盖 5. 速度表，最大刻度180英里/小时（290公里/小时）6. 车把上的换档开关和灯开关 7. 液力离合器操纵装置 8. 转向阻尼器 9. 可调前悬挂 10. 通风网罩 11. 冷却空气进口 12. 轻型钢管车架 13. 后悬挂组件 14. 快拆式后轮 15. 传动链轮 16. 高位排气管

5

6

7

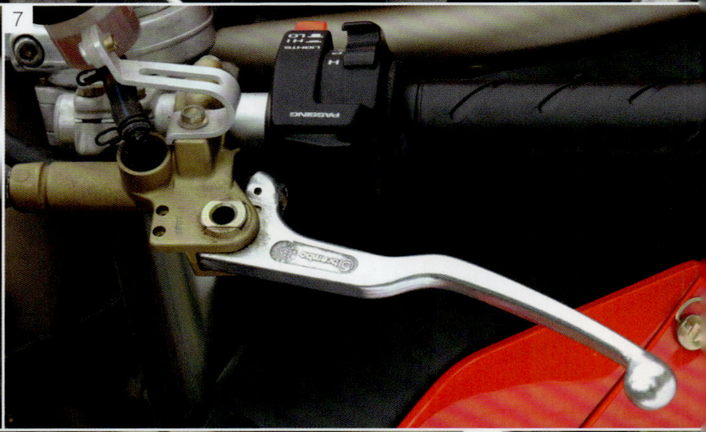

1

2

3

4

8

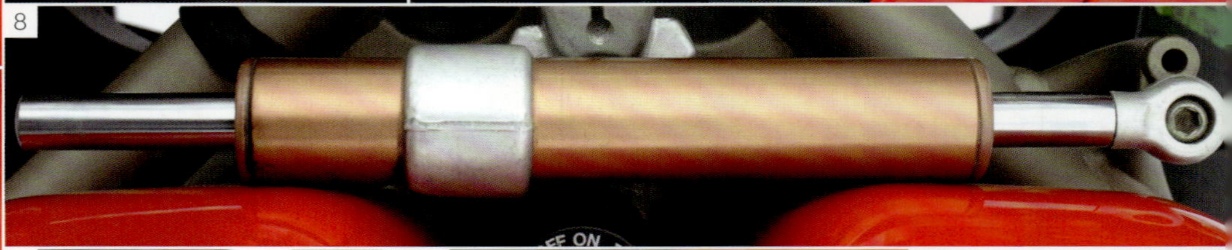

9

11

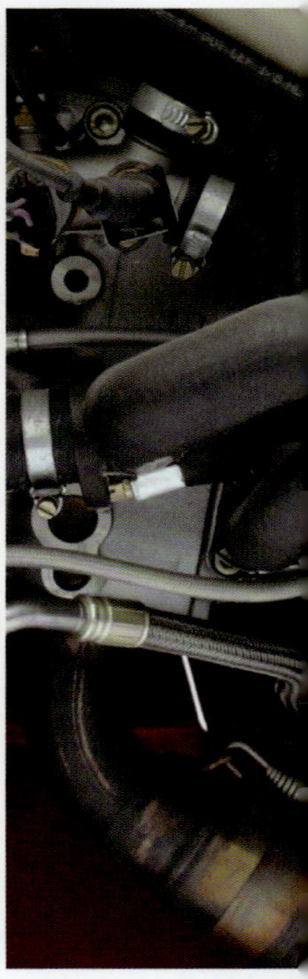

10

12

13
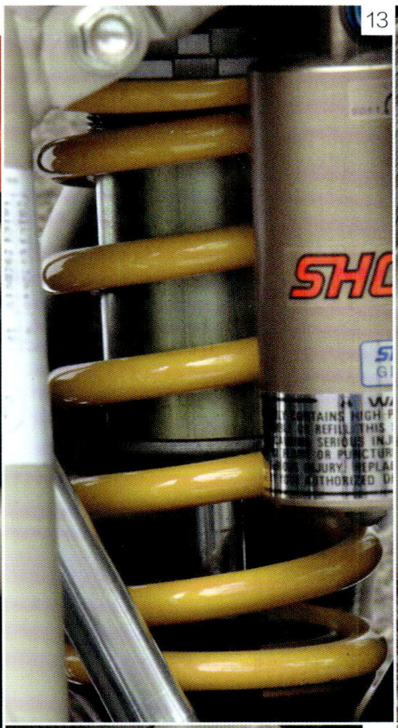

14

15

16

17

18
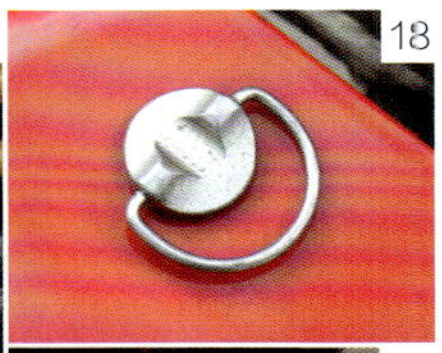

19

20

21

发动机

如果说 916 的创新设计赋予其美感，那么这台 L 形双缸发动机就赋予了它充沛的力量。紧凑的联控 8 气门发动机与车架紧密贴合。9000 转 / 分钟下 114 马力的输出功率是卓越技术的体现。

17. 拆下左侧整流罩露出发动机 18. 快拆式整流罩固定扣 19. 冷却风扇马达 20. 内凹形散热器 21. 滑油冷却器

街道风格

外观一直是摩托车市场的关注重点，但 20 世纪 90 年代对外观的关注被提升到前所未有的程度。全世界的制造商们尝试了所有的可能，一些选择了忠实的复古风格，另一些则选择了借鉴运动摩托车的设计。还有更多厂商选择简洁包覆式的空气动力学设计，看上颇具“太空时代”特征。经典的英国品牌凯旋以一系列标志性的现代摩托车回归这一市场。

◁ **凯旋 三叉戟 900 1990**
国别 英国
发动机 885 毫升直列三缸
最大速度 214 公里 / 小时

约翰·布鲁尔（John Bloor）在 1990 年以一系列让人印象深刻的三缸和四缸摩托车让“凯旋”重获新生，其中“三叉戟”是价格适中的出色全能型产品。

△ **川崎 750 和风 1990**
国别 日本
发动机 738 毫升直列四缸
最大速度 203 公里 / 小时

将 20 世纪 70 年代风格与现代细节相融合（如三辐铝合金车轮、良好的刹车和悬挂等），再加上有竞争力的价格，这款 750 “和风”成为川崎的又一大赢家。

△ **凯旋 三叉戟 750 1991**
国别 英国
发机 749 毫升直列三缸
最大速度 216 公里 / 小时

动力充沛，充满驾驶乐趣，该车骑乘姿态相对较为竖直，适合城市交通使用，这款水冷 750 是凯旋产品中一款受欢迎的新车。

▽ **凯旋 疾速三缸 1994**
国别 英国
发动机 885 毫升直列三缸
最大速度 217 公里 / 小时

受 20 世纪 50 年代咖啡馆赛车所启发，疾速三缸是新凯旋产品中最轻最矮的一款，拥有极佳的平衡和操控反应，销售很好。

△ **本田 CB50V 梦想 1996**
国别 日本
发动机 49 毫升单缸
最大速度 80 公里 / 小时

为纪念本田早期小排量赛车的成功而设计，这款复古赛车风格的 CB50V 的动力是一台顶置双凸轮轴四冲程发动机。

▷ **吉列那 西北 600 1991**
国别 意大利
发动机 556 毫升单缸
最大速度 170 公里 / 小时

巡警摩托车风格和大块头单缸发动机是“西北”的特点，操纵优良并且灵敏，是款良好的城市 / 乡村道路摩托车。

△ **恩菲尔德 印度子弹 350 1992**
国别 印度
发动机 346 毫升单缸
最大速度 109 公里 / 小时

这款“子弹”自 1955 年起就在印度生产，并进行了一些小升级。该车仍具备同期传统英产摩托车的魅力。

△ **宝马 K1 1992**

国别 德国

发动机 987 毫升直列四缸

最大速度 241 公里 / 小时

K1 拥有比同时期所有车型都低的风阻系数，优秀的车身设计让 K1 打破了宝马古板而结实的刻板印象，充分发挥其 100 制动马力的动力。

△ **莫尔比代利 V8 1994**

国别 意大利

发动机 847 毫升 V8

最大速度 241 公里 / 小时

吉安卡洛·莫尔比代利（Giancario Morbidelli）自 1969 年起开始制造自己的赛车，1976 年开始销售。这款令人惊奇的 V8 制造精美却价格奇高，只生产了四辆。

△ **杜卡迪 M900 怪兽 1994**

国别 意大利

发动机 904 毫升 V 形双缸

最大速度 208 公里 / 小时

有着极佳的街道行驶性能、操控乐趣和骑乘感的全新摩托车，“怪兽”成为了畅销产品，其小排量版本也有生产。

▽ **哈雷 - 戴维森 FXSTB 夜行火车 1997**

国别 美国

发动机 1449 毫升 V 形双缸

最大速度 180 公里 / 小时

黑色铬合金就是这款“夜行火车”承接自哈雷“坏男孩”的标志，具有侵略性的外形和后仰的驾驶姿势。1999 年推出了双凸轮版。

△ **雅马哈 XJ400**

消遣 1994

国别 日本

发动机 399 毫升直列四缸

最大速度 160 公里 / 小时

XJ400 功率高达 53 马力，采用六速变速箱和全盘式制动，不需要模仿任何超级摩托车或采用标新立异的设计就能提供卓越的公路性能。

巡航车

这个十年，全世界的摩托车手都认可了哈雷美式V形双缸大巡航车的美感。哈雷充分利用这种喜好，研发了更多的改型，以满足那些热衷于风格，希望凭借一辆与众不同的哈雷在人群中独树一帜的车手。其他制造商们的对策则是以一半价格的相似摩托车来削弱哈雷的优势，或者试图以更大的V形双缸摩托车超越它。

△本田 金翼 EML 三轮车 1994
国别 日本/荷兰
发动机 1520 毫升水平六缸
最大速度 53 公里 / 小时

到了20世纪90年代，“金翼”摩托车已经变得体型很大，动力强劲，EML这样的专业企业将其改装为三轮摩托车，这种改装品更稳定更奢华，具备牵引运载功能。

◁博思浩斯 V8 1994
国别 美国
发动机 5735 毫升 V-8
最大速度 257 公里 / 小时

田纳西州蒙特·沃恩（Monte Warne）的强悍巡航摩托车采用通用汽车的V8发动机和单速手动变速箱。早期博思浩斯（Boss Hoss）摩托车工艺粗糙，但后来有所提升。

△摩托古奇 加利福尼亚 EV 1997
国别 意大利
发动机 1064 毫升 V 形双缸
最大速度 188 公里 / 小时

原型是一台850，后来在1994年进化成为“加利福尼亚”。1997年采用顺序式燃油喷射系统。这一特点以及卓越的操控性延长了该车的市场寿命。

◁川崎 火神 VN1500 1995
国别 日本
发动机 1470 毫升 V 形双缸
最大速度 185 公里 / 小时

川崎自1988年起开始制造1500毫升大排量摩托车，主要供应美国市场。这款20世纪90年代中期的产品性能可靠，扭矩强大。

▷雅马哈 XVZ 1300A 皇家之星 1997
国别 日本
发动机 1294 毫升 V 形四缸
最大速度 185 公里 / 小时

超低座椅、有限的离地间隙和迟钝的悬挂，这款XVZ更适合展示而非驾驶。该车配置和工艺都非常出色。

◁雅马哈 XVS 1100 竞速之星 1999
国别 日本
发动机 1063 毫升 V 形双缸
最大速度 177 公里 / 小时

随着巡航车系的成长，雅马哈的轴传动1100从大型巡航车变为中量级车，即使有一些过时，其可靠性和适中的重量使其仍具吸引力。

△本田 F6C 女武神 1996

国别 日本

发动机 1520 毫升水平六缸

最大速度 185 公里 / 小时

本田通过拆掉“金翼”部分设备的方式提供了一款巡航车替代品：制造精美并且可靠性极高，行驶安静且操控平顺。

◁本田 VT 750C2 影子 1998

国别 日本

发动机 745 毫升 V 形双缸

最大速度 169 公里 / 小时

本田操控平顺的水冷中量级巡航车填补了市场上一个空白，成为那些无力承担或不愿承担大型巡航车的买家的选择，也是同级车中的最佳车型。

△哈雷 - 戴维森 超级滑翔 1999

国别 美国

发动机 1450 毫升 V 形双缸

最大速度 174 公里 / 小时

哈雷入门级大型双缸车，老式基本款钢制车架，发动机低沉有力，轰鸣厚重，能让车手以合理价格拥有一辆经典风格的哈雷。

△哈雷 - 戴维森 狂野滑翔 1999

国别 美国

发动机 1450 毫升 V 形双缸

最大速度 175 公里 / 小时

作为哈雷终极版“逍遥骑士”，该车采用加长外倾式前叉和舒适的低位车座，是一款可靠的、制造精良的强力巡航车。

◁哈雷 – 戴维森 FLSTF 胖男孩 1999

国别 美国

发动机 1450 毫升 V 形双缸

最大速度 169 公里 / 小时

电影《终结者 2》中的出镜让“胖男孩”(Fat Boy)成为永恒经典，也是街道之王和 20 世纪 90 年代最流行的哈雷摩托车之一。最初排量 1338 毫升，1999 年排量增加。

旅行与探险

超大型越野摩托车适合准备探索地球上每一个角落的具有冒险精神的骑手们，而公路旅行车则提供更优良的舒适性和便捷性。本田“金翼”甚至设置了帮助停车的倒车档。通用摩托车也有宽广的选择空间，它们兼具出色的性能和长距离旅行的能力。

◁ **雅马哈 TDM850 1991**
国别 日本
发动机 849 毫升直列双缸
最大速度 209 公里 / 小时

这款新奇的、人体工学设计的 TDM 街道 / 越野混合摩托车创造了一位优良的阿尔卑斯风暴穿行者，但是仅限于越野情况。它的出现宣布了并列双缸的强势回归。

◁ **凯旋 奖杯 900 1991**
国别 英国
发动机 885 毫升直列三缸
最大速度 225 公里 / 小时

这款全能型“奖杯”帮助凯旋在世界市场站稳了脚跟，该车配备了声音悦耳、工作平顺且特点鲜明的三缸发动机以及耐用的零件。

△ **凯旋 冲刺 900 1993**
国别 英国
发动机 885 毫升直列三缸
最大速度 217 公里 / 小时

这款车身较高但骑乘舒适的半包覆式三缸摩托车配备了大扭矩发动机，是一款全能车型。它标志着凯旋“冲刺”系列的开始。

△ **凯旋 探险者 900 1996**
国别 英国
发动机 885 毫升直列三缸
最大速度 193 公里 / 小时

这款巡航风格摩托车采用了凯旋最受欢迎的“雷鸟”的强劲发动机，目标主打美国市场。遭遇市场挫败后很快退缩。

▷ **宝马 R1100GS 1994**
国别 德国
发动机 1085 毫升水平双缸
最大速度 196 公里 / 小时

这款标志性探险摩托车配备了长距离油箱和封闭式轴传动，离地净高较大。该车另一特色是采用了宝马的平行扭杆式前悬挂系统。

◁雅马哈 XJ600S 消遣 1998

国别 日本

发动机 599 毫升直列四缸

最大速度 188 公里 / 小时

这款全能车源于雅马哈早期的 XJ600，安装一台易操控且可靠的气冷发动机，采用管式车架和柔韧的悬挂系统。

◁铃木 RF900R 1994

国别 日本

发动机 937 毫升直列四缸

最大速度 260 公里 / 小时

考虑到与价格相比之下的不佳性能和操纵性，这款摩托车不及那些更先进和诱人的运动车那样有吸引力。

△哈雷 - 戴维森 FLHR 公路之王 1997

国别 美国

发动机 1340 毫升 V 形双缸

最大速度 160 公里 / 小时

一款奢华的长途旅行车，与“伊莱克特拉滑翔”同属传统风格，采用了一体化挂筐、双减振后悬挂、高风挡和低转速燃油喷射式双凸轮 V 形双缸发动机。

◁本田 XRV750 非洲双缸 1990

国别 日本

发动机 742 毫升 V 形双缸

最大速度 177 公里 / 小时

XRV750 是本田在巴黎 - 达喀尔拉力赛上斩获多项冠军的赛车的改型，其力量较强的 V 形双缸发动机引领了超级越野摩托车。图中这辆车采用了拉力赛配置。

△本田 XL1000V 瓦拉德罗 1999

国别 日本

发动机 996 毫升 V 形双缸

最大速度 203 公里 / 小时

采用了改进型高扭矩的“火风暴”V 形双缸发动机，这台“瓦拉德罗”非常适合单人或双人乘坐进行舒适的长途旅行。

◁本田 金翼 GL1500 SE 1999

国别 日本

发动机 1520 毫升水平六缸

最大速度 180 公里 / 小时

1988 年起采用一款更大排量的水平六缸发动机，这台标志性的奢华旅行车配备了倒档、立体声音响、空调和乘客扶手椅。

打车去市场，1992

二十世纪九十年代，价格实惠的摩托车仍然是千百万人不可或缺的交通方式。这张照片拍摄于柬埔寨磅同，一辆小型摩托车拖带着一辆满载乘客的板车驶向附近的集市。

2000年以后

电子技术让21世纪的摩托车变得更加精密复杂。在降低排放的需求驱动下，电控式燃油喷射技术被普遍采用。人们先后开发出了避免后轮打滑的牵引力控制系统和防抱死刹车系统，还有根据不同环境条件甚至个人喜好对发动机特性进行选择的按钮。对悬挂系统的改进持续进行，有时甚至会出现一些令人难以置信的设定组合。到了21世纪第二个十年，“清洁”摩托车技术有了极大进步。

超级运动车

新千年里，随着全世界制造商们为了市场份额和赛道成绩而展开竞争，超级摩托车市场比以往更加壮大。超跑门类的设计改变受以下因素所推动：在生产型超级摩托车和超级运动车竞赛中取胜，以及为公路驾驶而改进摩托车的需求。

▷ **本田 VTR1000 RC51 SP1 2001**
国别 日本
发动机 996 毫升 V 形双缸
最大速度 274 公里 / 小时

为了在世界超级摩托车大赛中打败杜卡迪而制造，SP1 的特点是采用了全新 4 凸轮超方 V 形双缸发动机和激进的双梁铝制车架。它在 2000 年赢得了比赛的胜利。

△ **本田 CBR600RR 2003**
国别 日本
发动机 599 毫升直列四缸
最大速度 262 公里 / 小时

这辆 2003 新款车采用了二级燃油喷射、本田大奖赛摩托车使用的后悬挂和座下排气系统。

△ **宝马 K1200S 2006**
国别 德国
发动机 1157 毫升直列四缸
最大速度 282 公里 / 小时

这款 K 系列宝马摩托车采用激进的全新设计，安装一台声称具有 169 制动马力的全新水冷四冲程发动机和电子控制悬挂系统。

▷ **本田 CBR1000R 火刃 2012**
国别 日本
发动机 998 毫升直列四缸
最大速度 283 公里 / 小时

1992 年原版的"火刃"(Fireblade) 定义了超跑摩托车，除了细节升级，这款车型的标签说明它是"火刃"20 周年纪念版。

◁ **凯旋 戴托纳 955i 2006**
国别 英国
发动机 955 毫升直列三缸
最大速度 246 公里 / 小时

尽管技术参数令人印象深刻，凯旋的改进款双凸轮 12 气门 955i 后来证明并没有早期车型流行，而且被认为相比运动车更像是旅行车。

▽ **凯旋 戴托纳 650 2005**
国别 英国
发动机 646 毫升直列四缸
最大速度 249 公里 / 小时

凯旋通过延长冲程使其杰出的"戴托纳"600 运动摩托车在 2005 年更具实用性，这一改进让发动机更具柔性并提高了启动功率。

▷ **凯旋 戴托纳 675 2006**
国别 英国
发动机 675 毫升直列三缸
最大速度 249 公里 / 小时

在新款超轻底盘的基础上，凯旋凭借新型三缸发动机和极为灵敏的操纵性将其中量级超级摩托车的装备能力提升到行业领先水平。

▷ **川崎 ZX-12R 2000**

国别 日本

发动机 1199 毫升直列四缸

最大速度 304 公里 / 小时

凭借铝制硬壳结构、180 制动马力的紧凑发动机和光滑的车身，川崎公司成功夺回了世界上最快量产型摩托车的头衔。

◁ **川崎 EX250/忍者 250R 2008**

国别 日本

发动机 249 毫升直列双缸

最大速度 154 公里 / 小时

川崎的中距离运动摩托车在 2008 年进行了重大升级，采用了更敏捷的发动机、更大的车轮、改进型悬挂和制动系统。

◁ **杜卡迪 1098S 2007**

国别 意大利

发动机 1099 毫升 V 形双缸

最大速度 290 公里 / 小时

该车被评论为“纯正不掺合任何杂质的运动摩托车天堂”，不仅拥有最强劲的 V 形双缸发动机，还配备了设计上乘、制造精良的底盘。

△ **铃木 GSX-R750 2004**

国别 日本

发动机 749 毫升直列四缸

最大速度 286 公里 / 小时

凭借更紧凑的新型发动机（2004 年款最大达到 147 马力）、新型双梁车架、更轻的车轮和更符合空气动力学的车身，铃木推出了当时速度最快的 750。

▷ **铃木 GSX-R600 2009**

国别 日本

发动机 599 毫升直列四缸

最大速度 257 公里 / 小时

铃木在 21 世纪第一个十年后期以张扬的外观搭配赛车技术，创造出这款敏捷且非常强劲的轻型 600。

◁ **凯旋 疾速三缸 1050 2008**

国别 英国

发动机 1050 毫升直列三缸

最大速度 249 公里 / 小时

图中所示是 2008 年改进后的外观，1050 的设计虽然源于 1997 年，但该车充满骑乘乐趣，采用了一款既灵敏又成熟的发动机。

▷ **铃木 GSX-R1000 K9 2010**

国别 日本

发动机 999 毫升直列四缸

最大速度 290 公里 / 小时

这十年中铃木开创了一段全新的历史，采用了新式、轻型、紧凑的发动机、双梁车架，以及改进型悬挂、制动和空气动力学设计——全部都是在赛道上得到检验的技术。

超级运动车（续）

更轻的重量和更强的动力是超级运动车市场的永恒需求。21 世纪初材料科学的进步意味着摩托车能变得更轻。人们越来越多地使用精密电子器件来控制刹车、悬挂和牵引力来提高骑手的安全性。与此同时，欧洲厂商，如凯旋、宝马，特别是杜卡迪等品牌，在一个追求魅力和技术的市场上重获新生。

△ 雅马哈 YZF-R6 2005
国别 日本
发动机 599 毫升直列四缸
最大速度 257 公里 / 小时

该车推出后每年都有升级，它是一台货真价实的超级运动摩托车，车身更轻更敏捷，却拥有接近超级摩托车的性能。

◁ 雅马哈 YZF-R1 2010
国别 日本
发动机 998 毫升直列四缸
最大速度 280 公里 / 小时

革新的十字曲轴、提供极限扭矩的不均匀点火序列、以及平顺的动力输出使 R1 成为当时操纵性最佳的超级摩托车。

▷ 雅马哈 YZF-R125 2011
国别 日本
发动机 125 毫升单缸
最大速度 132 公里 / 小时

这款雅马哈的入门级运动摩托车拥有一台先进的水冷发动机，其外观颇似超级摩托车，吸引了不少年轻骑手。

△ 川崎 ZX10R 2011
国别 日本
发动机 998 毫升直列四缸
最大速度 296 公里 / 小时

川崎高效地更新了 ZX10，制造出一款同级产品中领先的超级摩托车，该车完美融合了操纵性和制动性，具有最优的功重比。

◁ 川崎 ZX-6R 忍者 2011
国别 日本
发动机 599 毫升直列四缸
最大速度 260 公里 / 小时

该车作为中量级超级摩托车兼具灵敏的操纵性和优良的性能，广受赞扬，ZX-6R 设计精良，在同级车中处于领先地位。

◁ 川崎 ZZR1400 2011
国别 日本
发动机 1352 毫升直列四缸
最大速度 301 公里 / 小时

市场上能买到的最快、最强劲的摩托车，但是出于安全限制了速度。它可作为实用的旅行摩托车或者通勤车，还是短道加速赛的赢家。

▷ KTM RC8R 2011
国别 奥地利
发动机 1195 毫升 V 形双缸
最大速度 274 公里 / 小时

KTM 第一款超级摩托车出现在 2007 年后期。2011 年配备了 175 制动马力的强力发动机，赛道表现卓越，但公路操纵性较差。

◁ **宝马 S1000RR 2011**
国别 德国
发动机 999 毫升直列四缸
最大速度 300 公里 / 小时

为 2009 年世界超级摩托车锦标赛所设计（当年最佳成绩是第五名，在 2010 年取得第三名），这款速度超凡的公路摩托车采用了防抱死刹车和牵引力控制系统。

△ **宝马 K1300S 2100**
国别 德国
发动机 1293 毫升直列四缸
最大速度 274 公里 / 小时

宝马将 K1200S 提升到 175 马力，额外增加的 136 毫升排量提供了更大的扭矩。这款典雅的摩托车从零加速到 100 公里 / 小时仅需 2.9 秒。

△ **阿普里利亚 RSV 千禧 R 2011**
国别 意大利
发动机 998 毫升 V 形双缸
最大速度 278 公里 / 小时

1999 年后期推出的 RSV-R 凭借奥地利罗泰克斯发动机一举进入超级摩托车顶级行列，提供了良好舒适度和卓越性能。

◁ **阿普里利亚 RSV4 2011**
国别 意大利
发动机 999.6 毫升 V 形四缸
最大速度 290 公里 / 小时

为赢得世界超级摩托车锦标赛而研制，这款带电子控制系统的小角度 V4 发动机可输出 180 制动马力，此外该车还采用全可调悬挂系统。

阿普里利亚 RSV4

阿普里利亚 2008 年推出的 RSV4 对超级摩托车做出了令人瞩目的贡献。这台紧凑的高速四缸摩托车赢得了 2010 年超级摩托车世界锦标赛冠军，改变了先前由意大利竞争厂商杜卡迪的统治局面。RSV4 采用了阿普里利亚当时最强劲的发动机和优良的空气动力学设计，毫无疑问是当时最佳运动摩托车之一。

在赢得 125 毫升组和 250 毫升组世界锦标赛冠军之后，阿普里利亚决定在 2000 年世界超级摩托车系列赛上采取扩张战略，与奥地利发动机制造商罗泰克斯联手研制 1000 毫升 V 形双缸赛车。2008 年阿普里利亚发布了这款 RSV4。作为阿普里利亚第一款四缸摩托车，RSV4 在设计中就充分考虑了超级摩托车竞赛需求，这一理念在 2010 年得到证明：前意大利大奖赛明星马克斯·比亚吉（Max Biaggi）驾驶 RSV4 在 2010 年夺得世锦赛冠军。RSV4 由阿普里利亚设计总监米格尔·加鲁兹（Miguel Galluzzi）负责设计，其流畅曲线中包含了许多科技元素。RSV4 的工厂公路版配备了传感器和陀螺仪，随时获取整车动态，并据此调整发动机工况。这款车所承载的前瞻理念包括：监控后轮滑动的牵引力控制系统；前轮离地平衡控制系统；电子控制油门系统；以及快速换挡助力和六速变速箱的平顺调节。

前视图

后视图

空气动力学曲线

从小型挡风到带棱角的整流罩和紧凑尺寸，RSV4 采用了足以“欺骗疾风”的先进空气动力学设计。那侵略性外观的三头灯布局是阿普里利亚的典型设计特色。

性能指标			
型号	阿普里利亚 RSV4 工厂版（2011）	**输出功率**	180 马力（12500 转 / 分）
装配	意大利诺阿莱	**传动**	六速
产量	未知	**悬挂**	倒置前叉；后摇臂
结构	铝制双梁底盘	**制动**	前轮双盘，后轮单盘
发动机	999.6 毫升 V 形四缸	**最大速度**	180 英里 / 小时（290 公里 / 小时）

车体

为夺取本公司首次超级摩托车世锦赛冠军，阿普里利亚在 RSV4 上集成了多项先进技术，其中之一就是设计精良的车架，在车架完成基本设计后，阿普里利亚使用风洞对车体进行了空气动力特性评估。最终定型的车架为坚固的铝合金结构，重量极轻同时具有良好的操控性。RSV4 的所有者们还享受着来自赛车装备专家厄林斯（Öhlins）公司的可多重调节的前后悬挂、来自布雷博（Brembo）公司强有力的盘式制动，以及萨克斯（Sachs）公司的转向阻尼器。

1. 油箱上的标志 2. 侧饰板上的车型代号 3. 发动机模式选择开关，指示灯开关和喇叭 4. 大功率三联头灯 5. 前指示灯 6. 转速表，最大刻度 15000 转 / 分 7. 带凸起图案的油箱 8. 直径 320 毫米前轮双制动盘 9. 骑手脚踏 10. 乘员脚踏 11. 后减振器 12. 后驱动链轮 13. 后灯 14. 离合作动杆 15. 后指示灯 16. 排气管

1

2

6

7

14

15

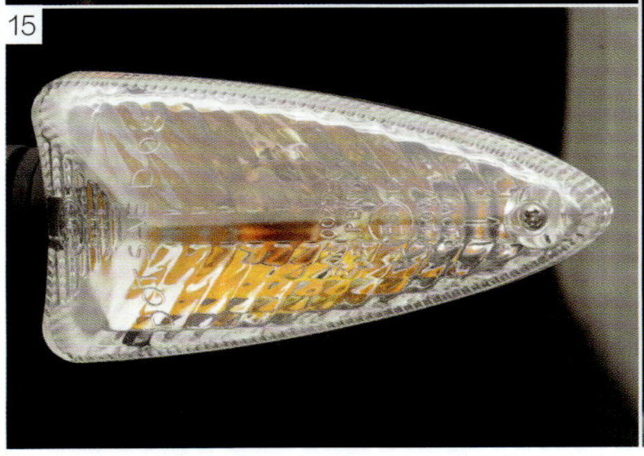

16

17

3

4

5

8

9

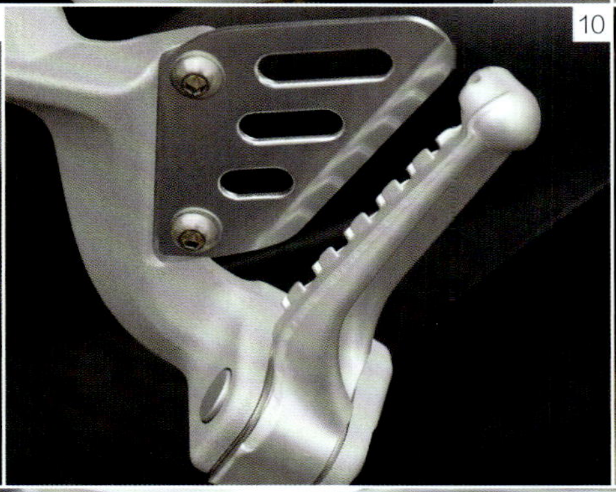
10

11

12

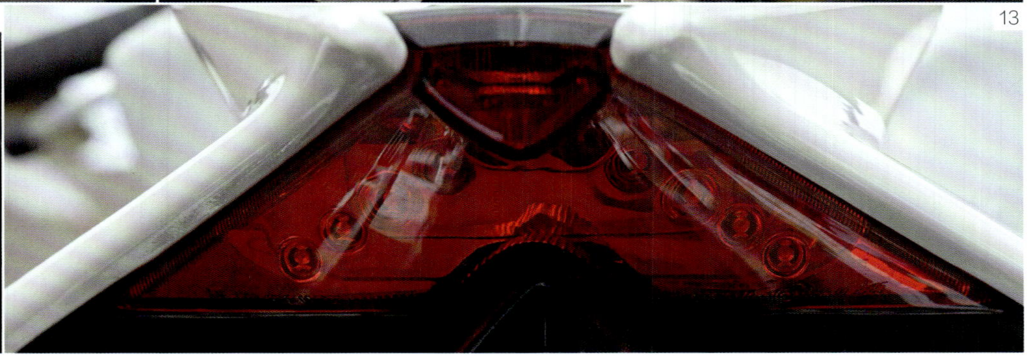
13

18

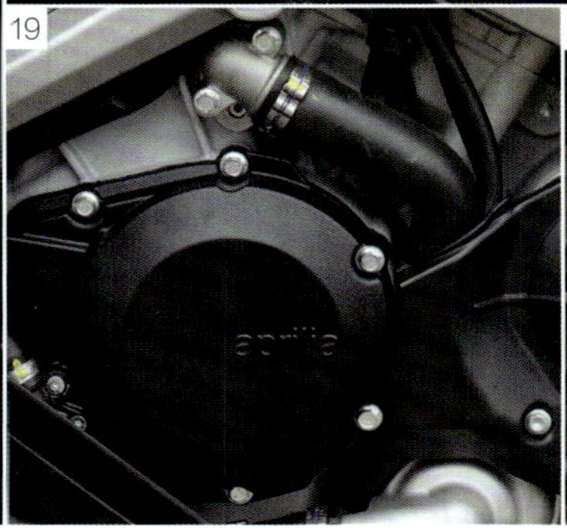
19

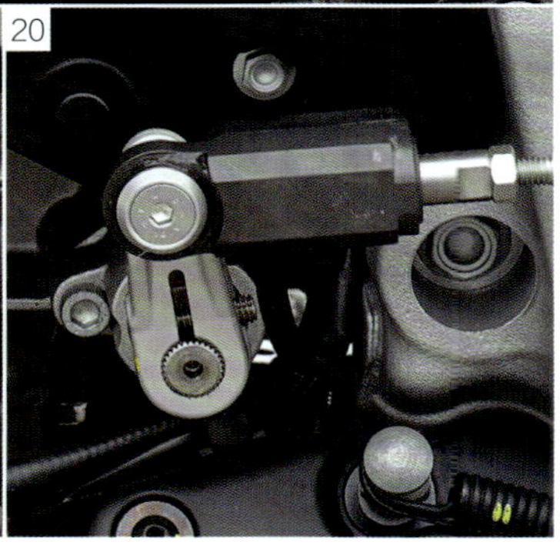
20

发动机

RSV4 这台输出超过 200 马力的 65 度 V 形四缸发动机是一项技术奇迹。阿普里利亚的工程师们发现四缸构型是实现发动机紧凑性和平衡性的最佳选择。这台发动机每个气缸配有四个气门和两个燃油喷嘴，搭配当时最先进的电子控制系统，让发动机迸发出巨大可控的能量。电子油门控制系统让骑手可以通过车把上的转换开关实现对三种发动机工作模式的选择：赛道、运动或公路。

17. 离合器外壳 18. 水泵 19. 交流发电机外壳 20. 换挡连杆

肌肉街车

在这十年的初期，明亮的色彩是最佳商业符号。随着制造商们为分得现代城市摩托车市场份额而竞争，各种激进的风格和丰富的涂鸦层出不穷。后来，黑色却突然随着对早年摩托车风格（那时每一辆摩托车都是黑色的）的复古风潮重新回归，成为新的时尚。摩托车运动依旧有着强大的影响力，但此时影响力更大的是耐力赛而非速度赛。

△ 比尔 X1 闪电 2003
国别 美国
发动机 1203 毫升 V 形双缸
最大速度 225 公里 / 小时

摩托车迷埃里克 · 比尔（Erik Buell）在创立自己的公司前曾为哈雷公司工作，后来比尔公司又被哈雷在 1998 年收购。这款车采用改进型哈雷发动机和现代运动底盘。

▷ 雅马哈 FZS1000 法策尔 2002
国别 日本
发动机 998 毫升直列四缸
最大速度 257 公里 / 小时

尽管在高转速时有 143 制动马力，这款 FZS1000 是一台实用的日用摩托车，其包容的天性使它成为当时顶级全能车。

▽ MV 阿古斯塔 910S 野蛮 2007
国别 意大利
发动机 910 毫升直列四缸
最大速度 253 公里 / 小时

910S 装备 136 制动马力的双凸轮发动机。该车在阳光明媚的日子里骑行在平坦路面上将非常愉悦，但在潮湿或颠簸道面会变得难以控制。

◁ 雅马哈 MTO1 2005
国别 日本
发动机 1670 毫升 V 形双缸
最大速度 211 公里 / 小时

采用了几乎比哈雷更大的 V 形双缸，MTO1 外观和声音都令人印象深刻，但是其性能并没有外观那样亮眼。

▽ 雅马哈 XJR1300 2011
国别 日本
发动机 1251 毫升直列四缸
最大速度 224 公里 / 小时

这款优秀的巡航车于 1998 年推出，2007 年升级为燃油喷射式。它传统的外观和风冷发动机表明了该车较长的生产时间。

◁ 凯旋 街道三缸 R 2009
国别 英国
发动机 675 毫升直列三缸
最大速度 227 公里 / 小时

凯旋凭借这款优秀的中量级摩托车展示了它能够胜过那些竞争者的能力，该车配备了全可调悬挂、顶级制动和极为可靠的发动机。

△ 诺顿 突击队员 961 运动 2010
国别 英国
发动机 961 毫升直列双缸
最大速度 201 公里 / 小时

作为一度伟大的诺顿的复兴车型之一，并列双缸发动机和复古风格是它的必备要素。尽管 79 马力在 2010 年是不算强大，这款车依托怀旧情结还是卖得不错。

◁ **哈雷 - 戴维森**
运动者 XR1200X 2010
国别 美国
发动机 1202 毫升 V 形双缸
最大速度 201 公里 / 小时

归功于多重调节悬挂，这款摩托车比早期车型更具运动性。虽然性能和参数远落后于竞争对手，但似乎哈雷的买家们并不介意。

△ **哈雷 - 戴维森**
运动者 XL883N 钢铁 2011
国别 美国
发动机 883 毫升 V 形双缸
最大速度 169 公里 / 小时

通体亚光黑色，外观十分强悍，这款哈雷“运动者”复现了昔日哈雷泥地赛车的风范，只有电子点火系统提示人们它是一款现代车。

◁ **宝马 R1200R 经典 2011**
国别 德国
发动机 1170 毫升水平双缸
最大速度 219 公里 / 小时

为了怀旧而回归线辐车轮、镀铬排气管和抛光凸轮罩，外加超现代的底盘，这款“经典”是一种奇怪的混搭。

▷ **KTM 990 超级公爵 2011**
国别 奥地利
发动机 999 毫升 V 形双缸
最大速度 243 公里 / 小时

驾驶该车令人狂热和兴奋，这款 120 马力“超级公爵”融合了惊人的加速性和敏捷的操控性。这款单人车适合消遣而非旅行。

▽ **本田 CB1000R 2012**
国别 日本
发动机 998 毫升直列四缸
最大速度 241 公里 / 小时

高质量、强劲有力并且物有所值，这款 CB1000R 爆棚的风格和技术颇为引人注目，且不会产生恐惧或不适的驾驶体验。

△ **本田 CB1300 2012**
国别 日本
发动机 1284 毫升直列四缸
最大速度 219 公里 / 小时

为在转速范围内实现无缝功率输出而设计，具备 114 峰值制动马力的双凸轮 CB1300 是一款完美的公路摩托车，速度快且容易驾驭。

远方与速度

对于那些寻求强劲、灵活，没有操纵难度，也没有赛车复刻版那种骑乘不适的摩托车的人而言，可供选择的车型从来都不像此时这样多。摩托车发烧友们可以选择性能超凡的全旅行车，如本田 ST1100，或者肌肉发达的优良街车雅马哈 XJR1300，这两个极端之间还有许多其他选择。

△ **雅马哈 XJR 1300 SP 2000**
国别 日本
发动机 1251 毫升直列四缸
最大速度 224 公里 / 小时

这款牵引力强大的气冷裸露式四缸摩托车最早出现于 20 世纪 90 年代，通过持续升级底盘来维持生产，证明了它在多变市场中的稳固地位。

△ **阿普里利亚 RST 未来 2001**
国别 意大利
发动机 998 毫升 V 形双缸
最大速度 241 公里 / 小时

这款全面的流线型运动旅行车有着超现代的外观，其发动机为阿普里利亚消声版 1000 毫升发动机，底盘结实、悬挂柔顺。

▽ **本田 ST1100 潘欧洲 2000**
国别 日本
发动机 1084 毫升 V 形四缸
最大速度 216 公里 / 小时

这款车的发动机由本田汽车公司制造，该车适合两人进行舒适的长距离旅行。2002 年 ST100 被更新的 ST1300 所取代。

△ **阿普里利亚 SL1000 猎鹰 2001**
国别 意大利
发动机 998 毫升 V 形双缸
最大速度 251 公里 / 小时

阿普里利亚在 1998 年发布了赛车冠军 RSV Mille，随后就是这款运动旅行版。虽然座椅较高，但舒适与性能的极佳组合弥补了这一点。

△ **本田 CBR1100X 超级黑鸟 2002**
国别 日本
发动机 1137 毫升直列四缸
最大速度 303 公里 / 小时

初版在 1996 年发布时凭借其 185 英里 / 小时（298 公里 / 小时）的最大速度引来轰动，这款大型 CBR1100 四缸车还是表明它既适合旅行也能胜任日常驾驶。

△ **本田 跨阿尔卑斯 XL650V-6 2007**
国别 日本
发动机 647 毫升 V 形双缸
最大速度 169 公里 / 小时

采用本田非常可靠的三气门 V 形双缸发动机，作为备受尊敬的“跨阿尔卑斯”（20 世纪 80 年代推出）的最新改型，该车可作为日常通勤车或温和的旅行车。

△ **凯旋 冲刺 RS 2001**
国别 英国
发动机 955 毫升直列三缸
最大速度 248 公里 / 小时

尽管不算畅销，这款“冲刺”RS 还是一款有竞争力的运动旅行车。该车发动机成熟可靠，2002 年功率从 108 制动马力增加到 118 制动马力，一直生产到 2004 年。

▽ **铃木 DL1000 V- 斯特罗姆 2003**
国别 日本
发动机 996 毫升 V 形双缸
最大速度 209 公里 / 小时

这台车是雷鸣般的铃木 TL1000 运动摩托车的衍生款。它是强大性能和驾乘舒适的实用搭配，随时可以踏上漫漫旅程。

△ **博内利 龙卷风 Tre 900LE 2002**
国别 意大利
发动机 893 毫升直列三缸
最大速度 272 公里 / 小时

重生于 20 世纪 90 年代中期的博内利，以赛车为基础为新千年制造了这款顶级超轻运动摩托车，拥有全碳纤维的油箱和整流罩。

△ **铃木 GSF1250 强盗 S 2007**
国别 日本
发动机 1255 毫升直列四缸
最大速度 233 公里 / 小时

源于 20 世纪 90 年代的第一款全能型“强盗”，采用了更大扭矩的水冷发动机和更坚固的车架，这款 GSF1250 保留了实际生活中的驾驶姿势。

△ **KTM 950 探险 2005**
国别 奥地利
发动机 942 毫升 V 形双缸
最大速度 225 公里 / 小时

在艰苦的达喀尔拉力赛中研发，这款越野风格的“探险”将无所不能及的到达性、V 形双缸发动机的强大动力和夺目的外观集于一身。

◁ **宝马 R 1200 RT 2005**
国别 德国
发动机 1170 毫升水平双缸
最大速度 211 公里 / 小时

宝马将这款 RT 设计为顶级长途旅行车，采用了设计精良的整流罩，可以实现骑手周围紊流最小化，还拥有电控可调节风挡玻璃。

△ **川崎 Z1000 2006**
国别 日本
发动机 953 毫升直列四缸
最大速度 238 公里 / 小时

并非面向胆小之士，这款风格酷锐的摩托车采用了 20 世纪 70 年代的川崎复兴车型的名字，其动力强大的发动机作为应力车架中的一部分安装。

远方与速度（续）

悬挂、牵引力、制动和发动机方面电子控制技术的显著进步带来了性能和操控方面的巨大提升。这让摩托车的安全性大幅度改善，当各类摩托车最大速度超过 100 英里 / 小时（160 公里 / 小时）时，充分的安全性已经变得非常必要。像铃木“隼”一样的顶级摩托车就设置了开关用以降低发动机功率，这是恶劣气候条件下的重要安全措施。

◁ **雅马哈 FZ1 法策尔 2009**
国别 日本
发动机 998 毫升直列四缸
最大速度 257 公里 / 小时

被视为本世纪前十年末期最佳运动风格全能型跑车之一，这款 FZ1 拥有极佳的发动机和与之完美兼容的底盘，价格颇具竞争力。

△ **摩托古奇 格里索 1100 8V 2006**
国别 意大利
发动机 1064 毫升 V 形双缸
最大速度 204 公里 / 小时

鲜明的风格和精良的工艺使摩托古奇凭借这款配备顶级悬挂和制动的轴传动跑车回到了行业前列。

△ **雅马哈 XT1200Z 超级特耐锐 2010**
国别 日本
发动机 1199 毫升直列双缸
最大速度 209 公里 / 小时

“特耐锐”（Tenere）曾经一度统治沙漠拉力赛，但市场地位后来被宝马所取代。这款装备良好但价格昂贵的车型就是雅马哈的回应。

◁ **胜利 越野 2010**
国别 美国
发动机 1731 毫升 V 形双缸
最大速度 185 公里 / 小时

北极星工业在 1998 年创立了崭新的美国摩托车品牌，并在本世纪前十年末期迅速扩张。这款经典巡航车搭载了巨大的 V 形双缸发动机，性价比相当不错。

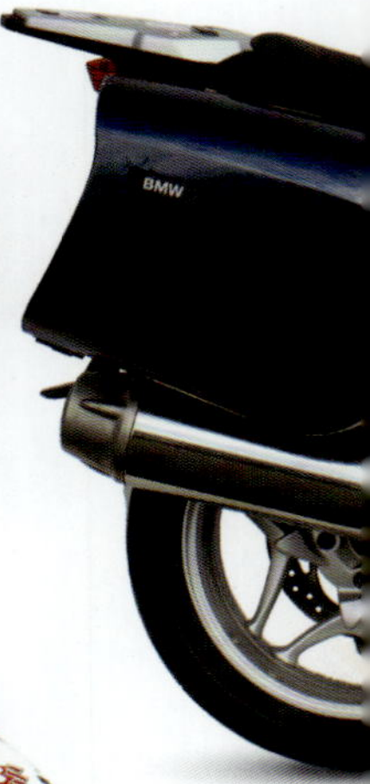

△ **雅马哈 FJR1300A 2011**
国别 日本
发动机 1298 毫升直列四缸
最大速度 246 公里 / 小时

这是一款装备良好的旅行车，采用轴传动，配有行李箱、可调风挡和骑乘姿势，还可选择自动变速箱。

△ **哈雷 - 戴维森 FLHR 公路之王 2010**
国别 美国
发动机 1584 毫升 V 形双缸
最大速度 177 公里 / 小时

虽然价格极高，但能一直保持生产并具有稳固的市场地位。“公路之王”自 1993 年发布以来，发动机排量平稳增长，但始终保持着良好操控性。

△ **铃木 GSX 1300R 隼 2010**
国别 日本
发动机 1340 毫升直列四缸
最大速度 300 公里 / 小时

凭借 194 制动马的输出功率，“隼”拥有当时最强劲的量产型摩托车发动机，并能最有效地转化到公路上。该车拥有可降低功率输出的开关。

▽ **KTM 990 探险 2011**

国别 奥地利

发动机 999 毫升 V 形双缸

最大速度 209 公里 / 小时

这款设计精良的探险越野摩托车能够在装配越野轮胎的前提下发挥极佳的越野潜能，此外在公路上也表现良好，有着运动摩托车的加速性能。

△ **KTM 990 SMT 2011**

国别 奥地利

发动机 999 毫升 V 形双缸

最大速度 225 公里 / 小时

KTM 强化了这款超级摩托旅行车的骑乘乐趣，将它调整为更适用于公路行驶，充分发挥了大排量 V 形双缸发动机的功率范围。

▽ **凯旋 老虎 800XC 2010**

国别 英国

发动机 799 毫升直列三缸

最大速度 209 公里 / 小时

这款全探险摩托车采用一台高效发动机，使用合适轮胎时具备良好越野能力，此外还是一款适合长距离行驶的公路车。

◁ **宝马 K1200GT 2011**

国别 德国

发动机 1157 毫升直列四缸

最大速度 266 公里 / 小时

宝马为 2006 款 K1200GT 配备了先进的直列四缸发动机和新型双梁铝制车架，这款车是装备完美的舒适运动旅行车。

◁ **宝马 F800ST 2009**

国别 德国

发动机 798 毫升直列双缸

最大速度 227 公里 / 小时

宝马极少见地使用了并排双缸发动机（与罗泰克斯共同研制），这款采用齿形皮带传动的新型运动旅行车是一款装备精良让人钟情的全能车。

▷ **宝马 R1200GS 探险 2011**

国别 德国

发动机 1170 毫升水平双缸

最大速度 209 公里 / 小时

当时最大的越野摩托车，“探险”设计时更倾向于公路行驶而不是越野，但该车在两种环境下都表现不错，这要得益于先进的电子控制悬挂系统。

△ **宝马 K1600GT 2011**

国别 德国

发动机 1649 毫升直列六缸

最大速度 225 公里 / 小时

这款水冷横置六缸发动机是当时工作最平顺的摩托车发动机，并且格外轻便紧凑。繁杂的电子系统成就了这台高度精密的摩托车。

宝马 K1600GT

2011 年推出的宝马 K1600GT 广受赞誉，驾驶该车让旅行变得不再枯燥难耐。即使对于一个以优秀远程摩托车而著称的品牌，它也将竞争者们甩在尾箱之后。K1600GT 的心脏是一台强有力的大排量六缸发动机，与一系列复杂精密的装备共同为骑手和乘员提供尽可能的舒适，创造了一款 21 世纪地标级运动型旅行车。

K1600GT 的惊艳亮相对于宝马而言相当关键。尽管已有制造一些世界上最佳旅行车的名声，宝马当时仍在面对来自日本对手们激烈的竞争。2009 年推出的 K1300GT 已经在一定程度上重建了公司的市场领导地位，但是强有力的 K1600GT 让这家制造商能够彻底展现自己的工程实力。该车搭载的工作平顺的 160 制动马力直列六缸发动机清楚地表明了这一点。K1600GT 的诸多技术特点使其成为公路上最张扬的摩托车。标准配备包括加热座椅和手柄、车载电脑彩色显示器，以及牵引力控制和电子控制悬挂系统。K1600GT 完美融合了动力、舒适和安全性，成为英国杂志《摩托车新闻》评选的 2011 年度旅行车。该车将公路旅行引领到全新的奢华层面。

前视图

后视图

巴伐利亚渊源

宝马标志中的蓝白四等分圆被认为是代表在空中旋转的螺旋桨。尽管这反映了公司的航空发动机背景，但这种颜色也是宝马总部所在地——巴伐利亚州旗帜的颜色。

性能指标			
型号	宝马 K1600GT（2011）	输出功率	160 马力（7500 转 / 分）
装配	德国柏林	传动	六速
产量	不详	悬挂	双向扭矩杆前悬挂，平行扭杆后悬架
结构	桥式铝制车架	制动	前轮双盘，后轮单盘
发动机	1649 毫升直列六缸	最大速度	超过 140 英里 / 小时（225 公里 / 小时）

照亮路面

该车首次在量产型摩托车上采用了自适应车灯。电子控制系统会监控并调节车灯，确保光线始终保持一定的角度照射路面，即使摩托车在弯道上处于倾斜状态，车灯也能照亮路面。

车体

K1600GT空车重量为319公斤(703磅),看上去很沉重,但却操控极佳。这很大程度上归功于它紧凑的发动机设计、牵引力控制,以及铝合金、镁合金和塑料成型件等轻型材料的使用。可选配ESA II(电子悬挂调节)系统赋予了骑手更多的控制能力,该系统共有三种设置可选——标准、舒适和运动,提供不同的悬挂设定。制动力由非常高效的320毫米直径制动盘和ABS提供。通过手柄上的控制单元,电子发动机控制系统提供了三种骑行模式可供选择——公路、雨水和运动,以适合驾驶条件和骑手状态。

1. "GT" 表示大型旅行车 2. "6" 表示六缸 3. 人体工程学控制系统 4. 自动调节头灯 5. 多功能显示仪表盘 6. 收音机控制按键 7. 油箱盖 8. 散热器 9. 水泵 10. 双盘式前制动 11. 宝马防抱死后刹车 12. 行李架 13. 换档踏板 14. 前指示灯 15. 铝制车轮 16.LED后车灯 17. 消声排气口

5

1

2

3
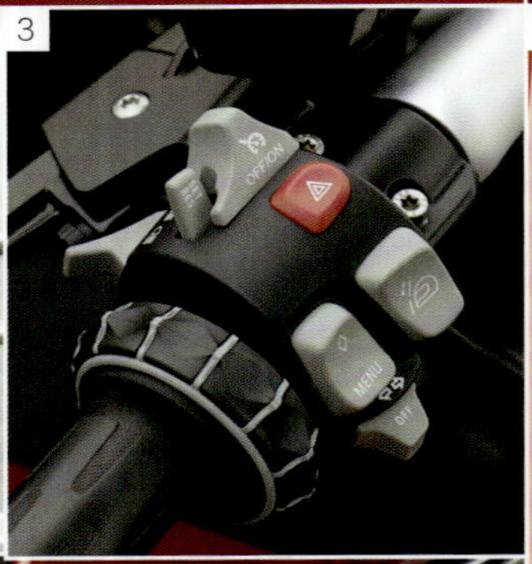

4

6

7
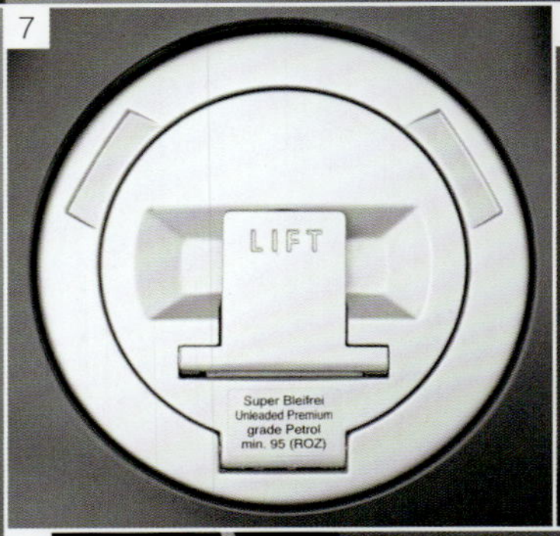

8
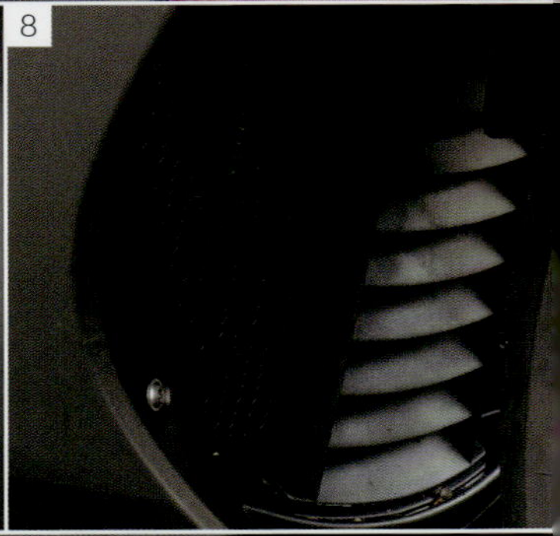

9

10

11

12

13

15

14
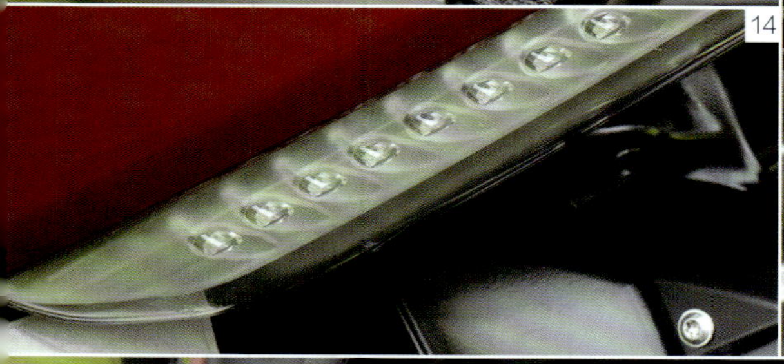

17

16

18

19

发动机

宝马宣称它的新车型拥有“有史以来最紧凑的直列六缸发动机”。这台发动机绝对令人惊叹，精良的设计让它在低转速下提供良好的加速性——1500 转 / 分钟时就能提供最大扭矩的 70%。这台横向安装的 1649 毫升发动机配用顶置双凸轮轴，每个气缸配有 4 个气门。

18. 铸造精良的发动机外壳 19. 凸轮轴传动部分外壳 20. 传动轴末端 21. 斜向气缸

20
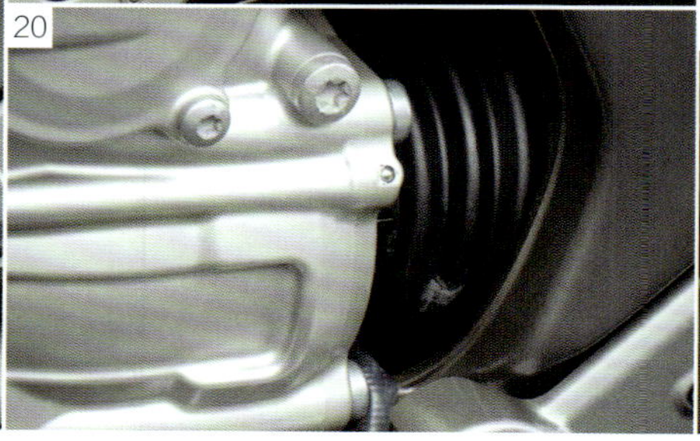

21

巡航

尽管新千年倡导“绿色”，一些最不经济的摩托车还是被制造出来——即使更轻的车架、特殊的材料减轻了发动机和其他部件的重量，它们将大扭矩通过安全的方式输出到路面上。在这方面哈雷设立了标准，但日本人通过强有力的进步夺走了哈雷的风头。然后是凯旋公司推出了世界上最大排量的量产型摩托车发动机：2294 毫升。

▷ **铃木 VL1500C 入侵者 2000**

国别 日本

发动机 1462 毫升 V 形双缸

最大速度 177 公里 / 小时

VL1500C 车身又长又矮，宽度较大，给人的感觉是笨重且动力不足，再加上制动力不足，工艺给人廉价感，尽管物有所值，还是很难与竞争车型抗衡。

△ **摩托古奇 加利福尼亚 EV 2001**

国别 意大利

发动机 1064 毫升 V 形双缸

最大速度 185 公里 / 小时

这款大号古奇在 2001 年进行了全面升级，显著特征是更厚的软垫车座，以及为个性化巡航车买家们提供的一系列特殊版本。

◁ **铃木 M1800R 入侵者 2007**

国别 日本

发动机 1783 毫升 V 形双缸

最大速度 193 公里 / 小时

随着巡航车的市场膨胀，铃木推出了这款“入侵者”。车身低且宽，还格外修长，导致操控笨拙。它采用轴传动方式。

△ **哈雷 - 戴维森 FLHX 街道滑翔 2010**

国别 美国

发动机 1584 毫升 V 形双缸

最大速度 177 公里 / 小时

车身低矮炫酷，这款风格无与伦比的“街道滑翔”提供了实用的长距离旅行能力，配备双凸轮轴序列气门燃油喷射发动机。

△ **哈雷 - 戴维森 CVO 软尾敞篷车 2010**

国别 美国

发动机 1803 毫升 V 形双缸

最大速度 185 公里 / 小时

定制化已经成为重要业务，哈雷因此开设了定制摩托车运营分部来制造这样的限量款摩托车。

△ **哈雷 - 戴维森 VRSCA V-Rod 2003**

国别 美国

发动机 1130 毫升 V 形双缸

最大速度 217 公里 / 小时

采用源自赛车的燃油喷射双凸轮 8 气门水冷发动机，水成形车架和合金盘车轮，这款 V-Rod 是哈雷为新千年推出的。

▽ **哈雷 - 戴维森 VRSCDX 夜光棒 特别款 2010**

国别 美国

发动机 1250 毫升 V 形双缸

最大速度 217 公里 / 小时

车座离地仅 25.2 英寸（64 厘米）的超低车身搭配超黑外观，夜光棒特别款就像是最“邪恶”的定制款哈雷，但它是一款量产型车。

△ **川崎 VN1500 均分条纹 2002**

国别 日本

发动机 1470 毫升 V 形双缸

最大速度 193 公里 / 小时

川崎通过高度 27.5 英寸（70 厘米）的座椅和燃油喷射大排量水冷 V 形双缸发动机，将其 1996 款 VN1500 升级为一款低位驾驶的“生产型定制款”巡航车。

◁ **川崎 VN900**
定制版 2008

国别 日本

发动机 903 毫升 V 形双缸

最大速度 185 公里 / 小时

这辆骑乘舒适、外观漂亮的生产型定制款价格极具竞争力，外观优势主要归功于 21 英寸（53 厘米）铸造合金前轮。

△ **雅马哈 XVS650 短道之星 2003**

国别 日本

发动机 649 毫升 V 形双缸

最大速度 154 公里 / 小时

非常物有所值，舒适、使用简便而且外观好看，这款“短道之星”做工精美结构坚固，但是它的性能和制动较差。

▷ **雅马哈 XV1900**
同温层客机 午夜 2010

国别 日本

发动机 1854 毫升 V 形双缸

最大速度 193 公里 / 小时

扭矩强劲的 XV1900 在任何档位下加速都毫不费力。尽管尺寸较大，但铝制车架使它比许多竞争者都轻盈并且更易操控。

▽ **凯旋**
雷鸟 1600 2010

国别 英国

发动机 1597 毫升直列双缸

最大速度 185 公里 / 小时

这款世界上最大的平行双缸车采用平衡轴来实现平顺运转。尽管不是非常快，但它的操控好于大多数竞争者，并且制造精良。

◁ **凯旋 火箭 III 跑车 2011**

国别 英国

发动机 2294 毫升直列三缸

最大速度 219 公里 / 小时

发布于 2004 年并在 2009 年增大了功率，这款难以置信的“火箭”III 凭借其类似汽车的直列发动机——有史以来最大的量产型摩托车发动机，创造了一个不错的定制款。

▷ **本田 金翼 GL1800 2012**

国别 日本

发动机 1832 毫升水平六缸

最大速度 193 公里 / 小时

采用了高技术铝制车架，这款金翼并非像看上去那样沉重。因为满载奢华装备，该车燃烧 1 升汽油只能行驶 16 公里。这是一款终极巡航摩托车。

城市骑行

小型摩托车在新千年强势回归。欧洲和其他地区法律允许 16 岁青少年驾驶 50 毫升以下摩托车；初学者只能驾驶低于 125 毫升的摩托车，然后的两年内不得驾驶 250 毫升排量以上的车。这些法律促进了小排量摩托车市场的发展，也促成了外观看似超级摩托车和巡航车却安装小型发动机的摩托车出现。

▷宝马 C1 200 2001

国别 德国
发动机 176 毫升单缸
最大速度 120 公里 / 小时

安全带和为保证骑手不被淋湿的铝制车厢是摩托车中激进又受欢迎的配置，但是它的价格相较外观和性能明显偏高，销量不大。

▷铃木 RV125 VanVan 2005

国别 日本
发动机 124 毫升单缸
最大速度 97 公里 / 小时

这款六速、公路 / 越野两用摩托车是适合沙地环境理想车型，其宽厚的后轮提供卓越的抓地力而不会陷入沙中。

△本田 PCX 125 2010

国别 日本
发动机 124 毫升单缸
最大速度 113 公里 / 小时

这是第一款拥有节油怠速停止装置（已经广泛应用于汽车）的两轮车，也是实用的城市通勤车，性能良好、适合新手。

▷铃木 伯格曼 650 豪华版 2007

国别 日本
发动机 638 毫升直列双缸
最大速度 177 公里 / 小时

这实际是一款外形颇似豪华版长轴距小型摩托车的中型摩托车，操控方便且兼具令人印象深刻的速度。

▷通用 竞赛 2 125 2010

国别 奥地利 / 中国
发动机 124 毫升单缸
最大速度 90 公里 / 小时

提供 125 毫升或 50 毫升发动机，这款新潮的“竞赛”2 小型摩托车对年轻人颇具吸引力，价格也很有竞争力，但是因为功率不足 10 马力，行驶性能稍差。

◁通用 史诗 2011

国别 奥地利 / 中国
发动机 49 毫升单缸
最大速度 56 公里 / 小时

一款廉价的配备电子启动和恒速传动（CVT）的小型摩托车。“史诗”（Epico）在中国制造，为奥地利母公司供货，该公司自 2004 年开始制造小型摩托车。

▷通用 大鹏 2011

国别 奥地利 / 中国
发动机 49 毫升单缸
最大速度 60 公里 / 小时

“大鹏”（Roc）是一款线条优美且新潮的小型自动摩托车。配备两冲程发动机，有电子和脚踏两种启动方式。头盔储存在座椅下方的设计使它成为一款理想的城市通勤车。

◁ **光阳 敏捷 125 2011**

国别 中国（台湾）

发动机 124 毫升单缸

最大速度 105 公里 / 小时

双人乘载、舒适合理，这款“敏捷”是光阳(Kymco)的运动款，提供同类型中良好的操控和性能，价格也很有竞争力。

◁ **光阳 喜好 125 2011**

国别 中国（台湾）

发动机 124 毫升单缸

最大速度 100 公里 / 小时

光阳自 1970 年起开始制造摩托车，并逐渐扩大。这款豪华“复古时尚”的小型摩托车带有意大利风格，采用盘式制动，性能良好，油耗为 100 英里 / 加仑（42.51 公里 / 升）。

▷ **光阳 敏捷 50 2011**

国别 中国（台湾）

发动机 49 毫升单缸

最大速度 56 公里 / 小时

一款价格极具竞争力的入门级小型摩托车，这款四冲程 50 车配备了设计精巧的后座，后座在单人驾驶时可以翻转成为靠背。

◁ **PGO PMX 裸露 2011**

国别 中国（台湾）

发动机 49 毫升单缸

最大速度 60 公里 / 小时

目标成为 16 岁青少年车型中最酷的 50 毫升小型摩托车，它拥有“波浪形”前制动盘、仿碳纤维挡泥板、moto-x 车把和黄色后减振弹簧。

▷ **PGO 利赫罗 50 2011**

国别 中国（台湾）

发动机 49 毫升单缸

最大速度 60 公里 / 小时

台湾摩托动力工业始创于 1964 年，随后开始许可生产意大利亚乔小型摩托车。这款廉价摩托车的特点是具有恒速传动系统（CVT）和头盔储存箱。

△ **晓星 天鹰座 GV125 2011**

国别 韩国

发动机 124 毫升 V 形双缸

最大速度 109 公里 / 小时

发动机看上去比实际大许多，这款车凭借颇具吸引力的迷你巡航车风格瞄准初学者市场，配备了不错的 V 形双缸发动机。

▽ **晓星 GT125R 2011**

国别 韩国

发动机 124 毫升 V 形双缸

最大速度 113 公里 / 小时

晓星（Hyosung）面向初学者的产品，酷似超级摩托车的外观设计极为聪明，该车属小众车型，其 V 形双缸发动机可迸发出 15 制动马力功率，且兼具大型摩托车的特征。

城市骑行（续）

突然间，“绿色”驾驶成为一件很酷的事情：驾驶一辆充满活力的带有赛车风格、配备采用无铅汽油、经济性优于 100 英里 / 加仑（42 公里 / 升）的高效燃油喷射四冲程发动机的 50 毫升或者 125 毫升小排量摩托车，成为越来越多的人需求。这个十年见证了前所未有的印度和远东制造的产品在世界范围内销量的激增，以及与日本品牌的竞争。

◁ **雅马哈 T-Max 2010**
国别 日本
发动机 499 毫升直列双缸
最大速度 160 公里 / 小时

构造结实并且富于驾驶乐趣，雅马哈这款大排量小型摩托车比大多数竞争对手更好，但是该车的重量和价格也都超越了普通摩托车。

△ **雅马哈 慢跑 RR 2011**
国别 日本
发动机 49 毫升单缸
最大速度 64 公里 / 小时

采用小巧强力的两冲程发动机，经调整后速度可达 45 - 50 英里 / 小时（72 - 80 公里 / 小时），配备直径 12 英寸（30 厘米）的车轮以及前轮盘式制动，这款“慢跑”RR（Jog RR）成为青少年中很受欢迎的车型。

△ **雅马哈 Neo's 4 2011**
国别 日本
发动机 49 毫升单缸
最大速度 56 公里 / 小时

雅马哈这款四冲程小型摩托车采用了直径 12 英寸（30 厘米）合金车轮、前轮盘式制动和 LCD 仪表盘，轻巧、安静、洁净且可靠，设有两顶头盔存储空间。

▽ **雅马哈 YBR125 2011**
国别 日本
发动机 124 毫升单缸
最大速度 113 公里 / 小时

YBR125 车身轻巧且易于操控，采用可靠的四冲程燃油喷射发动机，非常物有所值，是摩托车初学者的理想选择。

◁ **雅马哈 BW's 125 2011**
国别 日本
发动机 124 毫升单缸
最大速度 105 公里 / 小时

“BW's”意为“大车轮”，指的是应对崎岖不平公路路面的厚实轮胎。该车风格粗犷，主要面向男性买家，但该车对于大个子骑手而言尺寸偏小。

▽ **雅马哈 X-Max 250 运动 2011**
国别 日本
发动机 250 毫升单缸
最大速度 113 公里 / 小时

发布于 2004 年并在 2011 年更新为运动款，是一款 21 制动马力四冲程摩托车，采用恒速传动装置（CVT），操控简单，座椅下方可存放两顶头盔。

△ **雅马哈 埃罗克斯 R 2011**
国别 日本
发动机 49 毫升单缸
最大速度 64 公里 / 小时

轻巧灵活，采用水冷两冲程发动机和较大的车轮，这款埃罗克斯 R 虽然价格偏贵，但是制造工艺也优于竞争者。

▷ **雅马哈 维蒂 125 2011**
国别 日本
发动机 124 毫升单缸
最大速度 97 公里 / 小时

雅马哈推出的廉价型小型摩托车，制造精良，座椅下可存放头盔，但是性能欠佳、缺乏改进。

△ **比亚乔 约尔班 300ie LT 2011**
国别 意大利
发动机 278 毫升单缸
最大速度 120 公里 / 小时

比亚乔通过采用三轮布局规避了一些国家的摩托车执照法规，这款畅销又灵敏的摩托车在湿滑道面也能提供良好的制动和转弯性能。

◁ **摩托－罗马 SK125 2011**
国别 中国
发动机 124 毫升单缸
最大速度 113 公里 / 小时

对于初学者很有价值的车型，这款充满运动感的公路 / 越野两用摩托车配备四冲程发动机、电启动、五速变速箱和液力前制动。

▷ **雅 LML 明星 4 2011**
国别 印度
发动机 124 毫升单缸
最大速度 97 公里 / 小时

洛希亚机械有限公司（Lohia Machine Ltd）与比亚乔公司自 1984 年开始共同制造小型摩托车，21 世纪初仍能够供应维斯帕改进的经典全金属四冲程 125、150 或 200 毫升“明星”。

▽ **维斯帕 LX50 2011**
国别 意大利
发动机 49 毫升单缸
最大速度 56 公里 / 小时

比亚乔的入门级维斯帕，拥有一台两冲程发动机（四冲程款也有供应过，但速度较慢）。尽管看上去不错，可与竞争者相比既不便宜又缺乏活力。

阿普里利亚摩托事业的策划者伊万诺·贝基奥（Ivano Beggio/ 左 ）与设计师菲利普·斯塔克（Phillipe Stark）及其设计的摩托 6.5。

大品牌

阿普里利亚的故事

阿普里利亚在意大利摩托车产业中是进入较晚的厂商，但它凭借热情和创意很快取得了显著进步。在赛车和其他运动方面表现突出的同时，阿普里利亚还提供一系列实用和风格化的通用产品。

在第二次世界大战之后，阿尔伯托·贝基奥（Alberto Beggio）在威尼斯郊外的诺阿莱（Noale）开办了一家工厂，为当地和周围的居民生产自行车。但是到1968 年，随着战争阴影在人们记忆中逐渐消退，以及阿尔伯托的儿子伊凡诺（Ivano）开始掌权，阿普里利亚的自行车产业准备向新的方向发展。注意到正在扩张的青年市场，伊凡诺决定以一批 50 毫升小排量车型进入摩托车行业。其中之一——1970 年的“圣甲虫”（Scarabeo）小型越野摩托车为阿普里利亚成为专业竞赛用车主要制造商做出了突出贡献。

到 20 世纪 70 年代末，阿普里利亚的赛车手伊万·阿尔博赫蒂（Ivan Alborghetti）已经赢得了 125 毫升组和 250 毫升组意大利越野锦标赛冠军，还在世锦赛上取得了值得赞扬的成绩，这让阿普里利亚在意大利之外名声大震。

伊凡诺·比亚乔
阿普里利亚前总裁

1982 年，阿普里利亚发布了一款极具竞争力的公路摩托车：ST125。该车采用单减振式后悬挂和一台日本广公司（Hiro）生产的水冷发动机。随后几年，阿普里利亚公司摩托车产量大幅增长，成为意大利摩托顶级品牌之一。同时，赛道上的成功提升了阿普里利亚在摩托车运动方面的声望。阿普里利亚采用奥地利罗泰克斯旋转气门两冲程发动机研发的大奖赛用车表现强劲。此外，阿普里利亚采用水冷 280 毫升发动机的“攀登者”（Climber）在世界摩托车特技赛占据一席之地。芬兰赛车手托米·阿瓦拉（Tommi Ahvala）1992 年赢得了摩托车特技世锦赛冠军。

在 20 世纪 90 年代后期，阿普里利亚是大奖赛 125 毫升和 250 毫升组的佼佼者。在荷兰工程师简·维特文（Jan Witteveen）的指导下，阿普里利亚开始在赛道上匹敌强大的日本厂商。1992 年，阿普里利亚领队亚历山德罗·格拉米尼（Alessandro Gramigni）打破了本田对 125 毫升组的垄断夺得冠军。此后自 1994 年到 1997 年，马克思·比亚吉（Max Biaggi）完成了 250 毫升组三连冠。瓦伦蒂诺·罗西（Valentino Rossi）在 1997 年为公司赢得了 125 毫升组冠军，并在两年后取得 250 毫升组桂冠。

阿普里利亚在巡回赛领域的实力通过 RS125 两冲程公路摩托车的发布得到施展，这款车型受到渴求速度的年轻骑手们的长期青睐。RS250 也首次亮相，采用了强有力的铃木 RGV250 改进发动机，操控性卓越。

结实的耐力赛车

1988 年为公路和越野行驶而设计的阿普里利亚 ETX 6.35，采用 350 毫升四冲程单缸发动机。

猎鹰

1968 伊凡诺 · 贝吉奥接管了他父亲阿尔伯托 · 贝吉奥的自行车工厂并开始制造摩托车。

1970 50 毫升 “圣甲虫” 越野摩托车发布。

1976 伊万 · 阿尔博赫蒂成为意大利冠军。

1977 伊万 · 阿尔博赫蒂驾驶阿普里利亚摩托车赢得了 125 毫升和 250 毫升组意大利越野锦标赛冠军。

1982 采用广公司发动机的 ST125 公路摩托车发布。

飞马

1987 阿普里利亚赢得了它的第一个大奖赛冠军，由洛里斯 · 雷吉安尼（Lori Reggiani）在 125 毫升组获得。

1989 当时拥有最大发动机——560 毫升的 “图阿雷格之风”（Tuareg Wind）发布。

1992 阿普里利亚赢得了两项世界冠军：亚历山德罗 · 格拉米尼在 125 毫升组大奖赛和托米 · 阿瓦拉在越野赛。

1993 “圣甲虫” 四冲程小型摩托车开始了漫长的生产。

1994 马克思 · 比亚吉以一辆 RS250 赢得了 250 毫升组世锦赛冠军，并连续 3 年保持桂冠。

RSV4 赛车

1998 阿普里利亚发布了一系列采用罗泰克斯发动机的 RSV Mille 1000 毫升 V 形双缸摩托车。

1999 瓦伦蒂诺 · 罗西赢得了阿普里利亚的第四个 250 毫升世锦赛冠军。

2000 拉沃达和摩托古奇被阿普里利亚收购。

2002 阿普里利亚赢得了两项大奖赛世界冠军：马尔科 · 梅兰德里（Marco Melandri）赢得了 250 毫升组冠军；阿尔诺 · 文森特（Arraud Vinvent）驾驶一辆 RS3 “小熊” 在世界摩托车大奖赛样车赛夺得 125 毫升组冠军。

2004 比亚乔集团接管阿普里利亚。

RSV 千禧

2006 阿普里利亚第二次取得一年双冠：乔治 · 洛伦佐（Jorge Lorenzo）赢得 250 毫升组冠军；加博尔 · 塔尔马西（Gábor Talmási）赢得 125 毫升组桂冠。

2007 洛伦佐第二次赢得 250 毫升组冠军。

2008 采用自动离合器的高技术 850 毫升 “超自然力”（Mana）推出。

2009 1000 毫升四缸 RSV4 成为顶级车型之一。

2010 阿普里利亚在捷克大奖赛 125 毫升组取得其第 276 次冠军，成为大奖赛中夺冠最多的意大利品牌。马克思 · 比亚吉成为了世界超级摩托车冠军。

除了集中精力于竞赛和超级运动摩托车，阿普里利亚公司还通过积极设计研发一系列街道摩托车争取生存机会。这些雄心勃勃的开发计划其中之一就是采用 650 毫升罗泰克斯发动机的 “飞马”，一款颇受欢迎的越野风格单缸摩托车，至今仍在生产。菲利普 · 斯塔克为风格敏感的城市骑手们设计了外形激进的 “摩托 6.5”，却只俘获了少数的仰慕者。“圣甲虫” 的名声也因一款发布于 1993 年的时髦大轮小型摩托车而重振，那款车自推出后持续升级，直到今天。小型摩托车一直是阿普里利亚车产品目录中的保留品种。

强悍的赛车手

2011 年达喀尔拉力赛分站赛冠军、智利赛车手弗朗西斯科 · 洛佩兹 · 孔塔尔多（Francisco Lopez Contardo）驾驶阿普里利亚参赛。这项艰苦的耐力赛原来在北非举办，如今在南美举行。

在 1998 年，阿普里利亚凭借长期计划的 V 形双缸 1000 毫升 RSV Mille 进军超级摩托车竞技场。RSV Mille 采用一台 60 度的罗泰克斯发动机，比其他超级运动车更轻，配备有油门联动滑动式离合器，有效提升了弯道控制能力。此后阿普里利亚又推出了一系列基于 1000 毫升双缸车的变体，包括性能更优的 Mille R、更适合街道的 “猎鹰”、运动旅行车“未来”和无整流罩的“托诺”。

在 2000 年，该公司接管了两家备受敬仰的意大利老牌品牌拉沃达和摩托古奇，这从侧面表明阿普里利亚成长速度之快。凭借其 RSV Mille 系列车型，阿普里利亚在 1999 年到 2003 年一直是世界超级摩托车系列赛的强力竞争者。

阿普里利亚参加 2002 年摩托车锦标赛的车型——试验型 RS3 “立方体”（Cube）创新色彩浓郁：该车采用 990 毫升三缸发动机、气动气门和电子控制油门。这款车动力强劲但控制困难，在三个赛季之后就被搁置。这一时期，阿普里利亚分别在 2006 年和 2007 年在摩托车锦标赛 250 毫升组取得了该品牌第 8 个和第 9 个世界冠军。

在 2004 年被比亚乔集团收购时，阿普里利亚已经成为欧洲第二大摩托车制造商。

2007 年，阿普里利亚推出了 “颤栗”（Shiver），该车采用 750 毫升 V 形双缸发动机，是一款高性能多用途摩托车，以套件形式由买家自行装配。2008 年阿普里利亚又推出更具创新色彩的 850 毫升双缸车 “超自然力”。此外阿普里利亚在越野摩托车方面提出了全新理念，相继推出了采用 450 毫升和 550 毫升 V 形双缸发动机的 MXV 越野摩托、RXV 耐力赛车和 SXV 超级摩托车。

马克思 · 比亚吉在 2009 年回归阿普里利亚车队，当时阿普里利亚已凭借强大的全新竞争车型 RSV4 回到超级摩托车赛场。该车采用 1000 毫升 65 度 V4 发动机，这是 2003 年规则更新后 4 缸参赛车允许的最大排量。2010 年，比亚吉为阿普里利亚夺得了该品牌第一个世界超级摩托车冠军。

RSV4 赛车的合法公路版 RSV4 “工厂” 逐渐成为该系列的旗舰款，它有着令人震惊的性能和极佳的操控，充满智慧科技，包括用于适应不同轮胎的自动调节牵引力控制系统。

尽管目前是企业集团的一部分，阿普里利亚仍保持着强大的品牌认知度，彰显了数十年来在工程技术、先进设计和运动追求方面的累积优势。

“热情、决心、技术研究和创新能力…”

伊凡诺 · 贝基奥，前所有人，对于阿普里利亚的质量定义。

RSV MILLE 发动机

奥地利罗塔克斯公司制造的 998 毫升 60 度 V 形双缸发动机最早应用于 1998 年的 RSV Mille，这是阿普里利亚第一款排量大于 650 毫升的车型。

实用乐趣

尽管占据头条的总是那些超高性能摩托车，但众多骑手们所寻求的是更实际的车型，主要用于日常交通，价格不宜太贵。到了 21 世纪初，买家们能够选择的车型和性能变得相当广泛，满足包括廉价交通、通勤、休闲乡间驾驶或者在城市街道彰显风格等多样化需求。

▷ **铃木 SV650S 2000**
国别 日本
发动机 645 毫升 V 形双缸
最大速度 198 公里 / 小时

铃木在 1999 年推出的中量级 V 形双缸车是一款易于操控的通用摩托车，收获了大批拥趸。该车可选配 S 形整流罩，如不选配则价格更低。

△ **IMZ- 乌拉尔 旅行者 2007**
国别 俄罗斯
发动机 749 毫升水平双缸
最大速度 105 公里 / 小时

IMZ 研发的这款摩托车源自俄罗斯产的二战时代 BMW 产品，没有任何装饰，是理想的崎岖公路用车。采用水平双缸发动机，功率中等。

◁ **皇家恩菲尔德 350 子弹头男子汉 2006**
国别 印度
发动机 346 毫升单缸
最大速度 111 公里 / 小时

这款车仍沿用原始英国“子弹头”的设计，自 1954 年开始在印度制造。采用了一台全合金高效燃烧发动机以适应现代排放要求。

◁ **宝马 F800R 2009**
国别 德国
发动机 798 毫升直列双缸
最大速度 222 公里 / 小时

适于城市驾驶和运动旅行的全能车型，宝马 F800R 搭载了动力充沛的 800 毫升平行双缸发动机和操控灵活的车架。

◁ **阿普里利亚 飞马 650 越野 2009**
国别 意大利
发动机 659 毫升单缸
最大速度 163 公里 / 小时

这款风格新潮的全能“飞马”也非常适于街道行驶，早期采用罗泰克斯发动机，2008 年起改用雅马哈发动机。

△ **本田 英雄 热情 Pro 2010**
国别 印度
发动机 97.2 毫升单缸
最大速度 85 公里 / 小时

本田印度分公司是该国家最大的摩托车制造商，生产了数百万辆采用小型发动机的单缸摩托车，比如图中这款赛车涂装的产品。

△ **本田 猎鹰 NX4 2009**
国别 巴西
发动机 397 毫升单缸
最大速度 129 公里 / 小时

这款结实的公路 / 越野摩托车由本田巴西公司制造，其销售范围涵盖中南美和葡萄牙。生产了 10 年，外观没有改变。

△ 铃木 GSF 650 匪帮 S 2011

国别 日本

发动机 656 毫升直列四缸

最大速度 209 公里 / 小时

铃木“匪帮”系列自 20 世纪 90 年代初期开始流行。这款半包覆型 GSF 650 S 是一辆完美的全能摩托车，受到城市快递员的喜爱。

▷ 加 - 美 斯派德 三轮 2011

国别 加拿大

发动机 998 毫升 V 形双缸

最大速度 177 公里 / 小时

由雪地摩托制造商 BRP 制造，这款三轮摩托车采用前部双轮转向，搭载罗泰克斯发动机，后轮皮带传动，采用半自动五速变速箱。

◁ KTM 公爵 125 2011

国别 奥地利

发动机 125 毫升单缸

最大速度 126 公里 / 小时

这款小型入门级 KTM 杜克单缸超级摩托车拥有强力发动机，采用燃油喷射发动机，可提供 15 马力，操控灵活。

△ 雅马哈 XJ6 消遣 F ABS 2011

国别 日本

发动机 599 毫升直列四缸

最大速度 201 公里 / 小时

全覆盖整流罩和防抱死制动将这款有趣的全能车转变成了一辆理想的通勤车，很适合长距离和全天候骑行。

▷ 雅马哈 WR 125X 2011

国别 日本

发动机 125 毫升单缸

最大速度 117 公里 / 小时

搭载 125 毫升小型发动机的耐用超级摩托，与大型车一样装备精良。尽管是面向年轻初学者，该车产量非常高。

△ 雅马哈 FZ8 2011

国别 日本

发动机 779 毫升直列四缸

最大速度 216 公里 / 小时

FZ8 极为实用，结合了强大的公路性能和强效制动，灵活操控，近裸的外观十分粗犷。

▽ 凯旋 美利坚 2012

国别 英国

发动机 865 毫升直列双缸

最大速度 177 公里 / 小时

巡航车风格、低座椅配置，并搭载一款“博纳维尔”车型所采用的 270 度间隔点火发动机，这一组合赋予这款 V 形双缸车闲适之感。

△ 凯旋 博纳维尔 2011

国别 英国

发动机 790 毫升直列双缸

最大速度 180 公里 / 小时

凯旋将老款车型的名字用在了这辆容易操控的复古风格双缸车上，后来还发布了 865 毫升款。它销售强势，有好几个改进款。

越野

从极少离开碎石子路面的小道 / 街道摩托，到装备了长行程悬挂、需要年轻车手凭借惊人技术腾空驾驶的越野赛车，越野摩托车有许多类型。在位居顶级越野摩托车动力数十年之后，两冲程发动机与新生代四冲程强劲动力相比已经开始黯然失色。

▷ **雅马哈 VZ250F 2007**
国别 日本
发动机 250 毫升单缸
最大速度 120 公里 / 小时

和其他制造商一样，雅马哈也开始从两冲程转向四冲程发动机，主要是为了遵守美国防止环境污染的举措。这一措施非常成功。

△ **雅马哈 XT 660Z 特内雷 2010**
国别 日本
发动机 659 毫升单缸
最大速度 159 公里 / 小时

“特内雷”（Tenere）之名来自撒哈拉沙漠的一个区域，这台终极探险摩托车的参考原型是斯蒂芬 · 彼得汉塞尔（Stéphane Peterhansel）7 次赢得巴黎 – 达喀尔拉力赛冠军的赛车。

△ **宝马 F650GS 2009**
国别 德国
发动机 798 毫升直列双缸
最大速度 193 公里 / 小时

650 的编号令人迷惑，其实这是宝马 800 毫升双缸摩托的越野变体，同样适合公路、林地和山地骑乘。

△ **宝马 G650GS 2011**
国别 德国
发动机 652 毫升单缸
最大速度 169 公里 / 小时

相当物有所值的宝马入门级探险摩托车，低座椅高度让驾驶变得简单，同时又保持强大越野能力。其单缸发动机目前在中国制造。

△ **雅马哈 XT660X 2011**
国别 日本
发动机 659 毫升单缸
最大速度 169 公里 / 小时

延续了超级摩托的风格，有着越野外形及公路车轮和轮胎，这款时尚的 XT 单缸车面向有个性的城市街道骑手。

△ **铃木 RM-Z 450 2011**
国别 日本
发动机 449 毫升单缸
最大速度 137 公里 / 小时

这款 2004 年发布的越野摩托车采用铝制车架和水冷四冲程发动机，2008 年改进为电子燃油喷射和更轻的车架。

▷ **铃木 高山 SE 2011**
国别 日本
发动机 198 毫升单缸
最大速度 117 公里 / 小时

虽然是全公路装备，却具备非常越野能力。这款小型“高山”（Djebel）是铃木 1998 年 DR 200 SE 的延续，采用强劲的四冲程单缸发动机，制动马力超过 20。

△ **川崎 KX250F 2011**

国别 日本

发动机 249 毫升单缸

最大速度 137 公里 / 小时

世界上第一款采用双喷射系统的越野摩托车，也被证明是赛车赢家。KX250F是工厂赛车，不适于公路驾驶，但其越野能力令人印象深刻。

△ **KTM 65 SX 2011**

国别 奥地利

发动机 65 毫升单缸

最大速度 80 公里 / 小时

面向 8 至 12 岁的少年越野摩托车手，这款制造精良、六速水冷两冲程迷你摩托车是强有力的竞赛用手。

△ **胡萨博格 TE250 2011**

国别 奥地利

发动机 249 毫升单缸

最大速度 153 公里 / 小时

KTM 以这款两冲程耐力摩托车突破了其传统四冲程胡萨博格（Husaberg）品牌的潮流，通过轻拨开关可以选择发动机功率模式。

△ **KTM 50 SX 2011**

国别 奥地利

发动机 49 毫升单缸

最大速度 68 公里 / 小时

这款 KTM 最小的越野摩托车是 6 至 9 岁级竞赛冠军车型，采用长行程悬挂、全盘式制动、链条护罩，在同级别中功率最大。

△ **KTM 85 SX 2012**

国别 奥地利

发动机 85 毫升单缸

最大速度 105 公里 / 小时

德国少年亨利·雅克比（Henry Jacobi）驾驶这款 85 SX 赢得了 2010 年青少年世界锦标赛冠军。该车仅重 143 磅（65 千克），非常适合年轻骑手驾驶。

△ **KTM 350 SX-F 2012**

国别 奥地利

发动机 350 毫升单缸

最大速度 142 公里 / 小时

紧凑、轻量、功率强劲的 KTM350 将两种车型的长处集于一身：兼具 250 的灵活和 450 的动力，它制造精美，有着成功者的外观。

赛车

本世纪初，早先的500毫升组大奖赛被方程式摩托大奖赛所取代，比赛赛车也从两冲程向四冲程转变。250毫升和125毫升组两冲程被四冲程Moto2的600毫升组和Moto3的250毫升组所取代。超级摩托车和基于跑车的超级赛车运动的竞争持续变得激烈，同时电动摩托车比赛也在逐渐发展。

△ **杜卡迪 996S 2000**
国别 意大利
发动机 996 毫升 V 形四缸
最大速度 306 公里 / 小时

作为世界超级摩托车系列赛冠军916的继承者，这款996每个气缸配备双燃油喷嘴。这台车由尼尔·霍奇森（Neil Hodgson）驾驶并在2003年夺冠。

△ **杜卡迪 1199 帕尼盖尔 2013**
国别 意大利
发动机 1199 毫升 V 形双缸
最大速度 306 公里 / 小时

图中这款世界超级摩托车竞赛用车拆除了整流罩，可见硕大的V形双缸发动机占据了底盘相当部分。超短的活塞行程使其转速达到12000转/分钟。

◁ **杜卡迪 联控气门 GP14 2014**
国别 意大利
发动机 1000 毫升 V 形四缸
最大速度 338 公里 / 小时

Desmosedici的意思是指联控方式动作的16气门。杜卡迪在2003赛季推出该车后持续改进，这款车的巅峰成就是2007年世界冠军。

◁ **雅马哈 YZR-M1 摩托大奖赛 2005**
国别 日本
发动机 990 毫升直列四缸
最大速度 338 公里 / 小时

前本田冠军车手瓦伦蒂诺·罗西与雅马哈合作，将并不成功的2003款YZR-M1改进成这款2004年和2005年冠军车型。

△ **本田 CBR1000RR 火刃 2009**
国别 日本
发动机 999 毫升直列四缸
最大速度 320 公里 / 小时

在以V-4超级摩托车参赛之后，本田转向了这款直列四缸“火刃”。该车在曼岛TT大奖赛上屡获佳绩：自2006年到2012年共赢得14个冠军。

▷ **格莱斯尼 本田 RC213V 2013**
国别 日本
发动机 1000 毫升 V 形四缸
最大速度 338 公里 / 小时

本田2013摩托大奖赛的参赛车，展示了格莱斯尼（Gresini）车队赞助商——能量饮料公司的色彩。马克·马奎斯（Marc Marquez）曾驾驶一辆雷普索尔石油公司赞助的RC213V赢得系列赛冠军。

▷ **摩托吉兹 E1pc 2009**

国别 美国

发动机 200 马力，三台电动机

最大速度 241 公里 / 小时

作为电动摩托车竞赛的领跑者，这款低噪声“摩托吉兹”（MotoCzysz）赢得了 2009 年曼岛 TT 大赛的零级别组冠军，此后的改进版又赢得了 3 次冠军。

△ **阿普里利亚 RSV4 赛车 2010**

国别 意大利

发动机 998 毫升 V 形四缸

最大速度 328 公里 / 小时

阿普里利亚设计了它的第一台四缸摩托车来参加世界超级摩托车锦标赛。马克思 · 比亚吉在 2009 年赢得 9 个分站赛中的一项冠军，之后在 2010 年赢得了总冠军。

◁ **宝马 HP2 2010**

国别 德国

发动机 1170 毫升水平双缸

最大速度 241 公里 / 小时

除了四缸摩托车，宝马顶置双凸轮轴气缸头水平双缸赛车在赛道上也颇为成功。

◁ **马辛德拉 MGP30 2012**

国别 印度

发动机 250 毫升单缸

最大速度 225 公里 / 小时

马辛德拉（Mahindra）在 2012 年进入 Moto3，那也是 250 毫升组四冲程竞赛的第一年。这家印度工厂在接下来的赛季里收获了它的首次冠亚季军大满贯。

▷ **Tech 3 Moto2 2013**

国别 法国

发动机 599 毫升直列四缸

最大速度 282 公里 / 小时

这款 Moto2 级赛车采用的 600 毫升本田发动机。这里展示的是卸下整流罩的状态，该车底盘为全可调设计，转向平衡、轮距和骑乘高度均可调节。

▷ **MV 阿古斯塔**

亚赫尼奇 F3 2014

国别 意大利

发动机 675 毫升直列三缸

最大速度 未声明

世界超级运动摩托车比赛生产型中量级冠军，这款俄罗斯亚赫尼奇车队 F3 使 MV 阿古斯塔品牌重返顶级赛车行列。

迈向未来

面对超级运动摩托车需求量下滑的局面，制造商们提供了各种通用且舒适的摩托车，电子控制油门、牵引力控制和防抱死制动等先进技术的应用也更为广泛。更多的注意力被置于经济性方面，制造商们继续研发易于使用的大型或小型实用摩托车。越来越多的新生品牌加入到了零排放电动摩托车生产行列中。

◁ **杜卡迪 魔鬼 2011**

国别 意大利

发动机 1198 毫升 V 形双缸

最大速度 未声明

这款“魔鬼”是巡航车的改进款，性能卓越，重量较轻，操控灵敏，采用了无钥匙点火等一系列新技术。

◁ **川崎 忍者 300 SE 2012**

国别 日本

发动机 296 毫升直列双缸

最大速度 150 公里 / 小时

这款轻量级摩托车是追求实用、经济、操控简单又风格前卫的年轻骑手的理想选择。这辆 2014 年特别款采用运动竞赛风格涂装，动感十足。

△ **川崎 Z1000 2014**

国别 日本

发动机 1043 毫升直列四缸

最大速度 257 公里 / 小时

自 2010 年发布就因物超所值而受到高度赞誉，这款风格激进的运动摩托车重心设计精良，配备有水平后铰式后悬挂系统，重量轻便且操控灵敏。

▷ **凯旋 老虎 运动 2014**

国别 英国

发动机 1050 毫升直列三缸

最大速度 217 公里 / 小时

拥有来自大号三缸发动机的充足扭矩，这款早期“老虎”1050 的改进型行驶平顺，速度极快，提升了稳定性，配备防抱死制动系统。

△ **铃木 V- 风暴 1000 2014**

国别 日本

发动机 1037 毫升 V 形双缸

最大速度 193 公里 / 小时

柔软迟缓的 1000 毫升排量发动机让驾驶这台探险旅行车的骑手感到舒适，适于高速公路长距离行驶或者野外小道骑乘。

△ **本田 NC700S 2012**

国别 日本

发动机 670 毫升直列双缸

最大速度 185 公里 / 小时

价格低廉却性能不俗，这款朴实无华的 NC700 双缸车堪称物美价廉。油箱加满可行驶 200 英里（322 公里），配有头盔锁。

▷ **本田 金翼 F6B 2013**

国别 日本

发动机 1832 毫升水平六缸

最大速度 200 公里 / 小时

本田长期经营的“金翼”旅行车是奢华的代名词。这款线条优美的 FB6 配有硬质行李箱和低位车座。

△ **雅马哈 MT-09 三缸 2013**
国别 日本
发动机 850 毫升直列三缸
最大速度 233 公里 / 小时

采用雅马哈 20 世纪 80 年代首款三缸发动机，这款无整流罩全能车型提供大扭矩，兼具柔性、舒适度和弯道性能。

◁ **雅马哈 三城 2014**
国别 日本
发动机 125 毫升单缸
最大速度 未声明

面向城市骑手，这款“三城”（Tricity）小型摩托车采用双前轮转向，行驶稳定性好，配用水冷发动机，但重量和成本都显著降低。

△ **宝马 R 9 T 2014**
国别 德国
发动机 1170 毫升水平双缸
最大速度 225 公里 / 小时

一款向宝马 1974 年顶级经典 R90S 致敬的车型，这辆咖啡馆赛车风格双缸车配备 2013 年推出的半水冷发动机。

△ **宝马 S1000R 2014**
国别 德国
发动机 999 毫升直列四缸
最大速度 274 公里 / 小时

这款宝马超级强劲 S1000RR 的轻微减排量版需要时可提供充沛动力，采用牵引力控制和两种发动机模式。

△ **布拉莫 脉冲信号 R 2013**
国别 美国
发动机 40 千瓦交流电动机
最大速度 177 公里 / 小时

“脉冲信号”（Empulse）据称是最快的量产型电动摩托车，铝制双梁车架搭载液冷发动机和电池，其他部件为碳纤维材料制造。

◁ **库伯格 自由骑士 2014**
国别 捷克
发动机 2 千瓦电动机
最大速度 55 公里 / 小时

主要面向年轻人，但对成年人也同样充满乐趣。库伯格（Kuberg）电动“自由骑士”配备锂聚合物电池，充电两小时能全速骑行一小时。

△ **本田 NM4 容颜 2014**
国别 日本
发动机 745 毫升直列双缸
最大速度 未声明

这款“容颜”（Vultus）采用仰式驾驶姿态，配备本田双离合器传动机构，实现了简单无缝的无级变速。其激进的未来风格受到日本动漫电影影响。

发动机

摩托车手们一直为发动机所着迷。出于功能原因或者单纯用技术概念打动买家，制造商们在过去数十年中已经制造了无数种不同类型的发动机。有的设计师一直坚信非主流创意就是答案，例如汪克尔转子发动机。但是制造工艺的实际情况、构造的约束和消费者的保守态度，见证了传统汽油发动机的流行。接下来将对主要发动机的种类进行阐述，并对过去一个多世纪工程设计实例进行深入剖析。

发动机是如何工作的

自从 19 世纪后期第一批摩托车出现，它们中的绝大多数都是用内燃机推动运转，燃料则是汽油和空气的混合物。汽油发动机起源于早期的蒸汽机，基于相同的将能量转化为运动的基本原理，通过一个与偏心轴连接的活塞在气缸中往复滑动产生运动。燃料混合物被点燃后，燃气会推动活塞向下滑动，带动曲轴旋转，这种动作与蹬自行车驱动链轮运转的动作完全相同。为了使这样工作方式更有效率，必须通过一些技术方法，包括采用合适的燃料 / 空气混合比、提供精确定时的点火、有效地排出废气、以及保证全部运动部件运转自由和充分润滑。尽管过去多年中发现了许多种动力解决方案，但传统摩托车发动机还是只分为两大类：即四冲程和两冲程。

四冲程发动机

这类发动机是现代摩托车所采用的最常见类型。四冲程发动机通过一系列工作产生能量——称为四冲程循环。该循环在发动机的每一个气缸中每分钟内发生数十次。这四个阶段或“冲程”分别为：进气、压缩、燃烧和排气。其中燃烧冲程产生能量，每四个冲程中只有一个燃烧冲程，四个冲程中曲轴会转动两周。在多缸发动机中，火花塞依次点火，因此总是至少有一个气缸在进行燃烧冲程也就是做功冲程。四冲程发动机普遍比较清洁、更可靠，也比两冲程发动机更省燃料。

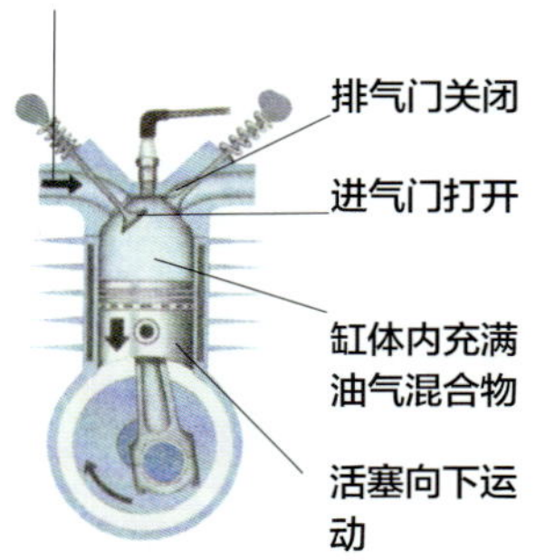

1 进气 进气门打开的同时活塞向下运动，油气混合物通过发动机的进气口和燃料系统进入气缸。

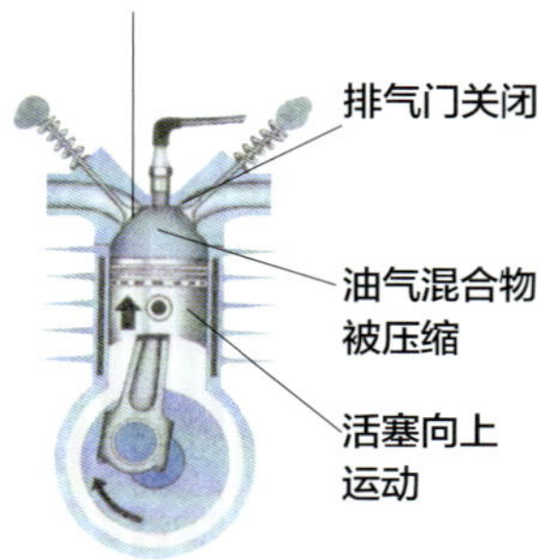

2 压缩 活塞重新沿气缸向上运动，缸体内部压力增加，同时油气混合物温度升高。

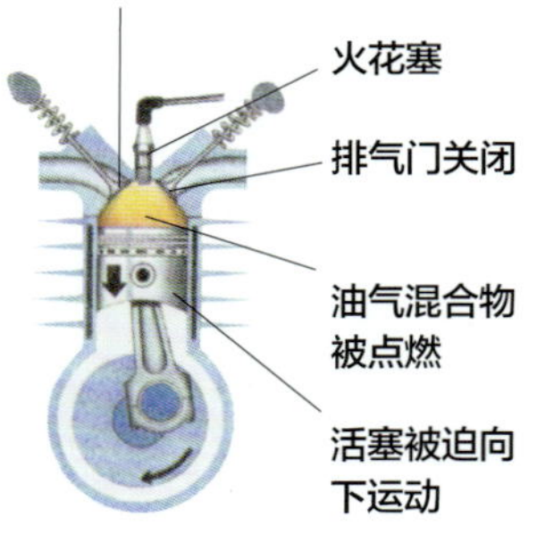

3 燃烧 当活塞接近冲程顶点，火花塞进行点火。燃烧的气体发生膨胀，迫使活塞沿缸体再次向下运动。

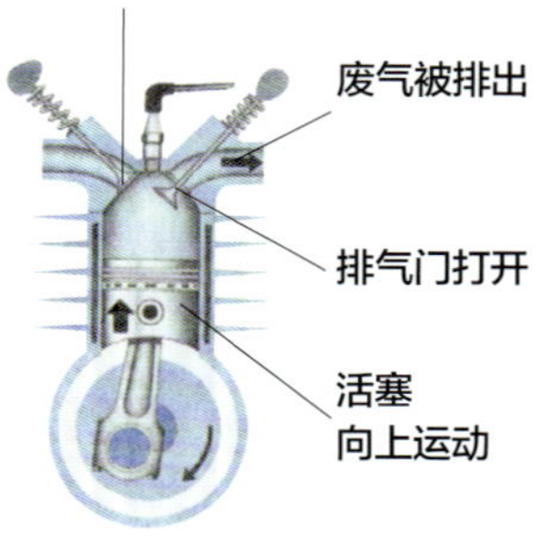

4 排气 当活塞到达底部，排气阀门打开。当它再次向上运动时，将废气排出。

维洛塞特顶置气门发动机

这种传统四冲程发动机简单并且经济，但是对功率的需求将发动机设计推向了多缸、多气门方向。

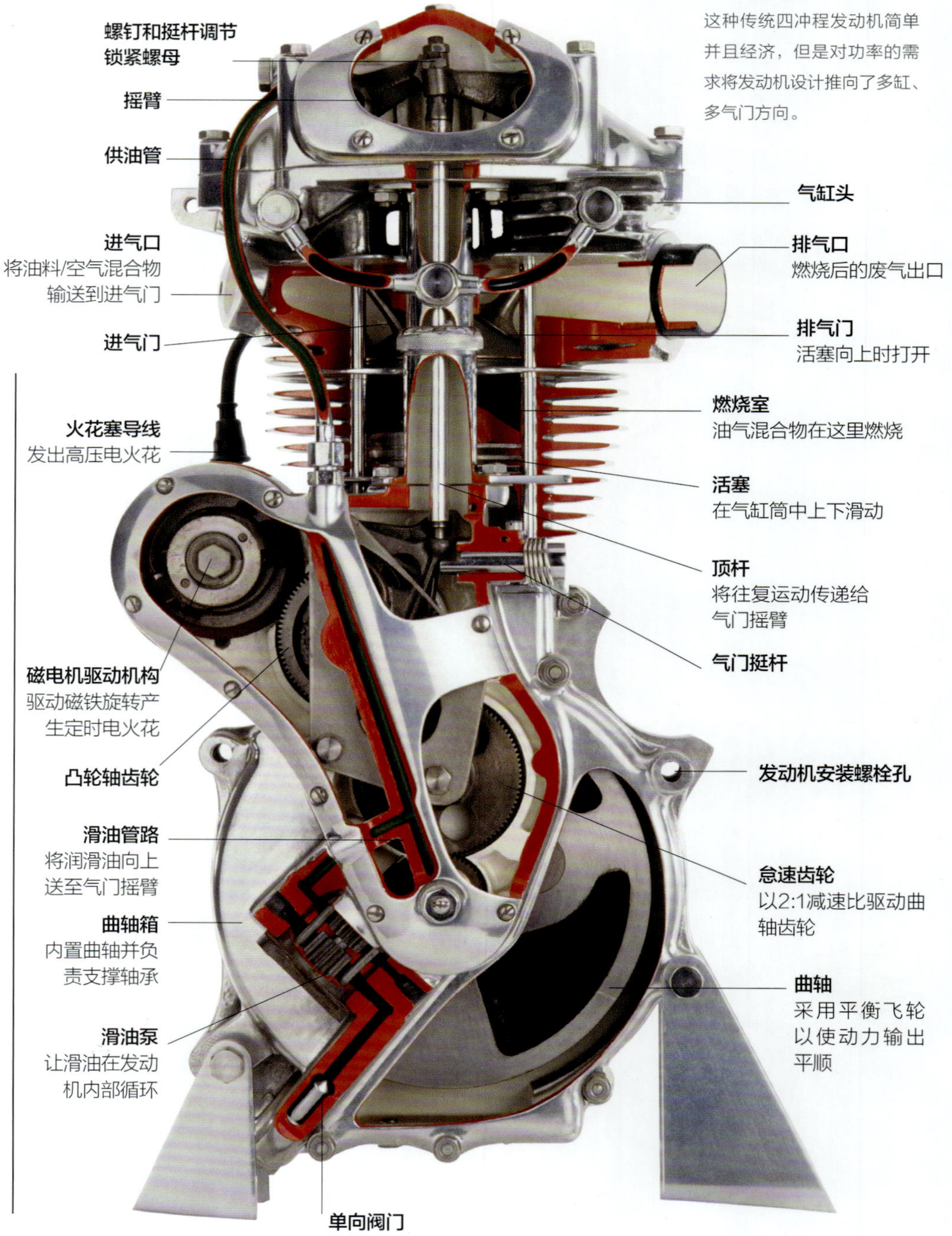

四冲程发动机组件

凸轮轴

燃料和燃气在四冲程发动机内部的流动通过一根凸轮轴来控制，这根凸轮轴负责打开进气门和排气门。发动机每转动两周，两个气门打开一次，因此凸轮轴的转速是发动机的一半。

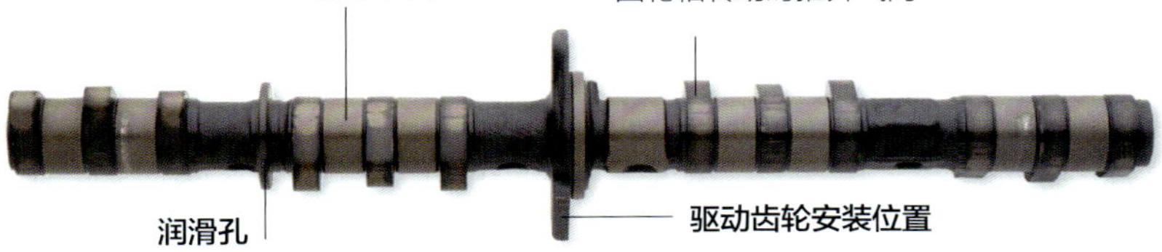

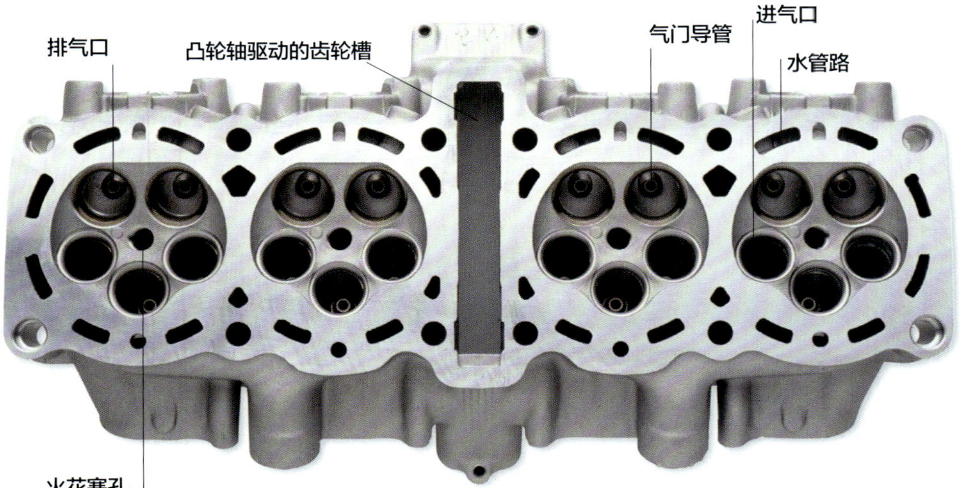

气门

大多数四冲程发动机中，进气门和排气门依靠弹簧关闭。当发动机转速达到 10000 转 / 分钟时，气门每分钟开合 5000 次。

气缸头

为了产生最大燃气流量，即最大功率输出，现代发动机采用了多个气缸。燃烧过程发生在气缸头位置，这里装有气门和火花塞，这使汽缸头成为发动机中温度最高的部件。如今大部分现代发动机都采用液冷方式。

活塞

活塞由质量轻且导热效率高的铝合金制成。活塞环保证活塞与气缸筒之间的密封，避免了压力和滑油损失。

其他发动机

转子发动机

汪克尔转子发动机的优点包括高功率输出、运动部件少和振动最小。一只三角形转子在一个腔体内转动，可使四个燃烧过程同时发生。缺点是只有当润滑油和油气混合物共同燃烧时才能实现润滑，排放污染较高。

转子发动机

电动力

自从进入 21 世纪，对汽油发动机废气排放和碳氢燃料使用的关注加速了电动摩托车的研制。制造商们提供了各种各样的产品，且并不局限于通勤摩托车，也有在搭载骑手状态下能达到 150 英里 / 小时（241 公里 / 小时）的电动越野摩托车。

两冲程发动机

尽管两冲程发动机与四冲程发动机的工作循环过程大致相同——进气、压缩、燃烧、排气，但只在活塞的两个冲程中完成。这意味着发动机每循环工作一次就产生一次能量冲程，而不是需要间隔一次循环，实现了更高的功率输出。两冲程发动机在设计上比四冲程发动机简单，而且产生相同功率条件下的体积更小。但是因为两冲程发动机是通过润滑油与燃料的混合物实现润滑，排放污染就更大，这也是两冲程摩托车发动机在近几年变得不常见的原因。

兰美达 LD50

简单轻巧的两冲程发动机被广泛应用于驱动小型摩托车，例如这台紧凑的 148 毫升气冷单缸兰美达发动机。

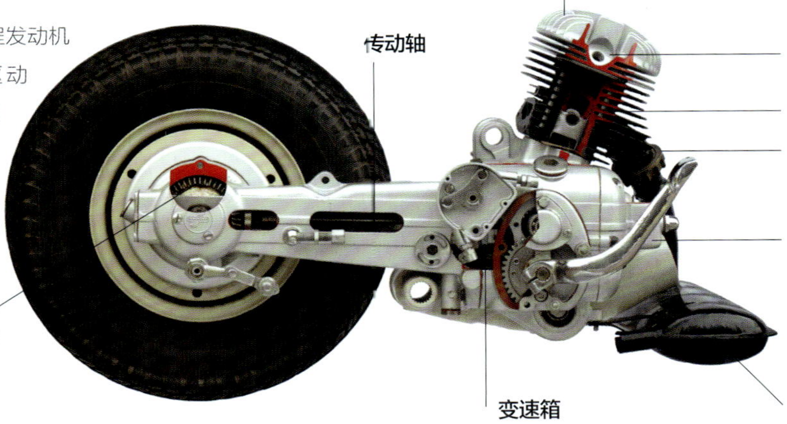

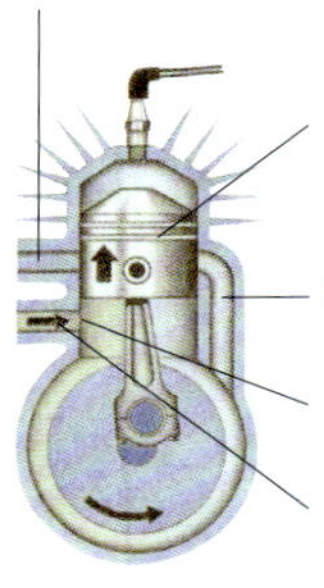

1 进气 油气混合物通过打开的进气门被向上运动的活塞吸入曲轴箱。

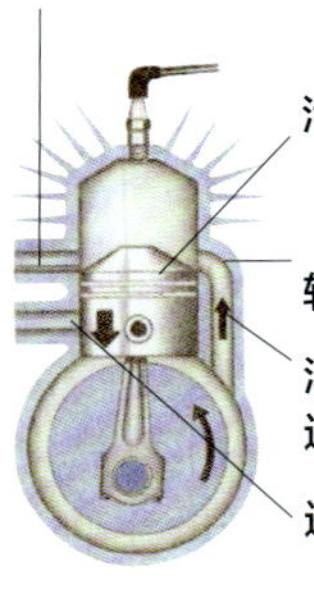

2 燃料转移 活塞向下运动迫使油气混合物通过打开的转移流道进入燃烧室。

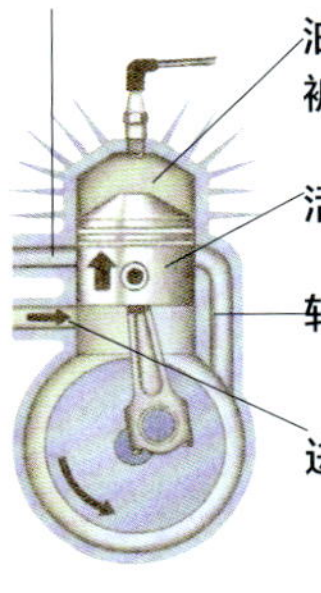

3 压缩 上升的活塞对燃烧室中的油气混合物进行压缩。同时新鲜的油气混合物被吸入曲轴箱。

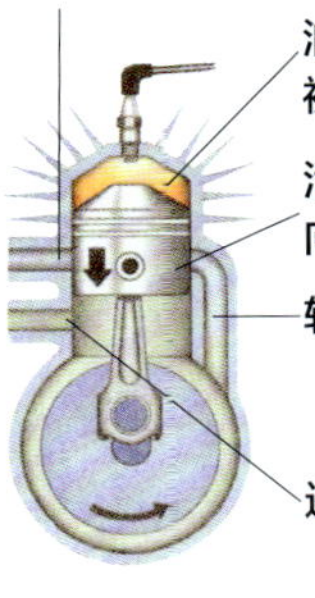

4 燃烧 火花塞点燃燃烧室中的油气混合物，混合物爆燃迫使活塞向下运动。

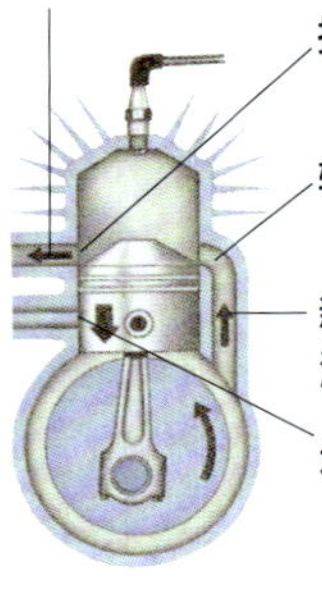

5 进气 新鲜的油气混合物在活塞的作用下进入燃烧室，并将废气压迫排出，然后重复全部过程。

发动机类型

在设计摩托车发动机方面，工程师们需要满足特定需求。如果要保证摩托车的操控性，动力装置和发电机、散热器等辅助部件就不能太大或太重。不管是高速驾驶、越野或者商业运输，这些部件都应该性能可靠并且与使用目的相匹配，还要运转平顺，暴露的部分还要尽可能美观。除此之外，设计对于生产商来说必须能够经济可行地批量生产。

品牌识别度也是一个问题。有些厂商会把某种类型发动机作为自己的标志款式，比较知名的例子如宝马的水平双缸、凯旋的直列三缸，和哈雷 - 戴维森的 V 形双缸。其他的制造商如本田积极探索了许多技术途径，其中有些具有应用价值，有些则不是。

时尚潮流也是影响因素之一。在 19 世纪 20 年代，运动骑手们青睐长行程单缸发动机，但是在 19 世纪四五十年代，水平双缸占据了统治地位。70 年代横向四缸发动机崛起，几乎要被遗忘的 V 形双缸在欧洲复兴，V 形双缸几十年来一直是美国款式的标志。在 19 世纪 80 年代，V 形四缸和为竞速而生的两冲程双缸成为主流。

摩托车的发展历史为我们展现了发动机布局气势磅礴的变迁史——从小型简单的两冲程发动机，到大型复杂的多气缸四冲程发动机。

拉奇 阿尔斯特 单缸

制造时间	1936 至 1939
发动机排量	499 毫升
最大输出功率	28 马力（5750 转 / 分）

整体狭长并且相对简单，单缸发动机一直被公路摩托车和越野赛车所喜爱，还一度广泛应用于竞赛。许多骑手喜欢如拉奇等高性能四冲程单缸车的力量感，但是大排量发动机的振动令人烦恼。

参见 速度俱乐部，第 76–77 页

凯旋 飓风 直列三缸

制造时间	1973
发动机排量	741 毫升
最大输出功率	58 马力（7250 转 / 分）

斯科特和摩托古奇最早尝试过直列三缸发动机，20 世纪 70 年代通过拉沃达、MV 阿古斯塔和凯旋的发展，成为高效高性能的发动机。直列三缸发动机比四缸发动机更纤巧，振动比直列双缸更小，那种原始感颇受运动骑手的钟爱。

参见 标新立异，第 194–195 页

本田 GL1000 金翼 水平四缸

制造时间	1975–1980
发动机排量	999 毫升
最大输出功率	80 马力（9000 转 / 分）

这一水平四缸构型早先被聪达普和其他品牌所采用，后来被本田选择用于其 1975 年发布的“金翼”。它卓越的平衡性能提供了汽车般的舒适性，尽可能地将重心置于车架下部。水冷系统让它的噪声很小，非常适于轴传动车辆。

参见 超级摩托车，第 180–181 页

本田 VF500 C30 麦格纳 V 形四缸

制造时间	1982–1985
发动机排量	498 毫升
最大输出功率	70 马力

尽管 V 形四缸出现于 20 世纪 30 年代，但本田公司将这种布局在公路摩托车和赛车上广泛应用。V 形四缸发动机相对输出功率而言拥有不错的紧凑性，短曲轴刚性较高，平衡性较好，功率输出平顺。水冷方式避免了后部气缸过热。

参见 里程吞噬者，第 228–229 页

哈雷－戴维森 平锅头 V 形双缸

制造时间	1948-1960
发动机排量	1208 毫升
最大输出功率	60 马力（5400 转 / 分）

人们在竞赛摩托车或挎斗摩托车上需要使用多个气缸时最早采用的一种动力布局。它与摩托车架匹配良好，以一种愉悦、轻松的风格输出扭矩，排气时有一种特有的切分音节奏。自 1909 年至今 V 形双缸发动最强大的代表一直都是哈雷－戴维森。

参见 路面加热器，第 150-151 页

凯旋 博纳维尔 平行双缸

制造时间	1959-1975
发动机排量	649 毫升
最大输出功率	46 马力（6500 转 / 分）

自 20 世纪 40 至 60 年代在运动和旅行摩托车中流行的一种构型，至今仍很常见。采用 360 度、180 度和 270 度点火间隔的曲柄轴提供不同特性和排气特征。没有平衡机构的较大型 360 度发动机容易产生振动，例如图中这款凯旋。

参见 运动双缸车，第 126-127 页

宝马 R75/5 水平双缸

制造时间	1969-1973
发动机排量	745 毫升
最大输出功率	50 马力（6200 转 / 分）

20 世纪初开始使用，1923 年起被宝马所青睐。由于水平双缸的两个活塞相向运动，通常也被称作“拳击手”发动机。水平双缸平衡性近乎完美，但横置的气缸在某些弯道上可能会擦地。

参见 旅行摩托车，第 170-171 页

本田 F6C 瓦尔基里 水平六缸

制造时间	1997-2003
发动机排量	1520 毫升
最大输出功率	98 马力（6000 转 / 分）

为了对成功的“金翼”进行升级，本田在 20 世纪 80 年代后期推出了一款水冷水平六缸发动机。一款同样复杂但如丝般平滑而且安静的发动机被用在了 20 世纪 90 年代的本田“瓦尔基里”高性能巡航车上。对于这类车，发动机硕大的个头并未构成麻烦。

参见 巡航车，第 250-251 页

雅马哈 FZS 1000 法策尔 直列四缸

制造时间	2002-2005
发动机排量	998 毫升
最大输出功率	142 马力（10000 转 / 分）

因为通常为横置安装，这类四缸发动机能够产生高功率却没有振动，充分暴露方式有利于气冷，制造相对简单。横置直列四缸最早在 20 世纪 50 年代意大利赛车上出现，后来被本田采用，自 20 世纪 70 年代起被日本大型制造商们广泛应用。

见 肌肉街车，第 266-267 页

宝马 K1600GT 直列六缸

制造时间	始于 2010
发动机排量	1649 毫升
最大输出功率	160 马力（7500 转 / 分）

直列六缸发动机能够高转速并产生巨大能量，运转平顺性甚至优于直列四缸。本田为 20 世纪 60 年代大奖赛制造了非常紧凑的 250 毫升和 297 毫升直列六缸发动机。21 世纪初，宝马研发了 1600 毫升直列六缸发动机，其形体相对窄小，这要得益于现代材料和制造工艺。

参见 远方与速度，第 270-271 页

哈 雷 - 戴 维 森 X8A
气冷单缸发动机

早期哈雷 - 戴维森摩托车的单缸气冷发动机是那时典型的四冲程设计，也受到其他制造商的喜爱。这种发动机的喷雾化油器进气、磁电机点火和凸轮操控式提升气门等特征成为此后几十年摩托车发动机的技术范本。尽管不算强劲，但这台 1912 年 X8A 车型的 494 毫升发动机仍属结实可靠。

F 形缸头

单缸气冷发动机紧凑轻盈，适合安装在早期摩托车的简单车架上。气缸头内部自动气压式进气门和机械操控式排气门的组合曾广泛应用于早期低转速四冲程发动机。在哈雷 - 戴维森摩托车上，这种构型称作被“F 形缸头”，在单缸和 V 形双缸发动机上均有采用。最后的“F 形缸头”双缸出现于 1929 年的哈雷 - 戴维森摩托。随着发动机转速的提高，自动气压气门无法满足要求，必须通过机械装置操纵进气门。

拉奇 阿尔斯特 单缸	
制造时间	1911 至 1912
气缸数	1
构型	倾斜
发动机排量	494 毫升
功率输出	4.3 马力
类型	常规四冲程气冷汽油发动机
缸头	自动进气门，机械排气门
冷却方式	气冷
燃料系统	舍伯乐化油器
缸径和冲程	3.3 英寸 ×3.5 英寸
	（84 毫米 ×89 毫米）
压缩比	未说明

扭矩的产生

这款经过细微改进的发动机与哈雷 - 戴维森 1903 年第一款量产型摩托车上所采用的有少许不同。后来世界各知名公司的发动机——以 V 形双缸为主，其气缸基本设计都是基于这款产品。

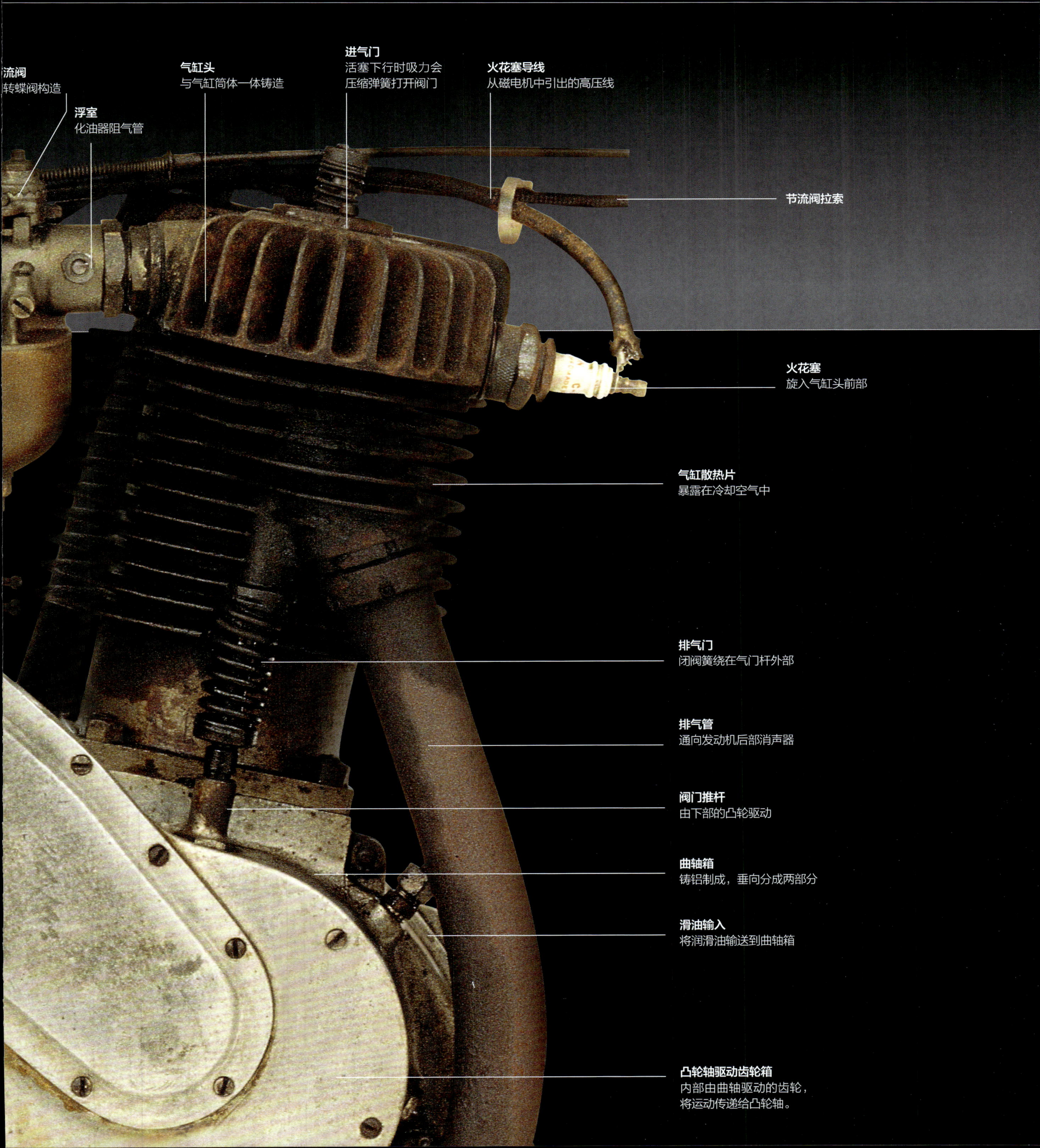

流阀
转蝶阀构造
气缸头
与气缸筒体一体铸造
进气门
活塞下行时吸力会
压缩弹簧打开阀门
火花塞导线
从磁电机中引出的高压线
浮室
化油器阻气管
节流阀拉索
火花塞
旋入气缸头前部
气缸散热片
暴露在冷却空气中
排气门
闭阀簧绕在气门杆外部
排气管
通向发动机后部消声器
阀门推杆
由下部的凸轮驱动
曲轴箱
铸铝制成，垂向分成两部分
滑油输入
将润滑油输送到曲轴箱
凸轮轴驱动齿轮箱
内部由曲轴驱动的齿轮，
将运动传递给凸轮轴。

摇摆机构

发动机和驱动单元对于后悬挂还起到摇臂的作用，减轻了重量并节省了空间。当后轮发生颠簸时，整个单元在车架中发生转动，扭力杆和连杆机构则负责减弱这种运动，此外在驱动臂上还有额外的减振单元起作用。

兰 美 达 LD 150
气冷两冲程发动机

早期兰美达小型摩托车制造商英诺森蒂选择了轻巧简单的两冲程发动机作为其创新车型的动力源，搭配紧凑简洁且免维护的轴传动系统。整个动力单元可转动，并且将传动箱兼作为摇臂，是 20 世纪 50 年代意大利小型摩托车设计上独创的典型特征。

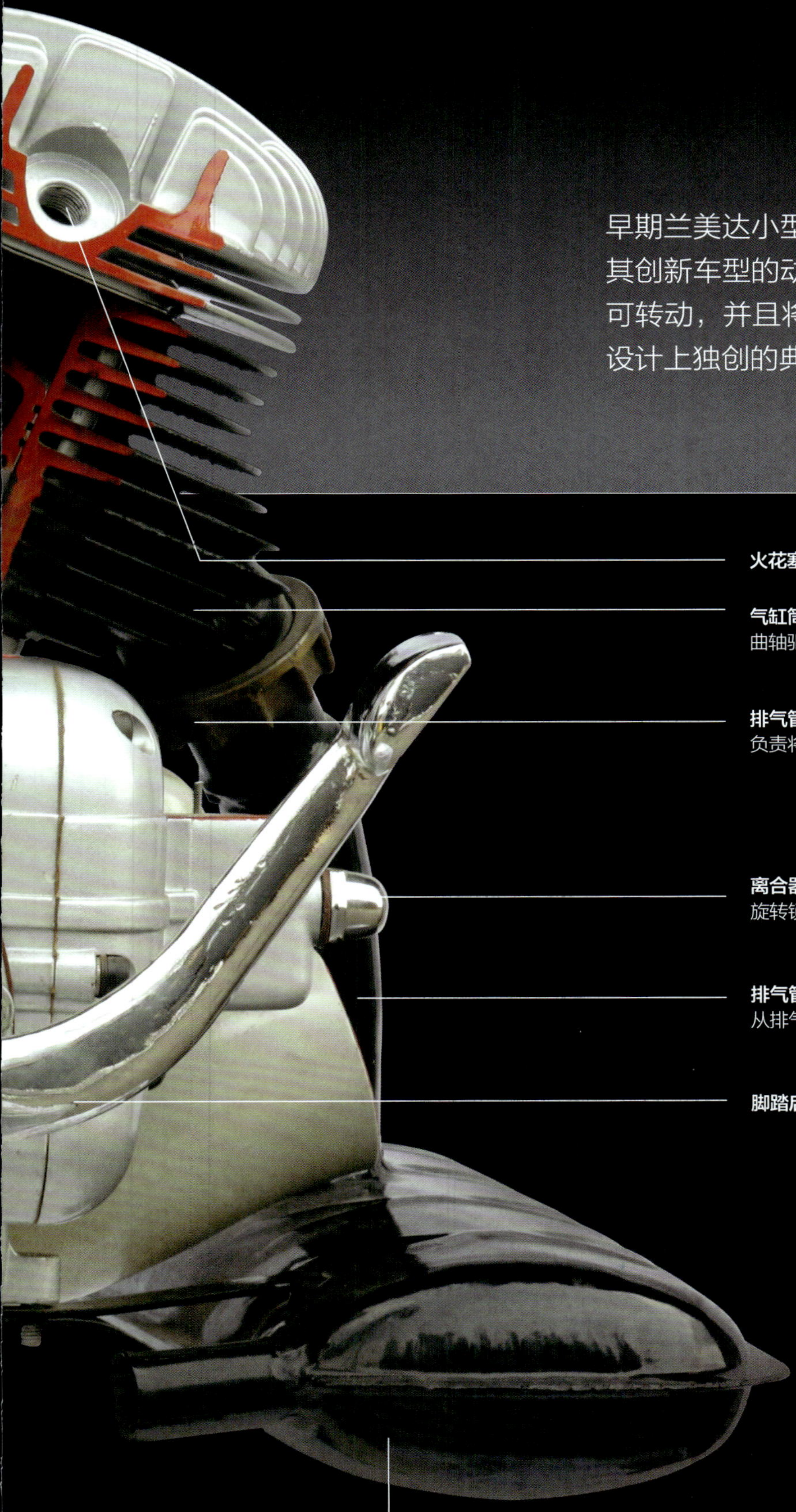

干净的发动机

兰美达 LD150 发动机和 20 世纪 50 年代典型的两冲程发动机一样，通过单进气门将混合物输送至活塞下的曲轴箱中。随着活塞向下运行，气缸侧面的转移流道将混合物送入燃烧室，燃烧室前部设有一个排气门。横置的曲轴在左侧驱动点火装置和照明发电机，在右侧通过 90 度伞形齿轮将动力传递给离合器和变速箱。在 20 世纪 50 年代，小型摩托车在设计上优先考虑的不是性能，而是外形干净利索，易于使用和维护等特点。

拉奇 阿尔斯特 单缸	
制造时间	1954 至 1956 年
气缸数	1
构型	倾斜
发动机排量	148 毫升（9 立方英寸）
功率输出	6 马力（4750 转 / 分）
类型	二冲程活塞气口发动机
缸头	无气门
冷却方式	气冷，风扇
燃料系统	戴尔奥尔托（Dell' Orto）化油器
缸径和冲程	2.24 英寸 ×2.28 英寸（57 毫米 ×58 毫米）
压缩比	6.5:1

BSA A10“金色闪电”

气冷双缸发动机

伴随着凯旋 1938 年 500 毫升垂直双缸车的成功，英国几乎所有其他主流制造商在第二次世界大战后都采用了类似的发动机布局。这款 BSA 公司结实又全能的 650 毫升金色闪电在 20 世纪 50 年代一直保持生产。

肩并肩活塞

这款 BSA 双缸发动机的核心是两个头端同向运动的曲轴。两个活塞虽然同时上升和下降，但是一个处于压缩冲程，而另一个处在排气冲程。这种发动机功率输出比单缸更平顺，但平衡性不足的固有特性会导致高转速下产生振动。气门由推杆驱动，推杆由气缸后侧曲轴箱中的齿轮驱动凸轮轴控制。干吸式润滑系统拥有一个由曲轴驱动的泵，在高压下提供滑油，润滑动力端和定时机械端的轴承，并有对气门机构的额外供油。

拉奇 阿尔斯特 单缸	
制造时间	1950 至 1962 年
气缸数	360 度双缸
构型	垂直
发动机排量	646 毫升
功率输出	35 马力（5500 转 / 分）
类型	顶置气门四冲程
缸头	气门由推杆和摇杆驱动；每缸双气门
冷却方式	气冷
燃料系统	阿迈勒（Amal）整体式化油器
缸径和冲程	2.73 英寸 ×3.3 英寸（70 毫米 ×84 毫米）
压缩比	6.5:1

垂直连接面

曲轴箱分成两半，依靠中央一个垂直连接面连为一体。在动力输出端有一个滚珠主轴承负责支撑曲轴。

高速变型

A10 双缸发动机的改进版也是 BSA 疾速的“喷火越野”、“公路火箭”、“超级火箭”和“火箭金星”等车型的动力源。

文森特“疾速”V形双缸发动机

这款 1000 毫升 V 形双缸发动机由位于英格兰斯蒂夫尼奇（Stevenage）的文森特 HRD 小厂生产，用于驱动世界上最快的量产型摩托车。与 20 世纪 50 年代其他发动机不同，这款发动机是由公司所有人、设计理想主义者——菲利普 · 文森特（Philip Vincent）与伟大的澳大利亚工程师菲尔 · 欧文（Phil Irving）合作开发成功。

偏置气缸

1947 年推出的“疾速”双缸发动机目的是为战后“财政紧缩”的英国攫取出口市场，这款发动机源于文森特 1938 年的 1000 毫升双缸发动机。第二次世界大战中高强度的工作催生出一台动力更加强劲、更精密且外观整洁的发动机。气缸呈经典的 V 字构型（本例中为 55 度），以便让发动机的高度和宽度尺寸最小，同时在工作时消除振动。两个气缸的连杆大端轴承并排安装在一根曲柄销上，所以后侧气缸的缸筒相对于前面的气缸要偏右一些，形成偏置格局。

紧凑而结实

许多内部细节展示在了这幅发动机局部剖视图上（红色区域）。从图中可以看到整个单元及其内部安装的四速变速箱，对于一台 1000 毫升发动机来说是非常紧凑的。它的结构也足够结实来支撑文森特的“无框架”底盘。

拉奇 阿尔斯特 单缸	
制造时间	1947 至 1955 年
气缸数	50 度 V 形双缸，顶置气门，四冲程
构型	V 形
发动机排量	998 毫升
功率输出	45 制动马力（34 千瓦）（5300 转 / 分）
类型	常规四冲程气冷汽油发动机
缸头	推杆和摇臂驱动顶置气门；每缸双气门
冷却方式	气冷
燃料系统	276 型阿迈勒（Amal）化油器
缸径和冲程	84 毫米 ×90 毫米
压缩比	7:1

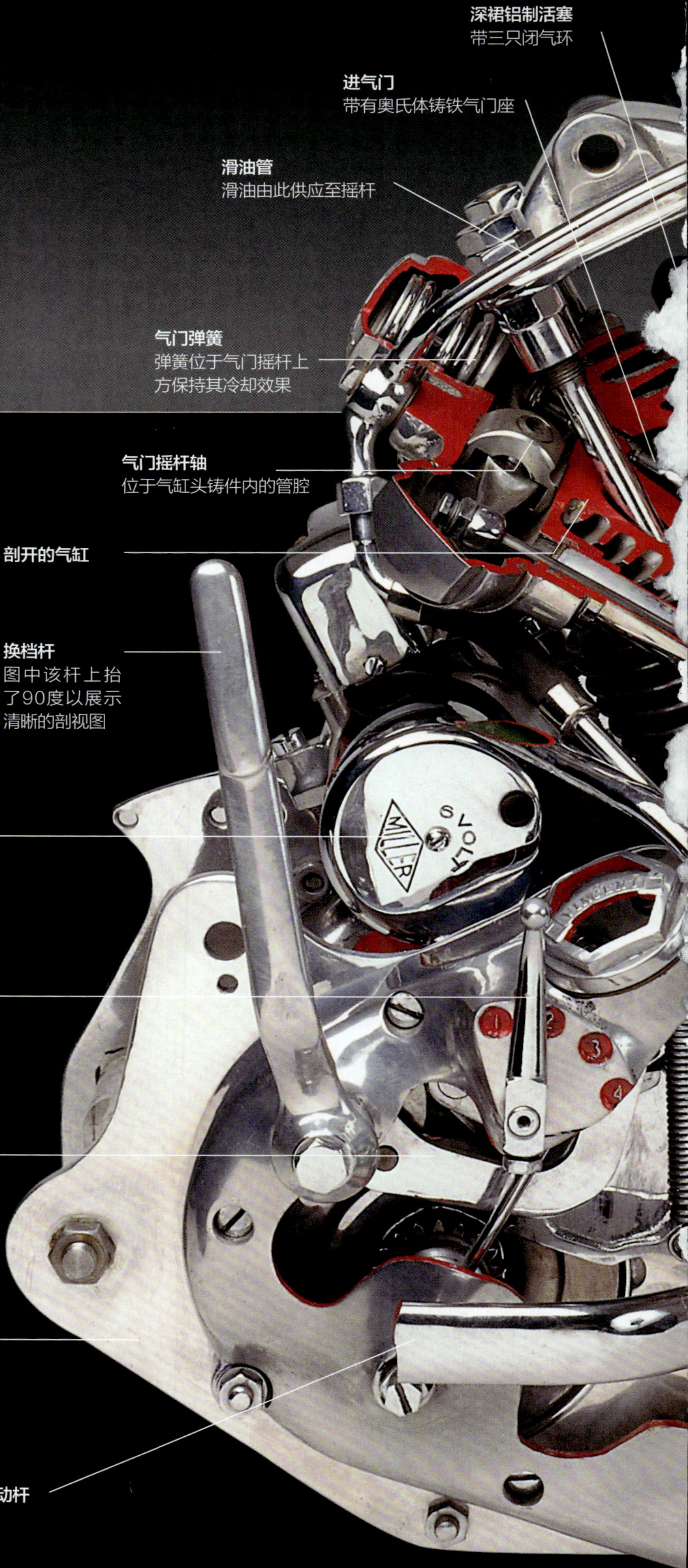

排气门
安装在一个铝/铜滑套上
气门间隙调节旋钮
安装在气门摇杆的外臂上
推杆
短推杆推动摇杆从气门杆中部推动气门
排气管
检查盖
方便操作气门间隙调整旋钮
气缸头
锚点
发动机在该点与滑油箱和摩托车上架通过螺栓连接
酚醛树脂火花塞盖
气门弹簧顶盖
铝制气缸筒
内置铁质缸衬
高压导线
从磁电机引到火花塞
排气管安装环
推杆管
进排气凸轮
安装在凸轮轴上，高位设置以减低推杆长度
限流嘴
控制润滑油向凸轮轴和凸轮从动件流动的小孔
斜撑板
在正时箱中支撑凸轮轴和凸轮从动件转轴
磁电机驱动齿轮上的自动提前机构
大型急速齿轮
以曲轴一半的速度驱动凸轮轴
油泵
由主轴通过蜗轮提供动力
主轴小齿轮
驱动凸轮轴和点火磁电机
滑油卸压阀
位于曲轴注油点
滑油管
向发动机提供滑油并使其在循环后返回滑油箱
VINCENT

雅 马 哈 YZF-R1

直列四缸发动机

自 20 世纪 70 年代起，横向贯穿车架安装的直列四缸发动机构造已经广泛应用于摩托车。配合顶置凸轮轴设计，这种布局能够产生高转速和大功率，同时更密集的做功冲程也使动力输出更加平顺。多年以后，随着电子控制燃油喷射和水冷等技术的发展，人们实现了从极为紧凑发动机中提取充沛功率的目标。

技术的魔力

基于为雅马哈 M1 摩托大奖赛赛车提供线性功率输出而研发的具有 90 度点火间隔的十字曲轴，这款 R1 发动机还配备了依赖大量传感器控制的先进供油技术。发动机电子控制系统提供了即时油门响应、电驱动进气漏斗保证在发动机任何转速下产生最大扭矩。上部的进气漏斗在低转速时使进气段加长，在高转速时上升使进气段变短。

发动机技术参数	
制造时间	自 2009
气缸数	四缸
构型	直列
发动机排量	998 毫升
功率输出	152 马力（12600 转 / 分）
类型	四冲程汽油发动机
缸头	顶置双凸轮轴，每缸四气门
冷却方式	水冷
燃料系统	电子控制喷嘴
缸径和冲程	78 毫米 ×52.2 毫米
压缩比	12.7:1

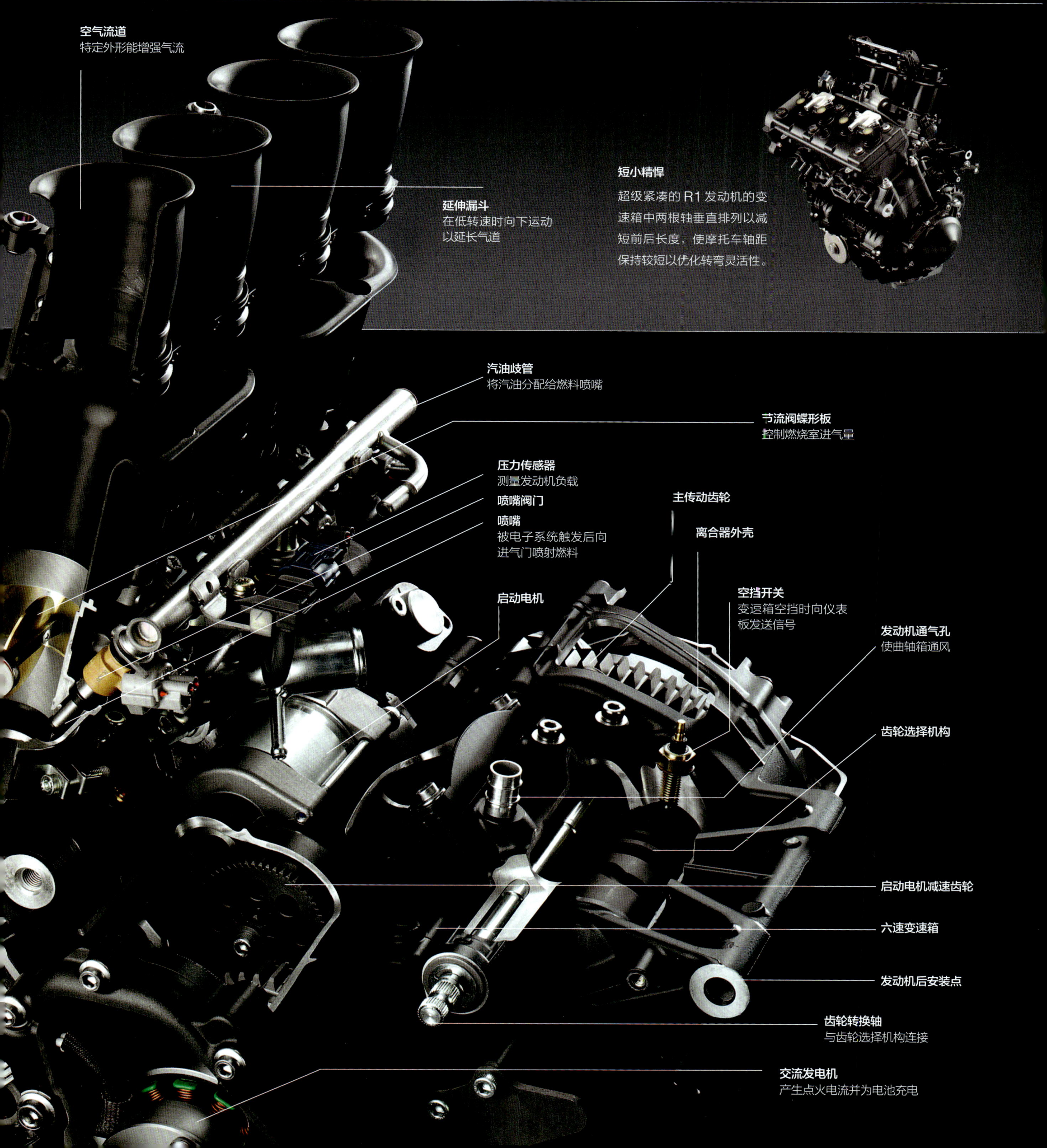

短小精悍

超级紧凑的 R1 发动机的变速箱中两根轴垂直排列以减短前后长度，使摩托车轴距保持较短以优化转弯灵活性。

术语表

ABS (Anti-lock Braking System)
防抱死刹车系统
防止车轮刹车时锁死，使车辆在紧急情况下能够转向避开危险。

Air-cooled
气冷
发动机通过流经缸体周围的空气和润滑油进行冷却

Air filter
空气滤清器
一个毡制或纸质器件，在空气进入发动机前对空气中的颗粒物进行清洁。

Air-ride suspension
空气悬挂
采用气体或压缩气体作为减振物质以便在崎岖路面帮助保持车辆水平的悬挂系统

Alternator
交流发电机
利用磁性将机械能转化为交流电能为车载电路供能的发电机。参见发电机。

Anodizing
阳极氧化
通过氧化镀层提高零部件耐腐蚀耐磨损性的技术。之所以这样命名是因为这项工艺通过将零件作为电解过程中电路的阳极来实现。

Anti-dive
防下俯
减小在刹车力作用下对前悬挂的压缩。通常需要采取合适的悬挂系统设计才能提高效果。

Anti-surge baffel
防涌挡板
在摩托车刹车、转弯或者加速中防止液体在容器内变换位置，特别是在滑油槽中。

Ape hangers
猿式高车把
车把高度较大以至于骑手的手部位置高过肩膀。美式风格摩托车上较为流行。

Aquaplane
水滑
极其危险的情况，此时轮胎离开路面并开始在积水表面运转，几乎丧失抓地力，刹车效能变得极低。这种情况的发生，行驶速度和轮胎花纹深度通常是重要决定因素，而非仅仅是水深。

Atmospheric inlet valve
气压进气门
进气门，由活塞下降创造的缸体内真空而打开。在非常早期的摩托车上使用。

Automatic transmission
自动变速箱
为骑手自动选择合适档位的无离合器传动装置。

Backing it in
转弯减档
在接近转弯时降档并刹车使摩托车尾部倾斜，以降低刹车距离并能更早加速。被超级摩托车手所采用。

Bearing
轴承
在机器中的固定和运动部件之间或旋转部件之间提供支撑的装置，例如连杆与曲轴之间。

Bell mouth
喇叭口
化油器上的进气喇叭

Bhp (brake horsepower)
制动马力
总制动马力是衡量独立发动机功率输出的一种方式。净制动马力是在发动机上安装交流发电机等附属装置之后的功率输出。制动马力通过对曲轴施加特殊制动机构来测量。

Big-end bearing
大端轴承
连接活塞与曲轴的连杆上较大且位置较低的轴承

Blown (engine)
增压（发动机）
通过涡轮增压器或者机械增压器为发动机增加动力的术语。

Bore
缸径
发动机缸体直径

Braided brake lines
编织刹车线
液压制动软管被编织钢丝网所包裹，防止被碎片破坏，同时可承受承压状态下的软管膨胀。

Brooklands
布鲁克兰兹
世界上第一条专用赛道，毗邻英国萨里的威布里奇，在 1909 年至 1939 年间使用。

Butterfly valve
蝶形阀
一个在管道中以直径为转轴旋转的圆盘，形成可开闭的阀门来控制空气流入化油器等发动机组件。

Café Racer
咖啡馆赛车
自 20 世纪五六十年代，一些厂商制造并改装摩托车，使其类似于赛车。这些摩托车采用抛光的合金油箱和喇叭形排气管。骑手们经常驾驶这样的摩托车在伦敦和布莱顿的咖啡馆之间疾驰竞赛，故而得名。

Camshaft
凸轮轴
安装有偏心转子的轴，将旋转运动转化为直线运动来驱动四冲程发动机的气门。凸轮轴可安装在发动机外壳下部（整体式凸轮）；单个安装在气缸头上（顶置单凸轮）；或成对安装（顶置双凸轮）。

Capacity
容量
一台发动机的排气量或气缸有效容积，单位为立方厘米或立方英寸。

Carburettor
化油器
一种将燃料和空气混合成可燃蒸气并输送至发动机的装置。

Catalytic converter
催化转化器
一种安装在采用无铅汽油发动机排气位置的装置，它使用化学催化剂加速化学反应，将有毒尾气（一氧化碳、氮氧化物及各种碳氢化合物）转化成无害气体。

Centre stand
中心支撑
安装在车架上的支撑件，在停车时保持摩托车垂直直立。参见侧支撑。

Choke
阻风门
临时限制空气流动的化油器阀门，使油气混合物中汽油浓度增加，使发动机在冷状态下更易点火。

Chopper
粉碎机式摩托车
高度改装的摩托车，通常采用外伸式前叉、硬尾和高位车把，流行于美国。

Clincher rims
斜轮辋
应用于一些早期充气轮胎的一种轮辋类型。

Clip-on engine
即装式发动机
一种安装在传统自行车架上的改装用发动机。

Clip-ons
低位车把
通常指直接安装在前叉立柱上的低位车把。

Clutch
离合器
一种将发动机与传动转置断开连接以选择不同档位的装置。早期摩托车只有可选配的离合器，故早期车型都不大可靠且容易打滑。

Coil ignition
线圈点火
广为采用的为火花塞充电打火的点火系统，采用双绕组变压器作为核心。

Combination
组合摩托车
配备挎斗或者座椅的摩托车，也被称为套装摩托车。

Combustion chamber
燃烧室
发动机气缸的上部空间，油气混合物进入且被到达高点的活塞压缩，也是用于点火的火花塞的位置。

Compression ratio
压缩比
当活塞到达行程底部时，单个缸体容积与燃烧室体积之比；当活塞到达行程顶部时，仅为燃烧室体积。

Compression ring
压缩环
参见活塞环

Compressor
压气机
一种通过压缩气体体积来增大气压的装置，常指用于提升发动机性能所需的涡轮增压器或者机械增压器。

Connecting rod
连杆
连接发动机活塞和曲轴的机构

Contact breaker
接触断路器
点火电路低压侧的开关，用于控制高压电路的定时点火。

Counter steering
反向转向
向所要求方向的反向提供转向力矩的技术。该操作所产生的力会使摩托车向所要求方向倾斜，前轮外倾并产生转向力，向要求的方向推进。

Country of origin
国别
摩托车制造国

Cradle frame
承载式车架
一种通过托架支撑发动机底部的摩托车车架。

Crankcase
曲轴箱
缸体下部放置曲轴的部分。

Crank pulley
曲轴皮带轮
位于发动机曲轴末端的主皮带轮，驱动发电机和水泵等辅助部件。

Crankshaft
曲轴
主要的发动机轴，将活塞的往复运动（上下）转化为用于驱动车轮的旋转运动。

Crash bungs
防撞突
安装在摩托车整流罩上的尼龙柱状物，在撞击情况下保护整流罩。

Cubic centimetres (cc)
立方厘米
对气缸容积（也是发动机尺寸）的标准计量单位。

Cubic inches（cu in）
立方英寸
对气缸容积（也是发动机尺寸）的计量单位，用于美制发动机，例如哈雷 - 戴维森的产品。

Customize
定制
对量产产品进行改造以满足个体需求。

Cylinder
气缸
通常为圆柱形筒，发动机活塞在其中上下运动。

Cylinder block
气缸体
通常由金属铸造制成，通过镗孔工艺在其中制成气缸来容纳活塞，气缸头也安装在气缸体上面。

Cylinder head
气缸头
发动机的上面部分，与缸体顶部连接，内部含有气门和在气缸内点燃燃料的火花塞。

Dakar Rally
达喀尔拉力赛
一年一度的越野赛，正式名称为巴黎 – 达喀尔拉力赛，设有摩托车、汽车和卡车等单项奖项。自 1979 年至 2007 年，赛程起点为法国巴黎，终点为塞内加尔的达喀尔。2008 年由于政治事件赛事取消，自 2009 年起在南美洲举办。

Daytona International Speedway
戴托纳国际赛道
位于美国佛罗里达州戴托纳海滩的摩托车运动赛道，于 1959 年开放。美国摩托车协会职业超级摩托车锦标赛在这里举办。

Desmodromic valve gear
连控气门机构
通过杠杆系统而非弹簧实现发动机气门闭合的机械机构，能够对气门运动进行精确有效的控制。但这种机构制造成本较高，一般为赛车发动机所采用，杜卡迪摩托车上应用较多。

Diamond frame
钻石车架
一种轮廓像钻石的早期摩托车车架，发动机作为结构的一部分。

DIN figures
DIN 数据
一种衡量发动机功率输出的参数，由德国标准化学会制定。

Direct injection
直接喷射
参见燃油喷射（fuel injection）

Dirt track
土道赛
在路面松软的赛道上竞赛，流行于美国。

Disc brakes
制动盘
每个轮毂上有一只随车轮旋转的圆盘，刹车时通过刹车片夹住这个圆盘来使车辆减速。

Distributor
分电器
将高压电转换并分配给各火花塞的装置，有时还用于控制定时点火。

Double overhead camshaft (dohc)
双顶置凸轮轴
参见凸轮轴（camshaft）

Downdraught carburettor
下吸式化油器
一种燃料注入向下流动的空气中的化油器。

Drag coefficient
阻力系数
一种衡量车辆空气动力学性能的参数。"阻力"是指当有物体穿过空气时，空气对其产生的阻碍作用。

Drag racing
直线竞速赛
一项摩托车（或者汽车）运动。竞争内容是从静止起始点出发完成一段固定直线赛程，耗时最少者获胜。

Drivebelt
传动皮带
一种驱动发动机中或与发动机连接的各种装置（包括交流发电机）的皮带。有时也作为后轮的主要驱动方式。

Driveshaft
传动轴
将发动机产生的功率传递给车轮的一根旋转轴。

Drivetrain
传动系统
一系列产生并传递能量的机械组件——发动机、变速箱、传动轴和差速器，有时"传动系统"只表示发动机和变速箱。

Drum brake
鼓式制动
一种制动系统，在很大程度上已被盘式制动所取代。鼓式制动中，制动蹄片通过被压紧在一只与摩托车轮连接的制动鼓内表面实现减速。

Dry-sump engine
干槽式发动机
一种没有传统集油槽或者油泵的发动机，其中滑油储存在其他位置的滑油箱里并泵到轴承，然后从发动机底部回收送回滑油箱。

Dual-circuit brakes
双回路制动
拥有两个独立液压回路的一种制动系统，保证在一个回路失效的情况下仍有足够的制动力。

Duolever suspension
双重杆式前悬挂
也被称为荷萨克（Hossack）/ 费奥尔（Fior）悬挂，这种系统采用安装在 Y 形臂上的刚性轮架和后方连接杆来实现设计者诺曼·荷萨克（Norman Hossack）所形容的"垂直转向"效果。该系统完全将悬挂运动与操纵力分离。应用于宝马车型。

Duplex cradle frame
双承载车架
拥有双前下倾钢管的承载式车架。

Dynamo
发电机
直流发电机，很大程度上被交流发电机的应用而取代。

Earles forks
厄尔斯前叉
一种枢轴点在车轮后方的前部铰接式前叉，摩托车前部在制动条件下会上抬。这种前叉由厄内斯特·厄尔斯（Ernest Earles）设计，被宝马所采用。

Enduro
越野耐力赛
越野计时比赛，通常为长距离。

Engine cycle
发动机循环
表示发动机的工作循环，通常为两冲程或四冲程。

Exhaust manifold
排气歧管
将废气从气缸输送到排气管的管道。

Exhaust port
排气口
气缸头内部通道，由排气门通向排气歧管。

Exhaust valve
排气门
允许废气排出燃烧室并进入排气装置的阀门。

Factory custom
工厂定制
犹如工厂产出的新车一样销售的改装摩托车。

Fairing
整流罩
通过设计来提高最大速度或者骑手舒适度的摩托车空气动力学车身。

Featherbed frame
羽毛床式车架
由麦克坎德莱斯（McCandless）兄弟为诺顿设计的双环式焊接车架专利，采用垂直弹簧、摇臂悬挂和支撑结实的前部。

Final drive
末端驱动
直接驱动车轮的部分，通常通过链条和车轴，或者齿形带。

Flat head
平头
20 世纪 50 年代哈雷 - 戴维森 V 形双缸发动机中的一种。该品牌其他发动机还有"关节头"、"扁平头"、"烙铁头"和"铲状头"等名称。

Flat-twin engine
水平双缸发动机
两个气缸安装在曲轴的两侧，相对成 180 度放置的发动机。因为一对对置气缸中的活塞同时向内或同时向外运动，犹如在拳击一样，所以这种水平对置气缸构造有时（错误地）称为"拳击手"。真正的"拳击手"应该是两个活塞共用一个气缸，同时在气缸中相向运动。

Flywheel
飞轮
安装在曲轴上的重型圆盘，用来平顺发动机的点火脉冲和功率起伏。

Foot pegs
脚踏
骑手和后座乘员的可旋转脚蹬。

Forecar
前厢式摩托车
两个前轮安装在摩托车架上的早期三轮车，乘客坐在前轴上方。

Four-stroke engine
四冲程发动机
摩托车发动机的主流类型。一次能量循环可分为四个阶段，曲轴旋转两周：进气、压缩、燃烧和排气。每个阶段都由活塞向上或向下的运动或"冲程"控制。

Fuel injection
燃油喷射
一种不依赖化油器的燃料供给系统 普遍用于新型摩托车。燃油从油箱吸出并被喷射器雾化后直接进入发动机进气口，在这里与空气混合，然后在气缸中进行燃烧。在柴油和直喷式发动机中，燃油是直接注入气缸中而非进气口。燃油喷射提供了一种更好的混合方式，让发动机更环保、强劲、柔韧。

Garden gate
花园大门
柱塞弹簧式车架的俗名，自 20 世纪 30 年代后期开始应用于诺顿摩托车。

Gas turbine
燃气轮机
一种喷流式旋转发动机，通过油气混合流的持续燃烧获取能量来驱动涡轮。曾被试验性应用，但由于反应迟缓，难以取代往复式发动机。

Gear ratio
传动比
驱动轮与被驱动轮的转速比，或者一系列齿轮的累计比。

Girder forks
梁叉
一种早期前叉，硬梁通过平行连杆与转向头连接，实现转向运动。

Hang on the cable
潜力速度
摩托车骑手的术语，意思是发挥天赋骑得尽可能快。

Head
头
参见气缸头。

Headstock
前管梁
摩托车架前部最上方的管梁，装有一系列轴承并负责将前转向柱与主车架相连接。

Heat shield
隔热板
由耐热材料制成的硬质或者柔韧的隔板，用于保护摩托车组件或者车身不被过热的发动机或者尾气破坏。

Helical gear
斜齿轮
啮合面为螺旋线或半螺旋线的齿轮。

High side
高侧
一类摩托车事故，后轮在脱离路面后在车身发生倾斜时又重新获得牵引力，导致猛然翻车，使骑手坠向相反的一侧（高侧）。

Hog
重型摩托
哈雷 - 戴维森的一个有名的昵称。

Homologation
认证
新型摩托车必须进行的一种严格的测试程序，来保证其满足某个国家的制造、使用许可和车型认可规定；通过之后才能在公路上合法驾驶。

Horsepower (hp)
马力
最初是衡量蒸汽机功率输出的指标，通过马匹提供等量牵引力（功率）的方式来衡量。

Hub-centre steering
轮毂中心转向
转向系统，采用向前的摇臂和固定车轴使车轮围绕自身中心点转向。这种方式将制动、转向和悬挂功能分开。

Hugger
后挡泥板
一种紧贴后轮外形的挡泥板，以减少后轮甩出的泥土污染摩托车其他部分。

Hybrid
混合动力
一种推进动力形式，将电能与汽油或者（极少）柴油动力混合使用。电能用于城区使用，以便减少排放，刹车能量可以被回收成为电能；化石燃料用于长时间公路巡航，并为电池充电。

Hydraulic damper
液力减振器
减振器是缓冲装置的专有名词，消耗悬架动能并以液力的方式通过内部液压油转化为快速释放的热能。

Idle-speed positioner
怠速调节器
优化发动机怠速速率的装置，当节气门关闭时使燃油经济性最大化。

Ignition timing
点火正时
火花塞点燃的时间设定，与曲轴和活塞的位置相关。

Induction system
吸气系统
空气进入发动机时所经过的装置。

Inlet-over-exhaust
上进下排
早期的发动机气门布局方式，排气门安装在发动机的一侧，机械操纵的进气门位于在排气门的上方。

Inlet port
进气口
油气混合物在气缸头中进入进气门所通过的路径。

Inlet trumpet
进气喇叭
喇叭形的发动机进气口，利用波动效应使更多的空气进入发动机。

Inlet valve
进气门
允许空气和燃料蒸气从进口进入发动机的阀门。

In-line engine
直列发动机
气缸布置成一排且与摩托车轮位于一个平面的发动机布局形式。

Intercooler
中间冷却器
对来自涡轮增压器或机械增压器的压缩空气在进入发动机前进行冷却的一种散热器，能够提高功率和可靠性。

ISDT
国际六日越野赛，一项知名越野赛事，也被视为对人和车同样严峻的考验。史蒂夫·麦昆（Steve McQueen）在 1964 年赢得冠军。

Isolastic
弹性隔离系统
发动机 / 摇臂橡胶减振垫的专利名称，被诺顿用于早期"突击队员"车型。

JAP
英国发动机制造商，由约翰 · A. · 普莱斯特维奇（John A. Prestwich）创建于 1903 年。

Keystone frame
拱顶石车架
钻石车架的美式说法，其中发动机作为车架结构的一部分。

Kick-start
脚踏启动
一种连接在传动装置上的弹簧曲柄，骑手以脚踏的方式启动摩托车。

Leading link
前部铰接
前悬挂的早期设计，车轴安装在两个短弹性联接机构的前部，以前叉底部为轴转动。

Leading link fork
前部铰接式前叉
将车轮通过连杆进行悬挂的早期前叉形式，连杆的转动轴位于车轮轴后部。

Leaf spring
板簧
由数个片状高强度“弹簧”钢共同夹紧构成的弹簧，一端固定另一端与减振目标元件连接。

Liquid cooling
液冷
为发动机设置水冷套和散热器对发动机进行冷却。

Loop frame
环形车架
早期的车架设计，钢管下梁在发动机下部弯曲形成车座支撑部。

LPG
液化石油气，能够在大部分未经改良过的汽油发动机中使用的燃料，降低有害气体排放。

MAG
瑞士发动机制造商——阿日内瓦克西亚袖珍发动机公司（Motosacoche Accacias Geneva），该公司也制造整车。

Magneto
磁发电机
发动机驱动的发电机，用永磁体产生高压火花，不需要外部电池就能点火。如今大多被点火线圈所取代。

Maxi scooter
大排量小型摩托车
采用大型发动机的宽大的小型摩托车。

Megaphone
扩张式消音器
一种向外扩张的喇叭形高性能（噪声很大）排气消音器。

Monkey bike
猴子摩托车
车轮很小的摩托车，通常配备排量小于 50 毫升的发动机，有时采用可折叠车架。这一名称第一次用于本田 1961 年的 Z100 摩托车。

Monobloc
整体式
气缸铸造在一起成为单一工作单元的一种发动机，提高了发动机的机械刚度和密封可靠性。

Monocoque
硬壳式车架
车架为金属板材制成的单一结构，例如维斯帕小型摩托车。

Monoshock
单减振器
采用单个后减振器 / 弹簧的后悬挂构造。

Monza circuit
蒙扎赛道
位于意大利北部蒙扎（Monza）的赛道，于 1922 年启用。这里举办的主要摩托车赛事包括意大利摩托车大奖赛和超级摩托车锦标赛（SBK）。

Moped
踏板摩托车
一类排量小于 50 毫升的摩托车，通常有脚踏板作为辅助动力。

Motocross
摩托车越野赛
环形赛道上的越野竞速，也被称为“攀爬赛”或者摩托 -X。

Moto-GP
摩托车大奖赛。

Muscle bikes
肌肉摩托车
采用大型强劲发动机的裸露型摩托车，拥有极致的低速性能。

Naked machine
裸露型摩托车
除了仪表盘之外没有任何装饰或者整流罩的摩托车。

Open-cradle frame
开放式承载式车架
发动机底部没有钢管、自身作为受力部件的车架。

Overhead camshaft
顶置凸轮轴
凸轮轴安装在气缸头上部。

Overhead valve
顶置气门
气门位于燃烧室上方，由推杆驱动。推杆由位于气缸头下方的凸轮轴驱动。

Over-square
超方发动机
缸径大于活塞冲程的发动机。

Paralever suspension
平行扭杆悬挂
宝马为其轴驱动摩托车设计的一种平行连接方式。通过一根与轴驱动平行的后臂来削弱加速情况下车尾抬起的趋势，同样被摩托古奇所采用。

Parallel twin
平行双缸
气缸垂直安装并且相互平行的双缸发动机。

Pillion
后座
摩托车后座乘员。

Piston
活塞
在发动机气缸内上下运动的部件，在燃烧冲程中通过连杆将气体膨胀产生的能量传递给曲轴。

Piston ring
活塞环
卡在发动机活塞外表面凹槽中的开口圆环，用于燃烧室密封。活塞环还通过将热传到气缸壁来对活塞降温，能够调节润滑油消耗。

Planetary gearset
行星齿轮组
行星齿轮变速箱的美式名称，内部的小齿轮围绕一个中心“太阳”齿轮旋转并与外部环形齿轮啮合。

Plunger suspension
柱塞式悬挂
早期的后悬挂设计，通过一对垂直的弹簧控制后车轴的运动。

Port timing
气门定时
两冲程发动机中气门被活塞开启和闭合的重要时刻。

Power sliding
动力滑行
在出弯道前加大油门使后轮转速比行驶速度快的操作。这一技术经常在比赛中采用，以便发挥赛车轮胎特性，更快地驶出弯道。

Pre-unit
分体式发动机
发动机与变速箱不安装在同一铸件中。通常被早期摩托车所采用。

Primary drive
主传动
将能量由发动机传递给离合器和变速箱的传动系统。

Privateers
私人赛车手
没有制造商支持的赛车手。

Propshaft
传动轴
传动轴的一种缩写；从传动装置后部将发动机扭矩传递给后轮的轴。

Pushrod
推杆
用来传递直线运动的杆。主要出现在气门装置上，将凸轮轴运动传递给摇臂。

Pushrod engine
推杆式发动机
凸轮轴不直接驱动气门，而是通过中间推杆操纵的发动机。这种方式使气门和凸轮轴间距较大。

Race replica
赛车复刻版
外观喷涂像赛车的公路驾驶类运动摩托车。

Radiator
散热器
将表面大面积暴露在流动空气中来冷却液体的热交换器。

Ratted
剥离车
将量产摩托车拆解掉各种附加件使其满足法规最低要求，并且喷涂成亚光黑色。

Rear set
后置脚踏
安装在摩托车后部的赛车风格脚踏，允许骑手采用赛车蜷伏驾驶姿势。

Reciprocating engine
往复式发动机
也被称作活塞式发动机，将活塞的上下（或者“往复”）运动转化为车轮所需的旋转运动。

Redline
红线
发动机设计所允许的、不会对其产生破坏的最大速度。通常在转速表盘上以红线提示。

Reed valve
簧片气门
两冲程发动机采用的自动单向气门，使油气混合物从化油器流入主轴箱。

Regenerative braking
再发电制动
电动或混合动力摩托车上的系统，其中牵引电动机在刹车时像发电机一样工作，在提供刹车力的同时产生电流为电池充电。

Rev
转速
单位时间转数的缩写，一种发动机转速的衡量方式。

Rigid frame
刚性车架
没有后悬挂的摩托车架。

Rising rate
刚度增加式悬挂
进一步受压时压缩难度增大的悬挂装置。

Road racing
公路竞速
流行于爱尔兰和曼岛的公开道路竞赛。

Rocker arm
摇臂
一根转动杆件，一端被凸轮轴直接或通过推杆间接控制上升和下降，另一端作用在发动机气门杆上。

Rotary engine
转子发动机
一种基于汪克尔原理工作的发动机，其中一个很薄的近三角形活塞在腔体中偏心旋转形成燃烧室并与曲轴箱边缘接触，进排气口在腔体壁上。

Running gear
运转机构
摩托车的车轮、悬挂、转向和动力传动系。

Saddle tank
鞍形油箱
一种早期类型油箱，安装在车架的顶部钢管上。

Santa Pod Raceway
桑塔普德赛道
欧洲首个直线加速赛举办地，位于英国北安普顿郡，1966 年启用。每年举办包括英国直线赛在内的超过 50 场赛事。

Scavenge oil pump
回油泵
在干式油槽发动机中额外的泵，用于抽空聚集在发动机底部的滑油并将其输送到一个分离的滑油箱中。

Scooter
小型摩托车
采用跨步式车架的小型廉价经济型摩托车。

Scrambler
攀爬者
被改装来在崎岖或潮湿路面及越野条件下骑行的街车。卸下了不必要的部件以减轻重量，特点包括高位排气管、加宽加强型车把和全地形轮胎。

Seizure
卡死
由于缺少润滑以及 / 或者过热导致的运动部件的锁止，通常会影响高应力两冲程摩托车。

Semi-elliptic spring
半椭圆形弹簧
参见板簧

Servo
伺服
任何辅助某一机构提供比输入力量更大的力量的系统。

Servo-assisted braking
伺服辅助制动
一类制动系统，采用储备真空（或“真空伺服”）来放大骑手对刹车踏板的作用力。

Side stand
侧支架
长曲柄状支架，从车架底部摆出并在车身倾斜时起到支撑作用。

Side throttle
侧置节气门
一类节气门，其特征是有一在进气口内滑动的多孔板，使更多或更少的空气进入发动机。

Side-valve engine
侧置气门发动机
一种发动机的设计形式，其中气门位于气缸侧面而非气缸头中。在L形头发动机中，进排气门共同位于气缸的一侧；在T形头发动机中，进排气门分别位于气缸的对侧。

Silencer
消音器
一个沿排气管路安装的腔体，用于降低排气噪声。

Simplex frame
单车架
通常被单下钢管车架所采用。

Single-cylinder engine
单缸发动机
只有一个气缸的发动机。这种发动机简单、紧凑并且经济，在早期摩托车中广泛使用，现今仍出现在一些助动车、小型摩托车和越野车上。

Six-pot
六罐发动机
“罐”是对气缸的俚语；“六罐”发动机是对有六只气缸的动力单元的描述。

Sleeve-valve engine
套阀式发动机
在活塞和气缸壁之间有一金属套管的发动机。套管随活塞运动，并且有与气缸进排气口匹配的孔帮助气体进入和排出。

Solenoid switch
电磁开关
一种电子控制开关，更准确地称为是一种延时，以低电流电路控制大电流电路。

Spark plug
火花塞
一种电子装置，通过螺纹安装在汽油发动机的气缸头中，在气缸内点燃燃料。

Speedway
竞速赛
驾驶高度专业化摩托车在煤渣覆盖的短距离赛道上竞速。

Sports tourer
运动旅行车
用于搭载行李进行长距离旅行的摩托车，驾驶舒适并有一些气象防护装置，兼具高性能发动机和良好的操控。

Springer forks
弹簧叉
梁叉的变型。

Stanchion
支柱
一种将前轮连接到车架上的前叉管。

Steering damper
转向减振器
一种安装在车架和转向前叉之间的减振器，增加转向阻尼和稳定性。

Step-through frame
跨步式车架
在座椅和转向主轴有很大间隙的一种车架布局，便于上车；也被称为开放式车架。

Stroke
冲程
活塞在气缸中运动距离的衡量指标。

Sump
贮油槽
位于发动机底部的滑油存储装置。

Supercharger
增压器
将气体强力送入燃烧室的机械动力装置。当该装置使用发动机排出的废气作为驱动动力时，则称为废气涡轮增压器。

Supermoto
超级摩托赛
在越野和柏油路面组成的环形赛道上进行的摩托竞赛。通常使用更换了公路竞赛车轮和轮胎的越野摩托车。

Suspension
悬挂
一种对摩托车结构（和骑手）起缓冲作用的系统，当行驶在凹凸不平的路面上时缓冲车轮运动的影响。

Swingarm
摇臂
悬挂摇臂以一端为中心转动，另一端支撑车轮。

Synchromesh gearbox
同步啮合齿轮变速箱
一种内部采用常啮合齿轮的变速箱。

Tank bag
油箱袋
连接在摩托车油箱上的软袋，采用倾斜安装，方便燃料补给。

Tank slapper
剧烈摇摆
摩托车把的剧烈震动。最严重的情况下车把会在整个转向过程中振颤，几乎撞击到油箱的两侧。这种情况是悬挂设计或轮胎的不稳定性，或者在崎岖道面高速行驶所导致的。

Telelever forks
组合摇臂式前叉
这种前叉设计包括了一只安装在车架上用来支撑弹簧的附加摇臂，增加了制动时的转向距和倾斜度。也称为萨克森·摩图德（Saxon-Motodd）前叉，被宝马所采用。

Telescopic forks
伸缩套筒式前叉
在车轮两侧各有一个前叉腿的前悬挂系统，内部装有套叠在一起的弹簧和减振器共同满足悬挂运动。

Throttle
节气门 / 油门
控制发动机进气量的装置。

Ton up
飞车
行驶速度超过100英里 / 小时（160公里 / 小时）。在20世纪50至60年代是流行但非法的行为，这类骑手被称作“飞车小子”。

Top box
顶箱
安装在后座后侧行李架上的硬质行李箱。

Torque
扭矩
力使物体发生转动的趋势。在发动机中，扭矩是作用力与作用点到旋转轴心距离的乘积，单位是磅 / 英尺，或者牛顿 / 米。

Torsion-bar
扭力杆
像弹簧一样工作的悬挂部件，随车轮运动而发生扭转。

Total loss
总损（系统）
与点火和润滑系统相关，其中的电能或者润滑油被消耗而没有再产生或者再循环。总损失点火中的电池最终被耗尽；总损失润滑中的润滑油被燃烧或者遗漏在路面。

Tourer
旅行车
用于长距离巡航的摩托车，配备宽敞舒适的座椅和行李装置。

Trail
转向距
从转向轴到轮胎印迹中心的地面投影距离。这决定了转向力度和响应能力。

Trail bike
两用摩托车
公路 / 越野两用摩托车，但主要在公路行驶。

Trailing link
后部铰接
一种前悬挂形式，布局与前部铰接式相反，连杆转轴位于位于车轴前方，曾被美国印第安和早期英国摩托车所采用。

Transmission
传动系统
一台摩托车的动力传动系统全部组件，也被常用于称呼变速箱。

Transverse engine
横置发动机
穿过车架安装的发动机。

Trials bike
越野摩托车
用于越野摩托车赛的高度专业竞赛摩托车。

Tricycle
三轮车
没有跨斗的三轮摩托车。通常形式为一轮在前，采用摩托车的头部和汽车（典型为大众甲壳虫）的尾部；但是一些（例如特莱金或摩根）则是两轮在前，一个驱动轮在后。

TT races
TT摩托车赛
曼岛TT大赛，在5月最后一周和6月第一周举办。第一次赛道试验赛举办于1907年，其中373/4英里（60.75公里）的斯内菲尔山地赛段是现存最古老的摩托车赛道。

Tuned
改良
指为额外性能而经过改装的发动机。

Twin-cam
双凸轮
参见凸轮轴

Two-stroke engine
两冲程发动机
在燃烧循环中活塞上下各运动一次（表现为两个冲程）的发动机。

Unblown
无增压
描述无机械增压或者涡轮增压的发动机；准确描述为“自然吸气”。

Undersquare
长行程
活塞冲程比气缸直径长的发动机。

Unitary construction
一体化结构
参见硬壳式车架（Monocoque）。

Upside-down forks
倒置前叉
拥有可伸缩进固定上管的下部的伸缩筒式前叉，车轮安装在其下部；也被称为inverted forks。

Upswept exhaust
上掠式排气管
一种上弯或者尾部抬起的排气管，通常用于专业越野摩托车和攀爬摩托车来避免泥土或其他碎块进入发动机。

Vacuum advance
真空提前
使分配器根据发动机载荷调整火花塞定时的机构。

Valvetrain
气门机构
控制气门活动的发动机部分。

V-twin engine
V形双缸发动机
气缸以V字形布置的发动机构型。

Water-cooling
水冷
使用循环水对发动机部件进行冷却的系统。这是现代摩托车中最常见的冷却系统，能够满足噪音和尾气排放要求。

Wet-liner
湿式气缸衬套
直接与发动机冷却液接触的气缸衬套。

Wheelbase
轴距
前后车轮轴之间的准确距离。

Whitewall tyres
白胎壁轮胎
侧壁有白色橡胶装饰圈的轮胎。这是一种流行风格，尤其在美国。

Wishbone suspension
双横臂悬挂
采用两只叉形臂将每只轮毂连接到车架的一种独立悬挂系统。

Works racer
工厂赛车
工厂准备的赛车。

World Superbike Racing
世界超级摩托车赛
量产型四冲程改造摩托车的赛道竞速赛。

Yoke
转向柱管
位于摩托车车架前方的空心管，是转向柱的旋转点。

Index

All general page references are given in italics. References to main entries are in bold.

A

B

C

H

I

S

T

U

Acknowledgments

Dorling Kindersley would also like to thank Editor-in-Chief Mick Duckworth for his unstinting support throughout the making of this book

Editor-in-Chief Mick Duckworth is a journalist and author who has been writing about bikes and related subjects for more than 25 years, specializing mainly in the history of motorcycles.
He began his career on the staff of *Classic Bike* magazine, and has been a full-time freelance writer since 1994, publishing regularly in several countries. His books include *Triumph* and *BSA Triples*, and *TT100: the official history of the TT races.* Mick grew up on the Isle of Man, the home of TT road racing. Now based in Nottingham, England, he tends a modest collection of machines, including one that he built entirely from parts, and is happy to ride in all weathers.

Mick Duckworth would like to thank the following people for their help: Dragonfly Motorcycles, Martin Crookes at Crookes Suzuki, The Vintage Motor Cycle Club Library, Nigel Cartwright, Simon Hartland at the National Motorcycle Museum.

The publishers would like to thank the following people for their help with making the book: Stephen Crozier at Butterfly Creative Solutions for colour retouching; Victoria Foster, Kirsty Tizzard, Kaitlin Calancy, and Johnny Pau for design assistance; Cecile Landau for editorial help; Joanna Chisholm for proofreading; Helen Peters for the index.

DK India would like to thank Sakshi Saluja and Malavika Talukder for arranging the India photoshoot; Antara Moitra and Archana Ramachandran
for editorial assistance, and Shruti Singh Soharia and Chhaya Sajwan
for design assistance.

Reproduction by
Media Development & Printing, UK;
Tag: Response, UK; Colourscan, Singapore; Bright Arts, Hong Kong; Scanhouse, Malaysia

The publisher would also like to thank the following companies, organisations, museums, and individuals for their generosity in allowing Dorling Kindersley access to their motorcycles and engines for photography:
Dave Roach at the National Motorcycle Museum for moving all the bikes for photography; Geoff Selvidge for access to the Uttoxeter Classic Bike Show.

Beaulieu National Motor Museum,
Brockenhurst, Hampshire, UK
www.beaulieu.co.uk

BMW, North Oxford Garage, Oxford, UK
www.oxfordbmwbikes.co.uk

Deutsches Zweiradmuseum und NSU-Museum, Neckarslum, Germany
www.zweirad-museum.de

Haynes International Motor Museum, Yeovil, Somerset, UK
www.haynesmotormuseum.com

National Motorcycle Museum, Birmingham, Bickenhill, Solihull,
West Midlands, UK
www.nationalmotorcyclemuseum.co.uk

Harley-Davidson India, Gurgaon, Haryana, India
www.harley-davidson.in

Hughenden M40, Thame, Berkshire, UK
www.hughendenm40.co.uk

Motorcycle Hertitage Museum Westerville ohio, USA,
www.motorcyclemuseum.org

Mott motorcycles Ltd, Basingstoke, Hampshire, UK
www.mottmotorcycles.co.uk

Norfolk Motorcycle Museum, North Walsham, Norfolk, UK
www.mc-museum.freeserve.co.uk

Oxford Classic Honda, Oxford, UK
www.classichondamotorcycles.co.uk

Palmers motorcycles, Hemel Hempstead, Hertfordshire, UK
www.palmersmotorcycles.co.uk

Scootopia, Weston-Super-Mare, North Somerset, UK
www.casalambrettauk.com

The Lambretta Museum, Weston-Super-Mare, North Somerset, UK
www.lambrettamuseum.co.uk

The Vintage Motor Cycle Club – Banbury Run and Festival of
1,000 Bikes
www.vmcc.net

Trevor Pope Motorcycles, Gosport, Hampshire, UK
www.motodirect.co.uk

Village Motorcycles, Stowmarket, Suffolk, UK
www.villagemotorcycles.co.uk

Vintage Japanese Motorcycle Club (VJMC) – Uttoxeter Classic Bike Show
www.vjmc.com

The publisher would like to thank the following for their kind permission to reproduce their photographs:

(Key: a-above; b-below/bottom; c-centre; f-far; l-left; r-right; t-top)

12-13 Corbis: Hulton-Deutsch Collection (c). **12 Alamy Images:** Vintage Images (tl). **The Bridgeman Art Library:** Hagley Musueum & Library (bl). **Indian Motorcycle:** (cla). **13 Corbis:** Bettmann (c). **18-19 Getty Images:** Archive Holdings Inc (c).
22 Advertising Archives: (bl). **Alamy Images:** Jeff Morgan 01 (cl); Trinity Mirror / Mirrorpix (tl). **22-23 Getty Images:** Popperfoto. **23 Corbis:** Jagadeesh NV / epa (c). **26 Jan Lundin:** (tl). **32 Don Morley:** (br). **Don Morley:** (ca). **34 Stilltime.net:** (tl). **42 Mary Evans Picture Library:** (tl). **48 CycleTownUSA.com:** jaykaylowrider (tl). **52 Alamy Images:** Motoring Picture Library (tl). **Getty Images:** (c). **53 Mary Evans Picture Library:** (cl). **Don Morley:** (br).
58 Roland Brown: (c, tl). **58-59 Roland Brown:** (c). **59 Roland Brown:** (cl, br). **62-63 Getty Images:** Roger Viollet (c). **67 Don Morley:** (crb).
72 Mick Duckworth: (tl).
78 Don Morley: (tc, cr). **80-81 Advertising Archives:** (c). **86 Alamy Images:** Kaplonski (cl). **Mary Evans Picture Library:** Interfoto (bl). **Target Press:** (tl). **86-87 TopFoto.co.uk:** National Motor Museum / HIP (c).
87 Rex Features: Sipa Press (cr).
89 Don Morley: (crb). **95 akg-images:** Interfoto (crb). **Don Morley:** (cra). **96-97 Getty Images:** Fox Photos (c). **99 Don Morley:** (tl). **www.classic-motorbikes.com:** (cb). **100 Corbis:** Bettmann (tl). **108 Advertising Archives:** (bl). **Getty Images:** (cl). **Corbis:** Bettmann (tl). **108-109**
The Kobal Collection: A.I.P. (c).
109 Harley-Davidson Motor Company: Harley-Davidson Europe (br).
111 Honda (UK): (cr). **Don Morley:** (tr). **114 Getty Images:** (tl). **120 Lambretta Museum:** Richard Lunt (bc).
120-121 Lambretta Museum: Richard Lunt (br). **Don Morley:** (c). **122 Getty Images:** (tl). **127 Don Morley:** (bl).
130-131 Corbis: Albert Gea / Reuters (c).
130 Alamy Images: imagebroker (cl).
Honda (UK): (tl, bl). **131 Honda (UK):** (tr). **Science**
Photo Library: Paul Fletcher (cr).
134 Honda (UK): (br). **Don Morley:** (cra). **136-137 Getty Images:** Popperfoto (c). **136 Archivio Piaggio "Antonella Bechi Piaggio":** (bl). **Corbis:** Dave Lees (cl). **Getty Images:** Time & Life Pictures (tl). **137 The Kobal Collection:** Curbishley-Baird (c). **Don Morley:** (tl).
140 Roland Brown: (br). **141 Mirco Decet:** (cla). **142-143 Getty Images:** Popperfoto (c). **145 Mick Duckworth:** (cl). **Don Morley:** (tr). **147 Roland Brown:** (tr). **Honda (UK):** (cr, br). **Don Morley:**
(tl, bl, ca). **152 Corbis:** Bettmann (tl).
158 Advertising Archives: (tl).
162 Honda (UK): (tl). **164 Getty Images:** (c). **MV Agusta:** (tl).
SuperStock: Danilo Donadoni (cl).
165 Russ Murray: (cl). **MV Agusta:** (br). **168-169 The Kobal Collection:** Columbia (c). **170-171 Honda (UK):** (c).
171 Roland Brown: (br).
172 Roland Brown: (cr). **Suzuki Motor Corporation:** (tl, bl). **172-173 Corbis:** William Manning (c). **174-175 Honda (UK):** (cb). **175 Courtesy of Yamaha Motor:** (tl). **Don Morley:** (cl).
181 Roland Brown: (tr, bl, br).
182 Roland Brown: (tl). **186 Andrew Morland:** (cra, tc). **188 Roland Brown:** (bl). **Don Morley:** (cl).
189 Roland Brown: (bl). **Don Morley:** (tl). **190 Honda (UK):** (tl). **191 Roland Brown:** (cl). **Courtesy of Yamaha Motor:** (cb). **192-193 Corbis:** Frank Hoppen / Transtock (c). **192 Roland Brown:** (bl). **Target Press:** (tl).
193 Getty Images: AFP (cr). **194 Don Morley:** (br). **196 Honda (UK):** (tc).
Lambretta Museum: Richard Lunt (cl, cr). **201-202 Getty Images:** Time & Life Pictures (c). **206 Advertising Archives:** (bl). **Alamy Images:** Tim Gainey (cl). **Motoring Picture Library / National Motor Museum:** (tl, cr). **206-207 The Kobal Collection:** Mirisch / United Artists (c).
207 Triumph Motorcycles Ltd: Jason Critchell (cr). **209 Mick Duckworth:** (clb). **Honda (UK):** (tr). **Don Morley:** (cra). **214 Roland Brown:** (tr, cra).
215 Don Morley: (cra, tr). **216 Roland Brown:** (tl). **220 Don Morley:** (tl, tr).
221 Don Morley: (cra). **222 Don Morley:** (bc). **223 Don Morley:** (tr). **224 Advertising Archives:** (cr).
Alamy Images: Andrew Walters (cl).
Roland Brown: (tl). **Getty Images:** Keystone (bl). **225 Courtesy of Yamaha Motor:** (bl). **Getty Images:** AFP (cr). **227 Roland Brown:** (br). **228 Roland Brown:** (tl, tr, br). **Honda (UK):** (bl). **229 Roland Brown:** (bl). **Don Morley:** (tr, tl). **230-231 Getty Images:** Stockbyte (c).
233 Don Morley: (br). **234 Roland Brown:** (tl, bl). **Courtesy of Yamaha Motor:** Yamaha Classic Race Team (tr).
Don Morley: (cl). **235 Art Tech Picture Agency:** (br). **Don Morley:** (bl). **238 Ducati:** (bl). **Getty Images:** SSPL (cr).
Don Morley: (tl). **238-239 Getty Images:** AFP (c).
239 © Phil Aynsley Photography: (cl, tl). **240 Courtesy of Yamaha Motor:** (tr). **241 Art Tech Picture Agency:** (tl). **242 Roland Brown:** (bc).
Mirco Decet: (cra). **243 Don Morley:** (br). **244 Roland Brown:** (tl). **248 Roland Brown:** (tc, cla). **249 Don Morley:** (br). **250-251 Don Morley:** (tc).
250 Roland Brown: (tl, cr). **Honda (UK):** (bl, bc). **Don Morley:** (cl). **252-253 Art Tech Picture Agency:** (ca). **252 Courtesy of Yamaha Motor:** (tr).
Andrew Morland: (tl). **Triumph Motorcycles Ltd:** (c, cl). **254-255 Corbis:** Tim Page (c). **258 Honda (UK):** (cl). **262 Roland Brown:** (tl).
266 Courtesy of Yamaha Motor: (cla).
267 Honda (UK): (bl, br). **268 Roland Brown:** (tl). **269 Roland Brown:** (tr).
270 Roland Brown: (cl, cla). **272 Alamy Images:** Kaplonski (cl). **BMW AG:** (tl). **276 Art Tech Picture Agency:** (tr). **277 Honda (UK):** (br). **278 Honda (UK):** (cl). **282 Corbis:** Giuliano Bevilacqua / Sygma (cl). **Roland Brown:** (tl). **Target Press:** (bl). **282-283 Getty Images:** AFP. **283 Roland Brown:** (br, tc/Aprilia RSV4). **286 Courtesy of Yamaha Motor:** (tc). **288 Roland Brown:** Riders for Health (clb). **Ducati Motor Holding S.p.A:** (tr). **Gold & Goose:** (cla); image courtesy of Ducati (ca); image courtesy of Honda (br). **Honda (UK):** (bl). **289 BMW Group UK:** (ca).
Roland Brown: (tl, tr). **Gold & Goose:** (cb, crb, br). **290 Ducati Motor Holding S.p.A:** (tr). **Honda (UK):** (bl, br).
Kawasaki Motors Europe N.V.: (cra, cla). **Suzuki Motor Corporation:** (crb).
Triumph Motorcycles Ltd: (clb). **291 BMW Group UK:** (cla, cra). **Brammo Inc.:** (clb). **Courtesy of Yamaha Motor:** (tl, tc). **Honda (UK):** (br). **KUBERG Inc.:** (cb). **295 Mazda Motors UK Ltd:** (tr). **297 Don Morley:** (bl). **304 Alamy Images:** Bob Masters (bl). **306-307 Courtesy of Yamaha Motor:** (c).
307 Courtesy of Yamaha Motor: (tr).

The publishers would like to thank the

following for their kind permission to photograph their motorbikes:

1 Phil Crosby: FN Four. **11 Micheal Penn:** Ormonde. **10 Phil Crosby:** Gaillardet Gaillardette, Singer 200. **17 John Fisher:** Rex 3 HP. **Phil Crosby:** Rex 500 SV. **Rick Haidon:** Lincoln Elk 3 HP. **20 Ken Lay:** Triumph 2¼ Junior "Baby". **David McMahon:** Rudge 3½HP. **Nigel Hussey:** Triumph 3½HP Roadster. **Phil Crosby:** Humber 3½HP Touring, Rover 500 TT. **21 Alan Hummerstone:** Sun 2½HP. **Ian Anderson:** TD Cross TDC 3½HP. **Micheal Penn:** Sunbeam Single. **Rodney Hann:** Ariel 3½HP Roadster. **23 Rajnish Kashyap:** Royal Enfield 350 Bullet Machismo. **24 Phil Crosby:** Minerva 4½HP V-twin, FN Four. **25 Tony Donnithorne:** Zenith 8/10HP Gradua. **34 Phil Crosby:** Scott Two-speed TT racer. **40 Micheal Penn:** Triumph Model W. **41 Jeff Bishop:** Terrot FT. **Phil Crosby:** BSA Model B. **46 Clive Gant:** BSA Model A. **Don Hunt:** James Model 12. **Pascal Rabier:** Husqvarna T180. **Richard Duffin:** Burney V-twin. **47 Phil Crosby:** Harley-Davidson Model JD. **53 Bill Lennox:** Norton 3½HP. **Phil Crosby:** Norton 500T, Norton Dominator 88. **Wayne Tolson:** Norton F1 Sport. **54 George Harmer and Steven Harmer:** Blackburne 4HP. **Tim Walker:** Duzmo Sports. **57 Ireneusz Tomyslak:** Harley-Davidson Model B. **Steve Willis:** Ariel Model E. **Derek Wickes:** Dot J343. **Ian Kerr:** Norton 16H. **Roger Kimbell:** Sunbeam Model 9. **59 Cenwyn Ap Tomos:** Moto Guzzi Daytona 1000. **60 George Harmer and Steven Harmer:** Clyno 2¼HP, Sun Vitesse. **Micheal Penn:** Hawker Model C. **61 Alan Jennings:** BSA S28. **Phil Crosby:** Henley Blackburne Tourer. **Terry Green:** Triumph Model P. **64 George Harmer and Steven Harmer:** OK Bradshaw, Smart Celle du Salon. **66 Simon Whitaker:** Scott Harry Langman Works TT. **70 Phil Crosby:** Ariel SG. **71 Phil Crosby:** BMW R66. **76 Carl Chippendale:** Norton ES2 Model 18. **Sean Kelly:** Sunbeam Model 90. **77 Phil Crosby:** Brough Superior SS80. **82 David Beckett:** Stylson Blackburne. **John Fairclough:** Cotton Blackburne. **85 George Harmer and Steven Harmer:** Coventry Eagle 250. **Micheal Penn:** OK-Supreme 350. **Trevor Brookes:** Benelli 4TN. **87 Phil Davies:** BMW K1200S, BMW G650GS. **88 Geoffrey Hobbs:** Peugeot P108. **Jim Beckett:** BSA C11. **Martin Carter:** BSA H31 Sloper. **Paul Richmond:** Velocette GTP. **89 George Harmer and Steven Harmer:** Royal Enfield Bullet 250. **Phil Crosby:** Panther 250 Red Panther. **90 Micheal Penn:** Velocette KTT. **94 Phil Crosby:** Velocette MAC-MDD, Triumph 3TW, Triumph 3HW. **95 Phil Crosby:** Norton Big Four, Matchless G3LS, Norton 16H. **105 Phil Crosby:** Norton 500T, Royal Enfield J2. **106 Phil Crosby:** Norton International. **107 Phil Crosby:** Sunbeam S8. **108 Phil Crosby:** Harley Davidson Model JD. **111 George Harmer and Steven Harmer:** VéloSoleX. **113 Phil Crosby:** Triumph Grand prix, AJS 7R, Excelsior JAP Speedway. **120 George Harmer and Steven Harmer:** Peugeot S157. **121 George Harmer and Steven Harmer:** Lambretta LI 150. **122 Stuart Lanning:** Lambretta LD 150. **126 George Manning:** Triumph T100. **127 Phil Crosby:** Norton Dominator 88. **129 Micheal Penn:** Triumph Tiger Cub. **131 Michael Delaney:** Honda Goldwing GL1500 SE. **134 George Harmer and Steven Harmer:** BSA Winged Wheel. **Jeremy Sykes:** Cyclemaster. **135 Maurice Drew:** Motom Super Sport. **George Harmer and Steven Harmer:** New Hudson Autocycle. **138 George Harmer and Steven Harmer:** James Comet, Excelsior Skutabyk, Express Radex 200. **140 Micheal Penn:** Vincent Comet. **Phil Crosby:** BSA Gold Star. **141 Jonathan E Osborne:** Velocette Mac. **144 Phil Crosby and Peter Mather:** Matchless G3L Trials. **145 Micheal Penn:** Triumph Tiger Cub Scrambler. **156 John Morris:** FB Mondial 48 Sport. **157 Donald Heath:** Greeves 32DC Sports Twin. **162 Micheal Penn:** Lambretta TV175 "Slimline". **Phil Crosby:** Lambretta LI 125. **163 George Harmer and Steven Harmer:** Triumph Tina, Raleigh RM5 Supermatic, Agrati Capri Scooter, Clark Scamp, Motobécane Mobylette. **Paul Tebbit:** NSU Quickly S2/23. **165 Ken Small:** M V Agusta. **Phil Bannister:** MV Agusta Ipotesi Sport. **166 Micheal Penn:** BSA M21, BSA Bantam D10. **167 Andy Baldwin:** Suzuki M15. **Dave Jupp:** Honda CD175. **170 Michael Gower:** Norton Navigator. **Micheal Penn:** Harley-Davidson FLH Duo-Glide. **Rick Lees:** Norton Dominator 99 De Luxe. **173 Adam Atherton:** Suzuki RG500. **Alfred Adebare:** Suzuki Hayabusa GSX 1300R. **Paul Storey:** Suzuki GS750. **174 Brian Chapman and Chris Illman:** Vincent Sprinter Methamon. **175 Brian Chapman and Chris Illman:** Vincent Mighty Mouse. **177 Phil Crosby and Peter Mather:** AJS Stormer. **186 Anthony Tomalin:** Yamaha XS1100F. **Kevin Hall:** Honda CBX 1000. **Michael Price:** Yamaha XS750. **187 Keith Waring:** Kawasaki Z650C. **Lawrence Aughton:** Suzuki GS1000S. **Neil Comstive:** Kawasaki Z1000 Z1R D1. **Paul Storey:** Suzuki GS750. **188 Phil Crosby:** Ducati Silver Shotgun, Yamaha TX500, Ducati 450 Desmo, **189 Phil Crosby:** Benelli 500 Quatro, Suzuki GT550. **190 Phil Crosby:** Honda CB500T, Honda CB550 Four, Honda CX500. **191 Phil Crosby:** MV Agusta 350S Ipotesi. **193 Alistair Marshall:** Kawasaki Z1. **George Manning:** Kawasaki ZX-12R. **194 Carl M Booth:** IZH Jupiter 3. **Phil Bannister:** MV Agusta Ipotesi Sport. **196 Charlie Garratt:** Honda CB250 K4. **Micheal Penn:** CZ sport 175. **197 Charlie Owens:** Yamaha SS50. **199 Phil Crosby** Suzuki A100, Casal K196 Sport Moped, Yamaha XS250, Suzuki GT185. **202 Dave Jupp:** Suzuki T125 Stinger. **George Manning:** Suzuki T350 Rebel. **Paul Block:** Suzuki GT380. **Peter Hodson:** Suzuki T500. **Wayne Allen:** Suzuki GT250 X7. **203 Mark Taylor:** Yamaha RD400, Kawasaki KH400. **204 Charlie Garratt:** Suzuki TS125. **205 Doug Hill:** Yamaha XT500. **207 George Manning:** Triumph Daytona 955i. **209 Brian Chapman:** Weslake Hobbit Dragster. **Micheal Penn:** Jawa Briggo Speedway. **210 Charlie Garratt:** Honda CB350 K4, BSA B25SS Gold Star. **Ron Perkins:** BSA A65 Thunderbolt. **211 Chris Child:** Benelli Tornado S. **Tom Rogers:** Yamaha SR500. **Tony Thomas:** Yamaha XS650B. **214 Charlie Garratt**: Yamaha RD350LC YPVS. **215 Charlie Garratt:** Honda VF400F, Honda VF500F2. **Steve Mawson:** Honda MBX50. **221 Clive Minshell:** Suzuki GSX-R400. **Paul Turk:** Honda CBR600F. **222 George Manning:** Kawasaki GPZ 1100. **Ian Weston:** Honda CB1100R. **John Stone:** Moto Martin CBX 1260 Special. **Michael Tomalin:** Yamaha XS1100 LG Midnight Special. **223 Adam Atherton:** Suzuki RG500. **George Manning:** Kawasaki ZX750E Turbo. **225 Charlie Garratt:** Yamaha RD350. **227 Barry Whitehead:** Honda Bros Product 2. **Carl M Booth:** KMZ Dnepr MT11. **John Mather:** Honda XBR500. **Mike Ridley:** Honda CB250RS. **228 Charlie Garratt:** Honda VF500C Magna. **232 Micheal Penn:** GM Speedway, Godden GR500. **234 Les Judkins:** MBA 125. **240 Ian Welford:** Honda VFR400 NC30. **Wayne Tolson:** Norton F1 Sport. **241 Andy Woolley:** Ducati 888 SPS. **242 Cenwyn Ap Tomos:** Moto Guzzi Daytona 1000. **Mark Hatfield:** Bimota Mantra. **243 George Manning:** Kawasaki ZZ-R1100. **Neil Trutwein:** Kawasaki ZX9R. **Nigel Cocks:** Yamaha YZF600R Thundercat. **248 Dave Jupp:** Honda CB50V Dream. **Martyn Roberts:** Triumph Trident 750. **250 Alan Peters:** Honda Goldwing EML Trike. **251 Harley-Davidson:** Harley-Davidson Softail FLSTF Fat Boy. **Justin Watson:** Honda VT 750CT Shadow. **253 Michael Delaney:** Honda Goldwing GL1500 SE. **Rolf Zanders:** Honda XL1000V Varadero. **258 Duncan Whinney:** Triumph Daytona 650. **George Manning:** Triumph Daytona 675, Triumph Daytona 955i. **Phil Davies** BMW K1200S. **Rob Young:** Honda VTR 1000 SP1. **259 George Manning:** Kawasaki ZX-12R, Kawasaki EX250/Ninja 250R, Triumph Speed Triple. **Rob Johnson:** Suzuki G5XR-R 750. **260 Pegasus Motorcycles:** Kawasaki ZX-10R, Kawasaki ZZR1400, Kawasaki Ninja ZX-6R. **261 Phil Davies:** BMW S1000RR, BMW K1300S. **266 David Driman:** Triumph Street Triple R. **David Farnley:** Yamaha XJR 1300. **George Manning:** Yamaha FZS 1000 Fazer. **John Pitts:** Norton Commando 961 Sport. **Ken Small:** MV Agusta 910S Brutale. **267 Harley-Davidson:** Harley-Davidson Sportster XR1200X, Harley-Davidson Sportster XL883N Iron. **268 G Mann:** Aprilia SL1000 Falco. **Satya Tandon:** Honda CBR 1100X Super Blackbird. **269 David Hall:** KTM 950 Adventure. **Eric Hayes:** Triumph Sprint RS. **George Manning:** BMW R1200RT. **Lloyd Benton and Damien Benton:** Benelli Tornado Tre 900LE. **Mark Band:** Kawazaki Z1000. **270 Alfred Adebare:** Suzuki GSX 1300R Hayabusa. **Michael D Watson:** Harley-Davidson FLHR Road King. **271 George Manning:** Triumph Tiger 800XC. **Phil Davies:** BMW R1200GS Adventure, BMW K1600GT, BMW R1200GS Adventure. **276 Alan Purvis:** Harley CVO Softail Convertible. **David Jones:** Moto Guzzi California EV. **Harley-Davidson:** Harley-Davidson Touring FLHX Street Glide, Harley-Davidson VRSCDX Night Rod Special. **Wayne MacGowan:** Suzuki M1800R. **277 George Manning:** Kawasaki VN900 Custom, Triumph Rocket III Roadstar. **Ian Bull:** Triumph Thunderbird 1600. **Roy Dear:** Kawazaki VN1500 Mean Streak. **278 Micheal Penn:** BMW C1200. **Stuart Berenyi:** Suzuki VanVan. **283 G Mann:** Aprilia Falco. **284 George Manning:** Honda Falcon NX4. **Micheal Penn:** IMZ-Ural Tourist. **Nicci Hickman:** Suzuki SV65OS. **Pankaj Kumar Jha:** Hero Honda Passion Pro. **Phil Davies:** BMW F800R. **Rajnish Kashyap:** Royal Enfield 350 Bullet Machismo. **285 George Manning:** Can-am Spyder Trike, Triumph Bonneville, Triumph America. **286 Neil Mort:** Yamaha XT660Z Tenere. **Phil Crosby:** BMW F650GS, Yamaha XT660X, BMW G650GS, Suzuki 450z RMX. **Phil Davies:** BMW F650GS, BMW G650GS. **287 Phil Crosby:** Husaberg TE250, KTM 85 SX, Kawasaki KX250F, KTM 65 SX, KTM 350 SX-F. **299 George Manning:** Yamaha FSZ 1000 In-line Four Fazer. **Phil Davies:** BMW K1600GT In-line Six.

Chapter opener images
Before 1920 Norton 5HP V-twin1906
1920s Martinsyde 680 combination 1921
1930s BSA Empire Star 1936
1940s Harley-Davidson WLC 1942
1950s Lambretta LD 150 1957
1960s Norton Dominator 650SS 1962
1970s Benelli 750 Sei 1976
1980s Suzuki RG500 1986
1990s Honda CBR1000RR Fireblade 1999
After 2000 Yamaha YZF R1 2011
The Engine Harley-Davidson FLSTF Fat boy Engine 2011